企业信息管理

姜同强　主　编

国家开放大学出版社·北京

图书在版编目（CIP）数据

企业信息管理／姜同强主编．--北京：国家开放大学出版社，2020.8（2023.5 重印）

ISBN 978-7-304-10289-0

Ⅰ.①企… Ⅱ.①姜… Ⅲ.①企业管理-信息管理-开放教育-教材 Ⅳ.①F270.7

中国版本图书馆 CIP 数据核字（2020）第 093557 号

企业信息管理

QIYE XINXI GUANLI

姜同强　主编

出版·发行：国家开放大学出版社

电话：营销中心 010－68180820　　总编室 010－68182524

网址：http://www.crtvup.com.cn

地址：北京市海淀区西四环中路 45 号　　**邮编**：100039

经销：新华书店北京发行所

策划编辑：刘　洁　　**版式设计**：何智杰

责任编辑：宋亦芳　　**责任校对**：冯　欢

责任印制：武　鹏　马　严

印刷：河北鑫兆源印刷有限公司

版本：2020 年 8 月第 1 版　　2023 年 5 月第 8 次印刷

开本：787mm×1092mm　1/16　　**印张**：18　　**字数**：392 千字

书号：ISBN 978-7-304-10289-0

定价：36.00 元

（如有缺页或倒装，本社负责退换）

意见及建议：OUCP_KFJY@ouchn.edu.cn

前 言 PREFACE

“企业信息管理”是一门建立在计算机科学与技术、管理学等学科基础之上，研究企业信息技术/信息系统（IT/IS）建设、利用的交叉性应用科学，是一门在信息时代和经济全球化背景下，以全新的视野和方法，运用信息技术/信息系统提升企业管理水平的学科。

信息技术/信息系统在企业中的应用是一把双刃剑。它可以显著提升企业的核心竞争力，创造更多的战略机会；但也可能是一个陷阱、一个“信息化黑洞”。大量实证研究和统计分析表明：企业信息化成功的关键因素是社会因素（人），而不是技术。所以，作为未来的企业管理者，应该清楚如何面对和处理企业信息化建设过程中出现的各种问题；应该深刻地领会企业信息系统在企业管理、决策中的作用，以及信息系统和管理系统二者之间的关系；应该深入地了解企业信息资源开发、利用，以便更好地为管理、决策服务。

本书内容分为 13 章。第 1 章和第 2 章从宏观层面介绍了企业信息管理，介绍了新兴技术冲击下企业信息管理所面临的挑战，信息技术/信息系统对提高企业竞争力的作用，企业数字化转型过程中所面临的问题，企业数字化转型的意义及相关技术，以及企业数字化转型的对策。第 3 章至第 7 章以信息生命周期为主线，系统介绍数据采集、数据存储、数据传输、数据处理、数据治理等环节中的信息技术基础设施。第 8 章至第 11 章从企业信息系统应用的视角，从微观层面介绍了企业信息管理过程中的典型应用。第 12 章至第 13 章从信息系统建设的角度介绍了信息系统项目管理、信息系统开发的生命周期。

本书内容新颖，文中使用大量的案例来引导、说明、解释和总结信息系统、信息技术、数据组织、数据分析、数据处理、信息系统应用诸多方面的概念、理论、方法和系统，直观生动地说明信息技术、信息系统与当今经济、社会发展的关系；本教材的内容组织注意采纳信息技术领域的最新发展，用新观点、新视角、新思想来审视信息技术、信息系统的发展与作用，兼顾传统与前沿，适应信息社会和科技进步的需要，及时更新教学内容，反映新知识、新技术、新理论、新方法。

本书由北京工商大学姜同强教授任主编。参加本书具体编写工作的有姜同强（第 1 章、第 12 章、第 13 章）、北京工商大学赵守香副教授（第3章、第4章、第5章、第6章、第8

章、第9章、第10章)、北京工商大学宋绍义讲师（第2章、第7章、第11章)。北京航空航天大学王强教授，北京工商大学左敏教授、王雯副教授对本书进行了初审，提出了许多宝贵的意见和建议，在此表示感谢。本书得以顺利出版，还要感谢国家开放大学杨军毅老师和国家开放大学出版社给予的大力支持和帮助。

限于编者水平，书中难免存在疏漏和不妥之处，敬请读者批评指正。

编　者

2020年4月

目　录 CONTENTS

第 1 章　企业信息管理概述

【学习目的与要求】

1. 重点掌握数据、信息、知识的概念以及它们之间的联系与区别；信息的价值属性及其对企业信息管理的指导作用；信息技术的任务和目标。

2. 掌握运用迈克尔·波特（Michael E. Porter）的竞争战略理论分析企业的信息竞争力；企业如何通过信息技术获得竞争优势。

3. 了解信息是企业的重要资源；企业信息管理的基本条件；五力模型、三种通用战略和价值链模型三个方面的框架理论。

【内容提要】

本章主要介绍企业信息管理的三个基本要素：管理对象——信息，管理机构——人，管理工具——信息技术，以及信息技术在企业管理中的任务和目标。通过案例和迈克尔·波特的竞争战略理论，介绍了企业如何通过信息技术获得竞争优势。

【引导案例】

啤酒和尿布的故事

在互联网搜索引擎中输入“啤酒和尿布”，你会惊讶地发现，这个故事竟然有如此多的版本。故事的内容是：很多年以前，美国沃尔玛公司的一位店面经理发现，每周末啤酒和尿布的销量都会有一次同比攀升……

1.1　信息是企业的重要资源

在引导案例中，假如你是那位经理，面对这种情况，你该怎么办？

这是一个运用信息技术的典型案例。如今，企业拥有大量数据，如何在这些看似杂乱无章的信息中理出头绪，分析并提炼出知识，从而帮助企业管理者做出及时、正确的决策，最终让企业占领先机，这正是信息技术需要解决的问题。

信息技术（information technology，IT）是指获取、传递、处理、再生和利用信息的技术。任何一个企业都管理着许多资源——人力、资金、实物、知识产权、信息技术、客户关系等。但是，在企业中，信息和信息技术是最不被人们所了解的关键资源。研究表明，那些拥有一流业绩的企业，其信息技术投资回报往往比其竞争对手高出 40%，并且信息技术对于企业绩效的影响将持续增长。无论一个企业关注的是效率、创新、成长、客户响应还是业务整合，信息和信息技术已经成为组织的产品或服务中的重要元素，成为整个企业流程的重要基础，同时也成为提升企业竞争力的使能器。从信息技术中获取更多的价值，日渐成为重要的组织能力。一个企业的所有领导者必须培养和发展这种能力。

信息管理是对信息进行的采集、加工、存储、传播和利用，对信息活动各要素（信息、人、机器和机构）进行合理的组织、规划和控制，以实现信息及有关资源的合理配置，并将其引向预定目标，有效地满足组织自身和社会需求的全过程。

企业信息管理是对企业信息和企业信息活动的管理。企业信息管理学是以整个企业信息管理活动的全过程和企业信息管理活动的结果为研究对象，研究企业信息管理活动的基本规律和基本方法的学问。

1.1.1 数据、信息与知识

1. 数据

数据（data）是指对客观事件进行记录并可以鉴别的符号，是对客观事物的性质、状态以及相互关系等进行记载的物理符号或这些物理符号的组合。它是可识别的、抽象的符号。

数据不仅指狭义上的数字，还可以是具有一定意义的文字、字母、数字符号的组合、图形、图像、视频、音频等，也是客观事物的属性、数量、位置及其相互关系的抽象表示。例如，“0、1、2……”“阴、雨、晴”“气温上升、气温下降”“学生的档案记录”“货物的运输情况”等都是数据。

数据的表现形式还不能完全表达其内容，需要经过解释，而数据和关于数据的解释是不可分的。例如，90 是一个数据，可以是一个同学某门课的成绩，也可以是某个人的体重，还可以是计算机系 2020 级的学生人数。数据的解释是指对数据含义的说明，数据的含义称为数据的语义，数据与其语义是不可分的。

大数据（big data）需要新处理模式才具有更强的决策力、洞察发现力和流程优化能力，才能适应海量、高增长率和多样化的信息资产。麦肯锡公司全球研究院对大数据的定义是：一种规模大到在获取、存储、管理、分析方面大大超出了传统数据库软件工具能力范围的数据集合，具有数据规模海量、数据流转快速、数据类型多样和价值密度低四个特征。

2. 信息

信息（information）是指已经被处理成某种形式的数据，这种形式对信息的接收者很有意义，并且在当前或者未来的行动或决策中，具有实际的、可觉察到的价值。信息是对数据的解释。从科学的角度讲，以文字、语言、图像等形式把客观物质运动和主观思维运动的状态表达出来就成为信息。

在企业信息管理学中，信息通常是指数据经过加工处理后所得到的另外一种形式的数据，这种数据对信息接收者的行为有一定的影响。简言之，信息是一种能对其接收者的行动产生作用的数据。

信息与其接收者是有关系的，即某个经过加工的数据对某个人来说是信息，而对另外一个人来说则可能是数据；一个系统或一次处理所输出的信息，可能是另一个系统或另一次处理的原始数据；低层决策所用的信息又可以成为高一层决策所需信息的数据，这就是信息的递归定义。信息的这一特点要求信息系统开发人员在信息系统建设时一定要认真研究用户的需求，将正确的信息在恰当的时间、以适当的方式提供给正确的用户。

数据与信息既有联系，又有区别。数据是信息的表现形式和载体，可以是符号、文字、数字、语音、图像、视频等。而信息是数据的内涵，信息是加载于数据之上，对数据做具有含义的解释。数据和信息是不可分离的，信息依赖数据来表达，数据则生动具体地表达出信息。数据是符号，是物理性的，信息是对数据进行加工处理后得到的，并对决策产生影响，是逻辑性和观念性的；数据是信息的表现形式，信息是数据有意义的表示。数据是信息的表达、载体，信息是数据的内涵，是形与质的关系。数据本身没有意义，数据只有对实体行为产生影响时才成为信息。信息是对事物运动状态和特征的描述，而数据是载荷信息的物理符号；信息是认识了的数据，是数据的含义；信息更本质地反映事物的概念，而数据则是信息的具体表现，所以信息不随载体的性质而改变，而数据的具体形式却取决于载体的性质。

3. 知识

知识（knowledge）是指从相关信息中过滤、提炼和加工而得到的有用资料。

信息经过加工和改造形成知识。知识是人类在实践的基础上产生，又经过实践检验的对客观实际的可靠反映。知识一般可分为陈述性知识、过程性知识、控制性知识。陈述性知识提供概念和事实，描述系统状态、环境和条件，让人们知道是什么。过程性知识提供有关状态的变化，问题求解过程的操作、演算和动作的知识。控制性知识也称为元知识，是指用控制策略表示问题的知识，包含有关各种处理过程、策略和结构的知识，常用来协调整个问题的求解过程。

1.1.2　信息的价值属性

信息的价值是企业信息管理中非常重要的一个概念。信息同物质与能源一样是具有价值的，通过对企业信息资源的开发利用，可以创造更大的信息价值。

信息本身是企业的一种重要资源，信息系统就是开发和利用这种资源的系统，其产品就是信息产品，这些信息产品进入市场产生交换价值后就变成了商品。因此，信息本身也是一种可供开发和利用并具有其自身价值的资源。

企业信息管理的目的是通过对信息资源的开发利用，创造更大的信息价值。谁能够做到这一点，谁就能在激烈的竞争中立于不败之地。因此，在企业信息管理中，首先必须回答的基本问题是：信息的价值取决于哪些因素，如何测量信息的价值。

管理和应用某种资源，首先要研究这种资源的特殊属性。正是信息的特殊属性，使信息管理和一般的物质与能源管理有所不同，也使信息产生了不同的价值。信息资源的核心是信息的价值，信息的价值是企业信息管理最重要的概念之一。最大限度地发挥信息的价值，是企业信息管理的基本原因和根本目的。所以，了解信息的价值属性，对于搞好企业信息管理工作具有重要的指导意义。

信息的定义表明，信息的价值体现在对信息接收者的行为所产生的影响上。那么，信息的价值取决于哪些方面的因素呢？一般来说，信息的价值属性可以从内容、时间和形式三个方面来描述。

1. 内容

信息内容方面的价值属性包括正确性、相关性和完整性。

正确性也称真伪性，是指信息对客观事物运动状态及方式描述的真实性、准确度，即信息是否反映了事件的真实情况和状态。信息的正确性包括信息来源的可靠性和研究分析的客观性。错误的信息可能导致错误的决策，因此，对于信息系统而言，一个最基本的要求是向管理人员提供正确的信息。

相关性是指信息接收者所接收的信息是否与其所做的决策有关。过多的无关信息会造成用户信息处理能力的下降（信息过载）。信息价值需要通过实际的需求来体现。企业信息部门在对内发布有关信息时，需要按照不同的对象有选择地发布，以确保信息价值的最大化，避免信息资源的浪费，减少工时成本，提高效率，同时有利于加强信息的保密性。信息的相关性说明，同一信息对不同的决策目标和不同的人来说，其价值是不同的。

完整性是指信息是否详细到使信息的接收者能够得到所需信息的任何细节的程度。所以，作为决策者，应该知道自己的信息需求，即在进行决策时需要获得哪些方面的信息。信息能够减少决策的不确定性，而这种不确定性的减少在很大程度上依赖于信息的完整性。获得更完整的信息恰恰是信息技术的优势之一。

本章的引导案例中，如果仅仅了解“每周末啤酒和尿布的销量都会有一次同比攀升”的事实是不够的，你可能会匆忙做出如下的决定：保证啤酒和尿布在周末的库存。这是当然的，然而，为了使这两种商品的销售量大幅度增加，仅仅采取这样的举措就够了吗？毋庸置疑，显然不够。你需要进一步了解：是哪些顾客在购买这些商品，为什么啤酒和尿布两种毫不相干的商品的销售量会有这种同比攀升的现象。后来，沃尔玛运用商业智能（business intelligence，BI）技术发现，购买这两种商品的顾客几乎都是25～35岁、家中有婴儿的男性，且他们每次购买这两种商品的时间均在周末。沃尔玛对相关数据进行分析后得知，这些人习惯晚上边看球赛边喝啤酒，同时照顾孩子，为了图省事，他们会给孩子使用一次性尿布。得到这个结果后，沃尔玛决定把这两种商品摆放在一起，结果这两种商品的销量都有了显著增加。这个案例充分说明了获得完整信息对于决策者的重要性，这也正是信息技术的优势所在。

2. 时间

信息在时间方面的价值属性包括及时性和现时性。

及时性描述了你什么时候需要信息。如果不能在恰当的时间提供信息，信息就失去了它应有的价值。随着通信技术的发展，信息交流在速度和数量方面快速提高，谁首先获得信息，谁就将掌握竞争的主动权。信息价值的时间性有短期和长期的区别。信息价值的短期性表现为：信息出现后，必须在一两天或更短的时间内做出决策，因为有效期一过，信息价值将为零，如证券市场信息的价值的持续时间一般都较短。信息价值的长期性表现为：信息价值在较长的时间范围内存在，其价值随时间递减或保持不变。

信息的价值有很强烈的时效性。一条信息在某一时刻价值非常高，但过了这一时刻，可能一点价值也没有。如金融信息，在需要知道的时候，会非常有价值，但过了这一时刻，就会变得毫无价值。信息的时效性反映了信息也是有寿命的，信息在不同的时间具有不同的价值。

现时性，是指信息是否是最新的，过时的、陈旧的信息显然对决策没有太多的价值可言。

【案例 1-1】

迈克尔·戴尔倡导及时信息

迈克尔·戴尔（Michael Dell）的一段话揭示了及时信息的重要性：“企业最重要的事情之一就是获取及时信息，我们不能等待一周或一个月。现在我们每天都能得到信息，因此，我知道昨天我们卖出了 77 850 台计算机。我知道卖出的每台计算机的型号、买主、地理位置及其他信息。在企业中，信息的及时性比任何东西都重要，因为它每时每刻都在变化。我们要继续缩短顾客和供应商之间的时间和空间距离。我们现在减少到只留三四天的库存量。我们保证在两个小时内向顾客交货。”

通过获取信息，戴尔公司只留三四天的库存。如果把这个数字与工业标准的 45 天相比，你会发现这是多么的不同寻常。由于技术的快速变化，许多技术性企业还负担不起 45 天的库存量。

3. 形式

形式是指信息的实际结构。信息的形式包括：① 信息的粒度，也称之为聚合程度，既是综合性的信息，又是详细的信息。② 介质，如打印报表、屏幕显示、磁盘存储（计算机文件）等。③ 表现方式，如图形方式、数字方式、声音、图像等。

信息系统中有句格言：“信息系统应该将正确的信息，在适当的时间，以适当的方式提供给正确的人。”这句格言恰恰反映了应该如何通过信息系统创造更大的信息价值。另外，也说明了这样一个道理：同一信息在不同的时间、不同的地点，对于不同的决策目标和决策者具有不同的价值。

1.1.3 信息的分类

信息的分类方法有很多种。

1. 内源信息和外源信息

按信息来源分类，信息可分为内源信息（internal information）和外源信息（external information）。内源信息反映了组织内部各职能部门的运行状况，是决策系统运动、变化、发展的依据。外源信息反映了决策系统的外部环境，是决策系统运动、变化、发展的条件。一般来说，中层管理人员主要使用内源信息来进行管理和控制，而高层管理人员主要利用外源信息来制订战略计划，进行决策。

2. 战略信息、战术信息和业务信息

按决策层次分类，信息可分为战略信息、战术信息和业务信息。战略信息是供企业高级管理者进行战略决策时使用的，包括系统内外、过去和现在、各种环境的大量信息。战术信息是供企业中级管理人员完成大量计划编制、资源分配等工作时使用的，主要包括系统内部各种固定信息，历史情况与现状信息，以及部分具体的外部信息。业务信息是供企业基层管理人员执行已经制订的计划、组织生产或服务活动时使用的，主要包括直接与生产、业务活动有关的、反映当前情况的信息。

1.2 企业中的信息系统

1.2.1 信息系统的基本概念

系统是由一些相互联系、相互作用的元素为完成特定的目标而组成的一个集合，这些元素具有一定的组成结构，有各自的活动内容及其功能。系统结构（system structure）有两方面的含义：一是指系统的组成元素，二是指系统元素间（或子系统之间）的联系。系统最常见的一种结构是层次型结构。在这种结构中，一个系统是由一系列子系统（subsystems）组成的，而每一个子系统又由一组更小的子系统组成。例如，一个超市系统由采购管理子系统、库存管理子系统、销售管理子系统、商品管理子系统、人力资源管理子系统等组成。各子系统之间可能要进行数据的交换，这称之为子系统之间的接口（interface）。

认识、理解和描述一个系统，即确定该系统是由哪些子系统或元素组成的，以及这些子系统或元素之间的联系是什么。

信息系统（information systems，IS）是由人员、数据、反映业务活动的软件、网络和计算机硬件 5 个构件组成的一个集成系统，其目的是支持和提高企业的日常业务运行，以及满足管理决策人员解决问题和制定决策的信息需求。其中，人员包括信息系统的用户、管理人员和开发人员（系统分析员、系统设计员/程序员）；数据是指产生信息所需要的原材料；活动包括业务活动（或管理活动）、支持业务活动的数据处理和信息生成活动；网络是指业务的分布，对其他构件的位置分布，以及这些位置之间的通信和协调；技术是指支持其他构件的硬件技术和软件技术。所以，信息系统可定义为：在一定的社会经济系统中，为了完成该系统所需的信息处理工作而定义的机构、人员、设备、规程的子系统。

由于计算机系统所具有的强大的信息处理功能，现代的信息系统一般都是利用计算机系统来实现的。因此，本书中信息系统这个概念实际上是指计算机信息系统（computer information systems，CIS）。计算机信息系统是由硬件、软件、数据库、通信、人员和负责收集、操作、存储并将数据加工成信息的各种部件和过程组成。

计算机信息系统并不是手工信息系统的计算机自动化翻版。企业的信息系统必须建立在科学的、规范的管理基础之上。通过信息系统的实施，可以发现现行手工系统中的缺陷，进一步改造现有业务流程中不合理的环节和管理中的漏洞。

信息系统具有附属性、间接性、整体性的特征。

1. 信息系统的附属性

信息系统不是孤立的、自足的系统，而是依附于一个更大的系统，是作为这个大系统中一个关键的具有特殊地位的子系统而存在的。信息系统的附属性决定了信息系统的目标必须为实现它所依附的大系统的目标而服务，二者不能冲突。

2. 信息系统的间接性

信息系统对组织的作用是间接的，其效益是通过支持管理决策，管理水平的提高间接地表现出来。

3. 信息系统的整体性

信息系统本身也是一个包括组织机构、人员、设备、规程的系统。在这个系统中，各组成部分相互配合、相互协调共同完成信息处理任务。

信息系统既是一个技术系统，又是一个社会系统和管理系统；信息系统既是技术的应用问题，又是管理实践的问题。

1.2.2 信息系统的功能

1. 信息采集

根据数据和信息的来源不同，可以把信息采集工作分为原始信息采集和二次信息采集两种。原始信息采集是指在信息或数据发生的当时、当地，从信息或数据所描述的实体上直接把信息或数据取出，并用某种技术手段在某种介质上记录下来。二次信息采集是指对已记录在某种介质上，与所描述的实体在时间与空间上已分离开的信息或数据的采集。

二者的区别是：原始信息采集的关键问题是完整、准确、及时地把所需要的信息收集起来，它要求时间性强、校验功能强、系统稳定可靠。二次信息采集则是在不同的信息系统之间进行的，其实质是从其他信息系统得到本信息系统所需要的信息，它的关键问题在于：一是有目的地选取或抽取所需信息；二是正确地解释所得到的信息。

2. 信息存储

信息的存储应考虑存储量、信息格式、使用方式、存储时间、安全保密等问题。信息存储的基本要求是：不丢失、不走样、不外泄，处理得当，使用方便。

3. 信息加工

对采集到的信息都要进行加工，以便得到更加反映本质或更符合用户需要的信息。从加工本身来看，可以分为数值运算和非数值处理两大类。数值运算包括简单的算术与代数运算、数理统计中的各种统计量的计算以及各种检验、运筹学中的各种最优化算法和模拟预测方法等。非数值处理包括排序、合并、分类、选择、分配，常规文字处理，图形、图像处理等。

4. 信息传输

信息的传输形成企业的信息流。信息传输应考虑信息的种类、数量、频率、可靠性要求等。信息传输的基本要求是：及时、准确、安全。

5. 信息提供

信息加工完成后，就应按管理工作的要求，以各种形式将信息提供给有关单位和人员。在企业中，信息提供的主要形式有各种计划、统计报表、报告文件等。信息提供的主要方式包括：报表打印、屏幕显示、磁盘文件等。按粒度划分，信息可分为粗粒度信息和细粒度信息；按表现形式划分，信息可分为文字信息、数值信息、图形信息、图像信息、声音信息等。提供信息的手段，是信息系统与用户之间的界面或接口。

任何一个信息系统都应该具备以上五个功能，但不同的信息系统对这五个功能的要求不同，强调的重点也不同。例如，事务处理系统主要强调系统的效率和数据处理的准确性和完整性，因此，信息采集功能是这类系统的最主要功能之一；而决策支持系统则强调对数据进行深入的分析，因此，信息加工功能对决策支持系统而言是非常重要的。

1.2.3 信息系统与组织的相互关系

信息系统与组织之间是互动的关系。一方面，组织的目标决定信息系统的目标，组织的变化以及企业外界环境的需求促进信息技术的发展；另一方面，信息化有助于加强企业的竞争力，推动业务流程重组，促进组织结构优化，有利于降低成本，扩大企业的竞争范围，提高为顾客服务的水平。

1. 组织对信息系统的影响作用

组织目标决定信息系统的开发目标；组织变化促使信息技术发展；组织的约束条件制约信息系统的变革。

2. 信息系统对组织的影响作用

（1）信息系统对组织战略的支持。企业战略是指对企业整体性、长期性、基本性问题的计划与谋略。企业利用信息系统来实施企业的竞争战略和战略目标。如对于采取成本领先战略的企业，自动化制造系统和即时库存管理系统可以帮助企业降低生产成本和库存成本；对于采取产品差异化战略的企业，可以利用信息系统来增强产品或服务的性能；对于采取目标集聚战略的企业，可以通过信息系统帮助企业收集、分析客户相关的信息，使企业能够按照客户的要求设计有个性的定制化产品或服务。

（2）信息技术为企业变革提供支持。信息技术既可以支持企业文化，也可能影响和改变企业文化。

1.2.4 信息系统的分类框架

信息系统的主要目的是支持管理和决策，因此，管理活动和决策过程是信息系统分类的基础。

1. 管理活动的分类

企业的管理活动可以分为三大类：战略规划、管理控制和操作控制。战略规划是指确定组织目标以及达到这些目标所需要的资源，以及控制这些资源的获得、使用和分配的过程。管理控制是管理人员确信获得资源，并为完成组织目标而有效、充分地利用这些资源的过程。操作控制是指保证一些具体业务有效且充分地进行的过程。

不同层次管理活动的信息需求是有差别的（见表 1–1）。

表 1–1 不同层次管理活动的信息需求

特征	管理活动		
	操作控制层	管理控制层	战略规划层
来源	以内源为主	介于二者之间	以外源为主
范围	狭窄	介于二者之间	宽广
粒度	细	介于二者之间	粗
时间特性	历史	现在	未来
时间跨度	每日/每月	每月/每年	每年/长期
精度	高	介于二者之间	低
使用频率	高	介于二者之间	低
结构化程度	高	介于二者之间	低

2. 决策的过程和决策问题的分类

（1）决策的过程。决策的过程可分为四个阶段：① 情报阶段，也称之为诊断阶段，该阶段收集信息、识别问题，目的是发现要解决什么问题。② 设计阶段，即构思不同的解决方案。③ 选择阶段，即运用评估准则选择一个比较满意的解决方案。④ 实施阶段，即分配资源，应用选择的方案。

（2）决策问题的分类。决策问题可分为三类：① 结构化决策，是指决策是重复性的和常规的，并且在处理这种决策时有一套确定的方法。② 非结构化决策，是指不能用常规的方法来处理、无任何规律可循的决策。③ 半结构化决策。还有一大类决策问题介于结构化决策和非结构化决策之间，一般称这类决策问题为半结构化决策。

结构化决策和非结构化决策的信息需求截然不同，因此，支持结构化决策的信息系统和支持解决非结构化决策问题的信息系统是不同的。

3. 信息系统的分类

企业的管理活动层次和决策问题的类型为研究信息系统活动的目的和问题提供了一个非常有用的框架。因此，信息系统主要有以下三种分类。

（1）事务处理系统（transaction processing systems，TPS），主要支持操作层日常的高低结构化问题的数据处理工作。

（2）管理信息系统（management information systems，MIS），主要用于支持管理控制层，所解决的问题大多数是结构化决策或半结构化决策。

（3）决策支持系统（decision support systems，DSS），主要支持战略规划层的半结构化和非结构化的决策问题。表 1–2 总结了以上各类信息系统的特点。

表 1–2　各类信息系统的特点

系统类型	输入	处理	输出	用户
决策支持系统	小容量数据或用于数据分析的海量数据；分析模型和数据分析工具	交互；模拟；分析	特殊报表；决策分析；查询响应	战略规划管理人员
管理信息系统	综合事务数据；高容量数据；简单模型	日常报表；简单模型；简单数据分析	综合报表；例外报表	管理控制层管理人员
事务处理系统	事务；事件	排序；列表查询；合并；更新	详细报表；列表；综合	操作层业务人员

事实上，组织中的信息系统往往是以上几种信息系统的集成。

4. 事务处理系统、管理信息系统和决策支持系统的比较

管理信息系统是决策支持系统的基础。管理信息系统能收集和存储大量数据，决策支持系统可以充分利用这些数据。管理信息系统通过反馈信息，可以对决策支持系统的工作结果进行检验和评价。决策支持系统能够对管理信息系统的工作进行检查和审核，为决策支持系统的更加完善提供改进的依据。决策支持系统中所解决的问题可以逐步结构化，从而纳入管理信息系统的工作范围。图 1–1 和表 1–3 分别描述了事务处理系统、管理信息系统和决策支持系统之间的联系与区别。

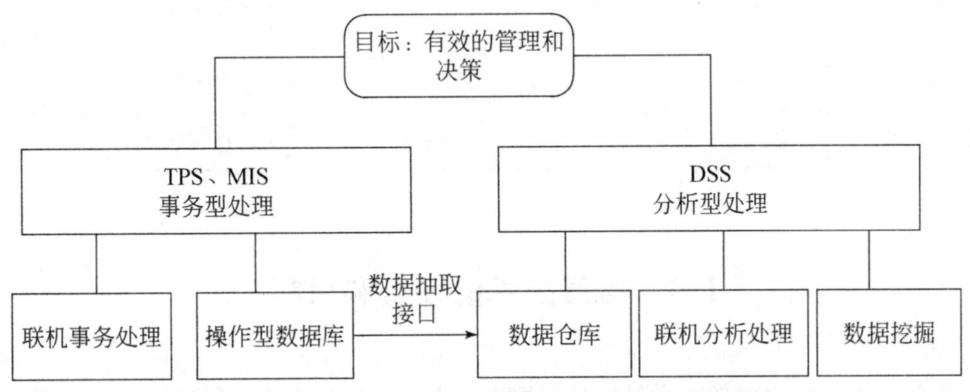

图 1–1　事务处理系统、管理信息系统与决策支持系统的联系

表 1–3　事务处理系统、管理信息系统和决策支持系统之间的区别

特点	信息系统		
	事务处理系统	管理信息系统	决策支持系统
目的	反馈控制	服务于管理（前馈、反馈）	支持决策
解决的问题	高度结构化问题	结构化问题	半结构化、非结构化
面向的人员	操作层	管理控制层	战略规划层
研制方法	系统开发生命周期	系统开发生命周期	快速原型法
系统结构	流水线式	流水线式	工具箱式
解决问题的方法	自动化	无人干预，计算机为主	决策者为主
组件	事务型数据库	数据库、模型库	数据仓库、模型库、人机接口
性能评价	吞吐量	吞吐量、响应时间	响应时间
对数据的加工	浅	介于二者之间	深

续表

特点	信息系统		
	事务处理系统	管理信息系统	决策支持系统
侧重点	作业：实现作业层业务处理的自动化	管理：提供日常业务管理所需要的信息	决策：提供决策所需要的信息
信息需求的范围	体现作业层的信息需求	体现系统的全局和总体信息需求	体现决策者的信息需求
驱动模式	数据驱动	数据驱动	模型驱动
信息管理方式	信息的集中管理	信息的集中管理	信息的分散利用

1.3 信息技术的任务和目标

信息技术的6种主要任务和目标是：提高生产力，加速决策过程和提高决策质量，加强团队协作，建立企业间伙伴关系与企业联盟，实现全球化，推动组织变革。如表1-4所示。

表1-4 信息技术的任务和目标

任务和目标	信息技术工具	企业利益
提高生产力	联机事务处理（on-line transaction processing，OLTP） 事务处理系统（TPS） 客户集成系统（customer integrated system，CIS）	提高速度 减少错误 降低成本 让客户处理自己的事务
加速决策过程和提高决策质量	联机分析处理（on-line analytical processing，OLAP） 决策支持系统（DSS） 地理信息系统（geographic information systems，GIS） 经理信息系统（executive information system，EIS） 人工智能（artificial intelligence，AI）与专家系统（expert system，ES） 数据仓库（data warehouse，DW）与数据挖掘（data mining，DM） 商务智能（business intelligence，BI）	产生可选择的方案 建议解决方案 提高决策质量 提升绩效 改善业务流程 提高综合竞争力 降低风险 创造和累计商务知识和见解

续表

任务和目标	信息技术工具	企业利益
加强团队协作	协作系统 群件	管理组织中的知识 支持地理上分散的团队 促进交流沟通 快速开发应用
建立企业间伙伴关系与企业联盟	跨组织信息系统（inter-organization information systems，IOS） 电子数据交换（electronic data interchange，EDI） 电子资金结算（electronic funds transfer system，EFT） 信息技术外包	供应链管理 实现 B2B（business to business，企业对企业）电子商务 使企业将力量集中到核心能力上
实现全球化	互联网 翻译电话	利用更廉价更多的劳动力 本地广告
推动组织变革	依赖于所有人们能想到的技术的运用	保持竞争优势 开拓新市场

1.3.1　提高生产力

信息技术最基本的任务是提高生产力。由于信息技术具有准确、高速处理大量数据的能力，因此它能够缩短时间，减少错误，降低各种信息处理工作的成本。

联机事务处理系统处理的对象是大量的事务，每个事务中有容量相对小的细节数据，而联机分析处理系统则注重分析容量相对大的聚合数据。其基本特征是综合用户数据进行动态实时多维分析，提供给用户快速一致的查询响应速度。

事务处理系统是一种将操作层的数据处理自动化，提高工作效率的信息系统。事务处理是组织最基本的活动，通常将信息按照事务来进行组织和处理，以实现组织日常事务活动的系统称为事务处理系统，其主要作用是反馈控制。

事务处理系统的一个重要延伸就是客户集成系统（CIS）。客户集成系统将技术送到客户端，让客户处理其自身的事务。自动柜员机（automatic teller machine，ATM）就是客户集成系统的一个典型例子，ATM 赋予客户在任何时间、任何地点处理自己存取款事务的能力。客户集成系统通过将处理能力赋予客户而进一步把计算机的处理能力分散到组织中。网上购物、网上银行等都是客户集成系统的典型例子。信息技术的一个重要发展趋势就是将企业的事务处理系统转变为客户集成系统，这对组织和客户来说是双赢的局面。表 1-5 列举了利用事务处理系统获得竞争的优势。

表 1–5　利用事务处理系统获得竞争的优势

竞争优势	例子
顾客忠诚度的增长	用顾客反馈系统跟踪顾客对公司的反馈
向顾客提供高质量的服务	面向顾客的跟踪系统，让顾客查询物流状态
有效的信息收集	用订单系统保证预定的产品或服务符合顾客的要求
极大地降低成本	运用扫描仪和条码产品的仓库管理系统，降低了劳动时间，提高了存货的准确性

【案例 1–2】

无线射频识别

无线射频识别（radio frequency identification，RFID）是一种具备无线通信能力的小型芯片。无线射频识别犹如一个微型无线电发射器，它不用电池，能量来自读卡器的电磁场。它传递信息的速度是条码所不可比拟的。由于体积小、成本低，无线射频识别可以做成薄如纸片的标签直接贴在包装上，或者成为微粒被埋入商品内部，从而替代传统的条码。随着技术的发展，无线射频识别的功能越来越强，价格也越来越便宜。由于沃尔玛的推崇，全球信息化产业将目光锁定无线射频识别。以日立、飞利浦、德州仪器等为代表的芯片商，不断推出新型无线射频识别产品；微软、IBM、Oracle 等软件巨擘，针对无线射频识别所产生的庞大数据流量提出解决方案；沃尔玛、塔斯科、麦德龙等零售业巨头为无线射频识别提供应用环境。

要想提高物流供应链管理的效益，就必须使供应链上的成员及时获得其他成员和各业务环节上的运行信息，而信息的共享不足就会发生供应链的断裂和效率低下。先进的射频技术可以加强这些环节的自动化程度。这样就可以提高业务运行的自动化程度，大幅降低差错率，提高供应链的透明度和管理效率。无线射频识别系统可以实现从商品的设计，原材料的采购，半成品与成品的生产、运输、仓储、配送，一直到销售甚至退货处理和售后服务等所有供应链上的环节的实时监控。

1.3.2　加速决策过程和提高决策质量

联机分析处理系统的基本特征是综合用户数据进行动态、实时、多维的分析，提供给用户快速一致的查询响应速度。联机分析处理系统查询通过检查历史数据，确定其发展趋势和异常的情况，并找出导致异常的原因，从而为管理人员制定决策提供有效的帮助。

决策支持系统，就是能够利用数据和模型来帮助决策者解决半结构化或非结构化问题的高度灵活的、人机交互式计算机信息系统，其目的是提高决策的效率。

地理信息系统是一种能够处理空间信息的决策支持系统。空间信息是指可以以地图的形式表现的任何信息，如顾客的分布、交通线路等。一个地理信息系统实际上是高级图形系统与数据库技术的结合，是数据可视化的一种形式。

数据仓库是面向主题的、集成的、与时间密切相关的、相对稳定的数据集合，其目的是支持管理人员进行业务分析与决策制定。

数据挖掘是一种从数据库或数据仓库中发现并提取隐藏在其中的模式信息的技术，目的是帮助决策者寻找数据间潜在的关联，发现被忽略的要素，而这些信息对预测趋势和决策行为是十分有用的。数据挖掘的典型应用有：① 数据挖掘应用于金融业、保险业。可以对客户进行信用等级评价，对金融市场进行预测和分析，信用卡模式、用户分析，确定不同行业、不同年龄、处于不同社会层次的人的保险金，险种关联分析，预测新险种的客户群等。② 数据挖掘应用于商业。可以用于顾客购买习惯的分析、销售商品构成的分析（市场定位、商品定价）、商品销售预测、零售店选择等。③ 数据挖掘应用于通信服务业。可以用于用户细分，网络规划的用户预测，资费分析、新业务发展预测，客户信用分析及反欺诈等。④ 数据挖掘应用于制造业。可以用于企业故障诊断、供应链管理及供应链优化、新产品开发预测等。⑤ 数据挖掘应用于医疗卫生。可以用于病例、病人行为特征分析，安排治疗方案、判断药方的有效性等。⑥ 数据挖掘应用于司法、公安部门。可以用于犯罪行为分析、案例分析、犯罪监控、预防犯罪分析等。

商务智能是指企业利用现代信息技术收集、管理和分析结构化和非结构化的商务数据和信息，创造和累积商务知识和见解，改善商务决策水平，采取有效的商务活动，完善各种商务流程，提升各方面商务绩效，增强综合竞争力的智慧和能力。商务智能是一种能够将存储于各种商业信息系统中的数据转换成有用信息的技术，它允许用户通过查询和分析数据库得出影响商业活动的关键因素，从而做出更好、更合理的决策。

1.3.3 加强团队合作

团队是指一群具有共同目标并且协同工作的人。团队是一组（群）人，他们有共享的目标和相互依赖的任务，通过共同合作努力提供不同的前景。信息技术使团队成为可能。

工作组支持系统（workgroup support systems，WSS）是专为通过支持信息共享和信息流动来改善团队工作而设计的系统。当项目组解决问题或利用机遇的优势时，工作组支持系统可以帮助他们有效地交流、共享信息和交换思想。

所有工作组支持系统的基础都是群件（groupware）。群件是一个能支持团队合作工作的软件系统，典型的群件包括 Lotus/Notes Domino、Microsoft Exchange 等。群件有三个基本功能：① 团队动态交流，包括小组日程安排软件、电子会议软件、视频会议软件和白板软件。② 文档管理，通过文档管理数据库、查找文本、表格、声音、图形、图像等各种信息。③ 团队应用开发。

1.3.4 建立企业间伙伴关系与企业联盟

随着市场的不断发展，客户需求不断走向多样化和复杂化，每一家企业都在积极寻找与客户/供应商建立战略合作伙伴和联盟关系，从业务伙伴到产品伙伴、服务伙伴、渠道伙伴直到商业联盟。

商业伙伴关系是由跨组织的信息系统来实现的，跨组织信息系统使组织间的信息自由流动，用于支持产品或服务的计划、设计、开发、生产和交付。电子数据交换是典型的跨组织信息系统。电子数据交换使用电子传输方法，首先将商业或行政事务处理中的报文数据按照一个公认的标准，形成结构化的事务处理的报文数据格式，然后将这些结构化的报文数据经由网络，从一台计算机传输到另一台计算机。电子数据交换是电子商务常用的一种方式，它是企业和企业之间通过电子方式，按照标准格式，从一个应用系统到另一个应用系统的商业单证的传输。与电子数据交换有关的另一个重要概念是电子资金结算（EFT），电子资金结算允许组织不经过物理传输任何东西（包括付款）而完成全部事务。

虚拟组织（又称为动态联盟）是企业联盟的一种重要形式。虚拟组织是由若干独立实在的企业组成的临时性、动态的“虚拟”的企业。其成员包括制造商、供应商、分销商和顾客等。当一项任务来临时，各企业组成联盟，任务完成后联盟自动解散，但相互之间仍然保持联系。虚拟组织是现代信息技术发展的产物，特别是互联网技术的发展、电子商务应用的普及，使不同地域的企业、组织机构在逻辑上构成一个组织。虚拟组织的特点是：通过计算机网络与中间商、承包商、合作伙伴保持联络；可以把每个合作伙伴的优势集中起来，设计、制造和销售最好的产品；具有很大的灵活性、机动性和反应的灵敏性；各公司之间很难确定边界；在虚拟组织的环境下，组织和管理上非常依赖信息技术，信息技术是虚拟组织的核心管理工具。

1.3.5 实现全球化

全球化是世界各国在经济上跨国界联系和相互依存日益加强的过程，运输、通信和信息技术的迅速进步有力地促进了这一过程。世界经济全球化大大增加了信息的价值，同时也为企业提供了新的机会和挑战。而信息技术可以为企业在全球范围内管理业务、提供通信和分析的便利，辅助企业联系供应商和分销商，满足企业处于不同地点的各分支机构的报表分析需求。

利用信息技术，企业可以实现全球化经营，获得竞争优势。企业可以利用信息技术找到更多、更廉价的劳动力；企业可以利用信息技术克服时间和空间障碍，使客户在全球市场选购商品，24 小时都可以得到可靠的价格和质量信息。利用信息技术实现全球化，同时要考虑其他国家的文化。

总之，利用信息技术，企业可以获得以下优势。

(1) 不限时间运作：运用信息技术可以无时间限制地运作，为客户服务。组织可通过24 小时迅速、及时的客户响应产生组织速度。

(2) 不限地点运作：运用信息技术可以无工作地点限制地运作。组织可在任何地点满足客户需求，就如在顾客身边一样，如“网上商店”等。

(3) 不限时间和不限地点的结合产生组织力量和组织速度。

1.3.6 推动组织改革

信息系统和组织之间存在双向关系，组织周围的环境、组织文化、组织结构、标准工作程序、组织决策等因素，都会不同程度地影响信息系统和组织之间的相互作用。一方面，组织提出了对信息系统的需求，组织的结构形式决定了信息系统的运行方式，信息系统的设计必须以支持原有的组织形式为前提；另一方面，信息系统的实施反过来又对组织产生深刻的影响，有时甚至完全改变了原有的组织形式。但信息系统对不同的组织作用是不同的。随着信息技术逐渐进入经济生活的各个领域，它对组织结构和组织行为的影响也逐渐开始显现，主要表现为以下几点。

1. 信息技术对组织及其管理的影响

(1) 在整体的组织层面，信息技术通过改进组织对环境的适应能力和应变能力、改进组织的输入和输出方式、缩减中间管理机构、创新产品和创新服务、塑造新型企业文化等途径来影响组织。

(2) 在组织的功能单元层面，信息技术通过改进传统的业务技术、功能重组和再定义、功能集成和一体化、增进功能组合的灵活性（如柔性制造）等途径来影响组织。

(3) 在组织的细胞——组织人员层面，信息技术通过改变雇员的工作方式和性质，雇员工作角色的变迁、雇员知识结构的调整和观念的转变等途径来影响组织。

2. 信息技术对组织结构和行为的影响

(1) 信息技术改变组织结构。信息技术的应用导致组织结构发生了变革，出现了虚拟组织、扁平化组织等。其共同特点是：简化了内部组织结构，尤其弱化了等级制度，促进组织内部信息的交流、知识的分享和每位成员参与决策的过程，使企业组织对外部环境的变化更敏感、更具灵活性和竞争实力。

(2) 信息技术改变组织行为。信息技术对组织行为、组织成员的行为产生的影响体现在：

① 交流方式变化。通信技术的迅速发展（如电子邮件）使组织成员之间的通信更加便捷。

② 工作方式变化。现在从订单发出到分析企业计划，大部分工作都是利用计算机完成的。会议也不一定是面对面的，可以通过视频会议、电子邮件、聊天室等交换意见。

③ 工作地点变化。现在，办公室和工厂已不是唯一的工作地点。越来越多的工作可以在任何方便的时间和方便的地点完成。

④ 交通方式变化。通信技术在某种程度上已成为出差的一种“替代品”。它实现了“把工作带到工作人员身边”而不是“强迫工作人员到指定的工作地点去”，“在任意时间、任意地点完成工作”已成为一种发展趋势。

当然，信息技术的应用也会给组织行为和组织成员行为带来一些不利的影响。例如，调查表明，由于对电子交流方式和信息处理方式的日益依赖，组织成员（主要是经理和主管人员）都产生了孤独、焦虑和自尊丧失的心理。

1.4 利用信息技术创造竞争优势

信息技术是企业的一种重要资源。创造性地应用信息技术可以帮助企业获得竞争优势，但这并不意味着只要应用了信息技术，就一定能够为企业带来竞争优势。信息技术对每个人都是开放的，不同的人以不同的方式应用信息技术。信息技术是企业经营管理的放大器，只有那些精通信息技术并且善于创新的人，才能够从使用该技术中获得最大的利益，并为企业带来竞争优势。而要设计一个能够带来竞争优势的信息系统至少需要两个条件：一是，对要解决的商业问题和商业形势有一个透彻的了解；二是，对可获得的技术有较深入的了解，针对当前的商业形势，知道应该运用哪些信息技术来设计一个创新性的解决方案。

下面是一些应用信息技术创造、提升企业竞争优势的典型成功案例。

【案例 1–3】

联邦快递公司的暂时竞争优势

通常情况下，如果你想要查一查自己通过联邦快递寄出的包裹是否已经寄到，只需要拨打一个 800 电话，然后听一段音乐直到一个客户服务代理接线。接着你应该把发包裹的收据上标识的查询号码告诉他。这个客户服务代理就会将这个查询号码输入一个计算机系统，这个系统可访问记录目前包裹所在位置信息的数据库。这样，你就可以知道包裹是否已经寄到了；如果寄到的话，还可以知道签收者是谁。

联邦快递公司的一位工作人员提出一个设想，他认为，利用现今的技术，完全可以使客户的查询变得更加快捷。于是，联邦快递公司设计了一个系统，使人们通过互联网和浏览器就可以访问其邮件信息数据库。现在，你需要做的仅仅是登录联邦快递公司的网址，找到查询页面，然后输入你的查询号码，系统会迅速给你以往通过客户服务代理才可以得到的信息。

联邦快递公司的查询系统以及类似的可以给客户和公司双方都带来好处的系统是一个双赢系统。这种系统给客户带来的好处是使查询变得更加快捷和方便，客户再也不用浪费时间听烦人的音乐。给联邦快递公司带来的好处是降低了成本，公司再不需要很多客户服务代理来接电话了。总之，公司通过提供客户服务获得了竞争优势，这种优势至少保持到 UPS（美国联合包裹运送服务公司）以及联邦快递的其他竞争对手开发出了相似的系统后。

虽然，这种竞争优势往往是暂时的，因为竞争对手很快发现，他们也必须为其客户提供相似的系统，否则他们的客户就会投向其他竞争对手，但是首创者，也就是最先将新的以信息技术为基础的产品或服务投向市场的公司，将获得忠实的新客户，并且因为被视为市场革新的领导者，而获得额外的收益。

【案例 1-4】

通用电气领导人创竞争性信息技术先河

杰克·韦尔奇曾是通用电气公司的董事长和首席执行官（chief executive officer，CEO），是世界公认的杰出的公司领导人。在他的领导下，通用电气公司形成了世界上公认的最好的企业文化。通用电气公司能够使一个全球性的大企业如此高效并且高利润地经营，使很多人为之羡慕。

当大多管理者和他们的传统企业对互联网可能带来的潜在竞争优势反应迟钝时，杰克·韦尔奇和他的通用电气公司早早地认识到，互联网带来的新机遇和挑战是决不能忽视的。

他催促通用电气公司各下属企业的经理站在通用竞争者的位置上考虑如何构建“destroyyourbusiness. com（DYB，摧毁你的业务）”。通用电气公司的经理们也因此在新的竞争者出现之前顺利地完成了企业的改进和革新。

杰克·韦尔奇非常认真地将通用公司的企业文化由传统型转变为网络驱动型，而他的这一举措收效甚大。他认识到，应用网络可以帮助公司去除不必要的中间管理层，促进团队协作，提高客户服务质量，从而使通用电气公司更具竞争性。

杰克·韦尔奇现在仍是成功企业首席执行官的优秀榜样。他的眼光、领导艺术和判断力是所有信息经济时代繁荣兴旺的公司的首席执行官必须具备的。

如何应用信息技术来创造竞争优势？迈克尔·波特教授创立的框架提供了一个思考问题的基本思路，通过这个框架，可以分析如何应用信息技术制订独具特色的企业战略规划，从而使企业获得竞争优势。这个框架包括 3 个方面的内容：五力模型，三种通用战略，价值链模型。

1.4.1 五力模型

五力竞争模型是哈佛大学著名教授迈克尔·波特于 1980 年作为行业竞争驱动力量分析工具提出的。它通过行业结构分析，对其所处的经营环境进行解构，了解企业所面临的五种竞争力量情况，以采取相应的竞争性行动，削弱五种竞争力量的影响，增强自身的竞争实力与地位，从而保持良好的盈利状态，在竞争中获得主动权。五种基本力量分别为：潜在进入者、替代品、购买者、供应商、行业竞争省（见图1–2）。

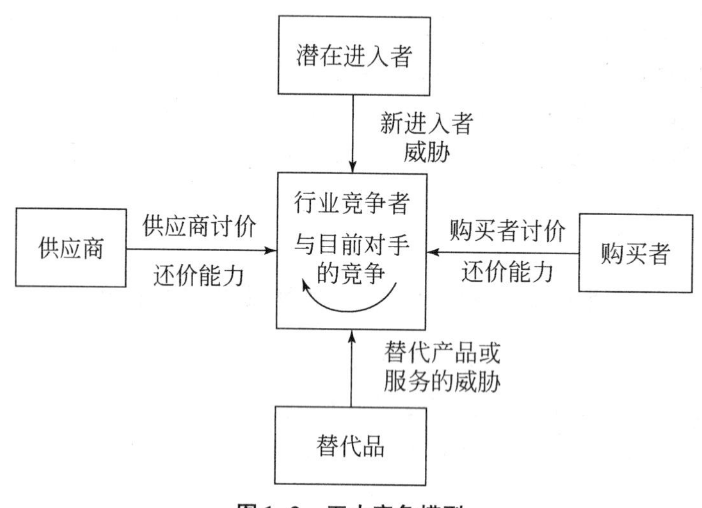

图1–2　五力竞争模型

（1）潜在进入者：新竞争者的加入必然会打破市场平衡，引发现有竞争者的竞争反应，也就不可避免地需要调入新的资源用于竞争，因此使收益降低。

（2）替代品：市场上可替代产品或服务的存在意味着企业的产品或服务的价格将会受到限制。

（3）购买者：如果购买者拥有讨价还价能力，他们一定会利用它。这会减少企业的利润，其结果是影响收益率。

（4）供应商：与购买者相反，供应商会设法提高价格，其结果同样会影响企业的收益率。

（5）行业竞争者：竞争会导致对市场营销、研究与开发的投入或降价，结果同样会减少企业的利润。

在五力竞争模型中，所有的箭头均代表竞争性对抗与威胁，无论是同行业企业、替代品，还是供应商、潜在进入者，都被看成是企业的现实或潜在竞争对手，虽然企业的供应商与购买者也只是企业讨价还价的对象。五力竞争模型用于分析产业竞争环境，指出产业竞争存在的五种基本力量，这五种力量的状况及其综合强度，决定行业竞争的激烈程度，同时决定了行业的最终获利能力。

五力竞争模型有行业和企业个体两层次应用：行业层次就是从产业链上下游、替代品行业等整体分析行业五种基本力量；企业个体层次就是从行业内某个企业角度分析该企业所面临的五种基本力量。前者可用于行业外企业是否进入该行业的决策依据，后者可作为行业内企业相关战略决策的依据。

1.4.2 三种通用战略

波特明确地提出了三种通用战略。波特认为，在与五种竞争力量的抗争中，蕴含着三类成功战略思想：总成本领先战略、差异化战略、专一化战略。

1. 总成本领先战略

总成本领先战略的宗旨是贯穿在其中的总成本始终低于竞争对手，使竞争对手在亏本的时候自己还能获取利润，这就需要在管理方面对成本给予高度控制，建立起高效规模的生产设施，抓住成本与管理费用的控制，最大限度地减少研究开发、服务、推销、广告等方面的成本费用。要做到总成本领先，重要的是占据较大的市场份额和其他优势，如有较好的供应商关系、产品设计等，以便于生产。

2. 差异化战略

差异化战略，就是将公司提供的产品或服务差别化，树立起一些全产业范围中具有独特性的东西。这可以在产品的质量、供应、服务、商业网络、设计品牌形象等方面着手。一旦差异化的战略成功实施了，它就成为在一个产业中赢得高水平收益的积极战略，因为它建立起防御阵地对付五种竞争力量，尽管其防御的形式与总成本领先有所不同。波特认为，推行差异化战略有时会与争取占有更大的市场份额相矛盾。推行差异化战略往往要求公司对于这一战略的排他性有思想准备。这一战略与提高市场份额，二者不可兼顾。在建立公司的差异化战略的活动中总是伴随着很高的成本代价，有时即便全产业范围的客户都了解公司的独特优点，也并不是所有客户都愿意或有能力支付公司要求的高价格。

3. 专一化战略

专一化战略是主攻某个特殊的客户群、某产品线的一个细分区段或某一地区市场。总成本领先与差异化战略都要在全产业范围内实现其目标，而专一化战略的整体却围绕着为某一特殊目标服务这一中心建立，它所开发推行的每一项职能化方针都要考虑这一中心思想。这一战略依靠的前提思想是：公司业务的专一化能够以较高的效率、更好的效果为某一狭窄的战略对象服务，从而超过在较广阔范围内竞争的对手。波特认为这样做的结果是，公司通过满足特殊对象的需要而实现了差异化，或者在为这一对象服务时实现了总成本领先，或者二者兼得。这样的公司可以使其盈利的潜力超过产业的普遍水平。这些优势保护公司抵御各种竞争力量的威胁。但专一化战略常常意味着限制了可以获取的整体市场份额。专一化战略包含着利润率与销售额之间互以对方为代价的关系。

表 1-6 说明了五力竞争模型与三种通用战略的关系。

表 1-6　五力竞争模型与三种通用战略的关系

行业内的五种力量	通用战略		
	总成本领先战略	差异化战略	专一化战略
潜在进入者	具备杀价能力以阻止潜在对手的进入	培育客户忠诚度以挫伤潜在进入者的信心	通过集中战略建立核心能力，以阻止潜在对手的进入
购买者	具备向大购买者出更低价格的能力	因为选择范围小而削弱了大购买者的谈判能力	因为没有选择范围，使大买家丧失谈判能力
供应商	更好地抑制大供应商的讨价还价能力	更好地将供应商的涨价部分转嫁给客户	进货量低，供应商的讨价还价能力就高，但集中差异化的公司能更好地将供应商的涨价部分转嫁出去
替代品	能够利用低价抵御替代品	客户习惯于一种独特的产品或服务，因而降低了替代品的威胁	特殊的产品和核心能力能够防止替代品的威胁
行业竞争者	能更好地进行价格竞争	品牌忠诚度能使客户不理睬企业的竞争对手	竞争对手无法满足集中差异化客户的需求

1.4.3　价值链模型

每一个企业都是在设计、生产、销售、发送和辅助其产品的过程中进行种种活动的集合体。所有这些活动可以用一个价值链（value chain）来描述。价值活动是企业所从事的物质和技术上的各项活动，企业的价值活动划分与构成不同，价值链也不同。价值链思想认为，企业的价值增值过程可以分为既相互独立又相互联系的多个价值活动，这些价值活动形成一个独特的价值链。价值活动有两类：基本活动和辅助活动。基本活动可分为：内部后勤、生产经营、外部后勤、市场营销、服务等。辅助活动可分为：采购、技术开发、人力资源管理、企业基础设施。

价值链的含义可以概括为：① 企业各项活动之间都有密切联系，如原材料供应的计划性、及时性和协调性与企业的生产制造有密切的联系；② 每项活动都能给企业带来有形或无形的价值，如售后服务这项活动，如果企业密切注意顾客所需或做好售后服务，就可以提高企业的信誉，从而带来无形价值；③ 价值链不仅包括企业内部各价值链活动，还包括企业外部活动，如企业与供应商之间的关系、与顾客之间的关系。

每一价值活动都包括直接创造价值的活动、间接创造价值的活动、质量保证活动三部分。企业内部某一项活动是否创造价值，主要看它是否提供了后续活动所需要的东西、是否降低了后续活动的成本、是否改善了后续活动的质量。价值链的各种联系成为降低单个价值活动的成本及最终成本的重要因素。而价值链各个环节的创新则是企业竞争优势的来源。

波特的价值链理论揭示，企业与企业的竞争，不只是某个环节的竞争，而是整个价值链的竞争，而整个价值链的综合竞争力决定企业的竞争力。

如果我们把组织看成一个价值链，就可以识别能够增加价值的重要价值活动，进而确定支持这些价值活动的信息技术系统。在持续变化和激烈竞争的信息时代，导入信息技术以期改造、重组或更新价值链已成为多数企业的必然选择，只有适应变化，才能求得生存与发展。

【案例 1-5】

沃尔玛的战略价值链

沃尔玛（Walmart）之所以能够发展成为世界最大的零售商，关键就在于其从零售企业价值链中识别、确立并利用信息技术重建了库存更新这一战略价值链。

沃尔玛是美国乃至世界上最大的零售商，其成功的秘诀就在于能够以比竞争对手低的价格将商品送到商店的货架上。要做到这一点，库存更新价值链是关键。沃尔玛为此设计了一个复杂的后勤保障系统：该系统需要以最小的费用批量购进商品，然后在恰当的时间、以恰当的数量，将恰当的商品分配到各商店。从收款台条码阅读器收集到的信息被传递给负责控制的计算机；由于交叉核对，可以同样借助条码阅读器对库存进行监控；而交叉入库系统则对入库的商品进行选择、替换和（向各商店）快速分发。在此，仓库与其说是存储的设备，不如说是一个中转场地。交叉入库系统使沃尔玛能够购买整车的货物，因此，可以支付较低的价格，并可以在较少存储费用的情况下，迅速将这些货物分发到各个商店。沃尔玛正是通过识别战略价值链并利用信息技术重建战略价值链，获得竞争优势并超常规发展的。

1.4.4 信息技术与企业竞争优势

作为一种广泛利用的标准资源，信息技术本身能够转化为企业的能力和核心能力。核心能力通常是指那些能够使一个公司从战略上区别于竞争者并培育出竞争者未拥有的有益行为的能力。一个企业可以通过下述途径将信息技术转变为自己的核心能力：寻求能够形成稀缺能力的信息技术应用；关注那些能够使能力增值的信息技术应用；识别那些难以模仿的信息技术应用；追踪那些没有战略替代物的信息技术应用。

20 世纪 90 年代中期，美国信息技术战略家鲍尔又进一步将企业的竞争优势归纳为 5 种类型：① 成本优势。这种优势能够使企业更廉价地提供产品或服务。② 增值优势。这种优势能够使企业创造出更吸引人的产品或服务。③ 聚焦优势。这种优势能够使企业更恰当地满足特定客户群体的需求。④ 速度优势。这种优势能够使企业比竞争对手更及时地满足客户的需求。⑤ 机动优势。这种优势能够使企业比竞争对手更快地适应变化的需求。

利用信息技术，首先，可以创造新的优势以增加顾客的满意度，并拉开与竞争对手的距离。其次，通过延伸固有的优势来增加顾客的满意度，并拉开与竞争对手的距离。最后，削弱或消除竞争对手的优势。

信息技术对企业的吸引力就在于，它能够被用于获取上述5种优势。表1–7列举了典型的信息技术能够为企业带来的竞争优势。

表1–7　典型的信息技术为企业带来的竞争优势

信息技术的类型	企业优势	信息技术的类型	企业优势
开放式系统	机动优势	人工智能	增值优势
分布式数据库管理系统	机动优势	原型法	成本优势
面向对象系统	机动优势	大容量并行技术	成本优势
无线通信	速度优势	电子邮件	成本优势
客户机/服务器（client/server，C/S）	机动优势	视频会议	成本优势
电子商务	速度优势	移动计算机	速度优势
多媒体技术	聚焦优势	语音处理	成本优势
群件	成本优势	战略信息系统	增值优势
计算机辅助软件工程	成本优势	虚拟现实	增值优势

练习题

1. 名词解释

数据　信息　知识　信息系统（IS）　事务处理系统（TPS）　管理信息系统（MIS）　决策支持系统（DSS）　电子数据交换（EDI）　人工智能（AI）　地理信息系统（GIS）　数据仓库（DW）　联机事务处理（OLTP）　联机分析处理（OLAP）　数据挖掘　专家系统（ES）　商务智能（BI）　虚拟组织　结构化决策　半结构化决策　非结构化决策

2. 举例说明以下几个问题：

(1)信息技术的战略作用是什么？

(2)信息技术如何支持企业的业务活动？

(3)信息技术如何提高生产效率和产品质量？

(4)信息技术如何提高企业的竞争优势？

3. 什么是数据？什么是信息？二者之间的联系与区别是什么？

4. 信息的价值属性有哪些？

5. 举例说明，什么是战略性信息、战术性信息、业务信息？三者各自具有什么特点？

6. 不同的管理层次对信息系统的五个方面的功能有哪些具体的要求？

7. 举例说明信息技术的六种主要任务和目标。

8. 自1994年以来，斯坦迪什集团（Standish Group）严格按照项目工期、费用和特性这三大要素设定了项目的评估标准，每年都发布关于项目成功和失败因素的混沌报告（CHAOS Report），该报告对数万个项目进行分析。总体而言，我们对项目成败的了解仍旧处于“混沌”状态之中。大量的数据表明，很多信息系统项目是失败的（平均约28%的项目是成功的，72%的项目是失败的）。通过互联网或其他途径查找资料，分析研究如下问题：

（1）信息系统项目成功的关键因素是什么？

（2）导致信息系统项目失败表现在哪些方面，失败的原因是什么？结合2~3个实例来说明你的观点。

9. 如何在一个专门的行业持续地应用信息技术来获得竞争优势？

10. 如何在一个组织内部应用信息技术来获得竞争优势？

11. 举几个你所熟悉的通过信息技术获得竞争优势的公司的例子，并解释：它们是如何利用信息技术来获得竞争优势的？

第 2 章　企业数字化转型

【学习目的与要求】

1. 重点掌握数字化企业的内涵。
2. 掌握数字化企业的客户体验的 5 个方面以及企业数字化转型的对策。
3. 熟悉企业数字化转型过程中所面临的挑战。
4. 了解数字化企业的业务流程、企业数字化转型的意义及相关技术。

【内容提要】

本章从企业发展的现状出发，结合当下技术的发展趋势，探讨企业在发展过程中所面临的数字化转型的挑战及相关解决方案。主要内容包括：数字化企业的概念；企业数字化转型面临的挑战；企业数字化转型的意义及对策；企业数字化转型的技术要素及发展趋势等。

【引导案例】

孩子王的数字化转型

孩子王是一个发轫于南京的品牌。无论营业收入还是利润，孩子王在母婴零售行业都名列前茅。其实孩子王 2009 年年底才在南京开第一家店，这么快就能取得如此骄人的业绩，原因在于这家企业采用的基于深度用户运营的商业模式。这一模式若再能结合今天快速发展的数字化技术，尤其是营销与运营的数字化技术，或许能够创造出前所未有的商业奇迹。

孩子王的一个核心运营资源是 5 000 名育儿顾问。孩子王的策略是“人人都是首席执行官，每个人都是经营者”，育儿顾问是最小的业务单元，他们既是为孩子王工作，更是为自己工作。每个育儿顾问服务的会员数目可能是几百个到数千个。孩子王非常重视通过技术和数据给这些育儿顾问“赋能”。这些“赋能”包括：以会员制为基础，孩子王持续布局着全渠道运营体系，从线下数字化门店到手机 App、微信小程序商城等渠道全部打通，使用户可以在任何时间、任何地点、任何场景下都能享受到优质的服务。比如，在孩子王线下的数字化门店中，每年都要举办近千场活动，目前已经形成了新妈妈学院、好孕讲堂等一批品牌活动，会员都可以免费参加。这些线下互动活动不仅创造了吸纳潜在会员的有效场景，也通过互动进一步增强了会员的黏性。同时，每家门店都配有专门的育儿顾问，她们不以销售商品为主要职能，而是为新手妈妈提供产后和育儿服务、免费的育儿指导及婴童商品的购物方案。

孩子王 G6 智慧门店更是增加了“人脸识别”“扫码购”等智能服务，真正做到了全渠道、全场景触达用户，让顾客实现 24 小时所想即所得、所见即所得。只要顾客进门时扫码签到，门店的当日活动信息以及结合顾客消费习惯的商品推荐就会通过后台推送给顾客；专属育儿顾问收到了顾客到店的通知及消费信息，就会为顾客提供更为精准、定制化的服务。

线上的微信社群运营也是孩子王提升用户体验的一种手段。目前孩子王有上万个社群，大约覆盖 300 万用户。育儿顾问会在微信群里免费实时解答妈妈们的疑问，并不断分享原创的育儿经验文章。

（资料来源：佚名．孩子王：以深度服务击穿单客经济［EB/OL］．［2020-1-20］．https：//www. hbrchina. org/2019-01-25/7100. html. 引用时有修改。）

2.1　数字化企业

以大数据、云计算（cloud computing）、人工智能（AI）为代表的新一代数字技术日新月异，催生了数字经济这一新的经济发展形态。多年来，消费互联网的充分发展为数字技术的创新、数字企业的成长以及数字产业的蓬勃发展提供了重要机遇。

对于传统产业而言，数字化转型是利用数字技术进行全方位、多角度、全链条改造的过程。通过深化数字技术在生产、运营、管理和营销诸多环节的应用，实现企业以及产业层面的数字化、网络化、智能化发展，不断释放数字技术对经济发展的放大、叠加、倍增作用，是传统产业实现质量变革、效率变革、动力变革的重要途径。

2.1.1　数字化企业的概念

数字化企业（digital firm）的概念源于欧美，是伴随着互联网的发展而产生的。严格意义上说，完整意义上的数字化企业现在在世界上还很少。然而，随着互联网和通信技术的发展，数字化企业将成为 21 世纪国际化企业发展的必然趋势。

数字化企业的出现首先归因于信息技术的革命。互联网、国际贸易和知识信息经济的发展已经重新定位信息系统在贸易和管理中的地位。互联网技术开始重新塑造新的商业模式、流程以及知识和信息的传播方式。越来越多的企业正在依赖于互联网技术，通过电子手段进行工作。越来越多的企业把供应商、客户以及公司内部和外部的其他群体通过电子化的手段进行连接，所有的业务流程和信息都通过电子的方式在不分时间、不分地点地流转。

数字化企业的含义：首先，在一个数字化企业里几乎所有的商业关系，诸如客户、供应商、雇员之间以及核心的业务流程都是通过数字化信息系统进行连接和沟通的。其次，核心的企业资产，例如智力成果、财务和人力资源等，也是以数字化信息系统的方式进行管理和运作的，也就是进行电子化管理。数字化企业对外部环境的反应速度比传统企业要快得多，这使之能够在竞争激烈、变化无常的市场环境中生存并保持持续的竞争力。在真正的数字化企业中，上至宏观战略决策、下到具体业务操作都必须采用数字化管理的方法和手段。如果没有量化的数字，战略决策就没有依据，业务革新就没有方向。概而言之，数字化企业是指那些在内、外部运营中使用数字技术改变并极大地拓宽了企业战略选择的企业。

2.1.2 数字化企业的客户体验

在信息全面透明、产品严重同质化的今天，良好的客户体验已成为提升企业核心竞争力的重要手段，也是很多企业管理者共同面临的巨大挑战。无论是传统企业还是互联网企业，都在积极探索创新方案和具体措施，从而提高客户的数字化体验，更好地为客户创造价值，最终实现企业良性可持续的发展。数字化客户体验具体呈现在五个方面。

1. 从无缝体验到无界体验

从无缝链接到无缝体验，简单、便利、快捷早已成为客户判断一家企业的基本原则。从扫码付款、线上下单线下服务、跨屏观赏内容、线上协同作业，到新零售企业推广的智慧试衣间、无人商店刷脸消费，或是内容平台的智能推荐引擎，都让人们感受到从线上连接线下、从社交刺激消费的无缝衔接到全方位无缝的消费体验。

随着互联网巨头业务的渗透，横跨吃住行游购娱的全场景服务更为丰富，从客户旅程扩展到全域或全场景间转换的体验更被期待。从人人连接，扩展到物物连接的物联网，也将客户体验置于运营服务的核心。客户统一的身份标识穿透不同的终端、场景，品牌主甚至可以通过人工智能、自动化技术，将客户的需求、兴趣、行为更为精准地关联在一起，实现无界营销。

2. 从全渠道体验到多感体验

从单一渠道体验到多渠道体验，再到跨渠道体验和全渠道体验，是每一个品牌主和零售商的理想。一方面，客户的体验更加完整，可以逐步感受到一个完整的品牌信息，而不再是破碎的、多源头的信息，另一方面，品牌主和零售商可以通过不同渠道获得更为丰富的客户信息，进而更精准地描绘客户画像。全渠道的营销其实更重视“运营客户”的营销理念，这也说明了对于多样式、多源头客户信息采集的必要性，包括客户的基础数据、线上与线下的行为数据。

增强现实、虚拟现实结合智能终端的应用，除了让客户开启了一场别开生面的体验，也成为品牌主与新零售商在数据采集与识别方面的新法宝。从新奇尝鲜，到产生行动，增强现实及虚拟现实的应用强化了客户无意识但又多感知（尤其是视觉、听觉、触觉）的体验，也带来更为实际、强烈的感受。

3. 从沉浸体验到情绪体验

数字化客户体验的演变表现在客户的情感层面。由于移动技术与人机交互技术的进步，越来越多的情感和情绪被智能地融入移动体验中。所谓的情绪智能，不再只是移动端或屏幕上的动画效果，而是一种让交互体验变得更加沉浸、更加真实的方式。例如，通过面部识别产生表情符号、创建个性化的动画表情、眼球追踪判断兴趣点，或是智能终端通过颜色、声音、气味所呈现的拟人化反应，这些交互设计都被用来展现更实际的客户情绪，达到更为真实的情绪体验。

4. 从个性化体验到影响力体验

个性化体验很容易理解，也早已成为品牌主为客户量身打造产品或服务，提高客户满意度的一种策略。绝大多数品牌主或企业服务平台，通过系统和算法来实现对客户的个性化服务，例如电商平台的“猜你喜欢”“千人千面”展示，或是生活服务平台的“历史搜索推荐”、新闻客户端的信息流广告，又或者是企业应用服务中基于客户使用习惯或权限而设定的操作流程。当然，之所以能实现个性化服务，还是依赖于大量的用户数据与精准的用户信息。不论是在群体交流中，还是在虚拟的网络场域中，越来越多的客户期望自己能更有影响力，也更乐于通过所享有的个性化服务或品牌主给予的定制化权限，来逐步提升自己的影响力。这种影响力的养成，以及数字化服务在养成过程中的感受，将更能丰富客户的体验与忠诚度。

5. 从信任体验到认同体验

客户对于优质产品或服务的需求更高，也更加重视产品的来源、成分、工艺、制作流程、合规性以及服务的质量。企业的负面事件会影响客户对于企业的信任度，甚至影响行业的发展。企业应用数字技术其实已经有很多投入，包括公开制作工艺、数字直播生产过程、数据可视化呈现等，引入人机协同技术打造数字化客服，以及应用区块链技术于产品溯源、打击假货等。这些努力围绕着客户对于品牌的信任体验，也连接到对于品牌的认同。随着消费意识的提升，客户对于品牌诚信度的要求更高，势必会更在意这部分的体验。对于品牌主而言，唯有得到客户的信任和认同，打造数字化客户体验的路径才更为完整。

2.1.3　数字化企业的业务流程

数字化企业的业务流程，就是依靠业务流程管理平台，构建业务流程的数字化、结构化模型，通过信息技术系统实现相关流程，最终实现企业业务流程的“可观”“可动”“可测”，持续提高组织整体绩效和敏捷的反应能力，为企业的经营运作、管理创新、战略决策提供重要支撑。数字化企业的业务流程可以在实际业务运行过程中，通过流程监控和数据分析，进行持续优化与改进，实现企业的管理变革与创新。

企业业务流程的数字化并不只是简单地对现有流程做自动化处理，而应该重新改造整体业务流程，包括精简各种程序，压缩文件的数量，开发自动化决策流程，处理监管和欺诈问题等。为了与改造过的业务流程相匹配，企业还应重新设计运营模型、技能、组织架构和岗位角色，以及调整和重建数据模型，以更好地支持决策流程、业绩跟踪和客户洞见等。

一旦信息密集型的流程被数字化，可节省高达 90% 的成本，交付时间也可实现数量级提升。各行各业都能看到这方面的实例：某银行对抵押贷款申请审批流程实行数字化后，新增贷款成本平均下降 70%，贷款初步审核的时间从几天缩短到仅需几分钟。某电信公司开发了一项预付费自助服务，客户不需要后台介入就可以自行订购、激活手机。某鞋类零售商创建了店内库存管理系统，可实时查询某个款式或者某个尺码的鞋子是否有货，节省了店员和顾客的时间。某保险公司对流程进行数字化改造后，实现了很大一部分简单案件的自动理赔审核。

此外，企业利用计算机软件替代纸质文件和人工处理，可以自动收集相关数据，且通过挖掘数据能更好地了解流程效果、成本驱动因素、风险起因等。实时报告和数字化看板可以帮助管理人员防患于未然。举例来说，通过监测数字渠道中的客户购买行为和反馈，可以防微杜渐，及时发现并解决供应链质量问题。不少领先企业已经意识到，传统大型项目的数字化流程迁移往往需要很长时间才能真正生效，而且有时候根本就不起作用。反观成功企业，通过对流程重新改造，可以对现有流程的所有相关内容提出问题，并利用先进的数字技术来重建流程。比如，领先企业在系统中为客户设计了自助投诉选项，使其可自行提交投诉内容，而不是由企业的后台员工设计技术工具来进行此项操作。

2.2 企业数字化转型概述

企业数字化转型是深化供给侧结构性改革的重要抓手。当前我国经济运行的矛盾主要集中在供给侧，直接表现就是产能大量过剩与有效供给不足，企业提供的产品或服务不能有效地满足客户的需求，生产活动的市场价值难以兑现，经济运行难以实现良性循环。具体到传统产业，主要表现为需求乏力、品牌效益不明显、竞争过度、产能过剩等问题日益突出。对此，需顺应消费升级趋势，以产品或服务数字化、智能化为导向推进传统产业转型升级，减少低端无效供给，培育发展新动能。数字化转型就是要充分发挥数字技术在传统产业发展中的赋能引领作用，通过推动产品的智能化、满足消费需求的个性化、实现企业服务的在线化等，有效提升企业产品或服务的质量和效率，充分激发传统产业的新活力。

传统产业数字化转型是制造业高质量发展的重要途径。中华人民共和国成立以来，我国制造业发展取得了长足进步，但多数制造业企业仍处于较低的发展水平，面临着人力、土地、技术等资源环境的约束，综合成本持续上升。制造业中传统产业占比超过 80%，以传统产业的改造提升来推动制造业高质量的发展，具有巨大的潜力和市场空间。相关数据显示，一些传统产业通过实施智能制造试点示范项目，建设了具有较高水平的数字化车间或智能工厂，有效提升了生产效率。这些示范项目改造前后的对比显示，生产效率平均提升 37.6%、能源利用率平均提升 16.1%、运营成本平均降低 21.2%、产品研制周期平均缩短

30.8%、产品不良率平均降低 25.6%。可见，数字化转型可将制造优势与网络化、智能化相叠加，有利于提高生产制造的灵活度与精细性，实现柔性化、绿色化、智能化生产，是转变我国制造业发展方式、推动制造业高质量发展的重要途径。

传统产业数字化转型是数字经济发展壮大的重要支撑。当前，我国数字经济发展进入快车道，发展数字经济的实践包含数字产业化和产业数字化两个方面，其中，数字产业化是数字技术创新及产业化的过程，产业数字化则强调用数字技术来经营管理企业，把数字技术应用到产品或服务中去。从实践看，传统产业已经成为数字技术应用、创新的重要场景，二者之间的融合亦支撑了数字经济的快速发展。

2.2.1 信息化、数字化和智能化

信息化解决的是数据映射问题，是对现实世界（企业的存在配置、资源存流、运营状态、外部联通）实现数据映射的集合。感知、采集、识别判断、指令传递、动作控制、反馈监测均处于数据层面，与人类的关系只有数据界面交互。

数字化开始解决语义层的问题，不仅实现了信息化，而且在识别、采集数据底层已经设计、赋予了语义内容，并且在算法上植入了包括自然语言理解、智能识别、自组织、自寻优等智能，使得系统的识别判断、指令传递、动作控制、反馈监测都具备了一定程度的语义内容，特别是与人类可具有双向的语义互动。

智能化是信息化、数字化的终极阶段，这一阶段解决的核心问题是人和机器的关系：信息足够完备、语义智能在人和机器之间自由交互，变成一个你中有我、我中有你的“人机一体”世界。人和机器之间的语义裂隙逐步被填平，并逐步走向无差异或者无法判别差异。

信息化、数字化和智能化三者之间没有取代式递进关系，但是有层次差异。表 2-1 描述了信息化、数字化、智能化之间的关系。

表 2-1 信息化、数字化、智能化之间的关系

阶段	体系结构	内容	作用	价值
信息化	业务信息系统	数据/信息	信息处理	业务流程自动化
数字化	业务信息系统/管理信息系统	数据/信息/知识/决策	信息处理/信息管理/知识管理	业务流程自动化/管理流程自动化
智能化	业务信息系统/管理信息系统/运营管理系统	数据/信息/知识/决策/执行	信息管理/知识管理/决策管理/运营管理	业务流程自动化/管理流程自动化/运营自动化、智能化

2.2.2 企业数字化转型的意义

1. 提升劳动生产率

数字化转型可以有效地提升劳动生产率，降本增效。数字化转型，如业务流程的自动化,专业工作的智能化（如基于人工智能的创成式设计，基于区块链的智能合约），能够极大地减少不必要的低效率项目的管理和专业工作，优化产能，实现降本增效的目标。

2. 为企业创造新的价值

数字化转型通过人与机器的重新分工，产生新的价值创造点，能够为企业带来商业模式的创新和变革。通过建立集成设计、采购、施工的数字化项目平台，数据积累和互联，实现向客户交付智能项目（如工厂、设施），并帮助客户优化项目投产后的运营维护效率，延展企业的服务价值链，拓宽收入来源。

3. 做出最合理的商业决策

通过建立囊括企业内部数据（如商业开发、项目管理、专业工作、企业运营、工厂/设施等）和外部数据（如地缘政治、经济环境、供应商/分包商等）的大数据平台，从各个维度帮助公司提供商业决策前的数据分析，企业可以通过可量化的分析结果为其商业策略提供更为全面、客观的事实依据，从而做出适合企业发展方向的最佳决策。

4. 先发制人的优势

与竞争对手相比，率先实现数字化转型（包括创新技术、组织架构和企业文化）的企业将具备先发制人的竞争优势。通过设备和资源的优化配置，优化内部效率；通过创新技术提升为客户服务的价值。例如，一家位于美国得克萨斯州的世界领先的页岩资源开发企业，借助集团层面的数字化转型，整合项目、资源、财务、钻探、运营的孤立业务系统，通过情景分析技术，极大地提升了钻井效率，帮助公司实现 10 年内页岩油产出增长 4 倍的战略需求，成功挤压了竞争对手的市场份额。

5. 与世界接轨，提高竞争力

实现数字化转型是中国企业与世界接轨的必要途径。数字化技术和文化能够提升中国企业在海外市场的可信度和专业水平，将数字化水平作为进入更高级别专业市场的敲门砖，与世界领先的工程建设企业同场竞技，并最终引领行业的发展方向。诸如 5G（5th-generation，第 5 代移动通信技术）、物联网（internet of things，IoT）、区块链、人工智能等新兴技术在科技行业的崛起，将为遍布全球的业主和工程建设企业提供前瞻性的思考方式，进而引入新技术为企业管理模式、生产方式、发展战略带来颠覆性的发展动力，争夺国际市场的话语权。

数字化转型是一个漫长和循序渐进的过程，更不存在唯一的成功准则，寻找适合企业自身成熟度和发展战略的数字化转型方案是一切的前提。正视差距，完善企业管理流程和数字化基础，为新技术的应用打通内部协同和变革壁垒，转变企业对数字化的片面认识，将是国内企业在数字化时代进一步发展最紧迫的任务。

2.2.3　企业数字化转型的挑战

传统产业数字化转型还面临不少困难和挑战，一些难点问题有待解决。

1. 企业认识不到位，缺乏方法论支撑

数字化不仅是技术更新，而且是经营理念、战略、组织、运营等全方位的变革，需要从全局谋划。目前，多数企业推动数字化转型的意愿强烈，但普遍缺乏清晰的战略目标与实践路径，更多还是集中在生产端如何引入先进信息系统，没有从企业发展战略的高度进行谋划，企业内部尤其是高层管理者之间难以达成共识。与此同时，数字化转型是一项长期艰巨的任务，面临着技术创新、业务能力建设、人才培养等方方面面的挑战，需要企业实现全局层面的有效协同。

2. 数据资产积累薄弱，应用范围偏窄

数字化转型是企业数据资产不断积累和应用的过程，数据资产是数字化转型的重要依托，如何加工利用数据、释放数据价值是企业面临的重要课题。目前，多数企业仍处于数据应用的感知阶段而非行动阶段，覆盖全流程、全产业链、全生命周期的工业数据链尚未构建；内部数据资源散落在各个业务系统中，特别是底层设备层和过程控制层无法互联互通，形成信息孤岛；外部数据融合度不高，无法及时全面感知数据的分布与更新。受限于数据的规模、种类和质量，目前多数企业对数据的应用还处于起步阶段，主要集中在精准营销、舆情感知和风险控制等有限场景，未能从业务转型角度开展预测性和决策性分析，难以更好地挖掘数据资产的潜在价值。大数据与实体经济融合的深度和广度尚不充分，应用空间亟待开拓。

3. 核心数字技术和第三方服务供给不足

传统产业数字化转型面临成本较高、核心数字技术供给不足等问题，也缺乏有能力承担集战略咨询、架构设计、数据运营等关键任务于一体，且能够实施“总包”的第三方服务商。目前，市场上的方案多是通用型解决方案，无法满足企业、行业的个性化和一体化需求。更为重要的是，对很多中小企业而言，市场上的软件、大数据、云计算等各类业务服务商良莠不齐，缺乏行业标准，选择难度较大。

4. 数字鸿沟明显，产业协同水平较低

传统产业数字化发展不平衡、不充分的问题比较突出，大多数中小企业数字化水平低，网络化、智能化基础薄弱，尽管有强烈的愿望，但受限于人力、资金约束，普遍“心有余而力不足”，大中小企业间的数字鸿沟十分明显。相比于发达国家，我国产业互联网生态建设较为缓慢，行业覆盖面、功能完整性、模型组件丰富性等方面相对滞后，与行业内存在的数字鸿沟有较大关联。龙头企业仍以内部综合集成为主入口开展工业互联网建设，产业链间业务协同并不理想，平台针对用户、数据、制造能力等资源社会化开放的程度普遍不高。

2.2.4 企业数字化转型的对策

为了更好地推动传统产业数字化转型，我们应主要从以下几个方面着手。

1. 加快建设数字技术高效供给体系

高效供给体系的建设包括：加快建设一批数字经济创新平台载体，提升技术创新水平，尤其是有效提升原创技术和基础理论的研究创新水平；加强人工智能、大数据、云计算等数字技术的基础研究；整合全球人才和平台资源优势，加快与全球顶级科研机构和人才团队的合作，推进数字技术原创性研发和融合性创新；支持企业建设高水平的、具有行业影响力的企业技术中心，引导企业积极参与国家数字经济领域“卡脖子”技术攻关，大科学工程、大科学装置建设以及国际、国内标准制定等。

2. 着力解决数字创新人才紧缺问题

解决数字创新人才的内容包括：明确数字创新人才的能力素质标准；深化校企合作、政企合作；激发行业协会、培训机构、咨询公司等在数字技能人才培育中的作用，促进数字技能人才培育体系的形成；积极营造良好的环境，探索高效灵活的人才引进、培养、使用、评价、激励和保障政策。

3. 积极部署新一代信息基础设施

以5G、人工智能、工业互联网、物联网为代表的数字化设施正成为国家新型基础设施的重要组成部分。面对企业低时延、高可靠、广覆盖的工业网络需求，要加快推动新一代信息网络升级，加强工业互联网、云计算等新型信息基础设施布局，同时做好传统基础设施的智能化改造。

4. 加强对传统产业数字化转型的政策支持

优化政府服务，提高政策精准度，统筹研究制定相关政策及配套措施，整合财税、金融、人才、土地等方面的政策力量，全力推动传统产业数字化转型。在财税支持方面，需强化财政专项资金统筹，引导各级财政资金，加大对传统产业数字化转型的投入，加强对数字经济领域重大平台、重大项目和试点示范的支持；探索成立传统产业数字化发展基金，推动各级政府产业基金按照市场化运作方式，与社会资本合作设立数字经济发展相关投资子基金；积极落实数字经济领域的相关惠企政策，确保落地见效。在人才要素方面，要完善人才激励机制，支持开展股权激励和科技成果转化奖励试点。此外，还需加强传统产业数字化转型在用地、用能、排放、创新等方面的要素资源优化配置和重点保障。

2.2.5 企业数字化转型的趋势

传统产业数字化转型的目的是利用数字技术破解企业、产业发展中的难题，重新定义、设计产品或服务，实现业务的转型、创新和增长。从实践来看，强化价值创造、数据集成和平台赋能，已经成为传统产业数字化转型的重要趋向。

1. 从生产驱动到以客户需求为中心的价值创造

相比于传统经济形态，数字经济的市场条件发生了较大变化，传统产业的价值链中以客户需求为中心的价值创造逻辑日益显现。数字化不仅仅是优化企业生产的关键技术支撑，更是连接市场、满足客户需求、更好地服务客户的重要方式：一是利用互联网平台和大数据等技术可以更好地了解客户的需求，并从单一的产品向“产品+服务”的方向升级，提供满足客户多样化需求的全面解决方案；二是基于智能制造推动制造业变革，以柔性化生产有效地满足消费者个性化需求；三是基于智能产品构建起全生命周期的服务体系，通过监测、整理和分析产品使用中的数据，提高企业服务附加值；四是基于互联网社区、众创平台，鼓励客户直接参与产品设计。基于数字化的价值创造，使企业价值链重构，成为既包含制造业价值链增值环节，又包含服务业价值链增值环节的融合型产业价值链。

2. 从物理资产管理到数据资产管理

数字经济发展以数字化的信息和知识为核心生产要素。随着数据规模的不断扩大，加强数据资产管理成为数字化转型中企业的共识，越来越多的企业将数据纳入企业的资产管理。一方面，数据资产的应用范围已经从传统的以企业内部应用为主，发展到支撑内部和服务外部并重，挖掘和释放数据价值、扩展数据应用和服务为企业经营的重要内容；另一方面，企业也意识到并非所有数据都能成为资产，伴随着大量外部数据引入和内部数据的不断累积，数据规模扩大、数据质量不高、业务之间数据融合度低、数据应用不到位等都会产生大量的成本。因此，围绕数据的采集、筛选、加工、存储、应用等各环节进行规划，基于数据加工的全链条进行数据资产治理体系建设，提高数据资产价值，正成为企业发展的重要任务，企业针对数据资产的管理也呈现出运营化发展趋势。

3. 从内部数字化到平台赋能的产业链协作

从实践来看，越来越多的互联网巨头企业以及重点行业中的骨干企业加大了在工业互联网上的投入。除了加快自身数字化转型外，这些企业通过平台建设将各自关于数字化实践的经验赋能中小企业，形成对上下游相关主体的支撑。工业互联网平台汇聚共享了设计、生产、物流等制造资源，有效整合了产品设计、生产制造、设备管理、运营服务等数据资源，开展面向不同场景的应用创新，不断拓展行业价值空间，平台赋能中小企业数字化转型的效果初步显现，传统产业数字化转型整体进度加快。

2.3 企业数字化转型相关技术

2.3.1 工业互联网

工业企业通过互联网，不同程度地执行数字化转型战略，即所谓的“互联网+制造”或“制造+互联网”。互联网的根本意义在于连接客户，拉近企业与客户的距离，但这仍然不够。随着互联网技术的成熟和大规模普及，企业需要通过互联网平台去连接企业的另一核心要素——产品，通过互联网拉近企业与产品的距离、产品与客户的距离，从而为工业企业带来一系列新的业务场景、业务价值和业务模式转型，这些都是互联网为企业带来的价值。互联网所涵盖的范畴非常广泛，尤其针对工业制造企业、拥有大量机器的行业用户和围绕机器为核心的其他相关利益方，工业互联网平台将带领工业企业迈向全面数字化时代，带来实实在在的价值。

1. 工业互联网为企业带来的价值

（1）支撑供给侧改革。供给侧改革主要帮助企业提高产品竞争力，包括提升基于产品使用大数据的研发能力，制造过程全数字化、可视化，支撑完全个性化定制的产品供给模式，随需应变的产品配置能力等，这些都是工业企业赖以生存的根本，也是快速响应数字化时代市场需求的必备能力，可以有效提高工业企业的竞争力。

（2）支撑后市场服务。后市场服务为传统制造性企业带来新的服务、新的模式和新的业态。众所周知，中国是制造大国。全球500个品种的工业产品中，就产量规模来讲，中国有超过300种产品的产量居世界第一，包括增量和存量市场。中国拥有超大规模的存量资产，在产品增量市场增长趋于缓和的背景下，如何进一步挖掘存量资产的价值，带来新的营业收入是当前所有工业企业必须考虑的问题。然而，研究发现，工业互联网对后市场价值的挖掘具备极大的先天性优势，主要体现在：通过互联网技术提高售后服务品质，从而提升服务营销能力，为企业带来新的增值服务收入；支撑制造型企业开拓共享经济的新蓝海，这就是“制造即服务”的理念。另外，通过工业互联网平台，能够帮助工业企业打造围绕产品使用生态的S2B（supply chain platform to business，供应链平台对企业的新型互联网商业模式）平台能力，这是工业企业特别是细分行业巨头未来转型的一个重要领域，为整个行业上下游全生态、全价值链体系提供整合的平台服务。

（3）降低综合成本。工业企业持续优化的一个重要领域是节能减排、运营效率。工业互联网将大大促进这两个方面的持续优化，当然，这一切都离不开工业大数据的应用。主要体现在：制造与产品供给效率、服务成本与服务效率、配件供给成本与效率、延长设备使用寿命、企业节能减排等方面。

2. 工业互联网体系的核心技术能力

工业互联网体系复杂，需要提供六大核心技术能力，主要包括便利可靠的连接，混合云架构技术，工业大数据处理技术，可复制的应用能力，集成应用的整体效率，多层次、端到端的安全防御体系。

（1）便利可靠的连接：适配多种控制器、性价比高、新技术跟踪（5G等），以根云（树根互联旗下的工业互联网平台）为例，可提供多行业、多设备类型快捷接入，80%以上主流控制器覆盖，支持350种以上的工业总线驱动，协议300种以上通信设备。全球主流运营商网络的无缝集成与切换，GPS（global positioning system，全球定位系统）与北斗定位，以及商用卫星通信能力。

（2）混合云架构技术：基于公有云的技术架构，能确保数据隐私，打造公有云+私有云架构，具备多云迁徙能力。

(3) 工业大数据处理技术：支撑工业大数据的广泛应用，包括宏观经济预测、配件需求预测、产品研发大数据分析、在外贷款风险管控模型、设备故障预测模型、服务模式创新等。

(4) 可复制的应用能力：应对解决个性化/标准化的冲突，既要满足客户的个性化需求，又要具备大规模复制的互联网拓展模式；确定核心应用为后市场服务运营管理（通用性高、普遍的痛点、制造业与服务业的接口）；利用互联网轻量级架构，打造组件化、微服务化功能模块；便于应用的自由配置和功能的个性化组合。

(5) 集成应用的整体效率：从接入到应用端到端打通，跨技术层级的整体效率、易用性和开放性，能够对接各种外部应用。

(6) 多层次、端到端的安全防御体系：建立云、管、端全方位的安全防御体系，如芯片硬件加密、安全操作系统、终端安全插件、设备端软硬件防篡改、识别并过滤物联网协议和应用、百万并发连接处理、无线网和固网加密传输协议、DDoS（distributed denial of service，分布式拒绝服务）攻击防护、云端安全运维中心、基于大数据安全态势感知等安全管理技术。

2.3.2　人工智能

人工智能是研究、开发用于模拟、延伸和扩展人的智能的理论、方法、技术及应用系统的一门新的技术科学。人工智能是计算机科学的一个分支，它企图了解智能的实质，并生产出一种新的能以人类智能相似的方式做出反应的智能机器，该领域的研究包括机器人、语言识别、图像识别、自然语言处理和专家系统等。人工智能从诞生以来，理论和技术日益成熟，应用领域也不断扩大，可以设想，未来人工智能带来的科技产品，将会是人类智慧的“容器”。人工智能可以模拟人的意识、思维的信息过程。人工智能不是人的智能，但能像人那样思考，也可能超过人的智能。

多年来，两个不同学派的人工智能研究得到了发展。一个学派以美国麻省理工学院为代表，这个学派将任何表现出智能行为的系统都视为人工智能的例子。这个学派认为，人造物是否使用与人类相同的方式执行任务无关紧要，唯一的标准就是程序能够正确地执行。在电子工程、机器人和相关领域，人工智能工程主要关注的是得到令人满意的执行结果，这种方法称为弱人工智能。

另一种学派是以美国卡内基梅隆大学为代表，主要关注生物可行性，这种方法称为强人工智能。也就是说，当人造物展现智能行为时，它的表现基于人类所使用的相同方法。例如，考虑一个具有听觉的系统：弱人工智能支持者仅仅关注系统的表现，而强人工智能支持者的目标是通过模拟人类听觉系统，使用等效的耳蜗、听力管、耳膜和耳朵其他部分部件来成功地获得听觉。弱人工智能的支持者，仅基于系统的表现来衡量系统是否成功，而强人工智能的支持者关注它们所构建系统的结构。

人工智能正渗入到方方面面，一个日益流行的趋势是，将它运用于企业应用软件以改善业务成果，目标是构建可访问大量数据的应用软件，并且利用它的处理能力，将人工智能和高级机器学习运用于该数据。企业需要高速处理应用软件，支持更合理的决策和快速周转。最终，应用软件必须提供可付诸行动的业务和客户洞察力，以便企业做出决策，获得良好的业务成果。在企业数字化转型的过程中，需要识别适用人工智能来求解的问题，即要考虑可以在什么样的情境下引入人工智能的技术或手段。

大部分人工智能问题有三个主要特征：人工智能问题往往是大型问题；在计算上非常复杂，并且不能通过简单的算法来解决；人工智能问题及其领域倾向于收入大量的人类专门知识。

企业可以利用人工智能实现数字化转型业务目标，例如：

（1）大规模的个性化。所有的企业或多或少都会关注它们的客户，甚至许多企业会声称“以客户为中心”，但要完全实现这个目标，需要付出相当大的努力。为了摆脱面向产品或细分市场的结构，消除信息孤岛，可以开始推进以客户为中心的观念。这种转变可以结合人工智能营销技术，以创建大规模的个性化的消息。通过分析可访问的庞大历史数据库，可以了解客户旅程，并采用预测分析来预测未来与品牌互动的结果。通过对客户跨设备、跨平台购买途径的清晰了解，可以参与数字故事讲述，根据每个人与营销资产的过往互动来定制信息。人工智能技术可以梳理我们的数据，并展示重要的洞察力，否则我们将永远无法发现数据之中的秘密。这些软件包扮演着数据科学家专用团队的角色，具有极大的可扩展性。

（2）通过自动化提升效率。作为数字化转型过程的一部分，应用更灵活的组织架构至关重要，正如使用数据和人工智能来提供真正的以客户为中心至关重要一样。保持机器平稳运行的过程也应该自动化，以创建可在全球范围内使用的可重复、可靠的功能。人们一致认为人工智能在这方面的作用有所转变。大多数高级营销人员认为，人工智能可以管理人们工作中辛苦且烦琐的部分，并与人们一起工作以产生更好的结果，而不是将其视为对就业能力的威胁。人与技术之间的关系有很大的影响，必须明确各自职责。人工智能技术可以以几乎无法概念化的规模分析数据，并且从实时反馈中学习以调整其功能。这就可以解放员工的时间，使其更专注于战略制定。

麦肯锡公司在调查中发现，大力投资人工智能的企业不仅取得了实际效益，也获得了突破性发展的机会。某些采用人工智能技术的先行企业将强大的数字能力与积极主动的战略相结合，获得了更高的利润率，而且未来有望进一步拉大与其他企业的业绩差距。在零售业、电力、制造业、医疗保健和教育等行业的成功案例，充分说明了人工智能在提高预测和采购能力、实现运营优化与自动化、开发精准营销和定价策略、改善客户体验等方面的巨大潜力。

人工智能技术对企业的数字化实力有一定的要求，而且往往需要以特定数据进行训练，这就意味着企业没有捷径可走，只能加快数字化转型的步伐，包括人工智能技术的发展。先行企业现已逐渐形成竞争优势，将后来者甩得越来越远。一场成功的转型需要企业把握好数字化及分析转型的多个关键点，包括：寻找商用意义、构建相应的数据生态体系、自主开发或购买合适的人工智能工具、调整工作流程、提升企业能力和改善企业文化，此外，还有一点尤其值得注意——高管层的支持、良好的管理和技术水平、无缝数据访问能力是促成转型的关键。

虽然人工智能可以带来诸多益处，但它也向企业、开发者、政府和劳动者提出了紧迫的挑战。劳动者需要接受新的技能培训，学习如何与人工智能协作，而非与之对抗。渴望成为全球人工智能产业中心的城市或国家必须勇于投入全球竞争，延揽人才、吸引投资。此外，更要解决伦理、法律、监管等方面的问题，为人工智能的顺利发展扫清障碍。

2.3.3　物联网

物联网是指通过信息传感器、射频识别技术、全球定位系统、红外感应器、激光扫描器等各种装置与技术，实时采集任何需要监控、连接、互动的物体或过程，采集其声、光、热、电、力学、化学、生物、位置等各种需要的信息，通过各类可能的网络接入，实现物与物、物与人的泛在连接，实现对物品和过程的智能化感知、识别和管理。物联网是一个基于互联网、传统电信网等的信息承载体，它让所有能够被独立寻址的普通物理对象形成互联互通的网络。物联网的应用已遍布各行各业，它将成为推动行业发展的一大因素。让物联网设备能够整体运作起来的设备和应用软件的性能是同等重要的。物联网中大量的数据、事务需要监控和监视，以确保每一次交互安全、一致。物联网的内涵主要有以下几个方面。

1. 物联网始于连接

物联网旨在达成企业内、外物理资产间的相互连通，实现单机无法实现的功能，连接就成为能否顺利实现万物互联的基础。不同网络、不同领域中各种各样的物理资产相互连通、传递信息并与人进行互动，会极大地推动业务的创新。目前，根据独特的行业应用场景和业务需求，以及终端产品的多样性，有多种有线或无线的设备连接方式。各项不同连通性标准和协议都有其特殊的价值与用途，只有将连通性添加到很多标准与技术并不相同的产品中，才能为实现万物互联打下坚实的基础。

2. 物联网平台是承上启下的枢纽

按照逻辑关系和功能，物联网平台从下到上提供终端管理、连接管理、应用使能、业务分析等主要功能，实现对终端设备和资产“管、控、营”的一体化。同时，随着物联网应用的深入，任何一家技术提供商都无法满足企业用户全部的应用需求，需要更多开发者的加入，针对未被满足的需求进行相应的应用开发。物联网平台可以通过开放式平台的方式为第三方物联网应用开发者提供物联网应用开发服务，同时对接第三方系统，有效聚合产业链各环节资源，打造应用生态。另外，平台不仅可实现各类设备的互联互通，还是数据的集散地，随着人工智能、机器学习技术的成熟，物联网平台将提供强大的商业分析功能。

3. 物联网的价值提升来源于数据

将越来越多的设备简单地连接到网络，只是使设备更智能化的一个手段，而非终极目的。在万物互联后，数据的产生、收集、处理、决策和应用才是物联网的核心价值点。随着各式各样的物联网设备的普及以及传感器的大规模部署，其所采集的海量数据的潜在价值也将被逐渐挖掘。可以说，物联网是一个以“数据”为驱动的产业。当物联网应用达到一定阶段，大数据分析和人工智能就是物联网顶层数据处理的中心。万物互联所产生的海量数据，经智能化的处理、分析，最终透过数据形成产品或服务，并由此诞生很多创新商业模式和应用，而这正是物联网最核心的商业价值所在。

4. 云计算和边缘计算相互协同支撑多样化应用场景

云计算为各种联网设备产生的数据提供存储、管理、分析等所需的缩放性，性能和规模是物联网产业发展的基石。边缘计算作为云计算的有益补充，能够满足分布式低时延的需求。通过在边缘设备上执行数据分析，可有效应对数据爆炸，减轻网络的流量压力，缩短设备的响应时间，减少从设备到云数据中心的数据流量。云计算与边缘计算相互配合，使网络资源得到更有效的分配和利用。

5. 安全性是物联网普及的关键

整个系统的安全性是制约物联网被广泛采用的最大障碍之一。随着越来越多的设备变得智能化，让物联网拥有无限可能的同时，也伴随着许多与生俱来的安全问题。同时，随着物联网技术继续普及，在各行各业催生新的用途和业务案例，新的安全威胁必然层出不穷。如果不对安全问题加以足够重视，安全就将成为物联网应用的薄弱环节。而物联网安全必须是从设备到云、再到应用的全方位保障。

利用物联网及其相关技术进行企业数字化转型，已经应用于仓库或配送中心的工厂中。供应链已经实现高度自动化，并且在不久的将来变得更先进。

智能工厂利用物联网、网络物理系统和云计算的融合，使制造商能够使用实时数据来提高效率，降低成本，并适应需求变化。例如，高级分析可以显示仓库是否在特定项目上过高或过低，以便能够更好地响应客户不断变化的需求。实现智能工厂的全部价值需要强大的边缘计算基础设施。交通运输可以与智能工厂紧密结合，其技术已经成熟。除了跟踪卡车或车辆外，智能技术还允许跟踪运输车队。运营商可以确保车队在正确的时间将正确的产品运输到正确的地点。智能交通和物流领域的技术包括智能交通系统，车队管理和远程信息处理、导航和控制系统，智能车辆应用、收费和票务系统，安全和监控系统。

2.3.4 5G 和边缘计算

第五代移动通信技术（简称 5G 或 5G 技术）是最新一代蜂窝移动通信技术。5G 的性能目标是高数据速率、减少延迟、节省能源、降低成本、提高系统容量和大规模设备连接。其三大应用场景包括：增强移动宽带、高可靠、低时延和大连接。

边缘计算（edge computing）起源于传媒领域，是指在靠近物或数据源头的一侧，采用网络、计算、存储、应用核心能力为一体的开放平台，就近提供最近端服务。其应用程序在边缘侧发起，产生更快的网络服务响应，满足行业在实时业务、应用智能、安全与隐私保护等方面的基本需求。边缘计算处于物理实体和工业连接之间，或处于物理实体的顶端。而云端计算，仍然可以访问边缘计算的历史数据。

边缘计算恰好可以解决 5G 三大场景面临的问题。首先，边缘计算设备将为新的和现有的边缘设备提供连接和保护；其次，尽管 5G 将为基于云的应用程序提供更好的连接性和更低的延迟，但仍然存在处理和存储数据的成本。混合 5G 和边缘计算的解决方案将降低这些成本；最后，边缘计算可以让更多应用程序在边缘运行，减短了由数据传输速度和带宽限制所带来的延迟，并可对本地数据做初步分析，为云分担一部分工作。

不仅边缘计算对 5G 有推动作用，5G 与边缘计算在一定程度上是相辅相成的。一方面，5G 自身的发展，将对边缘计算的发展起直接促进作用；另一方面，由于 5G 对物联网有促进作用，也将间接促进边缘计算。

2.3.5　机器人技术

近几年，机器人产业迎来了飞速发展，推动着各行各业的数字化转型和产业升级。随着实用经验的积累，机器人技术的进步、行业应用的普及，未来机器人的发展必将走向“群体智能、互联互通、自主移动、人机共融”，继续为国民经济的发展、各行各业生产力和生产效率的提升带来极大的主推作用。机器人的应用遍布众多行业，包括咨询和服务领域。这种机器人可以执行各种任务，与客户进行互动，处理其他日常任务。其想法是使重复性活动实现自动化，这样员工就有时间执行更复杂的任务。

在不久的将来，没有收银员的杂货店可能会很常见。一些仓库已经采用了自动机器人，这些机器人依靠摄像头和其他传感器来收集有关其环境的信息（包括人员），并实时适应环境。视觉和抓握技术的改进使机器人能够在仓库操作中挑选零件，并且可以帮助补充杂货店的物品或为顾客购物提供帮助。

机器人的未来需要强大而安全的计算基础设施，以确保解决方案的可用性和安全性。基础设施系统需要通过内置冗余进行自我修复。

无人机技术已经从简单的遥控操作发展到智能驾驶和自主飞行模式。无人机技术颠覆了从农业到电影制作等一系列产业。此外，无人机捕获数据的能力得到了增强，包括高清和超高清视频。随着技术的进步和智能化，运营和收集的数据量呈指数级增长。包裹递送公司正在试验无人机，以加快包裹递送。无人机的广泛采用将受到该技术面临的许多监管问题的影响，并且可能受到 5G 技术取得进步的积极影响。

2.3.6　其他相关技术

1. 信息安全管理

在数字化转型阶段，安全会越来越让人担心。无论是联网设备、人工智能、虚拟现实（virtual reality，VR）技术还是增强现实（augmented reality，AR）技术，都会有需要安全接口的开放节点。安全将是企业决策、高层讨论和发展战略的重点。企业信息安全管理即针对当前企业面临的病毒泛滥、黑客入侵、恶意软件、信息失控等复杂的应用环境制定相应的防御措施，保护企业信息和企业信息系统不被未经授权的访问、使用、泄露、中断、修改和破坏，为企业信息和企业信息系统提供保密性、完整性、真实性、可用性、不可否认性服务。

简而言之，使非法者看不了、改不了信息，系统瘫不了、信息假不了、行为赖不了。

2. 数字孪生

数字孪生（digital twin）技术是充分利用物理模型、传感器更新、运行历史等数据，集成多学科、多物理量、多尺度、多概率的仿真过程，在虚拟空间中完成映射，从而反映相对应的实体装备的全生命周期过程。数字孪生技术日益成为一项要求，它让企业得以探究将虚拟想法转化为实际现实的方法，这涉及配备传感器的智能部件实时整理数据，这些数据本质上离不开上下文。质量工程能够支持传感器无缝工作、上下文数据顺畅交换。拥抱数字孪生技术，既需要深厚的技术沉淀、巨大的资金投入，更需要管理水平和员工技能达到相应的层次。

3. 区块链

区块链起源于比特币。2008 年，中本聪发表了《比特币：一种点对点的电子现金系统》一文，阐述了基于 P2P（peer-to-peer，点对点）网络技术、加密技术、时间戳技术、区块链技术等的电子现金系统的构架理念，这标志着比特币的诞生。近年来，世界对比特币的态度起起落落，但作为比特币底层技术之一的区块链技术日益受到重视。在比特币形成过程中，区块是一个一个的存储单元，记录了一定时间内各个区块节点全部的交流信息。各个区块之间通过随机散列（也称哈希算法）实现链接，后一个区块包含前一个区块的哈希值，随着信息交流的扩大，一个区块与另一个区块相继接续，形成的结果就叫区块链。

许多企业积极探讨区块链在各个领域的应用，以利用固有的优势。该技术有望改变行业，虽然区块链常围绕着金融界，但区块链在政府、医疗、内容分发和供应链等方面大有用武之地。而从本质上讲，它是一个共享数据库，存储于其中的数据或信息具有不可伪造、全程留痕、可以追溯、公开透明、集体维护等特征。基于这些特征，区块链技术奠定了坚实的“信任”基础，创造了可靠的“合作”机制，具有广阔的运用前景。

4. 云计算

从狭义上讲，云计算就是一种提供资源的网络，使用者可以随时获取“云”上的资源，按需求量使用，并且可以看成是无限扩展的，只要按使用量付费就可以，“云”就像自来水厂一样，我们可以随时接水，并且不限量，按照自己家的用水量，付费给自来水厂就可以。从广义上讲，云计算是与信息技术、软件、互联网相关的一种服务，这种计算资源共享池叫作“云”，云计算把许多计算资源集合起来，通过软件实现自动化管理，只需要很少的人参与，就能让资源被快速提供。也就是说，计算能力作为一种商品，可以在互联网上流通，就像水、电、煤气一样，可以方便地取用，且价格较为低廉。总之，云计算的核心概念就是以互联网为中心，在网站上提供快速且安全的云计算服务与数据存储，让每一个使用互联网的人都可以使用网络上的庞大计算资源与数据中心。云实施不断运行，为数字化转型领域的软件开发过程提供连接、带宽可扩展性和更强大的功能。据劳伦斯伯克利国家实验室声称，利用云计算有望将信息技术能耗最多降低 87% 。

5. 商业智能

商业智能又称商业智慧或商务智能，是指用现代数据仓库技术、联机分析处理技术、数据挖掘和数据展现技术进行数据分析以实现商业价值。商业智能通常被理解为一种将企业中现有的数据转化为知识，帮助企业做出明智的业务经营决策的工具。这里所谈的数据包括企业业务系统的订单、库存、交易账目、客户和供应商等来自企业所处行业和竞争对手的数据以及来自企业所处的其他外部环境中的各种数据。商业智能能够辅助的业务经营决策，既可以是操作层的决策，也可以是战术层和战略层的决策。商业智能的关键是从许多来自不同的企业运作系统的数据中提取出有用的数据并进行清理，以保证数据的正确性，然后经过抽取（extraction）、转换（transformation）和装载（load），即 ETL（extraction-transformatio-load）过程，合并到一个企业级的数据仓库里，从而得到企业数据的一个全局视图，在此基础上利用合适的查询和分析工具、数据挖掘工具（大数据魔镜）、联机分析处理工具等对其进行分析和处理（使信息变为辅助决策的知识），最后将知识呈现给管理者，为管理者的决策过程提供支持。

练习题

1. 名词解释

数字化企业　数字化业务流程　物联网　信息化　数字化　智能化

2. 数字化企业的客户体验体现在哪些方面？
3. 如何解决“数字鸿沟”给企业数字化带来的挑战？
4. 如何实现从物理资产管理到数字资产管理的转变？
5. 企业数字化转型面临哪些挑战？
6. 企业数字化转型可以用到哪些新兴技术？具体如何实现？

第3章　数据采集

【学习目的与要求】

1. 重点掌握数据采集的主要途径、手段。
2. 掌握数据采集的含义、数据采集的原则。
3. 熟悉数据采集的主要技术和数据自动采集技术的发展趋势。

【内容提要】

本章系统介绍了数据采集的含义、分类、原则、方式，重点介绍了目前广泛使用的数据自动采集技术：常用数据自动采集技术、条码技术、无线射频识别技术、产品电子代码与自动识别技术；智能数据采集技术：可穿戴设备、无人机技术。

【引导案例】

电力巡检的"空中之眼"

电力是经济发展的一个重要基础设施。新疆，是我国电力输送系统中尤为重要的一员。传统的电力精细化巡检作业时，需要运维人员爬上电力线路杆塔，对包括连接点的螺栓等零件、绝缘子完好程度等进行检查；在早期的日常巡检时，通常会使用望远镜进行观察，容易遗漏掉不少细节，导致巡视质量不高。

除了人工登塔的安全性问题，新疆的不少电力杆塔是建立在戈壁滩甚至山区中。遇到山区丘陵地带的杆塔时，巡检员需要花费数小时先爬山，到达山顶后再登塔检验，这无疑极其耗费时间。

使用无人机进行辅助巡检后，巡检员的工作效率有了大幅提升，也不用再担忧人身安全问题。在不同地方进行无人机巡检时，难度大小主要与作业环境有关，而与电压幅度的高低并没有太大关联，只要保证一定飞行距离即可。

用无人机巡检后，整体飞行过程只用 8 分钟，工作人员将巡检过程中拍摄到的关键位置图片和视频带回统一整理，并将这些资料命名，有问题的部分可以及时记录并上报。

目前，国家电网和南方电网两大体系都已实现无人机电力巡检，并且还在寻找下一个突破点。

3.1　数据采集概述

信息系统领域有句名言，“垃圾进，垃圾出”（garbage in，garbage out，GIGO），意思是说，如果进入信息系统的数据是垃圾数据，则加工出来的也是垃圾数据。因此，数据采集工作十分重要。

3.1.1　数据采集的基本概念

数据采集又称数据获取，是根据管理人员对信息的需求进行的原始数据的获取过程。由于现实世界中存在各种各样的信息，而在人们的生产活动中并不需要也不可能将现实世界的所有原始资料统统收集进来，因而在进行信息采集阶段面临的主要问题有数据识别、收集的方法和数据的表现形式。

1. 数据识别

数据识别就是确定收集哪些数据。

(1) 由管理者根据自身管理决策的需要和目标，向信息管理人员提出所需要的信息种类及信息内容、范畴和结构。

(2) 信息管理人员在充分理解管理者需求的基础上，通过调研和观察，对所需要的信息进行识别。

(3) 信息管理人员将识别出的信息交予管理人员共同讨论，进一步补充完善。

2. 数据采集的分类

根据数据的来源，可以把数据采集工作分为原始数据采集和二次数据采集两种。

原始数据采集的关键问题是完整、准确、及时地把所需要的数据采集起来，记录下来，做到不漏、不错、不误时。因此，它要求时间性强、校验功能强、系统稳定可靠。由于它是信息系统与数据源直接联系，而数据源又具有业务本身的特殊属性，所以，在技术手段与实现机制上常常具有很大的特殊性。

在实际工作中，业务信息系统常常涉及原始数据采集，而其他几种信息系统主要涉及二次数据采集。当然，这二者的区分是相对的。例如，某一地区的某些经济指标是由各县的数据加工而得的，省发展计划委员会以从该地区收集的信息为原始收集，但是从另一方面来看，所谓地区这一实体是虚的，其属性值的计算是依据其下属单位所提供的数据加工而得的。因此，省发展计划委员会和地区发展计划委员会之间的关系同样需要注意指标解释、口径统一等二次数据采集中所应考虑的问题。区分二者只是为了说明在各种情况下应该考虑的问题。

3. 数据采集的原则

在数据采集过程中，需要遵照下列原则。

（1）可靠性原则：数据必须是真实对象或环境所产生的，必须保证数据来源是可靠的，必须保证采集的数据能反映真实的状况。

（2）完整性原则：数据采集必须按照一定的标准要求，采集反映事物全貌的数据，完整性原则是数据利用的基础。

（3）实时性原则：数据自发生到被采集的时间间隔，间隔越短就越及时，最快的是数据采集与数据发生同步。

（4）准确性原则：采集到数据的表达是无误的，是属于采集目的范畴之内的，相对于企业或组织自身来说具有适用性，是有价值的。

（5）计划性原则：采集的数据既要满足当前需要，又要照顾未来的发展；既要广辟数据来源，又要持之以恒。

（6）预见性原则：数据采集人员要掌握社会、经济和科学技术的发展动态，要随时了解未来，采集那些对将来发展有指导作用的预测性数据。

3.1.2 数据采集的方式

数据采集是按系统的观点和用户的需要收集必要的数据。数据采集中应注意两个问题：

一是数据本身的正确性。管理信息系统的任务是对大量的数据进行处理，以提供决策所需的信息。如果收集的数据不正确（或称原始数据错误），那么加工后所提供的数据很难保证是正确的。根据错误信息做出的决策必然是错误的。因此，为保证信息系统输入数据的正确性，必须从数据的采集开始做起。

二是数据采集的时效性。为了使管理信息系统及时提供决策所需的信息，必须保证信息收集的快速性和及时性。由于计算机的处理速度非常快，而数据采集的速度相对来说较慢，若不采取合适的数据采集方式，势必会影响决策信息的提供，甚至会贻误决策的时机。

数据采集中对应的“采”，主要是数据的获取，可以有多种方式，如网络抓取、数据合作和购买。数据采集中对应的“集”，则是数据的清洗、连接、整合，将价值密度低的数据转化为价值密度高的数据。目前常用的采集数据的方式有：人工采集、自动采集、网络采集等。

1. 人工采集

人工采集是指由一线业务人员在工作现场所做的数据采集。例如：销售人员将销售订单录入信息系统中。人工采集要求采集者及时、准确、全面地将业务数据录入信息系统。

2. 自动采集

自动采集是指通过各种电子设备（条码阅读器、传感器、摄像头、无线射频识别、无人机等）自动采集数据的方式。

3. 网络采集

网络采集是指利用互联网搜索引擎技术实现有针对性、行业性、精准性的数据抓取，按照一定规则和筛选标准进行数据归类，并形成数据库文件的一个过程。

3.2 数据自动采集技术

【案例3-1】

海尔集团物流信息化条码的应用

海尔集团坚持走出国门创名牌，目前，已建立起一个具有国际竞争力的全球设计网络、制造网络、营销与服务网络。

海尔集团在全国各地建有多个配送中心，这些配送中心构成了海尔集团服务市场和客户需求的重要物流网络。为确保配送中心实现高效运转，并为管理系统提供及时、准确的物流数据，配送中心建设了一套高效和准确的数据采集系统，全面应用便携式数据终端设备，在配送中心的入库、出库、盘点、移库等作业环节，实现了高效、准确、及时的数据采集和管理功能。

在配送中心的入库作业环节，数据终端从主机系统下载有关的入库数据后，操作人员通过在数据终端上输入相应的入库单据编号，便可获得详细的入库数据，具体包括入库产品条码、单位、数量等。操作人员通过对实际入库产品条码的扫描，并将实收数据与应收数据核对，实现了对入库数据的高效采集和流程控制功能。最后，数据终端上采集的数据被上载到主机系统中，供物流管理系统做进一步的处理和分析。

在配送中心的出库作业环节，在数据终端下载主机系统的出库数据之后，操作人员在数据终端上输入相应的出库单据号，便可获得当前批次出库的产品条码和数量。依据数据终端中的出库数据，操作人员可实现对出库产品的扫描、核对和确认，从而实现了对出库作业的严密管理。最后，数据终端的实际出库数据被上载到主机系统中。

在仓库盘点作业中，在数据终端下载由主机系统生成的盘点数据之后，操作人员便可在数据终端的操作提示下，对库存商品进行逐项扫描、清点和确认，待盘点数据上载到主机系统之后，便可获得库存的盘点差异数据。

在库位移动作业中，待数据终端从主机系统下载移库指令后，操作人员便可在数据终端的操作指示下，将某个库位的商品转移到目的库位，待所有移库操作完成后，再将数据终端上载至主机系统，实现移库作业的确认。

此外，在海尔集团的物流管理系统中，所有的物流资源包括作业人员、物流托盘、物流容器和作业表单等，都通过条码实现了数字化标识，并由数据终端扫描后实现数据采集，从而由物流信息系统实现了作业统计、流程控制、作业调度等功能，并实现了整个物流系统和资源的高效运作和管理。

随着海尔集团对条码识别和数据终端技术应用的深入，无线数据终端开始走进海尔的视野。无线数据终端产品在普通的数据终端产品上增加了无线网络功能，使数据终端在作业过程中可与主机系统进行实时通信、交换数据、获得指令。这使操作人员免去了数据上传和下载的环节，缩短了作业时间，提高了劳动生产率，能够更有效地服务于大业务量的作业环境。海尔集团将无线数据终端应用于海尔生产基地的装车系统。

随着计算机、互联网等信息技术的飞速发展，信息“高速路”更加快速、准确、安全，而信息录入成为信息流通的瓶颈。采用自动识别与数据采集技术，即可以通过自动（非人工）识别获取项目（实物、服务等各类事物）管理信息，这种不使用键盘即可将数据实时输入计算机信息系统的技术，是突破信息流通瓶颈的最佳手段。

与用于安全、认证等目的的个体特征识别不同，自动识别与数据采集技术广泛应用于各种商务活动和各类行业管理的信息采集与交换。其应用过程是将项目的管理信息通过信息化编码进行定义、代码化，并装载在可自动识别的载体（如条码符号、射频标签等）中，借助自动识别技术和设备，实现定义信息的自动识别、采集和输入信息处理系统。

自动识别与数据采集技术为信息化管理带来了高效率、高可靠性和自动化，是国际商品流通乃至供应链管理中普遍采用的技术，需要标准化、规范化。因此，自动识别技术已成为一个独立的技术标准化工作领域。

3.2.1 常用数据自动采集技术

现有自动采集技术包括：磁卡、智能卡、条码、无线射频识别等。

1. 磁卡

20 世纪 60 年代初，交通部门开始使用磁卡；70 年代，银行开始使用磁卡；之后，磁卡的使用范围不断扩大，现在已非常普及。磁卡技术的优点是成本低且用途广，其缺点是存储的信息量有限和数据的安全性较低。随着新的安全技术的出现，磁卡技术还会得到应用。磁卡技术的国际标准由国际标准化组织（international organization for standardization，ISO）制定。

2. 智能卡

智能卡有两类：一种是仅有记忆功能的“哑”卡，仅用于存储信息，如零售店和售货机用的储值卡；另一种是真正的“智能”卡，嵌入的微处理器可以处理所存储的数据，如智能钱包或多用卡。

因卡上有微处理器，能够用多种方法来防止对卡上信息的非法访问，从而提供了安全环境，这也是智能卡替代其他卡的主要理由。智能卡的最大优点是能够存储海量数据和具有很好的安全性，智能卡标准由国际标准化组织制定。

3. 条码

条码是一种广泛应用的自动识别与数据采集技术。常用的条码有 EAN 13、GS1-128 码、

ITF-14 条码、GS1-Data Matrix 二维条码、汉信码等。

条码分为一维条码和二维条码。一维条码可用于将数字或数字字母作为数据库关键字的领域。其存储的数据量有限，打印对比度不够，缺墨时会降低条码的识别质量。

二维条码可以在很小的地方存储大量的数据。与一维条码相比，二维条码的主要优势是能存储大量的数据。它具有如下特性：安全性强、高密度、具有纠错功能、可以表示多种语言文字、可以表示图像数据、可引入加密机制等。二维条码的缺点是需要特殊的扫描器，堆叠式符号可用栅格激光扫描器识别，而矩阵式符号则需图像扫描器阅读。

4. 无线射频识别

无线射频识别（RFID）技术是近几年来在计算机领域出现的若干革命性技术之一，目前，已广泛应用于高速路收费系统、无人商店等领域。

无线射频识别是一种非接触式的自动识别技术。最简单的无线射频识别系统由标签（tag）、阅读器（reader）和天线（antenna）三部分组成，但在实际应用中还需要其他硬件和软件的支持。其特性包括准确性、高效性、耐久性、兼容性、延展性。

（1）准确性：降低系统的差错率。

（2）高效性：可在远距离识读高速行进中的物品。

（3）耐久性：不受地域环境限制，可全天候工作。

（4）兼容性：由 EPC（electronic product code，电子产品代码）网络提供支持。

（5）延展性：可通过无线网络与互联网无缝连接。

自动识别与数据采集技术的选择应视具体的情况而定。选择的标准是：首先，企业自身对采集数据的要求，如安全性、差错率等；其次，考虑数据采集的成本；再次，数据采集方法的灵活性和适应性；最后，数据采集方法的应用前景，是否与升级后的系统无缝连接。

3.2.2　条码技术

条码技术是电子与信息科学领域的高新技术，涉及的技术领域较广，是多项技术相结合的产物。经过长期研究和应用实践，条码技术现已发展成为较成熟的实用技术。

1. 条码技术的研究对象

条码技术研究的是如何将需要向计算机输入的信息用条码这种特殊的符号加以表示，以及如何将条码表示的信息转变为计算机自动识读的数据。因此，条码技术的研究对象主要包括编码规则、符号表示技术、识读技术、生成与印制技术和应用系统设计技术五大部分。

（1）编码规则。编码是为管理对象编制代码的过程，代码是一串用来唯一表示管理对象的数字、字母或数字字母的组合。编码规则主要研究编码原则、代码定义等。编码规则是条码技术的基本内容，也是制定码制标准和对条码符号进行识别的主要依据。为了便于物品跨国家和地区流通，适应物品现代化管理的需要，以及增强条码自动识别系统的相容性，各个国家、地区和行业，都必须遵循并执行国际统一的编码标准。

（2）符号表示技术。条码是由一组按特定规则排列的条和空及相应数据字符组成的符号。条码是一种图形化的信息代码。不同的码制，条码符号的构成规则也不同。目前较常用的一维条码码制有EAN商品条码、UPC商品条码、ITF-14条码、库德巴码、39条码、GS1-128条码等。二维条码较常用的码制有PDF417码、QR CODE码等。符号表示技术的主要内容是研究各种码制的条码符号设计、符号表示和符号制作。

（3）识读技术。条码自动识读技术可分为硬件技术和软件技术两部分。

自动识读硬件技术主要解决将条码符号所代表的数据转换为计算机可读的数据，以及与计算机之间的数据通信。硬件支持系统可以分解成光电转换技术、译码技术、通信技术和计算机技术。软件技术主要解决数据处理、数据分析、译码等问题，数据通信是通过软硬件技术的结合来实现的。

在条码自动识读设备的设计中，考虑到其成本和体积，往往以硬件支持为主，所以应尽量采取可行的软措施来实现译码和数据通信。近年来，条码技术逐步渗透到许多技术领域，人们往往把条码自动识读装置作为电子仪器、机电设备和家用电器的重要功能部件，因而减小体积、降低成本更具有现实意义。

（4）生成与印制技术。只要掌握了编码规则和条码标准，把所需数据用条码表示就不难解决。然而，如何把它印制出来呢？这就涉及生成与印制技术。条码符号中条和空的宽度是包含着信息的，首先用计算机软件按照选择的码制、相应的标准和相关要求生成条码样张，再根据条码印制的载体介质、数量选择最适合的印制技术和设备。条码印制技术是条码技术的主要组成部分，因为条码的印制质量直接影响识别效果和整个系统的性能。

（5）应用系统设计技术。条码应用系统由条码、识读设备、计算机及通信系统组成。应用范围不同，条码应用系统的配置也不同。一般来讲，条码应用系统的应用效果主要取决于系统的设计。

2. 条码技术的特点

条码作为一种图形识别技术，与其他识别技术相比有如下特点。

（1）简单。条码符号制作容易，扫描操作简单易行。

（2）信息采集速度快。利用条码扫描录入信息的速度是键盘录入的20倍。

（3）采集信息量大。利用条码扫描，一次可以采集几十位字符的信息，而且可以通过选择不同码制的条码增加字符密度，使录入的信息量成倍增加。

（4）可靠性高。键盘录入数据误码率为三百分之一，利用光学字符识别技术，误码率约为万分之一。而采用条码扫描录入方式，误码率仅有百万分之一，首读率可达98%以上。

（5）灵活、实用。条码符号作为一种识别手段可以单独使用，也可以和有关设备组成识别系统实现自动化识别，还可和其他控制设备联系起来实现整个系统的自动化管理。同时，在没有自动识别设备时，也可实现手工键盘输入。

（6）自由度大。条码通常只在一维方向上表示信息，而同一条码符号上所表示的信息是连续的，这样即使是标签上的条码符号在条的方向上有部分残缺，仍可以从正常部分识读正确的信息。

（7）设备结构简单、成本低。条码符号识别设备的结构简单、操作容易，无须专门训练。与其他自动化识别技术相比较，推广应用条码技术，所需费用较低。

3.2.3 无线射频识别技术

无线射频识别是20世纪90年代兴起的一种非接触式的新型自动识别技术，通过射频信号自动识别目标对象并获取相关数据，具有识别工作无须人工干预、可工作于各种恶劣环境等特点。

典型的无线射频识别系统包括无线射频识别电子标签、读写器和计算机信息系统三个部分（见图3-1）。电子标签具有智能读写和加密通信的能力，读写器由无线收发模块、控制模块和接口电路组成，通过调制的RF通道向标签发出请求信号，标签回答识别信息，然后由读写器把信号送到计算机或其他数据处理设备。

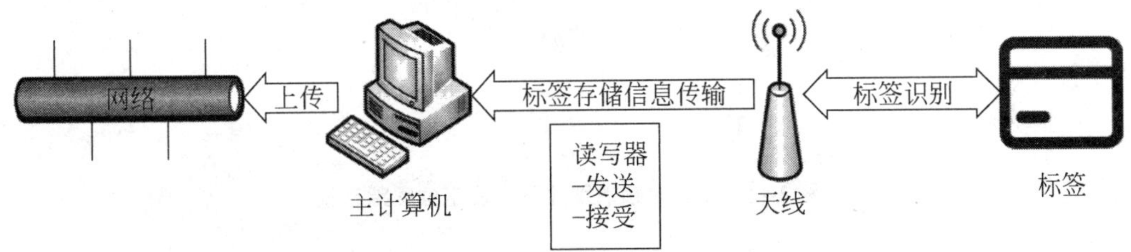

图3-1 典型的无线射频识别系统

在实际应用中，电子标签附着在待识别物体的表面，其中保存有约定格式的电子数据。读写器通过天线发送出一定频率的射频信号，当标签进入该磁场时产生感应电流，同时利用此能量发送出自身编码等信息，读写器读取信息并解码后传送至主机进行相关处理，从而达到自动识别物体的目的。

按照工作频率的不同，无线射频识别系统可分为低频、高频、超高频和微波系统。低频无线射频识别系统的典型频率主要有125kHz、134.2kHz，高频无线射频识别系统的频率以13.56MHz为主，超高频无线射频识别系统主要使用433MHz、860MHz～960MHz等UHF频率和频段，而微波无线射频识别系统的频率主要有2.45GHz、5.8GHz。煤矿行业应用无线射频识别一般选择超高频无线射频识别系统。

无线射频识别技术目前已应用于物流、邮政、零售、医疗、动物管理等多个领域，在煤矿行业中的应用大有可为。

【案例3-2】

无线射频识别在煤矿安全中的应用

无线射频识别在煤矿行业中的应用主要包括煤矿人员安全与定位、煤矿资产管理两个方面。在发生煤矿安全事故后，最重要的问题是对井下工作人员的搜救工作。但目前存在的主要问题有：① 地面与井下工作人员的信息沟通不及时。② 地面工作人员难以及时动态掌握井下工作人员的分布及作业情况，不能进行精确人员定位。③ 一旦煤矿事故发生，抢险救灾、安全救护的效率低，搜救效果差。

利用无线射频识别技术可实现对煤矿井下工作人员的定位，有效地解决上述问题。无线射频识别井下工作人员定位跟踪系统主要用于煤矿业等井下和隧道作业，集成了远距离射频识别技术、网络通信技术和自动控制技术等（见图 3-2）。

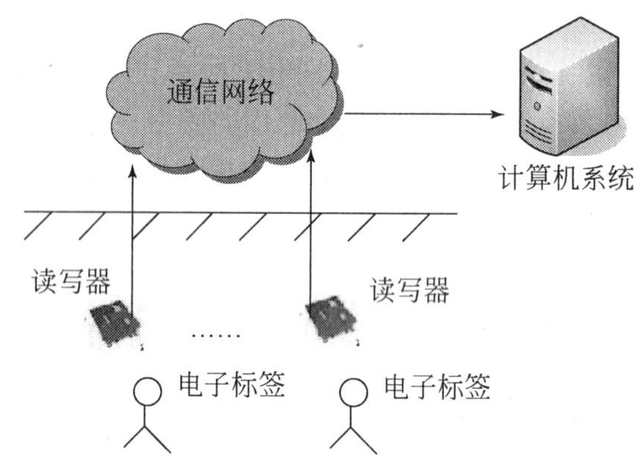

图 3-2　无线射频识别井下人员定位跟踪系统

每个井下工作人员分配一个无线射频识别电子标签或无线射频识别卡，一般放置在工作人员佩带的矿灯上。无线射频识别电子标签中一般存储该工作人员的 ID 编号，该编号与计算机系统数据库中的详细信息相关联。利用该电子标签还能进行工作人员的考勤管理和出入控制管理，记录某一工人在某一段时间的出入信息及出勤情况。

当工作人员进入井下以后，由于井下的各个坑道和工作人员可能经过的通道中均安放有无线射频识别天线与无线射频识别读写器，井下工作人员的无线射频识别电子标签就会得到识别，识别到的信息通过通信网络传送给后端的计算机系统。后端的计算机系统与电子地图 GIS 等技术结合，可将井下工作人员的信息实时地进行显示：谁、哪个位置、具体时间，便于地上工作人员实时掌握井下工作人员的位置信息，并在出现突发事故时进行有效的搜救工作。

无线射频识别读写器的具体数量和位置根据现场实际工作情况而定，并通过各种网络与地面控制中心的计算机相连。目前可使用有线和无线网络两种通信方式，有线的通信方式有串行通信技术、局域网，无线通信方式主要有 Zigbee（紫蜂协议）与无线局域网等。井下连接示意图如图 3-3 所示。

利用上述无线射频识别煤矿井下人员定位系统，一旦井下发生事故，可根据电脑中的人员分布信息马上查出事故地点的人员情况，再用特殊的探测器在事故处进一步确定人员位置，以便帮助营救人员准确快速地营救出被困人员。

无线射频识别煤矿井下工作人员定位系统具有识读距离远、可任意调整系统的识别范围、识别无“盲区”、信号穿透力强、安全保密性能高、无电磁污染、环境适应性强、可同时识别多人、便于井下网络连接及数字传输等优点。

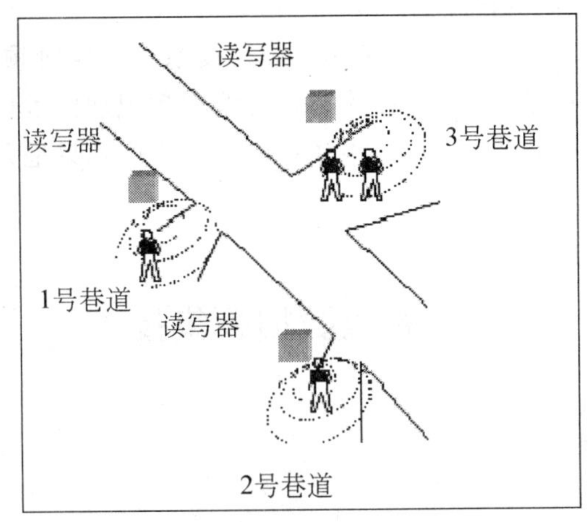

图 3-3 井下连接示意图

3.2.4 产品电子代码与自动识别技术

1. 商品条码与产品电子代码

产品电子代码（EPC）是基于无线射频识别技术和互联网的一项物流信息技术，它的概念是美国麻省理工学院 AutoID 中心在 GS1 及其前身国际物品编码协会的支持下提出的。

在产品电子代码出现之前，条码作为一种最常见的自动识别技术，在全世界得到了广泛的推广和应用。但是条码也具有一些缺点，如信息量十分有限，对识读环境要求较高等。产品电子代码系统通过对实体对象的唯一标识，借助计算机网络，应用无线射频识别技术，实现对单个物体的访问，突破性地实现了 GS1 系统中全球贸易项目代码（global trade item number，GTIN）体系所不能完成的对单品的跟踪和管理任务。产品电子代码成为继条码技术之后，再次变革商品零售结算、物流配送和产品跟踪管理模式的一项真正具有革命性意义的新技术。

产品电子代码和条码各有特点，在许多领域可以联合应用。例如，无线射频识别技术在提高识读率和迅速发现漏读对象上还比较困难，条码技术可以作为解决这些问题的补充手段。另外，产品电子代码的推广应用还需要一个相对较长的过程，在一定范围和时间内，条码技术和产品电子代码与无线射频识别技术将长期共存，互相补充。

2. 产品电子代码与无线射频识别技术

无线射频识别是利用射频信号及其空间耦合和传输特性进行非接触双向通信，实现对静止或者移动物体的自动识别，并进行数据交换的一项自动识别技术。无线射频识别技术具有识读距离远、识读速度快、不受环境限制、可读写性好、可同时识读多个物品等优点，随着无线射频识别技术的不断进步，成本的不断降低，无线射频识别技术进入了物流、供应链管理领域，显示出巨大的发展潜力和应用空间。

产品电子代码及产品电子代码系统的出现，使无线射频识别技术向跨地区、跨国界物品识别与跟踪领域的应用迈出了划时代的一步。

从技术上讲，产品电子代码系统包括物品编码技术、无线射频识别技术、无线通信技术、软件技术、互联网技术等多个学科技术，而无线射频识别技术只是产品电子代码系统的一部分；对无线射频识别技术来说，产品电子代码系统应用则只是无线射频识别技术的应用领域之一。

3.3 智能数据采集技术

3.3.1 可穿戴设备

可穿戴技术是20世纪60年代由美国麻省理工学院媒体实验室提出的创新技术，利用该技术可以把多媒体、传感器和无线通信等技术嵌入人们的衣着中，可支持手势和眼动操作等多种交互方式。

从20世纪70年代起就在使用可穿戴计算机辅助视力的加拿大科学家史蒂夫·曼恩，被誉为“可穿戴计算机之父”。

1. 智能可穿戴设备的含义

智能可穿戴设备，确切地说，是智能可穿戴计算机，指采用独立操作系统，并具备系统应用、可升级和扩展的、由人体佩戴的、实现持续交互的智能设备。

（1）智能可穿戴设备应该是持续的，它总是处于工作、待机或可存储状态。

（2）智能可穿戴设备应该主动提供服务，增强人的感知能力。

（3）同时它应该能够过滤掉无用的信息。

这里的“可穿戴”有几方面的含义：比便携更方便；舒适的触感是第一位的；要有实用价值；产品要够酷，戴在身上能起美化作用。智能可穿戴设备的要求是：① 操作时人可自由移动。② 无须用手进行操作。③ 有传感器。④ 使用过程不干扰正常生活。⑤ 永不掉线。

2. 智能可穿戴设备的分类

可以从产品功能和产品外形两个角度，对智能可穿戴设备进行分类（见图3-4）。

下面从数据采集的角度介绍几款经典智能可穿戴设备。

（1）GPS手表。GPS手表（见图3-5）主要用于获取监控对象的位置信息。GPS手表使用非常简单，只需要装入SIM卡，将GPS手表与监护手机进行绑定，监护方就能直接通过短信查询跟踪被监护方所在具体地理位置的信息，包括地址、图像和经纬度。

如果想知道被监护对象的位置，只要向GPS手表发一个短信，几秒时间就可以知道被监护对象所在的具体位置而无须经计算机查核。如果预先设定好定时反馈功能，GPS手表就能定时向手机发送被监护对象的具体位置等信息。另外，GPS手表内置的麦克风可以实现远程监听功能，当被监护对象迷路或遇到危险的时候，可以通过SOS按键实现报警功能，该 GPS 手表将会自动把报警信息传达到绑定的手机上，此时远程监听功能便会发挥它的作用。

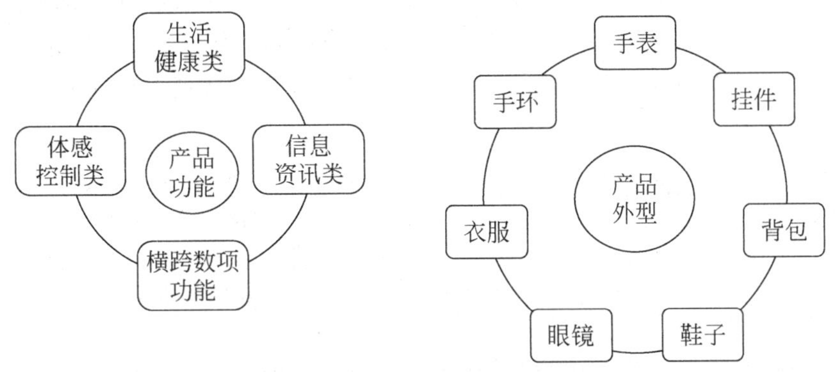

图 3-4 智能可穿戴设备的分类

手表式或挂式的 GPS 不须定位平台，用户直接用手机进行远程目标定位跟踪，再通过经纬度在 google earth（谷歌地图）等地图查寻定时位置。监护方可直接通过短信方式查询被监护对象的具体位置，无须通过平台系统，无须支付平台月租费用。

图 3-5 GPS 手表

GPS 手表的另外一个亮点就是拥有清晰的扩音器功能，不需要佩戴耳机就能直接与监护方对话。

GPS 手表还有潜在意外警报、电力不足、人为关机等提醒功能；同时，精确电子围栏监护功能也能对被监护对象活动范围进行设定，被监护对象进出事先设定的指定范围，绑定手机后将收到提醒信息，告知监护方的监护对象可能有潜在危险，同时监护方可查看被监护对象历史过往记录轨迹，对被监护对象的行动了如指掌。

（2）“拓展现实”眼镜。典型的“拓展现实”眼镜就是谷歌公司的谷歌眼镜了。眼镜配备了一个投影显示器，一个能拍摄视频的摄像头，镜框上有触控板。它还带有麦克风和喇叭，各种传感器，陀螺仪，还有多种通信模式。

眼镜内置了一台微型摄像头，还配备了头戴式显示系统，可以将数据投射到用户右眼上方的小屏幕上，而电池也被植入眼镜架里。

所有核心部件（电池、棱镜、CPU、摄像头、麦克风、扬声器和按钮）全部集中在右侧。外侧是眼镜的触控区域。整个眼镜只有两个按钮，一个位于右上，用于手动抓拍照片和视频，另一个位于眼镜右边内侧，是眼镜的开关键。

（3）老年人监护手表。老龄化社会的健康监护已成为社会问题。已有企业致力于老年人 GPS、SOS、心率、血压等安全和健康监护智能穿戴设备研发，后台数据分享及联调客户服务平台。为老龄群体、慢性病群体、康复人群、特定人群提供人员定位、紧急救助、生命体征监测、情感陪护等服务，为居家、社区、机构养老等提供“智能穿戴设备+软件数据平台”解决方案。

作为居家养老的一大主要服务类型，远程监护可视为上门服务的补充和延伸。在老人独自在家或出行的情况下，智能手表、体征监测仪等智能终端设备，可24小时实时采集数据，使子女或服务方及时获知老人需求，从而做出响应。在依托智能终端设备的远程监护类服务中，采集有关老人身体和生活状况的数据只是第一步，接下来数据上传到云端，经过处理、分析，还将由此衍生出一系列增值服务（见图3-6）。

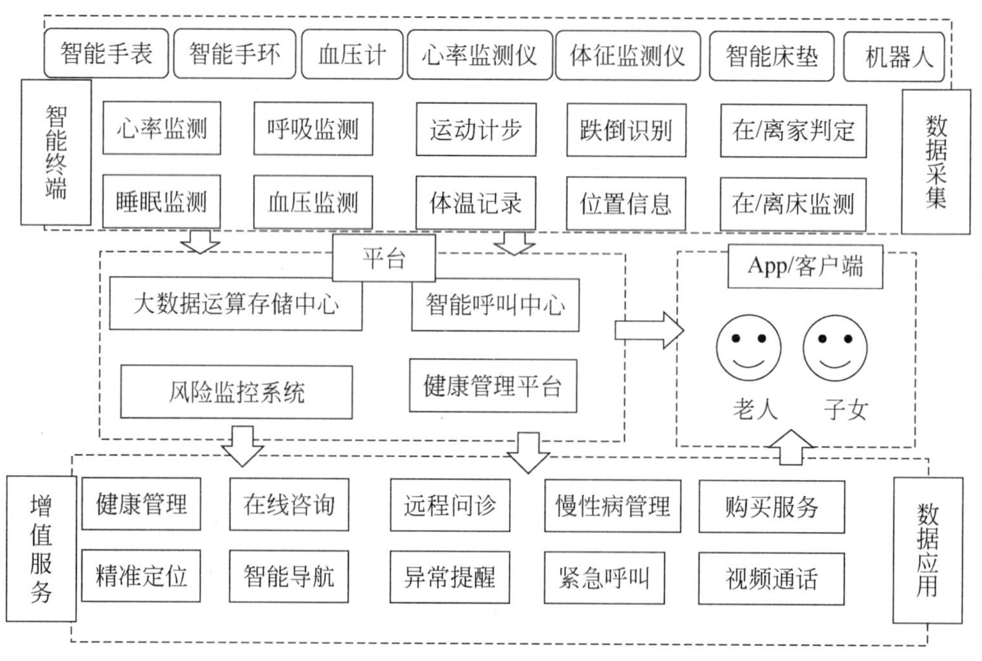

图3-6　智慧养老结构图

比如与老年人健康相关的远程问诊、慢性病管理等，再如当老人发生跌倒、走失的情况时，系统可实现自动报警。而除智能手表、血压计等监测某一类或某几类身体指标的传统可穿戴设备外，新兴的养老机器人因能与老人实现语音交互，并集成了视频通话、紧急呼叫等多种功能，成为许多企业着重投入的研发方向。

3. 智能可穿戴设备存在的问题

（1）硬件局限还有待突破，软件应用有待进一步开发。硬件方面，在可任意弯曲、自由伸缩的显示屏材料以及续航能力较强的电池方面，目前的产品仍没有实现突破。同时，小尺寸的屏幕使产品的设计在差异化方面发挥的空间大大降低，导致用户选择的局限性。在软件方面，目前大部分移动互联网应用无法直接在可穿戴设备上使用，均需要进行适配性的二次开发。

（2）多为智能手机“配件”，独立性不强。可穿戴设备大多是作为智能手机的辅助工具，要么是对智能手机功能的拓展，要么是对其功能的平移。仅仅作为其他智能终端的辅助外设，将会失去独立存在的必要性。

(3) 技术不成熟。如在健康和医疗领域相结合的可穿戴设备，作为医生准确判断病情的可靠依据，必须具有绝对精确的数据动态采集处理能力，而当前大多可穿戴设备，数据采集的精确度没有达到医用级要求，医生和患者均对数据可靠性怀有疑虑。

(4) 产业链脱节。可穿戴智能设备产业链脱节，未能形成闭环。没有龙头企业来整合产业链，而分散竞争的小企业又无力整合。

(5) 费用昂贵，渗透率较低。目前看来，可穿戴设备的收入基本靠硬件销售，成本较高。不过，随着技术的进步，传感器价格的下降，健康追踪类可穿戴设备将会最先降价。

(6) 隐私问题。移动互联网时代，可穿戴设备的发展加剧了客户对于个人隐私问题的担忧。可穿戴设备中的传感器收集了大量用户信息，包括用户的位置信息、购物信息、兴趣偏好、各项身体指标，甚至包括用户的脑中所想，以及外部环境和他人的各类信息。这些数据信息具有很强的私密性，若被不合理利用，将引发一系列社会伦理问题。可穿戴设备使每个人变成了直接的数据创造者，同时也成了被数据控制的人。

3.3.2 无人机

无人驾驶飞机（unmanned aerial vehicle，UAV）简称无人机，是利用无线电遥控设备和自备的程序控制装置操纵的不载人飞行器。与载人飞机相比，它具有体积小、造价低、使用方便、对使用环境要求低、生存能力较强等优点。

无人机可实现高分辨率影像的采集，在弥补卫星遥感经常因云层遮挡获取不到影像缺点的同时，解决了传统卫星遥感重访周期过长、应急不及时等问题。

1. 无人机的分类

按照应用领域，无人机可分为民用无人机和军用无人机。

(1) 民用无人机。民用无人机主要用于城市管理、农业、地质、气象、电力、抢险救灾、视频拍摄等行业。

(2) 军用无人机。由于无人机成本低、效率较高，无人员伤亡风险，生存能力强，机动性能好，使用方便，在现代战争中有极其重要的作用。侦察机用于完成战场侦察和监视、定位校射、毁伤评估、电子战等；非战时也可民用，如边境巡逻、核辐射探测、航空摄影、航空探矿、灾情监视、交通巡逻、治安监控等。靶机可作为火炮、导弹的靶标。

2. 民用无人机的应用

(1) 灾害救援。当泥石流、山体滑坡、洪涝等自然灾害发生的时候，需要及时了解灾害情况。此时，无人机可以进入受灾地区，通过影像分析受灾区域和受灾状况，充分了解受灾的实时信息，便于开展救援工作。这就可以弥补人工搜救的不足，而且不需要浪费过多的人力，可提高搜救效率。通过无人机了解周边环境信息和空间分布，系统地分析安置点的合理性，从而达到科学救灾的目的。

(2) 街景拍摄、监控巡察。利用携带摄像机装置的无人机，开展大规模航拍，实现空中俯瞰的效果。

(3) 环保检测。无人机在环保领域的应用，大致可分为三种类型：一是环境监测，观测空气、土壤、植被和水质状况，也可以实时快速跟踪和监测突发环境污染事件的发展。二是环境执法，环监检测部门利用搭载了采集与分析设备的无人机在特定区域巡航，监测企业工厂的废气与废水排放，寻找污染源。三是环境治理，利用携带了催化剂和气象探测设备的柔翼无人机在空中进行喷洒，与无人机喷洒农药的工作原理一样，可以在一定区域内消除雾霾。

环境保护所涵盖的方面太多，但无人机因为不受空间与地形限制，具有效性强、机动性好、巡查范围广等优点，环保工作人员可以利用无人机的机载图像数据采集功能，形成特定区域的整体监测，从而有利于采集高污染源的信息，并实施管理措施。

(4) 电力巡检。装配有高清数码摄像机、照相机和 GPS 定位系统的无人机，可定期实现沿电网进行定位自主巡航，开展一个全线的排查，确保电路安全，并且可以加大对线路重点区域的特别寻检力度。实时传送拍摄影像，监控人员可在电脑上同步收看与操控。

(5) 交通监视。无人机参与城市交通管理，能够发挥其专长和优势，帮助城市交通管理部门共同解决大中城市交通顽疾，不仅可以从宏观上确保城市交通发展规划贯彻落实，而且可以从微观上进行实况监视、交通流的调控，构建水—陆—空立体的交通管理，实现区域管控，确保交通畅通，应对突发交通事件，实施紧急救援。

(6) 农业植物保护。利用无人机作为飞行平台，搭载药箱、喷洒设备或监测设备，对农田进行喷药或数据采集。

3. 无人机与智慧城市

城市与乡村，都在因无人机的出现而发生改变。在乡村，无人机在提升偏远地区的运输能力以及提高农业生产效率上有突出的表现；在城市，无人机在解决龟速物流以及城市规划建设管理中也起到了非同凡响的作用。

在乡村，从无人机飞入农田的那一刻起，便意味着农业生产方式将再次发生变革。无人机正在为农业提供一种现代化的高效率、低成本的植保方式，帮助农民渐进地改进农业作业方式。在传统农业生产中，农民施肥、喷洒农药，对病虫害灾情的预防全凭经验，在作业过程中，对每片土地和庄稼事必躬亲。这种粗放的作业方式强度大、效率低，而无人机将是由繁重的体力劳动、高成本、低效益向解放生产力、低成本、高效益转变的重要手段，无人机技术的深入和使用，将使现有的农田耕作变得更高效、更节约资源和环境友好。

在许多偏远山区，交通不便使农民一年中的很多时间与外界完全隔绝，外界没有办法以可靠的途径为他们提供关键的生活和生产物资，农民也不能把自己的农产品及时运送到市场上去，从而创造可持续性的收入。所以，在偏远山区和交通欠发达的乡村，无人机的另一重要应用是为人们提供一个快速运输轻小型物资的途径。

在大城市和超大城市中，交通堵塞是一个巨大的问题。无人机可以作为一种新的交通工具，用来运输轻小、紧急的东西，给交通堵塞造成的物流龟速问题提供一个完全现代化的解决方案。

除了提供物流解决方案，无人机还可以为城市规划、建设和管理提供多方面的基础地理信息以及执法取证，诸如城市道路桥梁建设、交通巡逻、治安监控、城市执法等。当我们在进行城市规划的时候，往往需要更为详细的城市土地利用信息，如果人工勘查，工作量非常庞大，而这些有关城市居住用地、道路交通、公共建筑等方面的信息从无人机拍摄的影像上就可以清晰地判读提取。

从助力现代乡村到给力智慧城市，凡是需要空中解决方案的地方，都将有无人机的一席之地，无人机将应用在更广阔的领域。

练习题

1. 名词解释

条码　无线射频识别（RFID）　二维条码　智能可穿戴设备　无人机

2. 简述数据采集的原则。

3. 分析原始数据采集和二次数据采集的区别和各自的特点。

4. 简述自动数据采集的技术手段。

5. 简述条码技术的工作原理。

6. 与一维条码相比，二维条码有哪些特点？

7. 以智慧养老为例，分析智能可穿戴设备在健康数据采集中的应用。

8. 以农业生产为例，分析无人机在数据采集中的应用。

9. 以京东物流为例，分析条码技术、无线射频识别技术、无人机等技术在物流中的综合应用。

10. 试以服装销售为例，设计无线射频识别技术在服装销售数据采集中的应用方案。

第 4 章　数据存储

【学习目的与要求】

1. 重点掌握数据存储常用的技术，数据库与数据仓库的关系和区别。
2. 掌握数据存储的含义、信息管理对数据存储的要求。
3. 熟悉关系型数据库技术的存储原理，云存储的优点和应用。

【内容提要】

本章从大数据和大数据处理对数据存储的要求出发，探讨了目前主流的数据存储技术。主要内容包括：大数据及其处理对数据存储的要求；数据库技术；云存储技术；存储技术的发展趋势。

【引导案例】

天猫的数据仓库

2019 年天猫“双十一”活动全天成交额 2 684 亿元，全球消费者通过支付宝完成的支付总笔数达 14.8 亿笔。那么，当天产生的数据量和交易量是多少呢？如此巨大的数据访问量，使得淘宝数据仓库成为国内最忙碌的数据仓库之一。每天大约要处理几亿次的用户行为。

今天的企业，要实现数字化转型，实现线上、线下的融合，就需要将所有的业务数据存放在计算机系统中。这些数据既包括像订单、库存这样的结构化数据，也包括像微信公众号上的推送、留言、商品评论这样的非结构化数据。

4.1　数据存储的基本概念

存储本身是信息管理中一个很重要的组成部分。随着大数据时代的到来，对于结构化、非结构化、半结构化的数据存储也呈现出新的要求，特别对统一存储有了新需求。

对于企业来说，数据对于战略和业务连续性都非常重要。然而，海量数据容易消耗巨大的时间和成本，从而造成非结构化数据的雪崩。因此，不能低估合适的存储解决方案的重要性。如果没有合适的存储，就不能轻松访问或部署大量数据。

数据存储主要涉及保存何种信息、信息的存储介质、信息的保存时间、信息的存储方式四个问题。

(1) 保存何种信息。要存什么信息，主要由信息使用的目的决定，在信息需求和目的确定后，根据数据分析方法和各种报表的需求，确定信息存储的内容。例如，为了预测国家长远经济发展，要收集并保存人口、农业、工业等各种经济信息。而为了进行仓库库存水平分析，则需要保存各种物资的入库情况、出库情况、价格情况等信息。

(2) 信息的存储介质。存储介质可以是纸介质、计算机内存、磁盘、光盘等。纸介质的优点是存储量大、永久保存性好、存储数据和图像比较容易。但是纸介质存储的信息查询和传输不太方便；计算机磁盘主要用来存储变化迅速、常用的并需要进行快速传输的信息，这是应用最广的信息存储介质之一。

(3) 信息的保存时间。信息存储是将信息保存起来以备将来使用，这在管理活动中是十分重要的。在信息爆炸时代，信息的更新周期越来越短，如果保存的信息过多，不但不会对管理活动起促进作用，反而会因为信息的过剩而延误决策。只有正确地舍弃信息，才能正确地使用信息。

(4) 信息的存储方式。不同的信息可以有不同的存储方式，究竟采用什么方式要视管理和决策的需求而定。在决定信息的存储方式时，首要考虑的问题是集中还是分散，集中存放便于信息的共享、管理和维护，减少冗余。分散存放的信息共享性、可维护性要比集中式差，但使用起来较方便。一般对于公用信息，在有能力提供共享设备的支持下应集中存放，以减少冗余。而对于非公用数据，分散存储是合理的，现在通常使用的方式是集中与分散相结合。

4.1.1　数据存储的介质

数据存储就是将数据保存在计算机系统中，以便日后取用。

存储器是计算机系统用来存储程序和数据的器件，它是一个记忆装置，计算机中全部信息，包括输入的原始数据、计算机程序、中间运行结果和最终运行结果都保存在存储器中。随着计算机系统结构和存储技术的发展，存储器的种类越来越多，容量也越来越大。根据不同的特征，存储器可以有以下几种分类方式。

1. 按存储介质分类

用来记录存储信息的物质称为存储介质。根据存储介质的不同，可以把存储器分为以下几种。

（1）半导体存储器。半导体存储器的存储介质为 TTL 或 MOS 半导体器件，一般是大规模、超大规模集成电路芯片作为内部存储器。

（2）磁表面存储器。磁表面存储器的存储介质为磁性材料，一般用作外部存储器，如磁盘、磁带等。

（3）光材料存储器。光材料存储器采用金属或塑料材质，通过激光束来读写信息，如光盘。

2. 按存取方式分类

（1）随机存取存储器（random access memory，RAM）。随机存取存储器是由许多个基本存储单元构成，在访问存储器时，每个单元都可以被随机存取，存取时间不受存储单元在存储器中相对位置的影响。

（2）顺序存取存储器。顺序存取存储器只能按某种顺序读写存储单元，存取时间与存储单元的物理地址有关。

（3）直接存取存储器。这种存储器存取数据时，首先直接指向整个存储器中的某个区域；然后在该区域内顺序检索或等待，直到找到目的地后再进行读写操作，所以称之为直接存取存储器。

（4）只读存储器（read-only memory，ROM）。只读存储器中的内容不能被刷新，各存储单元的内容只能读出、不能写入。只读存储器通常充当主存中存放重要系统程序的存储器。

3. 按信息的可保护性分类

（1）易失性存储器。断电后信息立即消失的存储器，主要用于保存临时信息，如微型计算机中的随机存取存储器。

（2）非易失性存储器。断电后仍能保持信息的存储器，主要用于外存，用来保存长久使用的信息，如磁盘、光盘等。只读存储器也是一种非易失性存储器。

4. 按所处位置及功能分类

（1）内部存储器。内部存储器位于主机内，容量小、速度快，能被 CPU 直接访问，包括高速缓冲存储器和主存储器，通常由半导体材料大规模集成。

（2）外部存储器。外部存储器又称辅助存储器，位于主机外部。CPU 需要通过数据线访问外部存储器，常用的外存包括硬盘、光盘、移动硬盘等。

计算机对存储器的要求是容量大、速度快、成本低，但在同一个存储器中兼顾这三方面是很困难的。为了解决这一矛盾，计算机通常采用高速缓冲存储器、主存储器和外存储器三级存储器体系结构。高速缓冲存储器（cache），介于主存储器与 CPU 之间的一个快速小容量存储器，用来保存 CPU 正在运行的程序和需要及时处理的数据。与主存储器相比，它的存取速度更快，但容量小、成本较高。主存储器，介于高速缓冲存储器和外存储器之间，用来保存、运行和将要运行的程序和数据，它的存储容量和速度是衡量计算机性能的主要指标。外存储器，简称外存，用来存放当前暂时不需要参与运行的程序和数据，以及需要长久保存的信息。CPU 不能直接访问外存储器，外存储器中的信息必须调入主存储器后才能被 CPU 处理。与主存储器相比，其容量大、速度慢、价格便宜。

这三种类型的存储器形成了计算机的多级存储体系，各级存储器承担的职能各不相同，高速缓冲存储器存取速度快，可以与 CPU 的访问速度相匹配；外存储器的存储容量大，可以满足计算机的大容量存储要求；而主存储器强调合理的性价比，可以很好地解决速度、容量和成本三者之间的矛盾。

4.1.2　数据存储面临的问题

企业主要面临三类典型的数据存储问题：

（1）业务分析的数据范围横跨实时数据和历史数据，既需要低时延的实时数据分析，也需要对海量的历史数据进行探索性的数据分析。

（2）可靠性和可扩展性问题，用户可能会存储海量的历史数据，同时数据规模有持续增长的趋势，需要引入分布式存储系统来满足可靠性和可扩展性需求，同时保证成本可控。

（3）可维护性问题，存储系统越复杂，越难以维护和管控。

联机事务处理（OLTP）也被称为实时系统，最大的优点是可以及时处理输入的数据并及时地回答。这在一定程度上对存储系统的要求很高，需要一级主存储具备性能高、安全性高、良好的稳定性和可扩展性等特征，对于资源能够实现弹性配置。

联机分析处理是数据仓库系统的主要应用，也是商业智能（business intelligent，BI）的灵魂。联机分析处理的主要特点：可以直接仿照用户的多角度思考模式，预先为用户组建多维的数据模型，展现在用户面前的是一幅幅多维视图；也可以对海量数据进行比对和多维度分析，处理数据量非常大，很多是历史型数据，对跨平台能力要求高。联机分析处理的发展趋势从传统的批量分析，到近线（近实时）分析，再向实时分析发展。

对富媒体应用来说，数据压力集中在生产和制造的两头，比如网游，需要一个人做背景，一个人做配音，一个人做动作、渲染等，最后需要一个人把它们全部整合起来。在数据处理过程中，一般情况下一个文件大家同时去读取，对文件并行处理能力要求高。通常需要能支撑大块文件在网上传输。

数据容量的增长给企业带来了很大的压力。如何提高存储空间的使用效率和降低需要存储的数据量，也成为企业绞尽脑汁要考虑的问题。越来越多的企业将云存储作为资源补充，提高持有信息技术资源的利用率。

4.1.3 数据存储基础设施的属性

1. 存储容量

常用存储设备能够存储的字节数来表示存储容量。例如，32G 的 U 盘能够存储 1024×1024×1024×32 个字节的数据。通常用 K、M、G、T、P 分别表示 1024 字节、1024×1024 字节、1024×1024×1024 字节、1024×1024×1024×1024 字节和 1024×1024×1024×1024×1024 字节。

大容量通常是指可达到 PB 级的数据规模，因此，海量数据存储系统一定要有相应等级的扩展能力。存储系统的扩展一定要简便，可以通过增加模块或磁盘柜来增加容量，不需要停机。

大数据应用除了数据规模巨大外，还意味着拥有庞大的文件数量。因此，如何管理文件系统层累积的元数据是一个难题，处理不当会影响系统的扩展能力和性能。基于对象的存储架构可以在一个系统中管理十亿级别的文件数量，而且不会像传统存储一样遭遇元数据管理的困扰。基于对象的存储系统还具有广域扩展能力，可以在多个不同的地点部署并组成一个跨区域的大型存储基础架构。

2. 实时性

信息处理还存在实时性的问题，特别是涉及与网上交易或者金融类相关的应用。举个例子来说，网络成衣销售行业的在线广告推广服务需要实时对客户的浏览记录进行分析，并准确地进行广告投放。这就要求存储系统能够支持上述特性的同时，保持较高的响应速度，因为，响应延迟的结果是系统会推送“过期”的广告内容给客户。

有很多大数据应用环境需要较高的 IOPS（input/output operations per second）性能。IOPS 是一个用于计算机存储设备［如硬盘（Hard Disk Drive，HDD）、固态硬盘（solid state disk，SSD）、存储区域网络（storage area network，SAN）］性能测试的量测方式，可以视为每秒进行读写操作的次数。各种模式的固态存储设备应运而生，小到简单地在服务器内部做高速缓存，大到全固态介质的可扩展存储系统等都在蓬勃发展。

3. 并发访问

并发访问是指在同一时间有多个任务需要读写存储数据。一旦企业认识到大数据分析应用的潜在价值，就会将更多的数据集纳入系统进行比较，同时让更多的人分享并使用这些数据。为了创造更多的商业价值，企业往往会综合分析来自不同平台下的多种数据对象，包括全局文件系统在内的存储基础设施就能够帮助用户解决数据访问的问题，全局文件系统允许多个主机上的多个用户并发访问文件数据，而这些数据可能存储在多个地点的多种不同类型的存储设备上。

4. 安全性

某些特殊行业的应用，比如金融数据、医疗信息和政府情报等都有自己的安全标准和保密性。虽然对于信息技术管理者来说，这些并没有什么不同，而且都是必须遵守的，但是，大数据分析往往需要多类数据相互参考，过去并不会有这种数据混合访问的情况，因此，大数据应用也催生出一些新的、需要考虑的安全性问题。

5. 成本控制

控制成本，就意味着要让每一台设备都实现更高的效率，同时还要减少那些昂贵的部件。目前，像重复数据删除等技术已经进入主存储市场，而且现在还可以处理更多的数据类型，这都可以为大数据存储应用带来更多的价值，提升存储效率。在数据量不断增长的环境中，通过减少后端存储的消耗，哪怕只是降低几个百分点，都能够获得明显的投资回报。此外，自动精简配置、快照和克隆技术的使用也可以提升存储的效率。

很多大数据存储系统都包括归档组件，尤其对那些需要分析历史数据或需要长期保存数据的机构来说，归档设备必不可少。从单位容量存储成本的角度看，磁带仍然是最经济的存储介质，事实上，在许多企业中，使用支持 TB 级大容量磁带的归档系统仍然是事实上的标准和惯例。

对成本控制影响最大的因素是商业化的硬件设备。因此，很多用户定制自己的“硬件平台”，而不是用现成的商业产品，这一举措可以用来平衡企业在业务扩展过程中的成本控制战略。为了适应这一需求，现在越来越多的存储产品都提供纯软件的形式，可以直接安装在用户已有的、通用的或者现成的硬件设备上。此外，很多存储软件公司还在销售以软件产品为核心的软硬一体化装置，或者与硬件厂商结盟，推出合作型产品。

6. 数据的积累

许多信息处理应用都会涉及遵守法律规定的问题，这些法规通常要求数据保密，并且要保存几年或者几十年。比如远程医疗信息必须保密，财务信息通常要保存 7 年，而有些使用大数据存储的用户却希望数据能够保存更长的时间，因为任何数据都是历史记录的一部分，而且数据的分析大都是基于时间段进行的。要实现长期的数据保存，就要求数据存储设施能够持续进行数据一致性检测，并保证长期高可用的特性，同时还要实现数据直接在原位更新的功能需求。

7. 灵活性

大数据存储系统的基础设施规模通常都很大，因此，必须经过仔细设计，才能保证存储系统的灵活性，使其能够随着应用分析软件一起扩容及扩展。在大数据存储环境中，已经没有必要再做数据迁移了，因为数据会同时保存在多个部署站点。一个大型的数据存储基础设施一旦开始投入使用，就很难再调整了，因此，它必须能够适应各种不同的应用类型和数据场景。

8. 应用感知

最早一批使用大数据的用户已经开发出了一些针对应用的定制的基础设施，比如针对政府项目开发的系统，还有大型互联网服务商创造的专用服务器等。在主流存储系统领域，应用感知技术的使用越来越普遍，它也是改善系统效率和性能的重要手段，所以，应用感知技术也应该用在大数据存储环境里。

4.1.4 数据存储技术面临的挑战

首先，数据存储面临的挑战是要强化关系型数据库的效能，增加数据管理和数据压缩的功能。以往关系型数据库产品处理大量数据时的运算速度都不快，需要引进新技术来加速数据查询的功能。另外，数据存储的厂商使用传统硬盘来存储数据的同时，尝试采用闪存、闪存数据库等存储数据。

其次，数据存储面临的挑战是传统关系型数据库无法分析非结构化数据。数据管理主要是对数据安全的考量。大数据对于存储技术与资源安全都会产生冲击，快照、重复数据删除等是大数据时代重要的技术，从而衍生了对数据权限的管理。举例来说，现在企业后端与前端所看到的数据模式并不一样，当企业要处理非结构化数据时，就必须确定谁是数据管理者，是信息技术部门还是业务单位。这牵涉的不仅是技术问题，还有公司政策的制定，因此，界定数据管理者是企业目前最头痛的问题。

4.1.5 存储技术的发展趋势

面对不断出现的存储新需求，应该如何把握存储的未来发展方向呢？下面介绍存储的未来技术趋势。

1. 存储虚拟化

存储虚拟化是目前以及未来的存储技术热点，存储的虚拟化技术有很多优点，比如提高存储利用效率和性能，简化存储管理的复杂性，绿色节省，降低运营成本等。现代数据应用在存储容量、I/O（input/output，输入/输出）性能、可用性、可靠性、利用效率、管理、业务连续性等方面都对存储系统提出了更高的需求，基于存储虚拟化提供的解决方案可以帮助数据中心应对这些新的挑战，有效整合各种异构存储资源，消除信息孤岛，保持高效数据流动与共享，合理规划数据中心扩容，简化存储管理和绿色节能。目前最新的存储虚拟化技术有自动分级存储（hierarchical storage module，HSM）、自动精减配置（thin provision）、云存储（cloud storage）、分布式文件系统（distributed file system）。虚拟化可以柔性地解决不断出现的新存储需求问题，是未来存储的发展趋势之一。

2. 固态硬盘

固态硬盘（SSD）是目前备受存储界广泛关注的存储新技术，它被看作是一种革命性的存储技术，可能会给存储行业甚至计算机体系结构带来深刻变革。

固态硬盘与传统磁盘不同，它是一种电子器件而非物理机械装置，它具有体积小、能耗小、抗干扰能力强、寻址时间极小（甚至可以忽略不计）、IOPS 高、I/O 性能高等特点。因此，固态硬盘可以有效缩短内存储器与外存储器之间的存储鸿沟。

3. 重复数据删除

重复数据删除（deduplication）是一种目前主流且非常热门的存储技术，可对存储容量进行有效优化。它通过删除大量重复的数据而只保留其中一份的方式消除冗余数据。这种技术在很大程度上减少对物理存储空间的需求，从而满足日益增长的数据存储需求。

重复数据删除技术可以帮助众多应用降低数据存储量，节省网络带宽，提高存储效率、减小备份窗口，节省成本。重复数据删除技术目前大量应用于数据备份与归档系统，因为对数据进行多次备份后存在大量重复数据，非常适合这种技术。

4. 云存储

云存储则为数据即服务（data as a server，DaaS），专注于向用户提供以互联网为基础的在线存储服务。其特点表现为弹性容量（理论上无限大）、按需付费、易于使用和管理。云存储主要涉及分布式存储、数据存储和数据保护等技术领域。

目前，影响云存储普及应用的主要因素有性能瓶颈、安全性、标准与互操作、访问与管理、存储容量和价格。

5. SOHO 存储

SOHO（small office，home office）存储，即家庭或个人存储。现代家庭中拥有多台计算机、笔记本电脑、上网本、平板电脑、智能手机，这些设备将组成家庭网络。SOHO 存储的数据主要来自个人文档、工作文档、软件与程序源码、电影与音乐、自拍视频与照片，部分数据需要在不同设备之间共享与同步，重要数据需要备份或者在不同设备之间复制多份，需要在多台设备之间协同搜索文件，需要多设备共享的存储空间等。手机、数码相机和摄像机的普及和数字化技术的发展，以多媒体存储为主的 SOHO 存储需求突现。

4.2 数据库技术

数据库技术是研究数据库的结构、存储、设计和使用的一门软件科学，是进行数据管理和处理的技术。

4.2.1 数据库系统的基本概念

数据库系统是指在计算机环境下引进数据库技术后构成的整个系统。一个完整的数据库系统由数据库（database）、数据库管理系统（database management system，DBMS）、数据库用户（包括数据库管理员）和支持数据库运行的各种计算机软件、硬件构成（见图 4-1）。

数据库是长期存储在计算机内、有组织的、可共享的数据集合。

数据库管理系统是为数据库的建立、使用和维护而配置的软件，它建立在操作系统的基础上，对数据库进行统一的管理和控制。数据库管理系统是数据库系统的核心，是用户访问数据库的接口。

数据库管理员（database administrator，DBA）是管理和维护数据库正常运转的专职人员。其职责是维护和管理数据库，使之处于最佳状态。

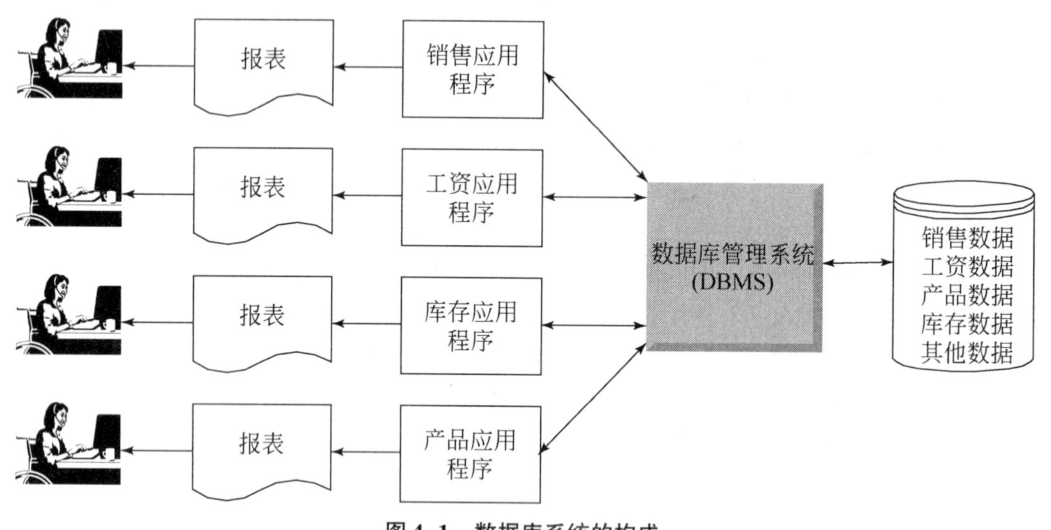

图 4-1　数据库系统的构成

4.2.2　数据库系统的特点

1. 数据结构化

数据结构化，即采用一定的数据模型表示数据结构。数据模型表达了数据与数据之间的相互联系。

2. 数据共享

数据共享，即数据库可供多用户共享。共享是数据库系统的目的，也是它的重要特点。一个数据库中的数据，不仅可以为同一企业或组织的内部各部门共享，还可以为不同组织、地区甚至不同国家的用户所共享。

3. 可控冗余度

冗余即重复。可控冗余度，保证了数据的一致性。数据库系统是为了整个系统的数据共享而建立的，各应用的数据集中存储、共同使用，尽可能地避免数据的重复存储，减少数据的冗余。

4. 较高的数据独立性

数据独立性是指应用程序与数据之间相互独立，不受影响。也就是说，数据和数据结构的变化不会引起程序的修改，这种特性称为数据独立性。数据库的数据是不断更新变化的，由于数据库具有较高的数据独立性，使应用程序的编写再也不需要考虑数据的描述和存取问题，从而大大减少了应用程序的修改和维护工作。

5. 统一管理和控制

数据库系统通过数据库管理系统对数据库中的数据进行统一管理和控制。这种功能包括安全性控制、完整性控制、并发控制和数据恢复。

6. 数据库管理系统（DBMS）是用户与数据库之间的接口

通过数据库管理系统，大大简化了用户的操作。用户可以使用查询语言或终端命令操作数据库，也可以用程序方式（用 java、C++等高级语言和数据库语言编制的程序）操作数据库。

7. 以数据项为数据操作的单位

对数据的操作不一定以记录为单位，也可以以数据项为单位，这就增加了系统的灵活性。

4.2.3　数据库管理系统的功能

数据库管理系统（DBMS）是数据库系统的核心，其功能包括定义功能、操纵功能、保护功能和维护功能。

1. 数据库的定义功能

数据库管理系统提供的数据定义语言（data definition language，DDL）定义了数据库的三级结构，包括外模式、概念模式、内模式及其相互之间的映像。此功能实现了数据的完整性、安全性控制等约束。

2. 数据库的操纵功能

数据库管理系统提供的数据操纵语言（data manipulation language，DML）实现了对数据库中数据的操作。基本的数据操作分成两类四种：检索（查询）和更新（插入、删除、修改）。

3. 数据库的保护功能

数据库中的数据是信息社会的战略资源，对数据的保护是数据库系统的一个重要功能。数据库管理系统对数据库的保护主要通过以下四个方面来实现。

（1）数据库的恢复。在数据库被破坏或数据不正确时，系统有能力把数据库恢复到正确的状态。

（2）数据库的并发控制。数据库技术的一个优点是数据共享，但多个用户同时对同一个数据的操作可能会破坏数据库中的数据，或者使用户读取了不正确的数据。数据库管理系统的并发控制子系统能防止错误发生，正确处理好多用户、多任务环境下的并发操作。

（3）数据库的完整性控制。保证数据库中数据和语义的正确性和有效性，防止任何对数据造成错误的操作。

（4）数据库的安全性控制。防止未经授权的用户蓄谋或无意地存取数据库中的数据，以免数据的泄露、更改或破坏。

4. 数据库的维护功能

数据库管理系统还有许多实用程序提供给数据库管理员运行数据库系统时使用。这些程序起着数据库维护的功能。主要的实用程序有数据装载、备份、文件重组织、性能监控。

（1）数据装载程序：把正文文件或顺序文件中的数据转换成数据库中的格式，并装入数据库。

（2）备份程序：把磁盘中的数据库完整地转储到磁带上，产生一个备份拷贝。在系统发生灾难性故障后，可以把备份拷贝的数据库重新装入其他磁盘，供用户使用。

（3）文件重组织程序：把数据库中的文件重新组织成其他不同形式的文件，以改善系统性能。

（4）性能监控程序：监控用户使用数据库方式是否合乎要求，收集数据库运行的统计数据。数据库管理员根据这些统计数据做出判断，决定采取何种重组织方式来改善数据库运行的性能。

其他实用程序还有文件排序、数据压缩、监控用户访问等程序。

4.2.4 关系型数据库

数据库的分类方法有很多种，按数据库的结构数据模型分类，可分为层次型数据库、网状型数据库、关系型数据库、面向对象型数据库。下面主要介绍关系型数据库。

关系型数据库是当今事务处理型信息系统中最常用也是最有效的一种数据库。关系型数据库采用关系数据模型。关系数据模型简称关系模型，它由三部分组成：数据结构、关系操作和关系的完整性。关系的直观解释是“二维表”，在数学上，它被定义为“笛卡尔积”的子集。

1. 关系模型中的基本概念

（1）关系名：一个关系名对应一张二维表。

（2）元组：也称记录，表格中的一行，如学生表中的一个学生记录即为一个元组。

（3）属性：也称字段，表格中的一列，如学生表中有四个属性（学号，姓名，年龄，性别）。

（4）主码（primary key，PK）：表中能够唯一标识一行的、最少的一个或一组属性称为主码。如学生表中学号可以唯一确定一个学生，为学生关系的主码。

（5）外码（foreign key，FK）：在关系型数据库中，为了实现表与表之间的联系，将一个表的主码作为数据之间联系的纽带放到另一个表中，这些在另一表中起联系作用的属性称为外码。

（6）域（domain）：属性的取值范围，如年龄的域是（14 ~ 40），性别的域是（男，女）。

（7）关系模式：对关系的描述，一般表示为：关系名（属性 1，属性 2，……属性 N），如学生（学号，姓名，年龄，性别）。

关系模型中的基本概念如图 4-2 所示。

2. 关系模型的性质

（1）关系中每个元组（记录）的分量必须是原子的，即表的每一列都是不可再分的。

（2）表中每一列的值只能取自同一个域。

（3）表中列的次序可以任意交换。

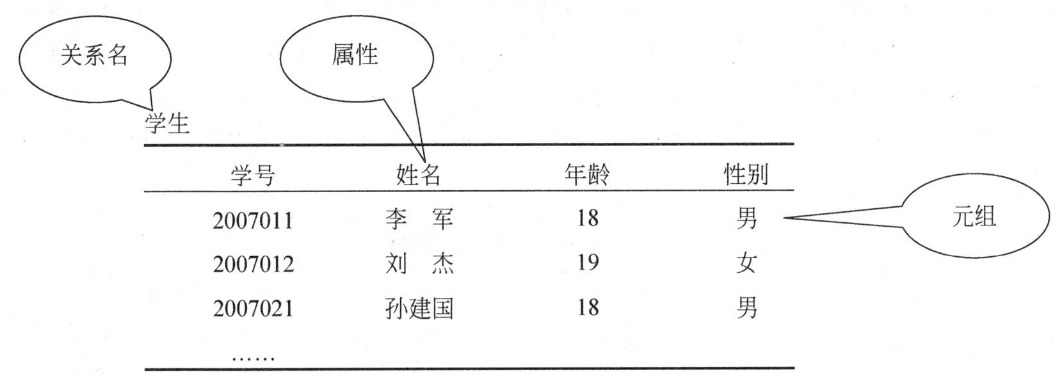

图 4–2 关系模型中的基本概念

（4）表中行的次序可以任意交换。

（5）表中不允许出现完全相同的两行。

3. 关系模型中的三类完整性约束规则

（1）实体完整性约束规则，指关系中的主码不允许取空值。因为关系中的每一记录都代表一个实体，任何实体都是可标识的，如果存在主码值为空，就意味着存在不可标识的实体。

（2）引用完整性约束规则，也称为参照完整性规则，是指不能引用不存在的记录。不同关系之间的联系是通过外码实现的，当一个关系通过外码引用另一关系中的记录时，它必须能在引用的关系中找到这个记录，否则无法实现联系。

（3）用户定义的完整性约束规则，它是指对关系模式中的各个数据的数据类型、长度、取值范围等的约束，由用户通过关系型数据库管理系统提供的数据语言进行统一控制。

关系型数据库目前仍是数据库市场的主流产品。关系型数据库有两大类型：基于计算机的数据库和大型数据库。前者的典型产品有 MicroSoft Access、Visual FoxPro 等；后者的典型产品有 MicroSoft SQL Server、MySQL、Oracle、Sybase 等。

4.2.5 数据仓库

【案例 4–1】

海尔：数据说了算

当今市场行情瞬息万变，竞争越来越激烈，企业需要随时把握市场，如果不能紧跟市场需求，企业就有可能失败。海尔集团的一条重要原则是“先有市场，后有工厂”，也就是说，海尔集团每新建一个工厂都要事先对该地区的需求进行细致调研，只有确定有市场需求以后，海尔才肯建新的工厂，海尔集团的成功证明了及时把握市场需求的重要性。那么，怎样才能准确地把握市场需求呢？这就要对市场积累的数据进行分析。利用联机分析处理，用数学方法从大量数据中得到有用的信息，据此信息可做出商业决策。例如：海尔集团根据数据分析，预测到某年6月广东地区对单冷变频空调有强烈需求，结果事实果真如此，海尔集团由于预测准确，在当年的空调销售中抢得了先机。

在日常的销售活动中，海尔每销售一个产品或签订一个销售订单，就会在销售数据库中产生如下一个记录（见表4-1）：

表4-1　销售数据库中的记录表

产品编码	规格型号	单价	数量	折扣	客户编号	…
6901234567	BD-210	2 300	1	0.9	4322	
6912344455	BD-175	1 500	1	0.95	6787	
…	…	…	…	…	…	…

可以想象，海尔的销售数据库中存放了大量的销售数据，随着时间的推移，这些数据越积越多。但对于高层管理人员来说，他们不需要这些详细数据，他们需要的是：不同型号的产品在不同时间、不同地域、不同价格、不同客户群中的销售趋势如何？哪些产品在哪些区域销售得好？不同收入、不同地域的客户对产品性能需求有什么差异？等等。这些问题的解决，需要对数据库中详细的、大量的业务数据进行重新组织和分析。这就是数据仓库技术。

数据仓库（data warehouse，DW）是信息的逻辑集合，这些信息来自许多不同的业务数据库，用于支持企业的分析活动和决策任务。

数据仓库是一个面向主题的、集成的、随时间变化的、信息本身相对稳定的数据集合，用于对管理决策过程的支持。

1. 数据仓库将来自不同数据库的信息结合在一起

数据仓库将企业中各个业务数据库中的信息通过汇总与合计结合起来。当人们从各类业务数据库中提取信息来创建数据仓库时，收集的只是那些进行决策所需的信息（见图4-3）。这种“所需的信息”是用户按照他们对逻辑化的决策信息需求而确定的，所以数据仓库只包含与用户进行决策有关的信息。

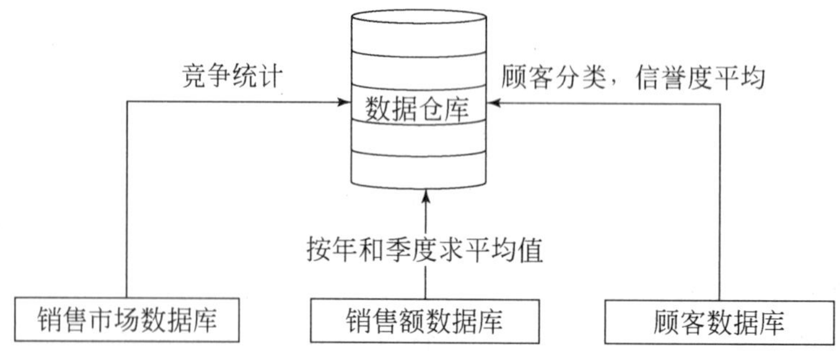

图4-3　业务数据与数据仓库

2. 数据仓库是多维的

在关系型数据库模型中，信息用一系列二维图表来表示，而在数据仓库中却不是这样，大多数数据仓库都是多维度的，即它们包含若干层的行和列。正因为如此，大多数数据仓库是真正的多维数据库（multi dimensional database，MDD）。数据仓库中的层次根据不同的维度来表示信息，这种多维度的信息图表被称为超立体结构（hype cube）。

数据仓库是一种特殊形式的数据库。而数据库是一个信息的集合，在这个集合中人们能够按照信息的逻辑结构合理地组织信息并进行查询；数据仓库同样也是如此，数据仓库的用户只关心自己所需要的信息，并不关心数据在哪一行、哪一列和哪一层。数据仓库还有一个数据字典，数据仓库的这个字典除了包括信息的逻辑结构外，还包括两个附加的重要特征，即信息的来源和处理方式。也就是说，数据仓库的数据字典总是追踪信息由何种方法（总计、计数、平均、标准差等）、从哪个业务数据库中生成。

3. 数据仓库支持决策而不是事务处理

在企业中，大多数数据库是面向事务对象的。也就是说，大多数数据库都支持联机事务处理（OLTP），可以说，这类数据库是一种事务性数据库。而数据仓库不是面向事务对象的，它们是用来支持企业中各类决策任务的。所以说，数据仓库支持联机分析处理。

4. 数据仓库是面向主题的

主题（subject）是指企业或组织的高层实体，如顾客、销售商、产品、活动等。面向主题与传统数据库面向应用相对应。传统的操作型系统是面向过程或功能的，如贷款、信誉处理等。因为主题是相对稳定的，而过程则可能处于不断的变化中，因此，面向主题的数据库设计将产生相对稳定的数据库应用软件产品。

5. 数据仓库是集成的

由于事务型系统是面向过程或功能的，从而导致在不同的应用系统中会出现数据编码的不一致、数据的量度标准不一致等不合理现象。数据仓库很好地解决了以上问题。在数据仓库中，通过集成，数据从命名、量度标准、编码结构以及数据的物理属性等方面均取得了一致。

6. 数据仓库中的数据与时间密切相关

数据仓库中的数据代表了事物在很长的时间段内的变化。数据仓库中的数据一旦确定，通常不再进行更改。

7. 数据仓库是相对稳定的

在事务型系统中，数据库中的数据经常以记录为单位进行插入、删除和修改等操作。但数据仓库的主要目的是为管理人员的决策提供查询帮助，因此，数据仓库中的数据操作极为简单。通常，数据仓库中的数据操作有两种类型：数据的载入和存取，而无须修改。因此，数据仓库中的数据是相对稳定的。

数据仓库不是对数据库的替代。数据仓库和操作性数据库在企业的信息环境中承担着不同的任务（高层决策分析和日常操作性处理），并发挥着不同的作用。用于高层决策的数据仓库需要丰富的数据基础，存储的数据量庞大，同时要使数据仓库真正发挥作用，还要有高层分析工具，因而数据仓库的成本一般比较高。

4.3　云存储技术

云存储是在云计算（cloud computing）概念上延伸和发展出来的一个新的概念，是指通过集群应用、网格技术或分布式文件系统等功能，将网络中大量各种不同类型的存储设备通过应用软件集合起来协同工作，共同对外提供数据存储和业务访问功能的一个系统。当云计算系统运算和处理的核心是大量数据的存储和管理时，云计算系统中就需要配置大量的存储设备，那么云计算系统就转变成为一个云存储系统，所以，云存储是一个以数据存储和管理为核心的云计算系统。简单来说，云存储就是将储存资源放到网络上供人存取的一种新兴方案。使用者可以在任何时间、任何地方，透过任何可联网的装置方便地存取数据。

由于要面对数量众多的用户，存储系统需要存储的文件将呈指数级增长态势，这就要求存储系统的容量扩展能够跟得上数据量的增长，做到无限扩容，同时在扩展过程中最好还要做到简便易行，不能影响数据中心的整体运行，如果容量的扩展需要复杂的操作，甚至停机，这就无疑会极大地降低数据中心的运营效率。

4.3.1　云存储技术与传统存储技术

1. 传统存储技术面临的数据存储难题

传统的存储技术是把所有数据都当作对企业同等重要和同等有用来进行处理，所有的数据集成到单一的存储体系之中，以满足业务持续性需求。但是在面临大数据难题时显得捉襟见肘，主要表现为以下几点。

（1）成本激增。在大型信息系统中，前端信息采集点过多，单台服务器承载量有限，造成需要配置几十台甚至上百台服务器的状况。这就必然导致建设成本、管理成本、维护成本、能耗成本的急剧增加。

（2）磁盘碎片问题。由于信息系统采用回滚写入方式，这种无序的频繁读写操作，导致磁盘碎片的大量产生。随着使用时间的增加，将严重影响整体存储系统的读写性能，甚至导致存储系统被锁定为只读，而无法写入新的业务数据。

（3）性能问题。由于数据量的激增，数据的索引效率也越来越引起人们的关注。而动辄上 TB 的数据，甚至是几百 TB 的数据，在索引时往往需要花上几分钟的时间。

2. 云存储技术解决了数据存储难题

云存储提供的诸多功能和性能，旨在满足伴随海量非活动数据的增长而带来的存储难题。

（1）随着容量增长，线性地扩展性能和存取速度。

（2）将数据存储按需迁移到分布式的物理站点。

（3）确保数据存储的高度适配性和自我修复能力，可以保存多年。

（4）确保多用户环境下的私密性和安全性。

（5）允许用户基于策略和服务模式按需扩展性能和容量。

（6）改变了存储购买模式，只收取实际使用的存储费用，而非按照所有的存储系统（包含未使用的存储容量）来收取费用。

（7）结束颠覆式的技术升级和数据迁移工作。

4.3.2 云存储的优点

1. 管理方便

企业将大部分数据迁移到云存储上，所有的升级维护任务由云存储服务提供商来完成，节约了企业存储系统管理员上的成本压力。云存储服务具有强大的可扩展性，当企业用户发展壮大后，突然发现自己先前的存储空间不足，就要考虑增加存储服务器来满足现有的存储需求。而云存储服务则可以很方便地在原有基础上扩展服务空间，满足需求。

2. 成本低

企业将大部分数据转移到云存储上，让云存储服务提供商来解决数据存储的问题，可以花很少的价钱获得最优的数据存储服务。

云存储技术管理成本的降低来源于两个原因：系统管理人员及能源需求的降低；减少因系统停机造成的业务中断所增加的管理成本。

云存储技术针对数据重要性采取不同的复制策略，并且拷贝的文件存放在不同的服务器上，因此，当遭遇硬件损坏时，不管是硬盘还是服务器坏掉，服务始终不会终止，而且因为采用索引的架构，系统会自动将读写指令导引到其他存储节点，读写效能完全不受影响，管理人员只要更换硬件即可，数据也不会丢失，换上新的硬盘或服务器后，系统会自动将文件复制回来，永远保持多份文件，以避免数据的丢失。

扩容时只要安装好存储节点，接上网络，新增加的容量便会自动合并到云存储中，并且数据自动迁移到新存储节点，不需要做多余的设定，大大降低了维护人员的工作量。在管理界面可以看到每个存储节点及硬盘的使用状况、读写带宽，管理非常容易，不管使用哪家公司的服务器，都是同一个管理界面，一个管理人员可以轻松管理几百台存储节点。

3. 量身定制

云存储服务提供商专门为单一的企业客户提供一个量身定制的云存储服务方案，或者可以是企业自己的信息技术机构来部署一套私有云存储服务架构。私有云存储不但能为企业用户提供最优质的贴身服务，而且还能在一定程度上降低安全风险。

传统的存储模式已经不再适应当代数据暴增的现实问题，如何让新兴的云存储发挥它应有的能力，在解决安全、兼容等问题上，我们还需要不断地努力，就目前而言，云计算时代已经到来，作为其核心的云存储必将成为未来存储技术的发展趋势。

4.4.3 云存储的分类

1. 公共云存储

由第三方厂商提供的云存储服务，使用者只需要租用其提供的存储空间和服务。

公共云存储可以低成本，提供大量的文件存储。供应商可以保持每个客户的存储、应用都是独立的、私有的。

公共云存储可以划出一部分用作私有云存储。一个公司可以拥有或控制基础架构，以及应用的部署，私有云存储可以部署在企业数据中心或相同地点的设施上。私有云存储可以由公司自己的信息技术部门管理，也可以由云存储服务提供商来管理。

2. 内部云存储

内部云存储和私有云存储比较类似，唯一不同的是，它仍然位于企业防火墙内部。

3. 混合云存储

混合云存储把公共云存储和私有云存储/内部云存储结合在一起，主要用于按客户要求的访问，特别是需要临时配置容量的时候。从公共云存储上划出一部分容量配置一种私有或内部云存储，可以帮助公司面对迅速增长的负载波动或高峰。尽管如此，混合云存储带来了跨公共云存储和私有云存储/内部云存储分配应用的复杂性。

4.4.4 云存储的技术基础

1. 宽带网络

云存储系统是一个多区域分布、遍布全国甚至于遍布全球的庞大公用系统，使用者需要通过非对称数字用户线环路（asymmetrical digital subscriber loop，ADSL）、数字数据网（digital data network，DDN）等宽带接入设备来连接云存储。只有宽带网络得到充足的发展，使用者才有可能获得足够大的数据传输带宽，实现大容量数据的传输，真正享受到云存储服务。

2. Web 2.0 技术

Web 2.0 技术的核心是分享。只有通过 Web 2.0 技术，云存储的使用者才有可能通过计算机、手机、移动多媒体等多种设备，实现数据、文档、图片和视音频等内容的集中存储和资料共享。

3. 应用存储

云存储不仅仅是存储，更多的是应用。应用存储是一种在存储设备中集成了应用软件功能的存储设备，它不仅具有数据存储功能，还具有应用软件功能，可以看作是服务器和存储设备的集合体。应用存储技术的发展可以大量减少云存储中服务器的数量，从而降低系统建设成本，减少系统中由服务器造成的单点故障和性能瓶颈，减少数据传输环节，提供系统性能和效率，保证整个系统的高效稳定运行。

4. 集群技术、网格技术和分布式文件系统

云存储系统是一个多存储设备、多应用、多服务协同工作的集合体，任何一个单点的存储系统都不是云存储。既然是由多个存储设备构成的，不同存储设备之间就需要通过集群技术、分布式文件系统和网格计算等技术实现多个存储设备之间的协同工作，多个存储设备可以对外提供同一种服务，提供更大、更强、更好的数据访问性能。

5. 内容分发网络、数据加密技术、P2P 技术

内容分发网络（content delivery network，CDN）、数据加密技术保证云存储中的数据不会被未授权的用户所访问，同时，通过各种数据备份和容灾技术保证云存储中的数据不会丢失，从而保证云存储自身的安全和稳定。

P2P（point to point，点对点）技术又称对等互联网络技术，是一种网络新技术，点对点网络没有客户端或服务器的概念，只有平等的同级节点，同时对网络上的其他节点充当客户端或服务器。P2P 技术依赖网络中参与者的计算能力和带宽，而不是把依赖都聚集在较少的几台服务器上，其目标是让所有的客户端都能提供资源，包括带宽、存储空间和计算能力。

6. 存储虚拟化技术、存储网络化管理技术

云存储中的存储设备数量庞大且多分布在不同地域，如何实现不同厂商、不同型号甚至不同类型［如 FC（Fiber Channel，光纤通道）存储和 IP 存储］的多台设备之间的逻辑卷管理、存储虚拟化管理和多链路冗余管理将是一个巨大的难题，这个问题得不到解决，存储设备就是整个云存储系统的性能瓶颈，结构上也无法形成一个整体，而且还会带来后期容量和性能扩展难等问题。

云存储中的存储设备数量庞大，分布地域广，造成的另外一个问题就是存储设备运营管理问题。虽然云存储的使用者对这些问题根本不需要关心，但云存储的运营单位要通过切实可行和有效的手段来解决集中管理难、状态监控难、故障维护难、人力成本高等问题。因此，云存储必须具有一个高效的、类似于网络管理软件一样的集中管理平台，可实现云存储系统中存储设备、服务器和网络设备的集中管理和状态监控。

4.4.5　云存储系统的结构模型

云存储系统的结构模型由四层组成，分别是：存储层、基础管理层、应用接口层和访问层（见图 4-4）。

1. 存储层

存储层是云存储最基础的部分。存储设备可以是 FC 光纤通道存储设备，可以是 NAS（network attached storage，网络附属存储）和 iSCSI（internet small computer system interface，互联网小型计算机系统接口）等 IP 存储设备，也可以是 SCSI（small computer system interface，小型计算机系统接口）或 SAS（statistical analysis system，统计分析系统）等 DAS（data acquisition station，数据收集台站）存储设备。云存储中的存储设备往往数量庞大且分布在不同地域，彼此之间通过广域网、互联网或者光纤通道网络连接在一起。

存储设备之上是一个统一存储设备管理系统，可以实现存储设备的逻辑虚拟化管理、多链路冗余管理，以及硬件设备的状态监控和故障维护。

2. 基础管理层

基础管理层是云存储最核心的部分，也是云存储中最难以实现的部分。基础管理层通过集群、分布式文件系统和网格计算等技术，实现云存储中多个存储设备之间的协同工作，使多个存储设备可以对外提供同一种服务，并提供更大、更强、更好的数据访问性能。

3. 应用接口层

应用接口层是云存储最灵活多变的部分。不同的云存储运营单位可以根据实际业务类型，开发不同的应用服务接口，提供不同的应用服务。比如视频监控应用平台、IPTV（internet protocol television，网络电视）和视频点播应用平台、网络硬盘引用平台、远程数据备份应用平台等。

4. 访问层

任何一个授权用户都可以通过标准的公用应用接口来登录云存储系统，享受云存储服务。云存储运营单位不同，云存储提供的访问类型和访问手段也不同。

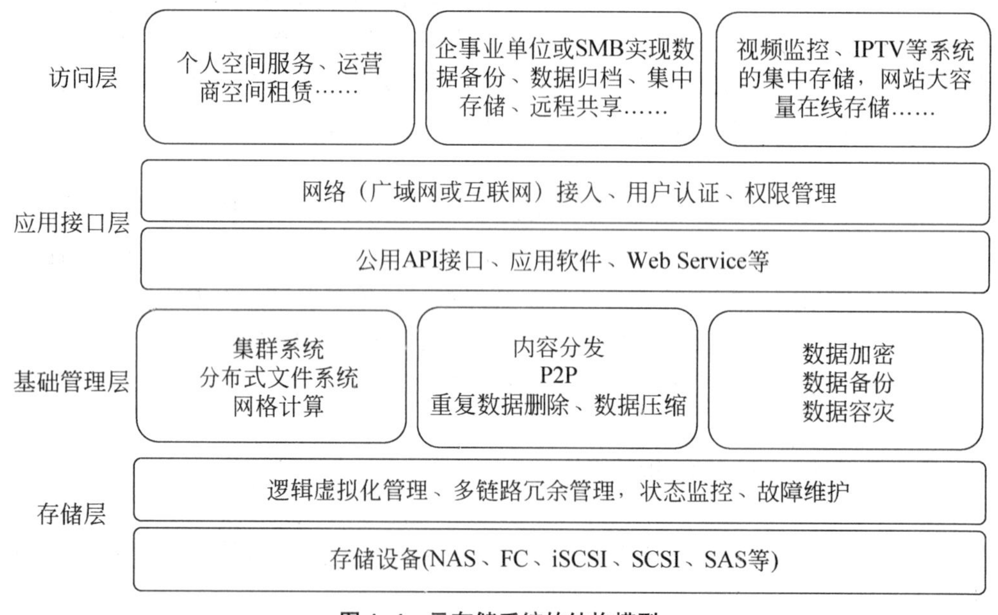

图 4–4　云存储系统的结构模型

练习题

1. 名词解释

数据库　数据库管理系统（DBMS）　数据仓库　云存储　存储虚拟化

2. 数据量的爆炸式增长给数据存储带来哪些挑战?

3. 现代信息管理对数据存储的要求有哪些?

4. 数据库技术的特点。

5. 数据库管理系统的功能。

6. 关系型数据库的基本原理。

7. 数据库与数据仓库的关系与区别。

8. 云存储的结构模型和优点。

第 5 章 数据传输

【学习目的与要求】

1. 重点掌握互联网和移动网络在信息传输中的应用。

2. 掌握互联网、移动网络在信息传输中的原理、过程和应用，掌握 TCP/IP 协议各层次在信息传输中的应用。

3. 熟悉计算机网络的定义、功能和分类，熟悉计算机网络协议的作用和体系结构，企业信息传递的基本要求，信息传递的途径，常用信息传递技术。

【内容提要】

本章从数据传输的要求出发，系统介绍了数据传输的要求和技术手段，主要内容包括：计算机网络、互联网技术、移动互联网、5G 网络与北斗卫星导航系统。

【引导案例】

烽火戏诸侯

西周时的周幽王，为了博得爱妃褒姒一笑，点燃了烽火台，戏弄了众诸侯。

周幽王来到骊山温泉行宫，登上烽火台，命令守兵点燃烽火，一时间，狼烟四起，火光冲天。各路诸侯看见烽火，以为犬戎打过来了，急忙调动三军，直奔骊山。诸侯到了骊山脚下，却听到楼阁里琴瑟声声、觥筹交错，不见一兵一卒。此时的褒姒看见惊恐万状的各路诸侯，嫣然一笑。

5.1 信息传递概述

1. 信息传递的概念

当信息系统具有较大的规模，在地理上有一定分布的时候，信息的传递就成为信息系统必须具备的一项基本功能。系统越大，地理分布越广，这项功能所占的地位就越重要。

信息的传递并不只是一个简单的传递问题。信息系统的管理者与计划者必须充分考虑所需要传递的信息的种类、数量、频率、可靠性要求等因素。

信息传递是现代化管理的基本要求。严格地说，所有信息处理都是信息在组织内部的传递，也就是信息在物理位置上的移动。

2. 信息传递的方式

目前，信息的传递方式主要有口头传递、文书传递和电讯传递三种。

（1）口头传递是一种直接而简便的信息传递方式，由于信息发出者与信息接收者距离近，信息内容相对比较简单，没有必要采取文书传递或电讯传递方式。口头传递多用于组织内部传递信息，具体形式有汇报式、传达式和开会式三种。这种传递方式速度快，但对信息接收者来说信息较难储存。

（2）文书传递是传统的信息传递方式，至今仍然是传递信息的主要手段。这种方式既可以避免信息失真，又可以远距离多次传递，还便于利用和存储。文书传递的具体途径有普通邮寄、特快专递、机要通信等。

（3）电讯传递是以电为媒介的传递方式，信息通过电报、电话、广播、电视、传真、计算机互联网络和通信卫星快速地传递到世界各地，它是科学技术进步的产物，是目前最先进的传递手段，正越来越广泛地运用于各个领域，在企业的信息传递中起着越来越重要的作用。

企业行政部门传递信息时始终要明确，信息是为企业的领导决策提供依据和有效服务，要始终围绕决策活动进行。在决策的酝酿、准备阶段，应该有预测性信息，以作为决策的依据；在决策的实施过程中，应该有动态信息，及时反映实施进程、成绩、问题等，以便进行协调或修正决策；在完成某项工作、解决某个问题的决策后应该有反馈信息；为进一步提高决策水平，总结经验教训，应有专题信息或综合信息。

3. 信息传递的要求

（1）传递信息要适当。信息的传递要不早不晚，恰到火候。一般来讲，信息的时效性是通过及时传递来显现的。但是，信息的传递并不是越早越好。信息传递过早，会因该项工作尚未提到日程，造成信息接收者缺乏紧迫感，容易忽视或遗忘信息。

（2）信息的传递要适度。企业行政人员向领导及各部门传递的信息既不要过多，使其形成负担，影响消化吸收；也不要过少，使其得不到必需的信息资料。

4. 信息传递的方向

不同的信息资料具有不同的作用和投向，因此，信息的传递必须区别不同情况，把握信息流向。信息的基本流向有三种，即单向传递、相向传递和反馈传递。

（1）单向传递，即由信息的发出者将信息传递给需要者，直接满足接收者的要求，清除接收者对事物认识的不肯定性。这是专门为领导或有关部门的特殊需要而提供的信息。

（2）相向传递，即接收者和传递者都向对方发出信息，共同参与传递过程。在这种传递方式中，传递者是接收者，而接收者也是传递者，如各种交流会、讨论会、座谈会等都是这种传递方式。这种传递方式的特点是：能在很大程度上打破传递者与接收者之间的时空界限，可以使信息反复传递，这样信息更容易被接收。

（3）反馈传递，这是传递者根据接收者提出的意见，有针对性地选择信息内容，进行反馈传递。如当决策信息发出之后，各部门关于决策的执行情况以及存在的问题和意见，就会形成反馈信息传递给领导；领导接收到反馈信息后，对原来的决策进行修正或补充，产生新的信息，再反馈给部门。这种反复进行的反馈传递，使传递的信息具有较强的针对性，有用程度高，能避免出现无的放矢的问题。

在实际工作中，信息传递问题与信息的存储常常联系在一起。当信息分散存储在若干地点时，信息的传送量可以减少，但分散存储带来的存储管理上的一系列问题，如安全性、一致性等会变得难以解决。如果信息集中存储在同一个地点，存储问题比较容易解决，但信息传递的负担将大大加重。实际工作中常常面临这二者的权衡和合理选择。这正是我们要讨论的，必须从全局综合考虑信息系统的具体例证。可以想象，如果各种技术人员从各自的局部来考虑问题，是不可能达到全局最优的。

信息传递问题比较突出的是业务信息系统和办公信息系统。业务信息系统由于要在信息源上收集原始数据，需要尽可能将收集信息的“触角”伸到所有的信息发生点上，而这些点在地理上往往是很分散的，因此，通信就成了一个重要问题。办公信息系统面对的是办公室工作人员，他们之间有大量的信息需要交流或共享，因此，信息的传递工作量也是很大的。一般来说，二者区别在于，业务信息系统中的信息传递距离比较远，而办公信息系统中信息传递距离则比较近。随着系统范围的扩大，这些系统中信息传递的任务也会逐步增加。

5.2 计算机网络

20 世纪 60 年代中期之前的第一代计算机网络是以单个计算机为中心的远程联机系统，典型应用是由一台计算机和全美范围内 2 000 多个终端组成的飞机订票系统，终端是一台计算机的外围设备，包括显示器和键盘，无 CPU 和内存。当时，人们把计算机网络定义为以传输信息为目的而连接起来，实现远程信息处理或进一步达到资源共享的系统。

20 世纪 60 年代中期至 70 年代的第二代计算机网络是以多个主机通过通信线路互联起来，为用户提供服务，兴起于 60 年代后期，典型代表是美国国防部高级研究计划局协助开发的国防部高级计划局网络（defense advanced research project agency network，Arpanet）。主机之间不是直接用线路相连，而是由接口报文处理机转接后互联的。接口报文处理机和它们之间互联的通信线路一起负责主机间的通信任务，构成了通信子网。通信子网互联的主机负责运行程序，提供资源共享，组成资源子网。这个时期，网络的概念为“以能够相互共享资源为目的互联起来的具有独立功能的计算机之集合体”。

20 世纪 70 年代末至 90 年代的第三代计算机网络是具有统一的网络体系结构并遵守国际标准的开放式和标准化的网络。国防部高级计划局网络兴起后，计算机网络发展迅猛，各大计算机公司相继推出自己的网络体系结构及实现这些结构的软硬件产品。由于没有统一的标准，不同厂商的产品之间互联很困难，人们迫切需要一种开放性的标准化实用网络环境，因此应运而生了两种国际通用的最重要的体系结构，即 TCP/IP 体系结构和国际标准化组织的 OSI（open system interconnect，开放式系统互联）体系结构。

20 世纪 90 年代至今的第四代计算机网络，由于局域网技术发展成熟，出现光纤及高速网络技术，整个网络就像一个对用户透明的大的计算机系统，计算机网络发展为以因特网（Internet）为代表的互联网。

5.2.1　计算机网络的定义

计算机网络是将若干个独立的计算机系统通过传输介质和连接设备相互连接在一起，实现资源共享和数据通信的计算机系统。不同地理位置的计算机网络可通过互联设备和传输介质，在更大的范围内形成互联网，连接在网络上的各台计算机之间可通过数据传输相互交换信息。连接是指硬件和软件两个层次上的连接；资源共享包括硬件、软件和数据的资源共享。

在企业信息管理中，计算机网络技术主要解决了数据的传输问题。如果没有网络，计算机孤立工作，无法实现各台计算机之间的信息共享和集成，更无法实现各部门协同工作，无法为人们带来工作的高效率和企业面对变化的灵活性和适应性。

5.2.2　计算机网络的组成

像任何计算机系统是由硬件和软件组成一样，完整的计算机网络系统是由网络硬件系统和网络软件系统组成的。根据不同应用的需要，网络可能有不同的软件、硬件配置。

5.2.2.1　计算机网络的硬件组成

计算机网络硬件系统是由服务器、工作站、通信互联设备（网卡，调制解调器，中继器和集线器，网桥、路由器和交换器）等基本模块和通信介质组成的。

1. 服务器

专用服务器的 CPU 速度快，内存和硬盘的容量高，较大规模应用系统需要配置多个服务器。小型应用系统也可以把高档微机作为服务器来使用。根据服务器所提供的资源不同，可以把服务器分为文件服务器、打印服务器、应用系统服务器和通信服务器。

（1）文件服务器。文件服务器管理用户的文件资源，并同时处理多个客户机的访问请求，客户机从服务器下载要访问的文件到本地存储器。文件服务器对网络的性能起着非常重要的作用。文件服务器一般配备高处理速度的一个或多个 CPU，高性能、大容量的硬盘及硬盘控制器和充足的随机存取存储器（RAM）等。为了提高网络系统的数据安全性，往往要为文件服务器配置多个硬盘，组成磁盘阵列，甚至在网络中配置备份的文件服务器。

（2）打印服务器。打印服务器负责处理网络上用户的打印请求。一台或多台普通的打印机和一台运行打印服务程序的计算机相连并在网络中共享该打印机，就成为打印服务器。新推出的专用网络打印机配有内置的网络适配器，可以直接与网络线缆相连成为打印服务器，这样的打印机不必连接到某个计算机的打印端口。

（3）应用系统服务器。应用系统服务器运行客户机/服务器应用程序的服务器端软件，这样的服务器往往保存大量的信息供用户查询，在客户机上运行客户端程序。客户端程序向应用系统服务器发送查询请求，服务器处理查询请求，只将查询的结果返回给客户机。这与文件服务器将整个文件下载到客户机上是完全不同的。

例如，万维网中的 Web 服务器软件也是服务器应用系统，而浏览器是客户端软件。开放数据库连接（open database connectivity，ODBC）驱动程序使用户可以访问服务器上各种类型的数据库。

（4）通信服务器。通信服务器负责处理本网络与外网络的通信，或者通过通信线路处理远程用户对本网络的数据传输。如果利用公共电话网通信，需要安装调制解调器（modem）。一个调制解调器服务器可以配置一台或多台调制解调器。

为了充分发挥高性能服务器的潜力或节省开支等其他原因，往往将两种网络服务器合二为一，从而一台计算机执行两种网络服务器的功能。例如，将文件服务器连接打印机就同时作为打印服务器使用。

2. 工作站

将计算机与网络连接起来就成为网络工作站。有些应用系统需要高性能的专用工作站，如计算机辅助设计需要配置图形工作站。对于一般网络应用系统来说，工作站的配置比较低，因为它们可以访问网络服务器中的共享资源。

网络工作站需要运行网络操作系统的客户端软件。Windows NT 网络操作系统支持的工作站客户端有各种 Windows 工作站、Linux 工作站、Novell Netware 和 Macintosh 工作站。

3. 网卡

服务器和工作站需要安装网卡。网卡也称为网络适配器，它是计算机和网络缆线之间的物理接口。一方面，网卡将发送给其他计算机的数据转变成在网络缆线上传输的信号发送出去；另一方面，网卡又从网络缆线接收信号，并把信号转换成在计算机内传输的数据。数据在计算机内并行传输，而在网络缆线上传输的信号一般是串行的光信号或电信号。网卡的基本功能是：并行数据和串行信号之间的转换、数据帧的装配与拆装，网络访问控制和数据缓冲等。

不同类型网络中的计算机要安装不同类型的网卡，例如，以太网（Ethernet）使用以太网卡，令牌环网（Token-ring）使用令牌环网卡。

在网络通信中通过网卡地址来识别计算机或其他设备的地址。以太网卡和令牌环网卡的地址是由生产厂商设置的，美国电器电子工程师协会（Institute of Electrical and Electronic Engineers，IEEE）为每个网卡生产商分配一段网卡地址，每个网卡生产商为生产的每块网卡设置唯一的地址，这可以确保网络中两个设备不发生地址冲突。

4. 调制解调器

调制解调器是远程计算机和网络相连所需的设备。在通过电话线相互通信的计算机双方都要连接调制解调器。发送数据的一方将数字信号加载到模拟信号中（这一过程叫调制），接收数据的一方从接收到的模拟信号中分离出数字信号（这一过程叫解调）。通信的两端都具备调制和解调的功能，所以调制解调器既能发送数据，也能接收数据。

根据调制解调器与计算机连接方式的不同，可以把调制解调器分为独立式和内置式两种。从机体角度讲，独立式调制解调器与计算机是互相独立的，通过外接线与计算机的串行 COM 端口和电话线相连接。内置式调制解调器被安装在计算机的扩展槽内，不占用 COM 端口。

调制解调器一般连接电话线，国际电信联盟（International Telecommunication Union，ITU）V90 标准调制解调器的传输速率可达 56 kbps。新研制的线缆调制解调器可以连接同轴电缆。

5. 中继器和集线器

要扩展局域网的规模，就需要用通信线缆连接更远的计算机或设备，但当信号在缆线中传输时会受到干扰，产生衰减。如果信号衰减到一定的程度将不能识别，计算机之间不能通信，必须使信号保持原样继续传播才有意义。

(1) 中继器。中继器（repeater）可以物理地再生接收到的信号，再将其发送出去，从而使信号可以传输更远的距离。中继器工作于 OSI 模型的物理层，它不转换或过滤任何信息，和中继器连接的网络分支必须使用同样的访问方式。例如，中继器可以连接以 CSMA/CD 方式进行访问的两个网络分支，也可以连接以令牌环传输方式进行访问的两个网络分支，但不能在两种访问方式的网络之间互连。

中继器往往配置在不同物理介质端口，例如光纤接口、细同轴电缆接口和双绞线接口等。通过中继器扩展网络后，网络连线的距离也受到限制。这是因为中继器会把接收到的所有信号不加区分地再生并传输，这等于在确保信号可识别的情况下延长缆线的距离。如果缆线中连接了更多的计算机，一方面，信号从缆线的一端传播到另一端需要更多的时间；另一方面，由于各计算机都要共享缆线，每台计算机平均占用传输介质的时间将会变少，从而使网络的性能快速下降。

(2) 集线器。集线器（concentrator）一般为有源集线器，它需要打开电源才能工作，属于一种特殊的中继器。除了对数据信号进行整形再生外，集线器便于装拆和集中管理，是实现星状拓扑局域网中最常用的设备。集线器一般有 8～16 个端口，端口可以和计算机或其他的集线器连接。

6. 网桥、路由器和交换器

(1) 网桥。网桥（bridge）也连接网络分支。与中继器不同，网桥工作于 OSI 模型的数据链路层。网桥不仅能再生数据，而且能识别数据的目的节点地址是否属于本网段，如果不属于本网段，网桥就会将接收的数据发送到其他网段上。

某些网桥不能识别网络传输协议的类型，只能在同构网络中做桥接，通常用于连接那些具有相同结构的网络，如两个 100Base-T 以太网，或者两个令牌环网。而其他网桥可以实现不同类型的局域网连接，如一个100Base-T以太网、一个令牌环网。

（2）路由器。路由器（router）工作于OSI模型网络层。路由器能识别数据的目的节点地址所在的网络，并能从多条路径中选择最佳的路径发送数据。路由器还能将通信数据包从一种格式转换成另一种格式，所以，路由器既可以连接相同类型的网络，也可以连接不同类型的网络。路由器能够建立路由表，路由表列出了到达其他各网段的距离和位置，通过路由表，路由器能够计算出达到目的节点的最短路径。路由器的功能比网桥强大，有更强的异种网络互连能力。

网桥和路由器可以是内置两个或多个网络适配器的专用设备，也可以是配置了两个或多个网络适配器的计算机。

（3）交换器。交换器（switch）是20世纪90年代出现的新设备。交换这个名词描述了一种设备，该设备可以根据网络信息构造自己的转发表，做出数据包转发决策。下一代网络的核心将是新一代的交换器，与路由式或共享型网络相比，使用这类交换器的下一代网络将可以更有效地设计、更高效地运行。

7. 通信介质

通信介质是计算机网络中发送方和接收方之间的物理通路。由于传输过程中不可避免地产生信号衰减或其他损耗，而且距离越远，衰减或耗损就越大。不同的通信介质传输数据的性能不同。计算机网络通常使用的介质有：双绞线、同轴电缆、光导纤维、无线传输介质（包括微波、红外线和激光）、卫星线路。

5.2.2.2 计算机网络的软件组成

独立的计算机必须有软件才能运行，计算机网络也必须有网络软件系统才能运行。计算机网络的软件系统比单机的软件系统要复杂得多。计算机网络软件系统包括网络操作系统（network operating system，NOS）、网络应用服务系统等。

网络操作系统是为计算机网络配置的操作系统。网络中的各台计算机都配置有各自的操作系统，而网络操作系统把它们有机地联系起来。网络操作系统除了具有常规操作系统的功能外，还应具有网络通信功能、网络范围内的资源管理功能和网络服务功能等。目前，主流的网络操作系统有Windows NT、UNIX、LINUX等。

5.2.3 计算机网络拓扑结构

计算机网络拓扑结构是指计算机网络的硬件系统的连接形式。主要的网络拓扑有：总线、环状、星状、星状总线、网状。局域网的结构常指在OSI参考模型数据链路层上，执行特定的物理标准，如以太网、令牌环网和ARCNET网。这些主要结构类型还可以分出一些子类型，例如以太网可以分为10Base-T以太网，100Base-FX、1000 Mbit/s以太网等。

1. 总线网络

把各个计算机或其他设备均接到一条公用的总线上，各个计算机共用这一条总线，而在任何两台计算机之间不再有其他连接，这就形成了总线网络（见图 5-1）结构。

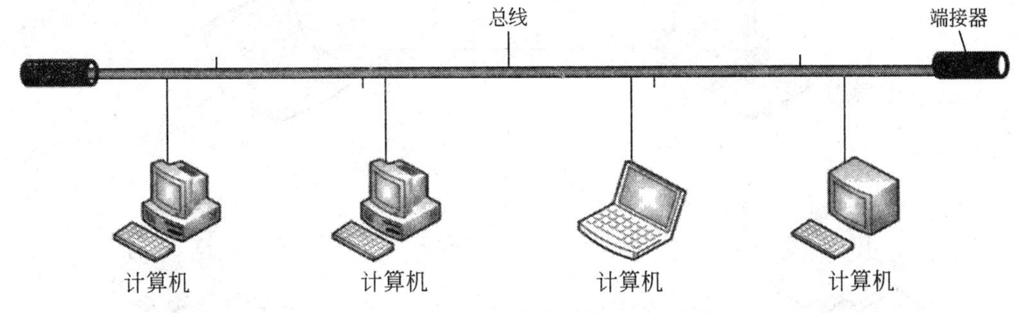

图 5-1　总线网络

总线网络一般采用同轴电缆，在需要分支的地方，电缆线上配有特制的分支插口，连接模块上也装有相应的分支插头。分支插头和总线的分插口之间的距离有一定的限制，一般要求在几厘米的范围，否则会影响总线网络的电气性能。

总线网络上传送的信息，通常以基带形式串行传送，它的传送方向总是从发送信息的节点开始向两端扩散，如同广播电台发射的信息向四周扩散一样，因此，这种结构的网络又称广播式计算机网络。

在同一时刻，只能有一台计算机发送信息，网络上其他的计算机接收信息。这种接收只是被动地接收，它不负责再生数据并将其往前发送，当总线网络超过一定的长度后，信号的质量将得不到保证，所以，对总线网络的长度都有一定的限制。

总线网络结构简单、易于安装且价格低廉，是最常用的局域网拓扑结构之一。

总线网络的主要缺点有：如果总线断开，网络就不可用；如果发生故障，则需要检测总线在各计算机处的连接，不易管理；由于总线网络受到信号损耗的影响，总线网络的长度受限制，设备分布的范围不可能很大。

2. 环状网络

环状网络（见图 5-2）是将各个计算机与公共的缆线连接，缆线的两端连接起来形成一个封闭的环，数据包在环路上以固定方向流动。

由于计算机连接成封闭的环路，所以不需要端接器来吸收反射信号。信号沿环路的一个方向进行传播，通过环路上的每一台计算机。每台计算机都接收信号，并且把信号再生放大后再传给下一台计算机。假如环路中的某一台计算机发生故障，环状网络将不能正常传送信息，从而影响整个网络。

在环状网络中，一般通过令牌来传递数据。令牌依次穿过环路上的每一台计算机。只有获得了令牌的计算机才能发送数据。当一台计算机获得令牌后，就将数据加入令牌中，并继续往前发送。带有数据的令牌依次穿过环路上的每一台计算机，直到令牌中的目的地址与某个计算机的地址相符合。收到数据的计算机返回一条消息，表明数据已被接收，经过验证后，原来的计算机创建一个新令牌并将其发送到环路上。令牌传送数据的方法也经常用于星状网络，此时，各台计算机形成一个逻辑环路。

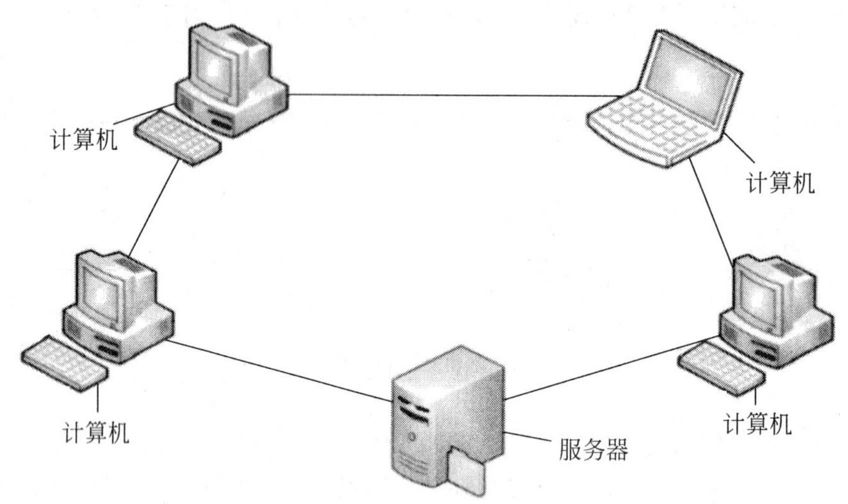

图 5-2　环状网络

环状网络中信息流控制比较简单，信息流在环路中沿固定方向单向流动，两台计算机节点之间仅有唯一的通路，故路径选择控制非常简单。所有的计算机都有平等的访问机会，用户多时也有较好的性能。

环状网络也有一些缺点，如环路中一台计算机发生故障会影响整个网络，重新配置网络时会干扰正常的工作，不便于扩充。

最常见的采用环状拓扑的网络有令牌环网、FDDI（fiber distributed data interface，光纤分布式数据接口）网络和 CDDI（copper distributed data interface，铜线电缆分布式数据接口）网络。

3. 星状网络

星状网络（见图 5-3）结构由一个中心点（如集线器）和计算机连接成网。集线器是网络的中央布线中心，各计算机通过集线器与其他计算机通信，因此星状网络又被称为集中式网络。

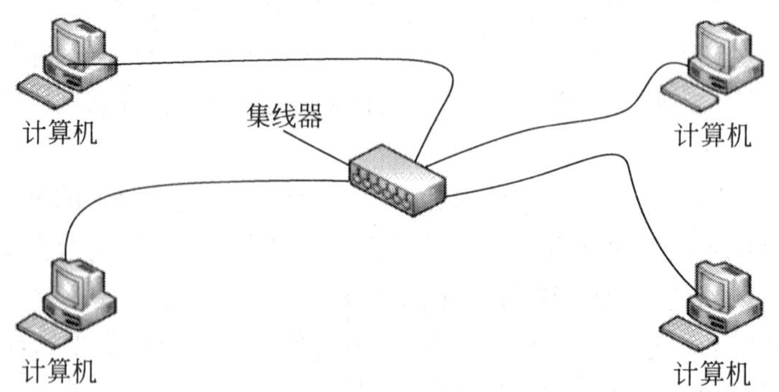

图 5-3　星状网络

集线器是一种特殊的中继器，它可以把多个网络段连接起来。在星状网络中，如果一台计算机与集线器的连线出现问题，只影响该计算机的收发数据，网络的其余部分可以正常工作；但是，如果集线器出现故障，则整个网络瘫痪。

星状网络便于管理、结构简单、扩展网络容易，如果增加或减少计算机，不会影响网络的其余部分，更改容易，也容易检测和隔离故障。

4. 星状总线网络

星状总线网络（见图 5-4）是总线网络和星状网络的结合体。在星状总线网络中，几个星状网络由总线网的干线连接起来。

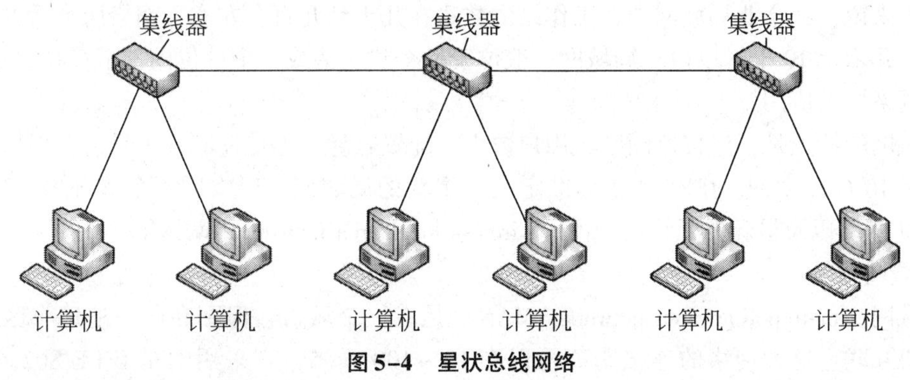

图 5-4 星状总线网络

在星状总线网络中，一台计算机出现故障不会影响网络的其他部分，其他计算机依然可以进行通信。如果某个集线器出现故障，所有与该集线器直接连接的计算机都不能使用网络，其他网段的计算机需要通过该集线器进行的通信将受到影响。

5. 网状网络

容错能力最强的网络拓扑是网状网络。在这种网络中，网络上的每台计算机（或某些计算机）与其他计算机有 3 条以上的直接线路连接。

在网状网络中，如果一台计算机或一段线缆发生故障，网络的其他部分依然可以运行。如果一段线缆发生故障，数据可以通过其他的计算机和线路到达目标计算机。

网状网络建网费用高、布线困难。通常，网状网络只用于大型网络系统和公共通信骨干网，如帧中继网络、ATM（asynchronous transfer mode，异步传输模式）网络或其他数据包交换型网络，这些网络主要强调网络的可靠性。

5.2.4 计算机网络的主要功能

计算机网络的主要功能有信息通信、资源共享、均衡负载。

信息通信：不同的计算机、不同的网段、不同的服务器可以通过网络进行互相通信，彼此交换信息。

资源共享：包括硬件共享、软件共享和数据共享。

均衡负载：网络上可将大的处理任务分解成小的处理任务，实现处理任务的均衡分配。

5.2.5 计算机网络的分类

在实际应用中，根据网络的覆盖范围，可将网络分为局域网、城域网和广域网三类。

1. 局域网

局域网（local area network，LAN）就是在局部地区范围内的网络，它所覆盖的地区范围较小。局域网在计算机数量配置上没有太多的限制，少的可以只有两台，多的可达几百台。一般来说，在企业局域网中，工作站的数量在几十到几百台左右；网络所涉及的地理距离可以是几米至10千米以内。局域网一般位于一个建筑物或一个单位内，不存在寻径问题，不包括网络层的应用。

局域网的特点是：连接范围窄、用户数少、配置容易、连接速率高。目前，局域网最快的速率是10 G以太网。IEEE 802标准定义了主要的局域网：以太网、令牌环网、FDDI网络、ATM网络以及最新的无线局域网（wireless local area network，WLAN）。

2. 城域网

城域网（metropolitan area network，MAN）是在一个城市，但不在同一地理小区范围内的计算机互联。这种网络的连接距离可以在10～100千米，它采用的是IEEE 802.6标准。与局域网相比，城域网扩展的距离更长，连接的计算机数量更多，在地理范围上可以说是局域网网络的延伸。在一个大型城市或都市地区，一个城域网通常连接多个局域网，如连接政府机构的局域网、医院的局域网、电信的局域网、公司企业的局域网等。由于光纤连接的引入，使城域网中高速的局域网互连成为可能。

城域网多采用ATM技术做骨干网。ATM是一个用于数据、语音、视频以及多媒体应用程序的高速网络传输方法。ATM包括一个接口和一个协议，该协议能够在一个常规的传输信道上，在比特率不变及变化的通信量之间进行切换，ATM也包括硬件、软件以及与ATM协议标准一致的介质。ATM提供一个可伸缩的主干基础设施，以便能够适应不同规模、速度以及寻址技术的网络。ATM的最大缺点就是成本太高，所以一般在政府城域网中应用，如邮政、银行、医院等。

3. 广域网

广域网（wide area network，WAN）也称远程网，它一般是在不同城市之间的局域网或者城域网互联，地理范围可从几百千米到几千千米。因为距离较远，信息衰减比较严重，所以，这种网络一般是要租用专线，通过IMP（interface message processor，接口信息处理）协议与线路连接起来，构成网状结构，解决循径问题。这种城域网因为所连接的用户多，总出口带宽有限，所以用户的终端连接速率一般较低，通常为9.6 kbps～45 Mbps。如：邮电部的CHINANET（中国公用计算机互联网），CHINAPAC（中国公用分组交换网）和CHINADDN网（中国公用数字数据网）。

5.2.6 计算机网络协议

计算机网络中的数据交换必须遵守事先约定好的规则，这些规则明确规定了交换的数据的格式以及有关的同步问题（同步含有时序的意思）。

网络协议（network protocol），简称协议，是为进行网络中的数据交换而建立的规则、标准或约定。网络协议的组成要素有：① 语法：数据与控制信息的结构或格式。② 语义：需要发出何种控制信息，完成何种动作，做出何种响应。③ 同步：事件实现顺序的详细说明。

网络协议是网络上所有设备（网络服务器、计算机及交换机、路由器、防火墙等）之间通信规则的集合，它规定了通信时信息必须采用的格式和格式的意义。大多数网络都采用分层的体系结构，每一层都建立在它的下层之上，向它的上一层提供一定的服务，而把如何实现这一服务的细节对上一层加以屏蔽。一台设备上的第 n 层与另一台设备上的第 n 层进行通信的规则就是第 n 层协议。在网络的各层中存在许多协议，接收方和发送方同层的协议必须一致，否则一方将无法识别另一方发出的信息。网络协议使网络上各种设备能够相互交换信息。

网络协议也有很多种，具体选择哪一种协议则要看情况而定。因特网上的计算机使用的是 TCP/IP 协议。

5.3 互联网技术

Internet 是全球最大的、开放的、由众多网络互连而成的计算机网络，是现代计算机技术与通信技术相结合的产物。它以 TCP/IP 协议为基础进行数据通信，将世界各地的计算机网络连接在一起，实现信息交换和资源共享。

5.3.1 Internet 的含义

Internet 是一个集成松散的、世界范围的计算机网络，最初在 1969 年由美国国防部作为军事用途的通信网络建立的，20 世纪 60—80 年代被扩展为包含研究机构和学院的网络。从那时起，Internet 已经变成了全球性的通信、科研和商业网络。Internet 的主要功能有：

（1）E-mail（电子邮件）。在 Internet 上，电子邮件系统是使用最方便、用户数量最多的网络通信工具。只要你是 Internet 用户，就可以拥有一个 E-mail 信箱。电子邮件使处在世界各地的人超越时空的限制，几乎可以同时进行交流。

（2）Internet Chat（聊天室）。在 Internet 上可以建立各种专题兴趣讨论小组，实现在线交谈。

（3）Telnet（远程登录）。远程登录就是通过 Internet 进入和使用远距离的计算机系统，就像使用本地计算机一样。Telnet 在接到远程登录的申请后，试图把你所在的计算机同远端计算机连接起来，一旦连通，你的计算机就成为远端计算机的终端。你可以正式注册（login）进入系统成为合法用户，执行操作命令，提交作业，使用系统资源。完成操作任务后，通过注销（logout）退出远端计算机系统，同时也退出 Telnet，回到本地系统。

（4）FTP（file transfer protocol，文件传输协议）。FTP 允许用户登录到 Internet 的一台远程计算机上，把所需的文件传送回本地计算机系统，或者反过来，把本地计算机上的文件传送并装载到远程的计算机系统。使用 FTP 传输文件，需要用户事先在远程计算机系统注册，但 Internet 上有许多 FTP 服务器，允许用户以 "anonymous（匿名）" 为用户名和以电子邮件地址为口令（password）进行连接。这种 FTP 服务器为未注册的用户设定特别的子目录，其中的内容对访问者完全开放。

（5）信息浏览。万维网（world wide web，WWW）是 Internet 上使用最广泛的信息浏览技术。

5.3.2 TCP/IP 协议

互联网发展的基础框架是传输控制协议/网际协议（TCP/IP）的协议簇。TCP/IP 是一组协议，并根据其中最重要的两个协议——传输控制协议（transmission control protocol，TCP）和网际协议（internet protocol，IP）而命名。

TCP/IP 的目的是为不同结构和通信机制的物理网络提供统一的数据通信服务，使在不同网络上相距很远的主机相互通信成为可能。TCP/IP 包括应用层、传输层、网络层和网络接口层四个层次。TCP/IP 的结构及各层所包含的主要协议如图 5-5 所示。

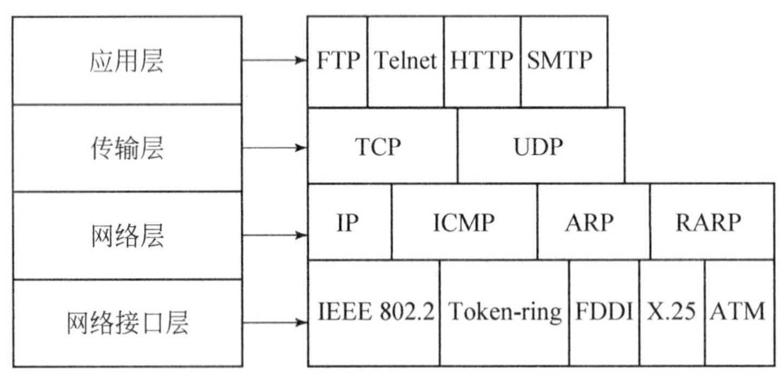

图 5-5　TCP/IP 的结构及各层所包含的主要协议

（1）应用层。应用层是面向用户的通信应用程序的统称。TCP/IP 协议簇在这一层有很多协议来支持不同的应用，许多大家所熟悉的基于 Internet 应用的实现都离不开这些协议，如我们进行网页浏览用到的 HTTP（hyper text transfer protocol，超文本传输协议）、文件传输用到的 FTP、电子邮件发送用到的 SMTP（Simple Message Transfer Protocol，简单邮件传输协议）、远程登录用到的 Telnet 协议等。用户在使用网络应用时，直接看到和接触到的是各种图形化的应用软件，如 IE 浏览器、电子邮件工具软件，而后台运行的则是支持这些软件的各种应用层协议。

(2) 传输层。传输层提供了端到端的数据传输，把数据从一个应用传输到它的远程对等实体。最常用的传输层协议是 TCP 协议，它提供了面向连接的可靠数据传送、流量控制和拥塞控制。另一种传输协议是用户数据报协议（user datagram protocol，UDP），它提供的是一种无连接、不可靠的、尽力而为的传输方式。

(3) 网络层。网络层解决的是不同网际间的通信问题，而不是局域网内部的事情。网络层的主要功能是提供路由，即选择到达目标主机的最佳路径，并沿该路径传送数据包。除此之外，网络层还要能够消除网络拥塞，具有流量控制和拥塞控制的能力。IP 协议是这一层中最重要的协议，它为每个网络中的计算机定义了可以唯一识别的 IP 地址，从而使不同应用类型的数据在 Internet 上通畅地传输。网络层还包括 ARP、RARP、ICMP（internet control messages protocol，网间控制报文协议）等协议。

(4) 网络接口层。网络接口层也称数据链路层，它将网络层的 IP 数据报变成独立的网络信息传输单元（称为帧），负责帧在物理线路上的发送与接收。TCP/IP 协议的网络接口层支持多种接口协议，如 IEEE 802.2、Token-ring、FDDI、X.25、ATM 等。

5.3.3　万维网技术

互联网一个最主要的应用就是进行各种信息的浏览，它是由万维网系统向用户提供一个以超文本为基础的多媒体全图形浏览界面。

万维网简称 Web，已经成为最热门的新兴信息技术，这个由链接化的多媒体资源组成的巨大网络已遍布全球，它将信息和娱乐带给越来越多的用户。

Web 是 Internet 上可以访问的浏览器、服务器、文件和服务的集合。人们不仅通过它观看别人的作品，也可以向 Web 发布信息。

Web 应用的基础元素是网页（page），网页位于分布在互联网中的各个 Web 服务器上，用户通过访问特定的网页获得需要的信息。网页中呈现的信息包括文字、图形、图像、声音、动画等，还包含指向其他网页的链接。网页编写使用的是超文本标记语言（hyper text markup language，HTML），而网页中的信息在互联网中的传输是通过超文本传输协议（hyper text transfer protocol，HTTP）来实现的。互联网中的每一个网页，都有一个唯一的标识来指示，称为统一资源定位器（uniform resource locator，URL）。URL 由双斜线分成两部分，前一部分指出访问方法，后一部分指明网页所在服务器的地址及具体路径。比如搜狐新闻的 URL 为 http://www.news.sohu.com，表示采用 http 协议访问地址为 www.news.sohu.com 的服务器；而其中社会新闻所在网页的 URL 为 http://news.sohu.com/shehuixinwen.shtml，表示社会新闻部分的网页在该服务器中的路径为/shehuixinwen.shtml。

构成万维网体系结构的基本元素包括：Web 浏览器，Web 服务器，浏览器与服务器之间的通信协议 HTTP，写 Web 文档的语言 HTML，用来标识 Web 资源的 URL。

1. Web 浏览器

用户要访问 Web 的网页获取信息，必须在自己的计算机上安装 Web 浏览器软件。浏览器的作用是根据用户所提供的 URL，向指定的互联网中的资源发出访问请求，得到响应后建立网络连接，并将用户需要的信息通过 HTTP 协议传送到用户端并显示。常用的 Web 浏览器主要有微软公司的 Internet Explorer（IE），以及各个互联网公司开发的浏览器产品，如火狐（FireFox）浏览器、搜狗浏览器、腾讯浏览器、360 安全浏览器等。

2. Web 服务器

Web 服务器是指一些连入互联网的计算机，这些计算机中有大量的文件，文件所有者通过与互联网的连接使文件为大众共享。Web 上共享的文档包括文本和 HTML 代码，不同的文档之间通过 HTML 超链接构成了文档互联的万维网，这些互联的页面要符合客户机/服务器体系结构才能够正常运转。

Web 服务器的功能包括：信息检索，数据管理，事务及安全管理，处理客户机的要求，寻找信息，重新处理信息，对资源初始化。

3. HTTP

HTTP 是 Web 浏览器（客户端）和服务器之间的应用层通信协议。HTTP 是用于分布式协作超媒体信息系统的快速实用协议，是通用的、无状态的、面向对象的协议。

HTTP 是一个客户端和服务器端请求和应答的标准（TCP）。

（1）客户端发起一个到服务器上指定端口（默认端口为 80）的 HTTP 请求。

（2）应答的服务器上存储着资源，比如 HTML 文件和图像。

（3）HTTP 服务器则在指定端口监听客户端发送过来的请求。一旦收到请求，服务器向客户端发回一个状态行和响应的消息，消息体可能是请求的文件、错误消息或其他信息。

4. HTML

HTML 是为“网页创建和其他可在网页浏览器中看到的信息”设计的一种超文本标记语言。

超文本标记语言是一种文档生成语言，它包括一套定义文档结构和类型的标记，用来描述文档内文本元素之间的关系。利用超链接，可以以任意顺序浏览页面。

5. URL

URL 是专为标识 Internet 网上资源位置而设置的一种编址方式，平时所说的网页地址指的就是 URL。URL 一般由传输协议、主机 IP 地址或域名地址、资源所在路径和文件名三部分组成，其格式如下：

传输协议：//主机 IP 地址或域名地址/资源所在路径和文件名

通过浏览器访问互联网网站，需要对各种网站类型有一个基本的了解，以便更有效地从互联网获取信息。常用的互联网网站类型有以下几种。

（1）门户网站。门户网站是指提供综合性互联网信息资源的接入，并能提供有关信息服务的互联网应用系统。门户网站包含了各种互联网业务类型，如新闻资讯、网络社区、免费邮箱、视频点播、博客空间等。我国典型的门户网站有新浪、搜狐、腾讯和网易等。

（2）搜索引擎网站。要在互联网中准确快速地找到需要的信息，需要借助搜索引擎。搜索引擎网站是互联网上提供信息搜索服务的应用系统，它通过收集互联网中各个网站的信息并进行整理、分类和索引，最终形成网页索引库，当用户进行搜索时，对搜索的内容进行分析，与网页索引库中的信息进行比对，从中找出相匹配的内容呈现在客户端界面。

（3）电子商务网站。电子商务是将互联网技术与传统商务活动相结合的一种动态商务模式，产品或服务的展示、交易、支付都通过互联网来进行，降低了商务活动的成本，提升了顾客的购物体验。顾客可以通过电子商务网站购买书籍、电器、食品、日用百货，还可以订机票、酒店、订餐等。

（4）社交网站。社交网站（social networking services，SNS）是用来帮助人们建立社会联系的互联网应用服务。用户通过社交网站可以与朋友保持更加直接的联系，扩大交际圈、交流感情、传递信息、发现机会并获得乐趣。社交网站的主要功能包括个人日志、图片分享、即时通信、热点讨论等。

（5）电子政务网站。各级政府机关和行政事业单位为了更好地进行公共管理，提高行政服务效率，发布政策、法规、通知等信息而建立的网站。人们日常生活中经常需要处理的如交通车辆管理、社会保障、税务、医疗保险、教育等事务，都可以在政府行政管理部门的电子政务网站上获取信息，很多业务可以在网上直接办理。

除此之外，互联网上还有游戏娱乐、资源下载、企业主页、文学艺术、生活服务等形形色色的网站资源，为用户提供各种类型的信息服务。

5.3.4 Web 3.0

如果说 Web 1.0 的本质是联合，Web 2.0 的本质就是互动，它让网民更多地参与信息产品的创造、传播和分享，而这个过程是有价值的。Web 2.0 的缺点是没有体现出网民的劳动价值，所以 Web 2.0 很脆弱，缺乏商业价值。Web 3.0 是在 Web 2.0 的基础上发展起来的，能够更好地体现网民的劳动价值，并且能够实现价值均衡分配的一种互联网方式。Web 3.0 的特征如下。

1. 有效聚合

Web 3.0 将应用 Mashup 技术对用户生成的内容信息进行整合，使内容信息的特征性更加明显，便于检索；将精确地阐明信息内容特征的标签进行整合，提高信息描述的精确度，从而便于互联网用户的搜索与整理；同时，对于用户生成内容（user generated content，UGC）的筛选性过滤也将成为 Web 3.0 不同于 Web 2.0 的主要特征之一。

2. 普适性

Web 3.0 将使各种终端的用户群体都享受到互联网上冲浪的便捷。

在对用户生成内容的筛选性过滤的基础上，Web 3.0 引入偏好信息处理与个性化引擎技术，对用户的行为特征进行分析，即寻找可信度高的用户生成内容发布源。同时，对互联网用户的搜索习惯进行整理、挖掘，得出最佳的设计方案，帮助互联网用户快速、准确地搜索到自己想要的信息，避免大量信息给用户带来的搜索疲劳。

3. 数字新技术

Web 3.0 模式下可管理的 VoIP（voice over internet protocol，网络语音）与 IM（Voice over IP/instant message，IP 语音/即时信息），为互联网用户的使用提供了方便快捷的服务方式。可信度更高、信用度更好的用户发布的信息会被自动置顶，这样既提高了信息源发布者的可信度，同时又使这些有用、真实的信息更快地出现在用户面前，发挥信息的最大效力，提高了信息的使用率、降低了信息查找的时间损耗。

4. 垂直网站

Web 3.0 时代的特征是个性化、互动性以及深入的应用服务。垂直网站将与 B2C（business to customer，企业对客户）实现对接，从而实现产品数据库查询、体验、购买、分享等整个过程的一体化。

5.4 移动网络

5.4.1 无线局域网

无线局域网（WLAN）是计算机网络与无线通信技术相结合的产物。无线局域网利用无线多址接入这种有效方法来支持计算机之间的通信，并为通信提供移动化、个性化和多媒体应用。无线局域网就是在不使用传统缆线的同时，提供以太网或者令牌环网的功能。与有线网络相比，无线局域网主要具有以下优点。

一是安装便捷。在网络建设中，周期最长、对周边环境影响最大的就是网络布线施工。在施工过程中往往需要破墙、穿线、架管或平面铺设。而无线局域网最大的优势就是免去或减少了网络布线的工作量。

二是使用灵活。在有线网络中，网络设备的安放位置受网络信息点位置的限制。无线局域网一旦建成后，在无线网的信号覆盖区域内任何一个位置都可以接入网络。

三是节约成本。由于有线网络缺少灵活性，这就要求网络规划者尽可能考虑未来发展的需要，往往导致预设了大量利用率较低的信息点，且一旦网络的发展超出了设计规划，又要花费较多费用进行网络改造。无线局域网可以避免或减少以上情况的发生。

四是易于扩展。无线局域网有多种配置方式，能够根据需要灵活选择。无线局域网可以从只有几个用户的小型无线局域网扩展到有上千用户的大型无线局域网。

Wi-Fi（wireless fidelity，无线保真），在无线局域网中是指“无线兼容性认证”。它是一种商业认证，也是一个基于 IEEE 802.11 标准的无线局域网技术。802.11 是无线局域网的技术标准，与 Wi-Fi 不能等同，但二者保持同步更新。

无线局域网按所采用的传输技术可分为三类：红外线局域网、扩频无线局域网和窄带微波无线局域网。

1. 红外线局域网

红外无线局域网具有以下优点：红外线频谱非常宽，能提供极高的数据传输速率；红外线与可见光的部分特性相似，即它可以被浅色物体漫反射，因此，可通过天花板反射来覆盖整个房间；红外线通信不易被入侵，有较高的安全性；一座大楼中每个房间里的红外线网络可以互不干扰，可以建立一个较大的红外线网络；红外线局域网设备相对简单、便宜；红外线数据传输基本上采用强度调制，所以，红外线接收器只需测量光信号的强度。

红外线局域网有 3 种数据传输技术。

(1) 定向光束红外传输技术。定向光束红外线可以用于点到点链路。在这种方式中，传输的范围取决于发射的强度和接收装置的性能。红外线可用于连接几座大楼内的网络，但是每幢大楼的路由器或网桥都必须在视线范围内。

(2) 全方位红外传输技术。一个全方位配置的红外线局域网要有一个基站，基站能看到红外线无线局域网中的所有结点。典型的全方位配置结构是将基站安装在天花板上，基站的发射器向各个方向发送信号，每个红外线接收器都能接收到信号，所有结点的接收器都用定位光束瞄准天花板上的基站。

(3) 漫反射红外传输技术。漫反射配置的红外线局域网不需要安装基站。在漫反射红外线配置中所有结点的发射器，都瞄准天花板上的漫反射区，红外线射到天花板上则被漫反射到房间内的所有接收器上。

2. 扩频无线局域网

目前，无线局域网使用最广泛的技术是扩频技术，扩频技术起初是为军事和情报部门的需求开发的，其主要想法是将信号散布到更宽的带宽上，以使发生拥塞和干扰的概率减小。目前扩频有两种方法：跳频通信和直接序列扩频。

(1) 跳频通信。在跳频方案中，发送信号的频率按固定的时间间隔从一个频谱跳到另一个频谱。接收器与发送器同步跳动，从而可以正确地接收信息，而那些可能的入侵者只能得到一些无法理解的标记。发送器以固定的时间间隔变换一个发送频率。IEEE 802.11 标准规定每 300 毫秒的时间间隔变换一次发送频率。

(2) 直接序列扩频。直接序列扩频将原始数据“1”或“0”用多个（通常 10 个以上）时隙来代表，使原来较高功率、较窄频的信号变成具有较宽频的低功率信号。

3. 窄带微波无线局域网

窄带微波是指使用微波无线电频带进行数据传输，其带宽刚好能容纳信号。窄带微波无线局域网分为免申请执照的窄带微波无线局域网与需要申请执照的窄带微波无线局域网。

5.4.2 移动互联网

移动互联网是移动和互联网融合的产物，继承了移动随时、随地、随身和互联网开放、分享、互动的优势，是一个全国性的、以宽带 IP 为技术核心的，可同时提供话音、传真、数据、图像、多媒体等高品质电信服务的新一代开放的电信基础网络，由运营商提供无线接入，互联网企业提供各种成熟的应用。

移动互联网是指移动通信终端与互联网相结合成为一体，用户使用手机、PDA（personal digital assistant，个人数字助理）或其他无线终端设备，通过速率较高的移动网络，在移动状态下（如在地铁、公交车等）随时、随地访问互联网，以获取信息，提供商务、娱乐等各种网络服务。

通过移动互联网，人们可以使用手机、平板电脑等移动终端设备浏览新闻，还可以使用各种移动互联网应用，例如在线搜索、在线聊天、移动网游、手机电视、在线阅读、网络社区、收听和下载音乐等。其中，移动环境下的网页浏览、文件下载、位置服务、在线游戏、视频浏览等是其主流应用。目前，移动互联网正逐渐渗透到人们生活、工作的各个领域，微信、支付宝、位置服务等丰富多彩的移动互联网应用迅猛发展，正在深刻改变信息时代的社会生活。移动互联网有如下特征。

1. 交互性

用户可以随身携带和随时使用移动终端，在移动状态下接入和使用移动互联网应用服务。在空闲间隙任何一个有网络覆盖的场所，移动用户接入无线网络都可以实现移动业务应用。现在，从智能手机到平板电脑，随处可见这些终端发挥强大功能的身影。当人们需要沟通交流的时候，还可以随时随地用语音、图文或者视频沟通，大大提高了用户与移动互联网的交互性。

2. 便携性

移动终端小巧轻便、可随身携带，人们可以装入随身携带的书包或手袋中，并可以在任意场合接入网络。这个特点决定了使用移动终端设备上网，可以带来计算机上网无可比拟的优越性，即沟通与资讯的获取远比计算机设备方便。用户能够随时随地获取娱乐、生活、商务相关的信息，进行支付、查找周边位置等操作，从而使移动应用进入人们的日常生活，满足衣食住行、吃喝玩乐等需求。

3. 隐私性

移动终端设备的隐私性远高于计算机的要求。由于移动性和便携性的特点，移动互联网的信息保护程度较高。通常不需要考虑通信运营商与设备商在技术上如何实现它，高隐私性决定了移动互联网终端应用的特点，数据共享时既要保障认证客户的有效性，也要保证信息的安全性。这不同于传统互联网公开、透明、开放的特点。传统互联网下，客户端系统的用户信息是容易被收集的。而移动互联网用户因为无须共享自己设备上的信息，从而确保了移动互联网的隐私性。

4. 定位性

移动互联网有别于传统互联网的典型应用是位置服务应用，包括：位置签到、位置分享及基于位置的社交应用；基于位置围栏的用户监控及消息通知服务；生活导航及优惠券集成服务；基于位置的娱乐及电子商务应用；基于上下文感知的信息服务。

5. 娱乐性

移动互联网上的丰富应用，如图片分享、视频播放、音乐欣赏、电子邮件等，为用户的工作、生活带来更多的便利和乐趣。

5.5　5G 网络与北斗卫星导航系统

5.5.1　5G 通信

与 4G 技术相比，5G 技术的特点体现在以下几点。

1. 高速度

相比于 4G 网络，5G 网络有更高的速度，而对于 5G 的基站峰值要求不低于 20 Gb/s，当然，这个速度是峰值速度，不是每一个用户的体验。随着新技术的使用，速度还有提升的空间。

2. 泛在网

随着业务的发展，网络业务需要无所不包，广泛存在。只有这样，才能支持更加丰富的业务，才能在复杂的场景中使用。

泛在网有两层含义：一是广泛覆盖，二是纵深覆盖。广泛覆盖是指我们社会生活的各个地方都需要覆盖，以前高山峡谷不一定需要网络覆盖，因为生活在那里的人很少。现在，如果能覆盖 5G，就可以大量部署传感器，这对环境、空气质量甚至地貌变化、地震的监测就非常有价值。5G 可以为更多这类应用提供网络。纵深覆盖是指我们生活中，虽然已经有网络部署，但是需要进入更高品质的深度覆盖。我们今天家中已经有了 4G 网络，但是家中的卫生间里的网络质量可能不是太好，地下停车库基本没信号。5G 的到来，可把以前网络品质不好的卫生间、地下停车库等都用很好的 5G 网络广泛覆盖。

3. 低功耗

想要支持大规模物联网应用，就有功耗的要求。而 5G 能把功耗降下来，让大部分物联网产品一周充一次电，甚或一个月充一次电，这就大大改善了用户体验，促进了物联网产品的快速普及。

4. 低时延

5G 的一个新场景是无人驾驶、工业自动化的高可靠连接。人与人之间进行信息交流，140 毫秒的时延是可以接受的，但是，这个时延用于无人驾驶、工业自动化是无法接受的。5G 对于时延的最低要求是 1 毫秒，甚至更低，这就对网络提出了严酷的要求。

5G 成为这些新领域应用的必然要求。无人驾驶汽车，需要中央控制中心和汽车进行互联，车与车之间也应进行互联，在高速度行动中，一个制动，需要瞬间把信息送到车上并做出反应，100 毫秒左右的时间，车就会冲出几十米，这就需要在最短的时延中，把信息送到车上，进行制动与车控反应。

5. 万物互联

迈入智能时代，除了手机、电脑等上网设备需要使用网络外，越来越多的家电设备、可穿戴设备、共享汽车以及电灯等公共设施需要联网，联网之后，这些设备可以实现实时的管理和智能化的相关功能，5G 的互联性让这些设备成为智能设备。

6. 新电商时代

随着5G 的到来，人们上网不再是简单地看文字和图片，短视频成为电子商务新的流量入口。短视频内容丰富生动，其固有的社会属性和占用的碎片化时间，使短视频像磁铁一般聚集了巨大的流量。短视频的特质决定了它在营销推广上的天然优势，表现为以下几点。

(1) 短视频的制作是一项专业的工作，如果没有成熟的运营团队，很难靠个人的力量完成那么多的任务，这也塑造了短视频营销在无形中相对较高的壁垒。

(2) 与文字和图片相比，短视频更具视觉冲击力，更能吸引用户的注意力。它们在传递品牌精神、品牌形象或产品形态和性能方面也更加顺畅。

(3) 用户可以在短视频场景中进行评论、转发甚至模仿或录制新视频，提高了视频内容的宣传力度。

(4) 营销人员可以将短视频发送到各种短视频平台，让更多的人可以观看它们，从而扩大整个产品的宣传范围。随着转发量的增加，宣传效果也会越来越高，流量也会越来越大。

5.5.2 北斗卫星导航系统

中国北斗卫星导航系统（BeiDou navigation satellite system，BDS）是中国自行研制的全球卫星导航系统，和美国 GPS、俄罗斯 GLONASS、欧盟 GALILEO，都是联合国卫星导航委员会已认定的供应商，也是继 GPS、GLONASS 之后的第三个成熟的卫星导航系统。

北斗卫星导航系统由空间段、地面段和用户段三部分组成，可在全球范围内全天候、全天时为各类用户提供高精度、高可靠的定位、导航、授时服务，并具有短报文通信能力，已经初步具备区域导航、定位和授时能力，定位精度10 米，测速精度0.2 米/秒，授时精度10纳秒。

1. 北斗卫星导航系统的特点

(1) 北斗卫星导航系统空间段采用的是三种轨道卫星组成的混合星座，与其他卫星导航系统相比，高轨卫星更多，抗遮挡能力强，尤其低纬度地区，其性能特点更为明显。

(2) 北斗卫星导航系统提供多个频点的导航信号，能够通过多频信号组合使用等方式提高服务精度。

(3) 北斗卫星导航系统创新融合了导航与通信能力，具有实时导航、快速定位、精确授时、位置报告和短报文通信服务五大功能。

2. 北斗卫星导航系统在电子商务、移动商务中的应用前景

北斗卫星导航系统在电子商务、移动商务中的应用前景主要有以下几种。

(1) 现代化的物流管理。

(2) 为电子商务领域提供独立的不受外部环境影响的时间安全保障。

(3) 车辆监控与调度。

(4) 对于商家而言，可以基于 LBS（Location Based Service，基于位置服务）定位形成广告服务、商户服务和增值服务三种基本商业模式。

练习题

1. 名词解释

计算机网络　局域网(LAN)　广域网(WAN)　网络协议　互联网(Internet)　万维网(WWW)　TCP/IP 协议　移动互联网　卫星定位系统　5G

2. 简述计算机网络的组成。

3. 简述 Internet 上的主要应用。

4. 以火车订票业务 12306 为例，分析订票业务的特点及对网络传输的要求。

5. 简述移动互联网的特点和应用。

6. 以电子商务为例，分析 5G 技术在电子商务中的应用。

第6章　数据处理

【学习目的与要求】

1. 重点掌握数据分析技术在企业中的具体应用。
2. 掌握数据挖掘技术、云计算及其在商业中的应用。
3. 熟悉企业信息处理的基本要求和各种技术，数据统计分析技术和数据挖掘技术。

【内容提要】

本章系统地介绍了数据处理的方式、数据分析、数据挖掘、云计算和数据可视化，主要内容包括：数据处理的方式；数据分析；数据挖掘的含义、算法及商业应用；云计算的概念、特征及应用。

【引导案例】

《决战中途岛》中的数据处理

1942年6月，即日本偷袭美国珍珠港事件半年之后，中途岛战役在南太平洋爆发，美国海军在中途岛环礁成功击退日本帝国海军舰队的攻击，获得了太平洋战区的主动权，这场战役被历史学家视为战争的转折点，扭转了自珍珠港事件之后反法西斯盟军节节败退的局面。同时，这也是世界历史上著名的"以小搏大"战役之一，在海空军力大幅弱于日本的情况下，美军以沉没一艘航空母舰为代价，一举击沉日本主力航空母舰四艘、巡洋舰一艘。此次战役的胜利，彻底改变了反法西斯战争的格局，为二战胜利打下坚实的基础。

电影《决战中途岛》改编自中途岛战役，在整个剧情中，令人印象最深刻的是：司令官问情报官："你有日军的准确情报吗?"情报官回答说：我没有准确的情报，但可以从其他零散的信息中推断出来。"

中途岛战役的胜利，是美军情报部门的胜利。

6.1　信息处理的方式

信息处理的集中（centralized）和分布（distributed）问题是信息处理技术中一直在研究的问题。随着计算机和通信技术的发展，分布式数据处理越来越多地应用到组织信息处理中。

6.1.1　集中式信息处理

集中式处理（centralized data processing）是指信息存储、控制、管理和处理都集中在一台或几台计算机上，一般都是大型机，放在一个中心数据处理部门。集中的含义包括以下几点。

（1）集中化的计算机：一台或几台计算机放在一起。

（2）集中化的数据处理：所有的应用都在数据处理中心完成，不管企业的地理位置分布如何。

（3）集中化的数据存储：所有的数据以文件或数据库的形式存储在中央设备上，由中央计算机控制和存取。这包括那些被很多部门使用的数据，如存货数据。

（4）集中化的控制：由信息系统管理员集中负责整个系统的正常运行。根据企业规模和重要程度，可以由中层领导管理，也可由企业的副经理层领导。

（5）集中化的技术支持：由统一的技术支持小组提供技术支持。

集中化的信息处理便于充分发挥设备和软件的功能，大型的中央处理机构拥有专业化的程序员来满足各部门的需求，便于数据控制和保证数据的安全。

集中化数据处理的典型应用是航空机票订票系统和饭店预定系统。在饭店预定系统中，由单一的中心预定系统维护所有饭店可用的资源，保证最大的占有率。另外，饭店中心预订系统收集和保存了所有客户的详细信息，如客户个人信息、住宿习惯、生活习惯等信息，饭店可以通过从不同角度分析这些数据来满足客户的需求。

6.1.2　分布式数据处理

分布式数据处理（distributed data processing）是指计算机（一般都是小型机或微机）分布在整个企业中。从经济性或地理位置的角度考虑，分布式数据处理更便于操作。这种系统由若干台结构独立的计算机组成，能独立承担分配给它的任务，但通过通信线路联结在一起。整个系统根据信息存储和处理的需要，将目标和任务事先按一定的规则和方式分散给各个子系统，各子系统往往都由各自的处理设备来控制和管理，各子系统必要时可以进行信息交换和总体协调。一个典型的分布式数据处理的例子是风险抵押系统。每一个业务员都有很多客户，对某个客户来说，需要计算安全系数。

随着网络技术的发展和贸易全球化，分布式数据处理系统得到了广泛的应用。

6.1.3 推式技术与拉式技术

搜索引擎的诞生，标志着基于网络的信息拉取技术的出现；信息推送技术则可向用户自动发布各种预先定制的信息。

1. 信息推送技术

信息推送（push）技术是指信源在一定的时间间隔或根据发生的事件主动将信息推送给用户的技术。信息推送模式如图6–1所示。

图6–1 信息推送模式

推送技术采用的是广播的模式，它的特点是：不同的用户得到的是相同的信息。通常是网络服务器上装有专门的推送软件，负责制作和推送信息，而客户端也要安装相应的软件负责信息的接收和显示。当有新信息需要用户查收时，推送软件一般会以发送一封邮件、播放一个声音或在屏幕的一角显示一条提示信息等方式通知用户。

目前，网上信息的推送方式主要有以下几种。

（1）频道式推送。这是目前最普遍的一种推送方式，用户可以将某些感兴趣的网页设定为浏览器中的一个频道，这样就可以像看电视一样有选择地阅读不同的信息。

（2）邮件式推送。当信源有用户所需信息时，会以电子邮件的方式通知用户。

（3）网页式推送。把用户感兴趣的信息放在特定的网页上，等待用户的阅读。

（4）专用式推送。通过机密的点对点通信方式，将指定的信息发送给专门的用户，但这种方式需要专门的发送和接收软件。

相对于拉取技术而言，推送技术使信源由被动变为主动，能够在第一时间内将最新信息主动推送给用户，使用户能够及时收到个人所需信息，而不必定期上网查找。而且，推送技术对用户的要求很低，不要求用户对信源有任何了解，也不必具备良好的检索技术，就可以及时得到最新信息。其不足之处主要是：一是针对性差。推送技术是按照某种规则来推送信息的，对不同的用户推送的可能是同样的信息，不一定符合用户的真正需求，难以实现个性化服务。二是信源负荷大。无论用户对信源发送的信息感不感兴趣，信源都要积极主动地、不间断地为用户推送信息。三是容易造成数据风暴问题。信息推送服务的主动权掌握在信源手中，所以，一些用户根本不感兴趣、甚至根本就没有阅读的信息仍然被推送，造成了带宽的浪费，加重了网络的传输负荷。

2. 信息拉取技术

信息拉取（pull）技术是指用户主动从信源处拉取个人所需信息的技术。这是多数用户获取信息的方式，即用户利用浏览器向网站发出请求，然后把感兴趣的信息“拉”到屏幕上浏览。用户所得到的信息是用户主动拉取的那些信息，并且信源服务器也只是在得到用户主动拉取的请求之后才会发送信息。信息拉取模式如图 6–2 所示。

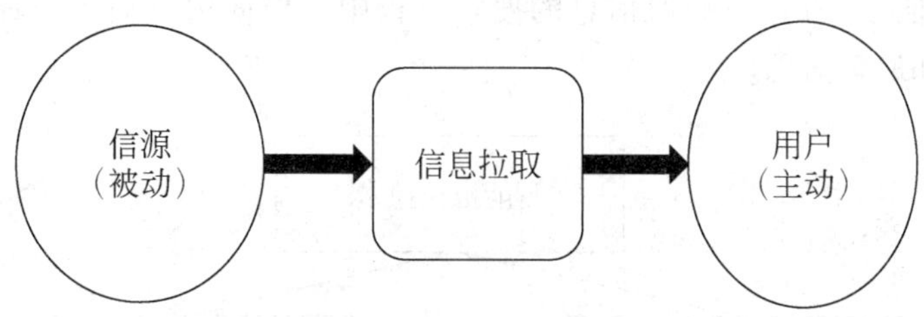

图 6–2　信息拉取模式

网络信息的无序性、分散性给用户的检索带来了诸多不便，因此，用户一般都习惯借助于一些辅助工具如搜索引擎或智能导航等进行信息拉取工作。实践证明，搜索引擎和智能导航是进行信息拉取的有效辅助手段，因此许多网站已不满足于建立一些大型搜索引擎的链接，而是筹备了自己的拉取服务系统。

信息拉取技术具有针对性好，能满足不同用户的个性化要求等优点。尽管如此，拉取技术的缺点仍然非常明显，主要表现为以下几点。

（1）及时性差。信源中的信息每时每刻都有可能发生变化，用户为了得到最新的信息，需要时时到信源处拉取，这种方法不但不能保证最新信息的及时性，而且使用户做了大量无用的重复性工作，浪费了用户的时间和精力。

（2）对用户要求高。要求用户对信源系统有相应的专业知识，并掌握一定的查询技能。

（3）产生大量的垃圾信息。随着网络信息量的不断增长，搜索引擎数据库也在不断变大。但信息收集者并不了解用户需要什么样的信息，因此，用户查询结果中更多的是垃圾信息，用户还要在结果中进一步过滤、查找所需信息，浪费了用户的时间和精力。

3. 智能信息推拉技术

智能信息推拉技术（见图6–3）是将信息推技术和拉技术有机结合起来的产物，它能将推技术中由信息生产者控制信息流向的优点和拉技术中由用户决定和控制信息的查询、获取的优势充分地利用起来，从而有效地避免了这两种技术的不足。

智能信息推拉技术根据推拉方式的不同，可以分为以下几种：

（1）先推后拉式：先由信源推送最新信息，然后用户有针对性地拉取所需的信息。这种方式有利于用户及时了解新情况、新动向，从而再进一步拉取感兴趣的信息。例如，商品网站把一些商品信息推送到用户的邮箱，用户如果需要这些信息，就可以登录到网站查看详细内容。

（2）先拉后推式：用户先拉取所需信息，信源根据用户的兴趣，再有针对性地推送相关的其他信息，例如一些网站个性化的书籍、频道的订阅等。这种方式更有利于实现信息的个性化服务，先根据用户主动拉取的信息确定该用户的个人需求所在，然后有针对性地推送与该用户需求相关的信息。

（3）推中有拉式：信源在信息推送过程中允许用户随时中断、定格在所感兴趣的网页上，并进一步地搜索、主动拉取更丰富的信息。

（4）拉中有推式：在用户拉取信息的搜索过程中，根据用户输入的查询信息，信源主动推送相关信息和最新信息。

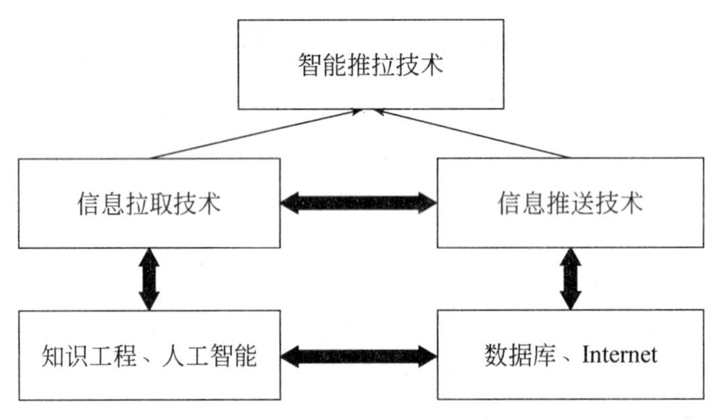

图 6-3　智能信息推拉技术

4. 推拉技术的应用

（1）WAP 领域。WAP（wireless application protocol，无线应用协议）由一系列协议组成，用来标准化无线通信设备，可利用 WAP 手机进行 Internet 访问，包括收发电子邮件，访问 WAP 网站上的页面等。但 WAP 手机的主要特点是内存小、屏幕小且无线频带较窄，另外，用户对信息准确性的要求远胜于对其及时性的要求。因此，向用户提供高准确率的个性化信息服务尤为重要。智能推拉技术可以根据用户主动拉取的信息、浏览路径等进行用户个人需求信息收集、整理、筛选、优化，进而分析、预测用户的需求倾向，针对不同类型的用户提供更具个性的特色信息服务，使不同的用户能随时随地掌握最有价值的网络信息。

（2）电子商务领域。随着网上产品的增多，用户寻找自己需要的产品也成了一大难题；而对于商家来讲，推销产品不但要积极主动而且要有针对性。采用智能推拉技术，用户可以主动预定某种或某类产品信息，不必费心费力地拉取就可以定期或不定期地收到所需产品的最新动态信息；商家也可以跟踪、记录不同用户的兴趣和爱好，分析不同用户的消费能力、购买倾向等，并以此为据向潜在的用户主动推送某种或某类商品信息。例如，出版社或图书网站可以利用这一技术，将最新的书目信息推送给用户，这样既可以提高用户的满意程度，又可以提高产品的知名度。

（3）图书信息服务管理领域。图书馆的信息服务是图书馆的一项重要工作。但长期以来，传统的图书馆一直提供被动服务，不仅不能满足用户的需求，而且浪费了宝贵的图书资源。文献的数字化、搜索引擎的使用，为图书馆的信息服务带来了巨大的转机。采用推拉技术的数字图书馆不但可以通过用户的主动拉取（如利用搜索引擎进行查找）实现图书馆的被动服务，而且还可以主动锁定一批用户，为他们提供主动的个性化服务。这样不仅能够提高信息服务的质量和效率，而且把用户从大量重复性的人工筛选中解放出来。

（4）远程网络教育领域。传统的远程网络教育模式只考虑学生时空的差异，而没有充分考虑个体差异，对不同的学生制订的是同一个学习目标，呈现的是相同的教学内容。这种模式很难体现因材施教的原则，不利于学生充分发挥学习潜力。而智能推拉系统可以扮演远程教师的角色，动态地收集和处理关于学生的学习目标、爱好、学习风格、学习进程、知识掌握情况等信息，以此为据为不同学生制订不同的学习策略和呈现不同的导航信息、课程内容等，最大限度地发挥学生的潜力。另外，可以主动推送一些关于学习进程过慢、作业提交日期将至等提示性信息，督促学生的学习。

（5）企业管理领域。在一些大型的企业管理中，信息的准确性、及时性是至关重要的。运用智能推拉技术可以使企业中的各个部门合作默契，减少人为失误，提高企业效率。如当某种产品的库存量少到一定程度时，仓库管理部门就推送该产品的采购通知到采购部门。而采购部门则根据有关供应商的信息，把采购需求有选择地推送给某些供货商，同时把“通知收到”信息返回给仓库管理部门。如果仓库部门在一定时间内没有收到返回信息，则认为通知丢失，需再次发送，直至收到返回信息为止。这种机制可以确保信息推送成功。而采购部门在等待采购通知的同时，也必须主动拉取库存信息，以便根据市场行情采购某些新产品或热销产品。

（6）电子邮件领域。传统的电子邮件系统采用的是信息推送模式，收件人只能被动地接收信件，所以不管是收件人想要的还是不想要的邮件统统被塞进收件人的信箱。而采用智能推拉技术的电子邮件系统可给予收件人更大的自由空间：收件人只收到发件人邮件的指示器，如果收件人想收此邮件，则可根据指示器拉取邮件，如果拒绝接收，则此邮件会一直滞留在发件人的邮箱内。采用推拉技术的新型电子邮件模型的优点是：可以减少不必要的网络流量，降低网络负荷，并且惩罚了那些垃圾邮件的发送者。

6.2 数据分析

数据是对现象的记录，而数据分析则是透过现象看本质。

6.2.1 数据分析概述

数据分析是指用适当的统计方法对收集来的大量原始数据和二次数据进行分析，以求最大化地开发数据资料的功能，发挥数据的作用。数据分析是为了提取有用信息和形成结论，对数据加以详细研究和概括、总结的过程。

数据也称观测值，是实验、测量、观察、调查等的结果，常以数量的形式给出。数据分析的目的是把隐藏在一大批看似杂乱无章的数据背后的信息集中和提炼出来，总结出所研究对象的内在规律。在实际工作中，数据分析能够帮助管理者进行判断和决策，以便采取适当的策略与行动。例如，企业的高层希望通过市场分析和研究，把握当前产品的市场动向，从而制订合理的产品研发和销售计划，这就必须依赖数据分析来完成。

统计学领域将数据分析划分为描述性统计分析、探索性数据分析和验证性数据分析。描述性数据分析属于初级数据分析，常见的分析方法有对比分析法、平均分析法、交叉分析法等。探索性数据分析是为了形成值得假设的检验而对数据进行分析的一种方法，是对传统统计学假设检验手段的补充。验证性数据分析侧重于已有假设的证实或证伪。探索性数据分析和验证性数据分析属于高级数据分析，常见的分析方法有相关分析法、因子分析法、回归分析法等。探索性数据分析侧重于在数据之中发现新的特征，而验证性数据分析则侧重于已有假设的证实或证伪。

【案例 6-1】

数据分析帮助辛辛那提动植物园提高客户满意度

辛辛那提动植物园成立于1873 年，是世界上著名的动植物园之一，以其物种保护和保存以及高成活率繁殖饲养计划享有极高声誉。它占地面积约 287 000 平方米，园内有 500 种动物和 3 000 多种植物，是美国国内游客人数最多的动植物园之一，曾荣获 Zagat（谷歌旗下的评比网站）十佳动物园，并被《父母》杂志评为最受儿童喜欢的动物园，每年接待游客 130 多万人。

辛辛那提动植物园是一个非营利性组织，是俄亥俄州同时也是美国国内享受公共补贴最低的动植物园，除去政府补贴，2 600 万美元的年度预算中，自筹资金部分达到三分之二以上。为此，辛辛那提动植物园需要不断地增加收入。而要做到这一点，最好的办法是为工作人员提供支持和给游客提供更好的服务，以提高游览率，从而实现动植物园与客户和纳税人的双赢。

借助于数据分析强大的收集和处理能力、互联能力、分析能力以及随之带来的洞察力，在部署后，企业实现了以下各方面的收益：

（1）帮助动植物园了解每个游客的游览、使用和消费模式，根据时间和地理分布情况采取相应的措施改善游客体验，同时实现营业收入最大化。

（2）根据消费和游览行为对动植物园游客进行细分，针对每一类细分游客开展营销和促销活动，显著提高了忠诚度和客户保有量。

（3）识别消费支出低的游客，针对他们发送具有战略性的直寄广告，同时通过具有创意性的营销和激励计划奖励忠诚客户。

（4）360 度全方位了解游客行为，优化营销决策，实施解决方案后的第一年节省 40 000 多美元的营销成本，同时强化了可测量的结果。

（5）采用地理分析显示大量未实现预期结果的促销和折扣计划，重新部署资源支持产出率更高的业务活动，动植物园每年节省 100 000 多美元。

(6) 通过强化营销，提高整体游览率，每年至少新增 50 000 人次游览。

(7) 提供洞察结果强化运营管理。例如，即将关门前冰激凌销售会出现高潮，动植物园决定延长冰激凌摊位的营业时间，直到关门为止。这一措施使辛辛那提动植物园在夏季每天可增加 2 000 美元收入。

(8) 与上年相比，餐饮销售增加 30.7%，零售销售增加 5.9%。

(9) 动植物园高层管理团队可以制定更好的决策，不需要信息技术介入或提供支持。

(10) 将数据分析引入会议室，利用直观工具帮助业务人员掌握数据。

6.2.2　数据分析的过程

数据分析有极广泛的应用范围。典型的数据分析包含三步：第一步，探索性数据分析。刚取得的数据可能杂乱无章，看不出规律，通过作图、造表，用各种形式的方程拟合或计算某些特征量等手段探索规律性的可能形式，即往什么方向和用何种方式去寻找和揭示隐含在数据中的规律性。第二步，模型选定分析。在探索性分析的基础上，提出一类或几类可能的模型，然后通过进一步的分析，从中挑选一定的模型。第三步，推断分析。通常使用数理统计方法对所定模型或估计的可靠程度和精确程度做出推断。

数据分析的过程主要包括识别信息需求、收集数据、分析数据、评价并改进数据分析的有效性。

1. 识别信息需求

识别信息需求是确保数据分析过程有效性的首要条件，可以为收集数据、分析数据提供清晰的目标。识别信息需求是管理者的职责，管理者应根据决策和过程控制的需求，提出对信息的需求。

2. 收集数据

有目的地收集数据，是确保数据分析过程有效的基础。组织需要对收集数据的内容、渠道、方法进行策划。策划时应考虑以下几点。

(1) 将识别的需求转化为具体的要求，如评价提供方时，需要收集的数据可能包括其过程能力、测量系统不确定度等相关数据。

(2) 明确由谁在何时何处，通过何种渠道和方法收集数据。

(3) 记录表应便于使用。

(4) 采取有效措施，防止数据丢失和虚假数据对系统的干扰。

3. 分析数据

分析数据是将收集的数据通过加工、整理和分析，使其转化为信息，常用的方法有：排列图、因果图、分层法、调查表、散点图、直方图、控制图、关联图、系统图、矩阵图等。

4. 评价并改进数据分析的有效性

数据分析是质量管理体系的基础。组织的管理者应在适当时，通过对以下问题的分析，评估其有效性。

(1) 提供决策的信息是否充分、可信，是否存在因信息不足、失准、滞后而导致决策失误的问题。

(2) 信息对持续改进质量管理体系、过程、产品所发挥的作用是否与期望值一致，是否在产品实现过程中有效运用数据分析。

(3) 收集数据的目的是否明确，收集的数据是否真实和充分，信息渠道是否畅通。

(4) 数据分析的方法是否合理，是否将风险控制在可接受的范围内。

(5) 数据分析所需资源是否得到保障。

6.2.3 数据分析的应用

1. 分类

在业务构建中，最重要的分类（classification）一般是对客户数据的分类，主要用于精准营销。

通常分类数据最大的问题是分类区间的规划，例如分类区间的颗粒度以及分类区间的区间界限等。分类区间的规划需要根据业务流来设定，而业务流的设计必须以客户需要为核心，因此，分类的核心思想在于能够完成满足客户需要的业务。

由于市场需求是变化的，分类通常也是变化的，例如银行业务中 VIP 客户的储蓄区间。

2. 估计

数据估计（estimation）是互动营销的基础。基于客户行为进行数据估计，以此为基础进行互动营销已经被证实具有较高的业务转化率。银行业中常常通过客户数据来估计客户对金融产品的偏好，电信业务和互联网业务则通过客户数据来估计客户需要的相关服务或者估计客户的生命周期。

数据估计必须基于数据的细分和数据逻辑关联性，数据估计需要有较高的数据挖掘和数据分析水平。

根据业务判断的需要定义需要估计的数据和数据区间值，对业务进行补充和协助，例如根据客户储蓄和投资行为估计客户投资风格。

3. 预测

根据数据变化趋势进行未来预测（prediction）通常是非常有力的产品推广方式，例如证券业通常会推荐走势良好的股票，银行会根据客户的资本情况协助客户投资理财，以达到某个未来预期，电信行业通常以服务使用的增长来判断业务扩张、收缩和营销等。

数据预测通常是多个变量的共同结果，每组变量之间一般会存在某个相互联系的数值，根据每个变量的关系通常可以计算出数据预测值，并以此作为业务决策的依据展开后续行动。

根据数据的变化趋势预测数据的发展方向，例如根据历史投资数据帮助客户预测投资行情等。

4. 聚类

数据聚类（clustering）是数据分析的重点项目之一。例如，在健康管理系统中，通过症状组合可以大致估计病人的疾病；在电信行业产品创新中，客户使用的业务组合通常是构成服务套餐的重要依据；在银行业产品创新中，客户投资行为聚合也是其金融产品创新的重要依据。

数据聚类的要点在于聚类维度选取的正确性，需要不断地实践来验证其可行性。

数据集合的逻辑关系，比如，同时拥有A特征和B特征的数据，可以推断出其也拥有C特征。

5. 描述

描述性（description）数据的最大效用是可以对事件进行详细归纳，通常很多细微的机会发现和灵感启迪来自一些描述性的客户建议，同时客户更愿意通过描述性的方法来查询搜索等，这时就需要技术上通过较好的数据关联方法来协助客户。

描述性数据的使用难点是大量数据下数据要素的提取和归类，其核心是要素提取规则和归类方法，要素提取和归类是其能够被使用的基础。

6. 复杂数据的挖掘

复杂数据的挖掘比如视频、音频等，其要素目前依然难以通过技术手段提取，但也可以从上下文与语境中提取一些要素帮助聚类。例如，重要客户标记了高度重要性的视频，一般优先权重也应该较高。

目前，复杂数据的挖掘一般通过数据录入的标准化来解决，核心在于数据录入标准体系的规划。

6.3 数据挖掘

数据挖掘是指从数据库的大量数据中揭示出隐含的、先前未知的并有潜在价值的信息的过程。数据挖掘是一种决策支持过程，它主要基于人工智能、机器学习、模式识别、统计学、数据库、可视化技术等，高度自动化地分析企业的数据，做出归纳性的推理，从中挖掘出潜在的模式，帮助决策者调整市场策略，减少风险，做出正确的决策。

数据挖掘是通过分析每个数据，从大量数据中寻找其规律的技术，主要有数据准备、规律寻找和规律表示三个步骤。数据准备，从相关的数据源中选取所需的数据并整合成用于数据挖掘的数据集。规律寻找，用某种方法将数据集所含的规律找出来。规律表示，尽可能以用户可理解的方式（如可视化）将找出的规律表示出来。

数据挖掘的任务有关联分析、聚类分析、分类分析、异常分析、特异群组分析和演变分析等。

并非所有的信息发现任务都被视为数据挖掘。例如，使用数据库管理系统查找个别的记录，或通过互联网的搜索引擎查找特定的Web页面，则是信息检索（information retrieval）领域的任务。虽然这些任务是重要的，可能涉及使用复杂的算法和数据结构，但是它们主要依赖传统的计算机科学技术和数据的明显特征来创建索引结构，从而有效地组织和检索信息。

数据挖掘引起了信息产业界的极大关注，其主要原因是存在大量数据可以广泛使用，并且迫切需要将这些数据转换成有用的信息和知识。获取的信息和知识应用广泛，包括商务管理、生产控制、市场分析、工程设计和科学探索等。

数据挖掘借鉴了一些领域的思想：统计学的抽样、估计和假设检验；人工智能、模式识别和机器学习的搜索算法、建模技术和学习理论。同时，数据挖掘也接纳了来自其他领域的思想，这些领域包括最优化、进化计算、信息论、信号处理、可视化和信息检索。某些领域也起到重要的支撑作用。数据库系统提供有效的存储、索引和查询处理支持。高性能（并行）计算的技术在处理海量数据集方面有很大的帮助。分布式技术也能帮助处理海量数据，尤其当数据不能集中到一起处理时。

6.3.1 数据挖掘的任务

利用计算机技术与数据库技术，可以建立并快速存储与检索各类数据库，但传统的数据处理与分析方法和手段难以对海量数据进行有效的处理与分析。利用传统的数据分析方法一般只能获得数据的表层信息，难于揭示数据属性的内在关系和隐含信息。当需要从这些海量数据中找到人们可以理解和认识的信息与知识，使这些数据成为有用的数据时，就需要有更有效的分析理论、技术和相应工具。将智能技术与数据库技术结合起来，从这些数据中自动挖掘出有价值的信息，是解决问题的一个有效途径。对于海量数据与信息的分析与处理，可以帮助人们获得更丰富的知识和科学认识，在理论技术以及实践上获得更为有效且实用的成果。从海量数据中获得有用信息与知识的关键之一，是决策者是否拥有从海量数据中提取有价值知识的方法与工具。如何从海量数据中提取有用的信息与知识，是当前人工智能、模式识别、机器学习等领域中一个重要的研究课题。

对于海量数据，可以利用数据库管理系统来进行存储管理。对数据中隐含的有用信息与知识，可以利用人工智能与机器学习等方法来分析和挖掘，这些技术的结合导致了数据挖掘技术的产生。

数据挖掘技术与数据库技术有着密切关系。数据库技术解决了数据存储、查询与访问等问题，包括对数据库中数据的遍历。数据库技术未涉及数据集中隐含的信息，而数据挖掘技术的主要目标就是挖掘出数据集中隐含的信息与知识。

数据挖掘技术产生的基本条件是：海量数据的产生与管理技术、高性能的计算机系统、数据挖掘算法。激发数据挖掘技术研究与应用，有四个主要的技术因素。

（1）超大规模数据库的产生，如商业数据仓库和计算机系统自动收集的各类数据记录。商业数据库正在以空前的速度增长，而数据仓库正在被广泛地应用于各行各业。

（2）先进的计算机技术，具有更高效的计算能力和并行体系结构。复杂的数据处理与计算对计算机硬件性能的要求逐步提高，而并行多处理机在一定程度上满足了这种需求。

（3）海量数据的快速访问，如人们需要了解与获取海量数据中的有用信息。

（4）对海量数据应用统一方法计算的能力。

数据挖掘技术已获得广泛的研究与应用，并已经成为一种易于理解和操作的有效技术。

数据挖掘作为一种“发现驱动型”的知识发现技术，被定义为找出数据中模式的过程。这个过程必须是自动的或半自动的。数据的总量是相当可观的，但从中发现的模式必须有意义，并能产生一些经济效益。该技术是数据库、信息检索、统计学、算法和机器学习等多个学科多年影响的结果（见图 6-4）。

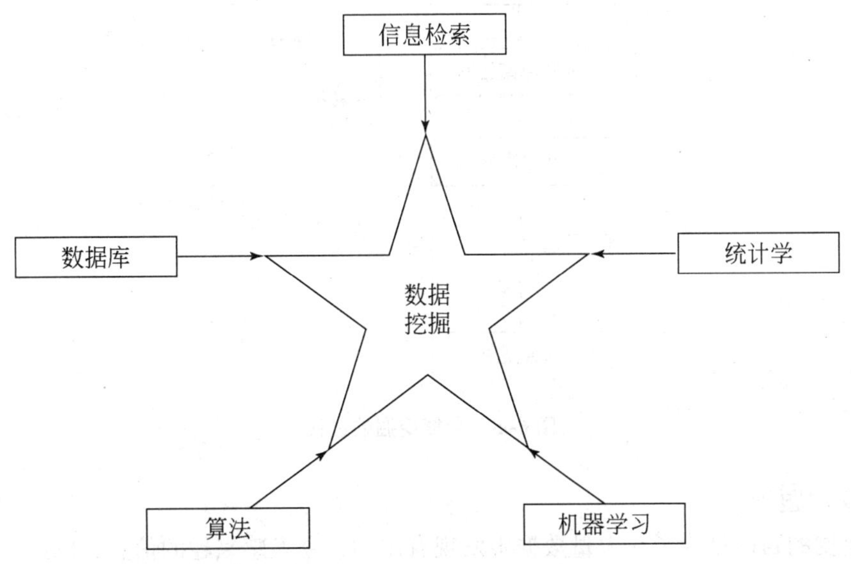

图 6-4　数据挖掘与各学科关系

数据挖掘从作用上可分为预言性挖掘和描述性挖掘两大类。预言性挖掘是建立一个或一组模型，并根据模型产生关于数据的预测，可以根据数据项的值精确地确定某种结果，所使用的数据可以明确地知道结果。描述性挖掘是对数据中存在的规则做一种概要的描述，或者根据数据的相似性把数据分组。描述型模式不能直接用于预测。

6.3.2　数据挖掘的过程

数据挖掘的过程（见图 6-5）主要分为七个步骤，首先是定义问题，将业务问题转换为数据挖掘问题，然后选取合适的数据，并对数据进行分析理解，根据目标对数据属性进行转换和选择，之后使用数据对模型进行训练以建立模型。在评价模型对解决业务问题有效之后，将模型进行部署。在实际应用中，数据挖掘过程更可能是网状循环，而不是一条直线。各步骤之间确实存在一个自然顺序，但是没有必要或苛求完全结束某个步骤后才进行下一步，后面几步中获取的信息可能要求重新考察前面的步骤。

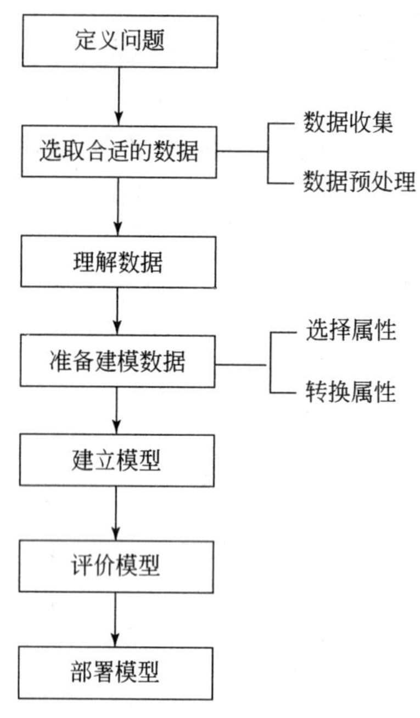

图 6–5　数据挖掘的过程

1. 定义问题

数据挖掘的目的是为了在大量数据中发现有用的、令人感兴趣的信息，因此，发现何种知识就成为整个过程中第一个重要的阶段，这就要求对一系列问题进行定义，将业务问题转换为数据挖掘问题。

2. 选取合适的数据

数据挖掘需要数据。在所有可能的情况中，最好是所需数据已经存储在共同的数据仓库中，经过数据预处理，数据可用、精确且经常更新。

3. 理解数据后准备建模数据

在开始建立模型之前，需要花费一定的时间对数据进行研究，检查数据的分布情况，比较变量值及其描述，从而对数据属性进行选择，并对某些数据进行衍生处理。

4. 建立模型

针对特定业务需求及数据的特点来选择最合适的挖掘算法。在定向数据挖掘中，根据独立或输入的变量，训练集用于产生对独立或目标变量的解释。这个解释可能采用神经网络、决策树、链接表或者其他表示数据库中的目标和其他字段之间关系的表达方式。在非定向数据挖掘中，就没有目标变量了。模型发现记录之间的关系，并使用关联规则或者聚类方式将这些关系表达出来。

5. 评价模型

数据挖掘的结果是否有价值，这就需要对结果进行评价。如果发现模型不能满足业务需求，则需要返回到前一个阶段，如重新选择数据，采用其他的数据转换方法，给定新的参数值，甚至采用其他的挖掘算法。目前比较常用的评估技术有两种：K-折交叉确认和保持。K-折交叉确认方法是指把样本数据分成 N 等份，第一次把其中的前 N-1 份用作训练样本，剩下的 1 份用于测试。第二次把不同的 N-1 份用作训练样本，剩下的 1 份用于测试，这样的训练和测试重复 N 遍。保持方法则是指把给定的样本数据随机划分成两个独立的集合，其中一部分用作训练集，剩下的用于测试集。

6. 部署模型

部署模型就是将模型从数据挖掘的环境转移到真实的业务评分环境。

6.3.3 数据挖掘的主要算法

1. 分类方法

首先从数据中选出已经分好类的训练集，在该训练集上运用数据挖掘分类技术，建立分类模型，对于没有分类的数据进行分类。分类方法中，类的个数是确定的，预先定义好的。

从大的方面可以把分类分为机器学习算法、统计分析算法、神经网络算法等。机器学习算法包括决策树算法和规则归纳算法；统计分析算法主要是贝叶斯算法；神经网络算法主要是 BP 算法。分类方法根据训练集数据找到可以描述并区分数据类别的分类模型，使之可以预测未知数据的类别。

决策树算法，典型的有 ID3、C4.5 等算法。ID3 算法是利用信息论中信息的增益寻找数据库中具有最大信息量的字段，建立决策树的一个节点，并根据字段的不同取值建立树的分枝，在每个分枝子集中重复建树的下层节点和分枝，最后建成决策树。C4.5 算法是 ID3 算法的后继版本。

贝叶斯算法是在贝叶斯定理的基础上发展起来的，它有几个分支，例如朴素贝叶斯分类算法和贝叶斯信念网络算法。朴素贝叶斯分类算法假定一个属性值对给定类的影响独立于其他属性的值。贝叶斯信念网络算法是网状图形，能表示属性子集间的依赖关系。

BP（error back propagation，误差反向传播算法）算法构建的模型是指在前向反馈神经网络上学习得到的模型，它本质上是一种非线性判别函数，在那些普通方法无法解决，需要用复杂的多元函数进行非线性映照的数据挖掘环境下，BP 算法用于完成半结构化和非结构化的辅助决策支持过程。但是在使用过程中要注意避开局部极小的问题。

2. 关联方法

相关性分组或关联规则（affinity grouping or association rules）决定哪些事情将一起发生。例如：

（1）超市中客户在购买 A 的同时，经常会购买 B，即 A⇒B（关联规则）。

（2）客户在购买 A 后，隔一段时间，会购买 B（序列分析）。

在关联规则挖掘算法中典型的是 Apriori 算法，这是挖掘顾客交易数据库中项集间的关联规则的重要方法，其核心是基于两阶段频集思想的递推算法。所有支持度大于最小支持度的项集称为频繁项集，简称频集。基本思想是：首先找出所有的频集，这些项集出现的频繁性至少和预定义的最小支持度一样；然后由频集产生强关联规则，这些规则必须满足最小支持度和最小可信度。它的缺点是容易在挖掘过程中产生瓶颈，需重复扫描代价较高的数据库。而在多值属性关联规则挖掘算法中典型的是 MEGA（molecular evolutionary genetics analysis，分子进化遗传学分析）算法，它是将多值关联规则问题转化为布尔型关联规则问题，然后利用已有的挖掘布尔型关联规则的方法得到有价值的规则。若属性为类别属性，则先将属性值映射为连续的整数，并将意义相近的取值相邻编号。

3. 聚类方法

聚类是对记录分组，把相似的记录放在一个聚集里。聚类和分类的区别是聚集不依赖于预先定义好的类，不需要训练集。例如：

（1）一些特定症状的聚集可能预示了一个特定的疾病。

（2）购买理财产品不相似的客户聚集，可能暗示客户属于不同的风险偏好。

聚集通常作为数据挖掘的第一步。例如当面对“哪一种类的促销对客户响应最好”这一类问题时，首先要对整个客户做聚集，将客户分组在各自的聚集里，然后对每个不同的聚集回答问题，可能效果更好。

聚类方法包括统计分析算法、机器学习算法、神经网络算法等。在统计分析算法中，聚类分析是基于距离的聚类，如欧氏距离、海明距离等。这种聚类分析方法是一种基于全局比较的聚类，它需要考察所有的个体才能决定类的划分。

在机器学习算法中，聚类是无监督的学习。在这里，距离是根据概念的描述来确定的，故此，聚类也称概念聚类。当聚类对象动态增加时，概念聚类则转变为概念形成。

在神经网络算法中，自组织神经网络方法可用于聚类，如 ART（adaptive resonance theory，自适应共振理论）模型、Kohonen 模型（T. Kohonen 提出的一种神经网络模型）等，它是一种无监督的学习方法，即当给定距离阈值后，各个样本按阈值进行聚类。它的优点是能非线性学习和联想记忆，但也存在一些问题，如不能观察中间的学习过程，最后的输出结果较难解释，从而影响结果的可信度及可接受程度。但是，神经网络需要较长的学习时间，对大量数据而言，其性能会出现严重问题。

4. 预测序列方法

指数平滑算法是在移动平均法基础上发展起来的一种时间序列分析预测法，它是通过计算指数平滑值，配合一定的时间序列预测模型对现象的未来进行预测。它能减少随机因素引起的波动和检测器错误。

灰色预测算法是建立在灰色预测理论的基础上，在灰色预测理论看来，系统的发展有其内在的一致性和连续性，该理论认为，将系统发展的历史数据进行若干次累加和累减处理，所得到的数据序列将呈现某种特定的模式（如指数增长模式等），挖掘该模式后对数据进行还原，就可以预测系统的发展变化。灰色预测法是一种对含有不确定因素的系统进行预测的常用定量方法。通常来说，在宏观经济的各行业中，由于受客观政策和市场经济等各方面因素的影响，可以认为这些系统都是灰色系统，均可以用灰色预测法来描述其发展、变化的趋势。灰色预测是对既含有确定信息又含有不确定信息的系统进行预测，也就是对在一定范围内变化的、与时间序列有关的灰色过程进行预测。尽管灰色过程中所显示的现象是随机的，但毕竟是有序的，因此，我们得到的数据集合具备潜在的规律。灰色预测通过鉴别系统因素之间发展趋势的相异程度（即进行关联分析），并对原始数据进行新序列生成的手段来寻找系统变动的规律，生成有较强规律性的数据序列，然后建立相应的微分方程模型，以此来预测事物未来的发展趋势。

回归技术中，线性回归模型是通过处理数据变量之间的关系，找出合理的数学表达式，并结合历史数据对将来的数据进行预测。

5. 估值

估值（estimation）与分类类似，不同之处在于，分类描述的是离散型变量的输出，而估值处理连续值的输出；分类的类别是确定数目的，估值的量是不确定的。例如：

（1）根据购买模式，估计一个家庭的孩子个数。

（2）根据购买模式，估计一个家庭的收入。

一般来说，估值可以作为分类的前一步工作。给定一些输入数据，通过估值，得到未知的连续变量的值，然后，根据预先设定的阈值进行分类。例如，银行对家庭贷款业务运用估值，给各个客户记分（Score 0-1）。然后，根据阈值将贷款级别分类。

6. 预测

通常情况下，预测（prediction）是通过分类或估值起作用的，也就是说，通过分类或估值得出模型，该模型用于对未知变量的预言。从这种意义上说，预测其实没有必要分为一个单独的类。预测的目的是对未来未知变量的预言，这种预测是需要时间来验证的，即必须经过一段时间后，才知道预言准确性是多少。

7. 描述和可视化

描述和可视化（description and visualization）是对数据挖掘结果的表示方式。

【案例 6-2】

数据挖掘帮助 DHL 实时跟踪货箱温度

DHL（德国敦豪航空货运公司）是国际快递和物流行业的全球市场领先者，它提供快递、水陆空三路运输、合同物流解决方案，以及国际邮件服务。DHL 的国际网络将超过 220 个国家及地区联系起来，其员工总数超过 28.5 万人。在美国食品药品管理局要求“确保运送过程中药品装运的温度达标”这一压力之下，DHL 的医药客户强烈要求 DHL 提供更可靠且更实惠的选择，这就要求 DHL 在递送的各个阶段都要实时跟踪集装箱的温度。

虽然由记录器方法生成的信息准确无误，但是无法实时传递数据，客户和 DHL 都无法在发生温度偏差时采取任何预防和纠正措施。因此，DHL 的母公司——德国邮政股份公司通过技术与创新管理，明确拟定了一个计划，准备使用 RFID 技术在不同时间点全程跟踪装运的温度。通过 IBM 全球企业咨询服务部绘制决定服务的关键功能参数的流程框架，DHL

获得了两方面的收益：对于最终客户来说，能够使医药客户对运送过程中出现的装运问题提前做出响应，并以引人注目的低成本全面切实地增强了运送的可靠性。对于DHL来说，提高了客户满意度和忠实度，为保持竞争差异奠定了坚实的基础，并得到了重要的新的收入增长来源。

（资料来源：根据网页 https://www.cnblogs.com/lcword/p/5707719.html 的内容整理而成。）

6.3.4 数据挖掘的应用领域

数据挖掘的应用需求有多个方面：数据统计分析；预测预警模型；数据信息阐释；数据采集评估；数据加工仓库；品类数据分析；销售数据分析；网络数据分析；流量数据分析；交易数据分析；媒体数据分析；情报数据分析；金融产品设计；日常数据分析；总裁万事通；数据变化趋势；预测预警模型；运营数据分析；商业机遇挖掘；风险数据分析；缺陷信息挖掘；决策数据支持；运营优化与成本控制；质量控制与预测预警；系统工程数学技术；用户行为分析/客户需求模型；产品销售预测（热销特征）；商场整体利润最大化系统设计；市场数据分析；综合数据关联系统设计；行业/企业指标设计；企业发展关键点分析；资金链管理设计与风险控制；用户需求挖掘；产品数据分析；销售数据分析；异常数据分析；数学规划与数学方案；数据实验模拟；数学建模与分析；呼叫中心数据分析；贸易/进出口数据分析；海量数据分析系统设计、关键技术研究；数据清洗、分析、建模、调试、优化；数据挖掘算法的分析研究、建模、实验模拟；组织机构运营监测、评估、预测预警；经济数据分析、预测、预警；金融数据分析、预测、预警；科研数学建模与数据分析：社会科学，自然科学，医药，农学，计算机，工程，信息，军事，图书情报等；数据指标开发、分析与管理；产品数据挖掘与分析；商业数学与数据技术；故障预测预警技术；数据自动分析技术。

6.4 云 计 算

互联网时代，尤其是社交网络、电子商务与移动通信把人类社会带入了一个以“PB”（1024 TB）为单位的结构与非结构数据信息的新时代，一个大规模生产、分享和应用数据的时代正在开启。传统的计算机已无法处理如此量大、并且不规则的非结构数据，云计算应运而生。

6.4.1 云计算概述

大数据的真实价值就像漂浮在海洋中的冰山，第一眼只能看到冰山的一角，绝大部分都隐藏在表面之下。而发掘数据价值、征服数据海洋的“动力”就是云计算。

以云计算为基础的信息存储、分享和挖掘手段，可以便宜、有效地将这些大量、高速、多变化的终端数据存储下来，并随时进行分析与计算。

云计算是基于互联网的相关服务的增加、使用和交付模式，通过互联网来提供动态、易扩展且经常虚拟化的资源。云是网络、互联网的一种比喻说法。过去在图中往往用云来表示电信网，后来也用来表示互联网和底层基础设施的抽象。狭义的云计算是指信息技术基础设施的交付和使用模式，通过网络以按需、易扩展的方式获得所需资源；广义的云计算是指服务的交付和使用模式，通过网络以按需、易扩展的方式获得所需服务。这种服务可以是信息技术和软件、互联网相关，也可以是其他服务。它意味着计算能力也可作为一种商品，通过互联网进行流通。

维基百科给出的定义：云计算是一种通过 Internet 以服务的方式提供动态、可伸缩的、虚拟化的资源的计算模式。

美国国家标准与技术研究院（National Institute of Standards and Technology，NIST）给出的定义：云计算是一种按使用量付费的模式，这种模式提供可用的、便捷的、按需服务的网络访问，进入可配置的计算资源共享池（资源包括网络、服务器、存储、应用软件、服务），这些资源能够被快速提供，只需投入很少的管理工作，或与服务供应商进行很少的交互。

云计算由一系列可以动态升级和被虚拟化的资源组成，这些资源被所有云计算的用户共享并且可以方便地通过网络访问，用户无须掌握云计算的技术，只需要按照个人或者团体的需要租赁云计算的资源。我们可以把计算能力作为一种像水和电一样的公用事业提供给用户。

6.4.2　云计算的特征

云计算基于资源共享，可以实现资源的池化共享和管理，为数据处理提供最基本的生存基础；基于服务可用性与快速交付，可以降低信息技术管理的复杂度，提高资源利用率，降低大数据管理的复杂性；基于按需服务与交付能力，通过高性能的扩展，为数据的实时应用环境提供可能性。总体来说，云计算具有以下几个主要特征。

1. 资源配置动态化

根据消费者的需求动态划分或释放不同的物理和虚拟资源，当增加一个需求时，可通过增加可用的资源进行匹配，实现资源的快速弹性提供；如果用户不再使用这部分资源时，可释放这些资源。云计算为客户提供的这种能力是无限的，实现了信息技术资源利用的可扩展性。

2. 需求服务自助化

云计算为客户提供自助化的资源服务，用户无须同提供商交互就可自动得到自助的计算资源能力。同时云系统为客户提供一定的应用服务目录，客户可采用自助方式，选择满足自身需求的服务项目和内容。

3. 以网络为中心

云计算的组件和整体构架由网络连接在一起并存在于网络中，同时通过网络向用户提供服务。而客户可借助不同的终端设备，通过标准的应用实现对网络的访问，从而使云计算的服务无处不在。

4. 资源的池化和透明化

对云服务的提供者而言，各种底层资源（计算、储存、网络、资源逻辑等）的异构性（如果存在某种异构性）被屏蔽，边界被打破，所有的资源可以被统一管理和调度，成为所谓的"资源池"，从而为用户提供按需服务；对用户而言，这些资源是透明的、无限大的，用户无须了解内部结构，只关心自己的需求是否得到满足即可。

6.4.3 云计算的服务方式

云计算包括的服务有：基础设施即服务（infrastructure as a service，IaaS）、平台即服务（platform as a service，PaaS）、软件即服务（software as a service，SaaS）。这里所谓的层次，是分层体系架构意义上的"层次"。IaaS、PaaS、SaaS 分别在基础设施层、软件开放运行平台层、应用软件层实现。

1. 基础设施即服务（IaaS）

用户通过 Internet 可以从完善的计算机基础设施获得服务。IaaS 通过网络向用户提供计算机（物理机和虚拟机）、存储空间、网络连接、负载均衡和防火墙等基本计算资源；用户在此基础上部署和运行各种软件，包括操作系统和应用程序。

2. 平台即服务（PaaS）

PaaS 实际上是指将软件研发的平台作为一种服务，以 SaaS 模式提交给用户。因此，PaaS 也是 SaaS 模式的一种应用。但是，PaaS 的出现可以加快 SaaS 的发展，尤其是加快 SaaS 应用的开发速度。

平台通常包括操作系统、编程语言的运行环境、数据库和 Web 服务器，用户在此平台上部署和运行自己的应用。用户不能管理和控制底层的基础设施，只能控制自己部署的应用。

3. 软件即服务（SaaS）

SaaS 是一种通过 Internet 提供软件的模式，用户无须购买软件，而是向提供商租用基于 Web 的软件来管理企业经营活动。

云提供商在云端安装和运行应用软件，云用户通过客户端（通常是 Web 浏览器）使用软件。云用户不能管理应用软件运行的基础设施和平台，只能做有限的应用程序设置。

6.4.4 云计算的应用

1. 云呼叫

云呼叫中心是基于云计算技术而搭建的呼叫中心系统，企业无须购买任何软、硬件系统，只需具备人员、场地等基本条件，就可以快速拥有属于自己的呼叫中心，软硬件平台、通信资源、日常维护与服务由服务器商提供。具有建设周期短、投入少、风险低、部署灵活、系统容量伸缩性强、运营维护成本低等优点。

2. 私有云

私有云（private cloud）是将云基础设施与软硬件资源创建在防火墙内，以供机构或企业内各部门共享数据中心内的资源。创建私有云，除了硬件资源外，一般还有云设备软件。

3. 云游戏

云游戏是以云计算为基础的游戏方式，在云游戏的运行模式下，所有游戏都在服务器端运行，并将渲染完毕的游戏画面压缩后通过网络传送给用户。在客户端，用户的游戏设备不需要任何高端处理器和显卡，只需要基本的视频解压能力就可以了。主机厂商将变成网络运营商，他们不需要投入巨额的新主机研发费用，而只需要拿这笔钱中的很少一部分去升级自己的服务器就行了，达到的效果却相差无几。对于用户来说，可以省下购买主机的开支，却可以得到顶尖的游戏画面。

4. 云教育

视频云计算应用在教育行业的实例：流媒体平台采用分布式架构部署，分为 Web 服务器、数据库服务器、直播服务器和流服务器，如有必要可在信息中心架设采集工作站搭建网络电视或实况直播应用，在各个学校已经部署录播系统或直播系统的教室配置流媒体功能组件，这样录播实况可以实时传送到流媒体平台管理中心的全局直播服务器上，同时录播的学校也可以上传存储到信息中心的流存储服务器上，方便今后的检索、点播、评估等各种应用。

5. 云会议

云会议是基于云计算技术的一种高效、便捷、低成本的会议形式。使用者只需要通过互联网界面进行简单易用的操作，便可快速高效地与全球各地的团队及客户同步分享语音、数据文件及视频，而会议中数据的传输、处理等复杂技术由云会议服务商帮助使用者进行操作。

目前，国内云会议主要集中在以 SaaS 模式为主体的服务内容，包括电话、网络、视频等服务形式，云会议是视频会议与云计算的完美结合，带来了最便捷的远程会议体验。

6. 云社交

云社交（cloud social）是一种物联网、云计算和移动互联网交互应用的虚拟社交应用模式，以建立著名的“资源分享关系图谱”为目的，进而开展网络社交，云社交就是将大量的社会资源进行统一整合和评测，构成一个资源有效池向用户按需提供服务。参与分享的用户越多，创造的利用价值就越大。

6.5　数据可视化

数据可视化是将数据库中每一个数据项作为单个图表元素表示，大量的数据集构成数据图像，同时将数据的各个属性值以多维数据的形式表示，可以从不同的维度观察数据，从而对数据进行更深入的观察和分析。数据可视化涉及数据的可视化展示，从单个图表到全面的仪表盘。有效的可视化显著减少了受众处理信息和获取有价值见解所需的时间。

6.5.1　数据可视化的方法

1. 面积和尺寸可视化

面积和尺寸可视化是指对同一类图形（例如柱状、圆环和蜘蛛图等）的长度、高度或面积加以区别，来清晰地表达不同指标对应的指标值之间的对比。这种方法会让浏览者对数据及其之间的对比一目了然。制作这类数据可视化图形时，要用数学公式计算，以表达准确的尺度和比例。

（1）条状图。天猫店铺动态评分模块右侧的条状图按精确的比例清晰地表达了不同评分用户的占比。图6-6的店铺动态评分中，第一眼就可以强烈感知5分动态评分的用户占绝对的比例。

图6-6　店铺动态评分

（2）雷达图。雷达图（radar chart）也称为蜘蛛图，雷达图是以从同一点开始的轴上表示的三个或更多个变量的二维图表的形式显示多变量数据的图形方法。轴的相对位置和角度通常是无信息的。雷达图主要应用于企业经营状况：收益性、生产性、流动性、安全性和成长性的评价。通过图6-7的雷达图，公司综合实力与同行平均水平的对比便一目了然。

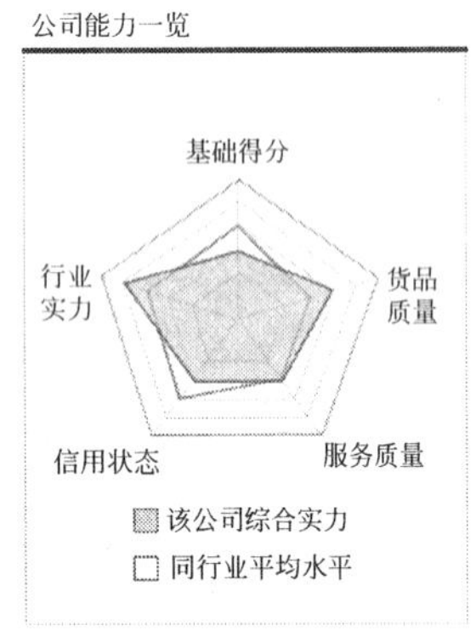

图6-7　雷达图

2. 颜色可视化

通过颜色的深浅来表达指标值的强弱和大小，是数据可视化设计的常用方法，用户一眼看上去便可整体地看出哪一部分指标的数据值更突出。比如眼球热力图，通过颜色的差异，可以直观地看到用户的关注点。

3. 图形可视化

在设计指标和数据时，结合有对应实际含义的图形来呈现，会使数据图表更加生动，更便于用户理解图表要表达的主题。

图 6-8 用饼状图清晰地展示了各品牌手机的市场占有率。

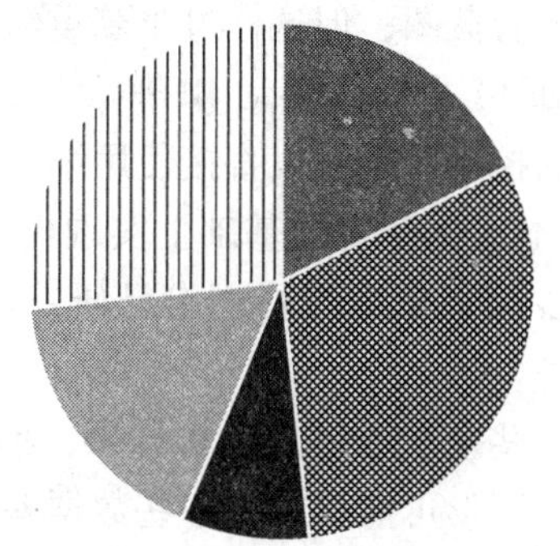

图 6-8　各品牌手机的市场占有率

4. 地域空间可视化

当指标数据要表达的主题与地域有关联时，可选用地图为大背景。这样用户可以直观地了解整体的数据情况，同时，也可以根据地理位置快速地定位到某一地区来查看详细数据。

在对数据进行可视化设计的同时，也要注意以下问题：

(1) 设计的方案至少适用于两个层次：一是能够整体展示大的图形轮廓，让用户能够快速了解图表所要表达的整体概念；二是以合适的方式对局部的详细数据加以呈现。

(2) 数据可视化经常混合运用各种方法，尤其是做复杂图形和多维度数据的展示时。

(3) 可视化图表一定要易于理解，在显性化的基础上越美观越好，切忌华而不实。

6.5.2　数据可视化的步骤

实现数据可视化一般分成三步：数据准备、可视化设计和内容分发。

1. 数据准备

数据分析的目的是为了解决问题，给企业提供有价值的分析内容，其基础是数据。数据准备就是为了明确数据范围，减少数据量，通过采集、统计、分析与归纳，梳理出需要的数据结果表。数据内容的存储方式可以是简单的 Excel，也可以使用 MySQL 或 Hive 等，这需要根据数据量和查询性能的要求来选择。数据分析人员使用数据表时，通过单表查询或者多表关联的方式完成其数据分析工作，就可以进入可视化设计环节了。

2. 可视化设计

工欲善其事，必先利其器。使用最频繁的可视化工具可能还是 Excel，除此之外，还可以通过 R 语言、Python 结合 JavaScript，通过代码的方式来实现，但是这些实现方式，学习与操作成本略高。市场上可选的可视化工具有很多：Tableau、海致 BDP、帆软 FineBI、PowerBI、网易有数等，通过基础的 SQL 并结合鼠标的拖拽操作，就可以完成可视化设计。

3. 内容分发

数据可视化最终的产物是一张图数并茂的报表，可以通过很多方式传达给用户，最简单的方式莫过于直接提供源文件或者截图，但这样过于笨重与低效。于是，数据平台类产品就承担了高效分发报表的责任，如 BI 平台、移动 BI 平台等，即实现了对报表查看权限的控制，又实现了对报表数据权限的控制。也可以直接使用第三方工具直接完成内容分发，诸如 Tableau 之类的工具，都可以在本地化部署的基础上实现内容分发，不过出于功能扩展性与数据安全性等多方面考虑，不少公司依旧选择用自己研发的方式来打造自己的数据可视化系统。

数据可视化同样可以产生一些基于数据的分析结果，但可视化是一个辅助分析的工具，而不是数据分析和统计的替代。图形可能揭示了一些数据差异或数据的相关性，但要得出存在这些差异和相关性的可靠结论，还需要运用统计的方法。

练习题

1. 名词解释

推式技术　拉式技术　数据挖掘　数据分析　云计算　数据可视化

2. 比较集中式与分布式数据处理的优劣，哪些情景下适合使用集中式数据处理？

3. 举例说明推式技术在企业市场营销中的应用。

4. 目前企业推送信息的手段有哪些？

5. 以某个你熟悉的企业为例，说明数据分析对信息推送的效果的影响。

6. 什么是数据挖掘？常用的数据挖掘方法有哪些？

7. 解释 IaaS、PaaS、SaaS 的含义。

8. 以火车票订票平台 12306 为例，说明云计算如何帮助其解决访问高峰时的数据处理瓶颈问题。

第7章　数据治理

【学习目的与要求】

1. 重点掌握数据治理、数据资产、数据管理和信息系统安全的定义。
2. 掌握数据管理评估模型，安全与控制的基本框架。
3. 熟悉数据治理的目标及内容，信息系统安全的问题及相关防护工具。
4. 了解信息安全管理标准及区块链技术。

【内容提要】

本章从企业数据应用过程中所暴露出的问题出发，介绍了数据治理的相关理论和保护企业信息系统安全的管理措施，主要内容包括：数据治理体系；企业信息系统安全工具；信息系统安全管理；区块链技术及其应用等。

【引导案例】

天下无诈

影片《天下无诈》根据真实故事改编，讲述了为破获一起涉案金额巨大的电信诈骗案件，原刑警队副队长庂钟临危受命，与马赛、朱西宁等人紧急成立反电信诈骗支队，与电信诈骗犯罪集团斗智斗勇的故事。《天下无诈》重点展现7大电信诈骗类型、48大类电信诈骗骗局，从初级版的“猜猜我是谁”到升级版的“我是你领导”，再到“冒充公检法”“假绑架”“木马病毒”等，揭秘了各类常见的电信诈骗手段。剧中的1.2亿巨额电信诈骗案取材于2017年发生在贵州省的真实案件，也是当时国内电信诈骗数额最大的案件。

乍一听，所有人都觉得匪夷所思，怎么会有人一步步被骗那么多钱？但电信诈骗的一个特点就是所有人都深信这种事不会发生在自己身上。所谓当局者迷，很多情况下，人们会被自己的贪欲、愚蠢甚至善良所蒙蔽，成为电信诈骗的受害者。

目前，各种新技术层出不穷，比如比特币、自动驾驶等新概念已经进入我们的生活。大数据带来的万物互联在各个方面深刻影响着社会和个人。同时，更快的信息传递也带来新的法律风险，如隐私保护和个人信息保护。例如，上一刻在微信聊天时和朋友说到想买某件商品，之后购物网站就能马上推送这件商品的信息给你。有些人认为，这是因为数据企业监视并分析了聊天记录，但事实上，这种“监视”在技术上还无法实现。这种精准广告推送主要得益于计算广告技术的发展，即通过 cookie 给每个人在网上的活动贴标签。通过越来越多的 cookie，形成精确的个人画像，这样购物网站就可以知道用户可能想要买的东西。

一方面，新技术对商业、效率提升有显著价值；另一方面，数据治理的缺失或数据治理能力的不足，给个人、企业甚至社会带来了不良影响。

7.1 数据治理概述

世界上大多数数据都是由消费者产生的，他们现在都是“永远在线”。现在，大多数人每天花费 4 ~ 6 个小时，利用各种设备和应用软件产生数据。此外，传统企业也在不断地进行数字化转型，在生产和价值创造过程中不断创造出与生产和服务相关的数据。为了使这些由企业内外产生的，对企业运营和发展有重要意义的庞大规模的数据发挥更大的价值，企业需要着眼于数据的治理和高效利用，通过数据驱动业务创新，提升管理水平，引领企业转型升级。大数据时代企业进行数据治理的主要原因有以下几点。

第一，数据治理节省资金。简单来说，企业进行数据治理后可以减少数据库中的错误，为企业提供可靠的数据资源，从而为企业节省宝贵的时间，提高企业的工作效率，企业不需要再花时间去纠正数据。

第二，错误的数据会给企业带来风险，而数据治理可以减少这些风险。如果企业数据库中存在错误的数据，企业就无法通过这些数据做出正确的判断，从而引发一些风险。

第三，良好的数据治理为企业提供了清晰、标准的数据。有效的数据治理一般清晰、准确，可以提高企业数据的质量。

对于企业来说，数据的有效管理可以提高工作的效率，节省人工成本；良好的数据治理可以使企业的数据更加清晰、标准、准确，企业可以通过数据做出准确的规划。

7.1.1 数据治理的定义和大数据平台的突出问题

伴随着云计算、大数据、物联网、人工智能等信息技术的快速发展和传统产业数字化的转型，数据量呈现几何级增长，同时正在推动数据采集、管理、分析加工能力的持续升级。根据国际数据公司（international data corporation，IDC）发布的《数据时代 2025》白皮书预测，到 2025 年，全球数据体量将扩展至 163 ZB，相当于 2016 年的 10 倍。新一代的信息技术正在把近乎无限多的供给和需求、无限多的生产要素和无限广阔的市场适时结合与对接，从而催生出新的产品、新的服务、新的业态、新的模式。当前，以信息技术为基石的新的经济形态已经从技术变革层面拓展到企业运行、产业融合、社会生活、人类交往等各个维度，正在释放它推动产业融合、经济转型升级和社会进步的巨大能量。

从企业角度而言，新的经济环境以及全球化分工和跨地域竞争格局的产生，促使企业在管理与运作方面不断推出和适应新的模式与理念。企业战略逐步向全球化、精益化、服务化、智能化和协同化的趋势发展；企业市场竞争的内容已经由传统的规模、效率、质量的竞争转向了个性化及差异化的竞争、速度的竞争、信息的竞争和知识的竞争。企业在产品或服务方面的创新能力、精细化的运营能力和全球化的战略管控能力，大大依赖于企业开发和利用信息资源的能力。数据和信息是企业的经济命脉，成为一项重要的企业资产。正如经济学家汤姆·彼得斯所指出的："一个组织如果没有认识到管理数据和信息如同管理有形资产一样极其重要，那么它在新经济时代将无法生存。"

1. 治理

治理是或公或私的个人和机构经营管理相同事务的诸多方式的总和。它是使相互冲突或不同的利益得以调和，并且采取联合行动的持续的过程。对于公司治理来说，从广义角度理解，是研究企业权力安排的一门科学；从狭义角度理解，是居于企业所有权层次，研究如何授权给职业经理人，并针对职业经理人履行职务行为，行使监管职能的科学。

2. 数据治理

数据是对真实世界的对象、事件和概念的被选择的属性的抽象表示，通过可明确定义的约定，对其含义、采集和存储进行表达和理解。数据是人对客观世界的记录和判断。为何加上判断？因为我们一直在做各种数据统计、数据加工、数据分析、数据挖掘，希望以此洞察客观世界中存在的规律并对未来做出预测和判断。这些预测和判断，也被作为数据记录在信息系统中。

数据治理（data governance）是组织中涉及数据使用的一整套管理行为，是由企业数据治理部门发起并推行，关于如何制定和实施针对整个企业内部数据的商业应用和技术管理的一系列政策和流程。国际数据管理协会给出的定义：数据治理是对数据资产管理行使权力和控制的活动集合。国际数据治理研究所给出的定义：数据治理是一个通过一系列信息相关的过程来实现决策权和职责分工的系统，这些过程按照达成共识的模型来执行，该模型描述了谁能根据什么信息，在什么时间和情况下，用什么方法，采取什么行动。数据治理的最终目标是提升数据的价值，数据治理非常必要，是企业实现数字战略的基础，它是一个管理体系，包括组织、制度、流程、工具。

如今各行业都开始了大数据平台的建设，希望利用大数据的能力来实现数字化转型。大数据平台的建设本质上还是数据的建设，传统数据平台碰到的所有问题，大数据平台都有可能碰到，由于数据量级的变化，大数据平台必然还会产生新的问题。

3. 大数据平台的突出问题

（1）数据不可知：用户不知道大数据平台中有哪些数据，也不知道这些数据和业务的关系是什么，虽然意识到了大数据的重要性，但平台中有没有能解决自己所面临业务问题的关键数据？该到哪里寻找这些数据？

（2）数据不可控：数据不可控是从传统数据平台开始就一直存在的问题，在大数据时代表现得更为明显。没有统一的数据标准导致数据难以集成和统一，没有质量控制导致海量数据因质量过低而难以被利用，没有能有效管理整个大数据平台的管理流程。

（3）数据不可取：用户即使知道自己业务所需要的是哪些数据，也不能便捷自助地拿到数据。相反，获取数据需要很长的开发过程，导致业务分析的需求难以被快速满足，而在大数据时代，业务追求的是针对某个业务问题的快速分析，这样漫长的需求响应时间难以满足业务的需求。

（4）数据不可联：大数据时代，企业拥有海量数据，但企业数据与知识之间的关联还比较弱，没有把数据与知识体系关联起来，企业员工难以做到数据与知识之间的快速转换，不能对数据进行自助的探索和挖掘，数据的深层价值难以体现。

7.1.2　数据资产和数据管理

企业信息化是企业利用现代信息技术，通过对信息资源的深度开发和广泛利用，不断提高生产、经营、管理、决策的效率和水平，从而提高企业经济效益和提升企业核心竞争力的过程。企业信息化是一个持续的过程，在复杂多变的内外部环境中，企业必须针对商业模式演变、技术创新等机遇和挑战，对信息化建设工作的方向和目标不断提出新的、全面的要求。随着企业信息化进程的深入，关注的重点将由应用系统的构建转变为更优质信息资源的获得，以及如何从信息资源中挖掘更大的商业价值。国际标准《ISO/IEC 17799：信息安全管理标准》中明确指出："信息是一种资产，像其他重要的业务资产一样，对组织具有价值，因此需要妥善保护。"

1. 数据资产

资产是个人或组织控制的有价值资产，企业资产有助于实现企业的目标。数据以及数据产生的信息已经被公认为是企业的资产。像平时我们拍的照片、视频，编辑的文档等以文件为载体的各种数据，都是我们个人的数据资产。对于企业而言，设计图纸、合同订单以及任何涉及使用文件作为载体的各类业务，都属于企业的数据资产。但值得注意的是，企业的数据资产包含了纸质文件和电子文件，因此，企业需要将纸质文件电子化存储后，与原生电子文件融合，才能真正形成数据资产。

在企业数字化转型过程中，数据是最大的驱动力，是最有价值的资产。数据资产在增强已有业务流程的同时，也衍生出全新的业务模式，达到以数据驱动业务、以数据创新业务，实现业务转型的目标。信息资产是由企业拥有或者控制，能够为企业带来未来经济利益的信息资源。

（1）信息资产的定义中包含三个关键要素。

① 拥有或者控制：表明信息资产的获取并不局限于企业内部，除业务系统产生的数据，通过各种渠道合法获取并控制的外部数据也属于企业信息资产的范畴。

② 带来未来经济利益：体现了信息资产的经济属性。信息资产的本质是将信息作为一

种经济资源参与企业的经济活动，减少和消除企业经济活动中的风险，为企业的管理控制和科学决策提供合理依据，并预期给企业带来经济利益。

③ 信息资源：表明了信息资产的具体形态。根据 BS 7799 和 GB/T 20984-2007《信息安全风险评估规范》，信息资产包括各种以物理或电子方式记录的数据、软件、服务、人员和其他类别等。由于数据是信息在企业中的主要表达形式，因此，数据资产成为信息资产中最重要的组成部分。

离开高质量的数据，企业很难高效地运行。今天，各企业都依赖于它们的数据资产以做出更明智和有效的决策。市场领导者正利用数据资产，通过丰富的客户资料、信息创新使用和高效运营取得竞争优势。企业通过数据资产，提供更好的产品或服务，降低成本，控制风险。

【案例 7-1】

数据“变现”就是数据资产化

某金融机构在投融资交易的过程中，一直苦恼没有固定的标准来界定企业的可投资性，难以找到符合其投资标准的融资企业和项目，导致出现“有钱找不到投资项目，有投资项目的企业融不到钱”的现象。这个时候，此金融机构急需解决信息不完整、不对称、不透明、缺乏客观分析与评价的问题，希望通过大数据来解决这个事情。具体步骤为：

(1) 通过社会数据、网络采集、机构数据、企业填报等数据源采集企业数据，主要包括工商信息、股权信息、行政处罚、销售年报、司法信息、知识产权、法律诉讼、税务信息等。

(2) 利用大数据技术等进行数据清洗、数据合并、数据挖掘、数据标准、安全脱敏、多维关联等数据治理操作，提高数据质量。

(3) 利用机器学习技术学习专家打分，模拟专家对企业价值评价的决策过程，先建立评价模型，自动高效地对企业数据进行多维度、全方位解析，最终生成企业评价报告。

至此，该金融机构的问题就全部解决。从数据的采集、处理到利用并产生价值的过程就是数据资产化。

随着企业对数据需求的不断增长，以及企业对数据依赖性的不断增强，人们越来越清楚评估数据资产的商业价值。每一个企业都需要有效地管理其日益重要的数据，通过业务领导和技术专家的合作，数据资产管理职能可以有效地提供与控制数据和信息资产。

(2) 企业数据资产面临的问题。

① 数据不完整：缺少关键基础数据，部分辅助数据缺失或不全面，历史数据丢失严重。

② 数据分散、不一致：企业内的数据入口众多，同一类数据采用的标准、规则不一致。

③ 数据质量低：大量数据基本上“堆积”在一起，缺少必要的数据管理，集成数据的可用性差，质量比较低。

④ 数据共享集成成本高：数据标准不统一、分散、可用质量差，数据核对、清理、映射的工作量巨大，导致共享集成和数据分析的成本非常高。

⑤ 数据经济效益不显著：数据决策分析的结果可靠性差，投入与产出不匹配。

因此，数据资产的质量已经提升到企业的核心战略层面，成为一项复杂而艰巨的系统工程。

2. 数据管理

数据管理是利用计算机硬件和软件技术对数据进行有效的收集、存储、处理和应用的过程。其目的在于充分有效地发挥数据的作用。实现数据有效管理的关键是数据组织。数据管理的发展经历了三个阶段。

（1）人工管理阶段。20 世纪 50 年代中期以前，数据管理的主要特征如下。

① 不能长期保存数据。在 20 世纪 50 年代中期之前，计算机一般在信息研究机构里才有，当时由于存储设备（纸带、磁带）的容量空间有限，人们都是在做实验的时候暂存实验数据，做完实验就把数据结果打在纸带或磁带上带走，所以，一般不需要将数据长期保存。

② 数据并不是由专门的应用软件来管理，而是由使用数据的应用程序自己来管理。作为程序员，在编写软件时既要设计程序逻辑结构，又要设计物理结构以及数据的存取方式。

③ 数据不能共享。在人工管理阶段，可以说数据是面向应用程序的，由于每一个应用程序都是独立的，一组数据只能对应一个程序，即使要使用的数据已经在其他程序中存在，但由于程序间的数据是不能共享的，因此程序与程序之间有大量的数据冗余。

④ 数据不具有独立性。应用程序中只要发生改变，数据的逻辑结构或物理结构就相应地发生变化，因而程序员要修改程序，就必须都做出相应的修改，这给程序员的工作带来了很多负担。

（2）文件系统阶段。20 世纪 50 年代后期到 60 年代中期，计算机开始应用于数据管理方面。此时，计算机的存储设备不再是磁带和纸带了，硬件方面已经有了磁盘等可以直接存取的存储设备。软件方面，操作系统中已经有了专门的数据管理软件，一般称为文件系统，文件系统一般由三部分组成：与文件管理有关的软件，被管理的文件，实施文件管理所需的数据结构。文件系统阶段存储数据是以文件的形式来存储，由操作系统统一管理。文件系统阶段也是数据库发展的初级阶段，使用文件系统存储、管理数据具有以下特点。

① 数据可以长期保存。有了大容量的磁盘作为存储设备，计算机开始被用来处理大量的数据并存储数据。

② 有简单的数据管理功能。文件的逻辑结构和物理结构脱钩，程序和数据分离，使数据和程序有了一定的独立性，减少了程序员的工作量。

③ 数据共享能力差。由于每一个文件都是独立的，当需要使用相同的数据时，必须建立各自的文件，数据还是无法共享，也会造成大量的数据冗余。

④ 数据不具有独立性。文件系统阶段的数据仍然不具有独立性，当数据的结构发生变化时，也必须修改应用程序，修改文件的结构定义，而应用程序的改变也将改变数据的结构。

(3) 数据库系统阶段。20 世纪 60 年代后期以来，计算机性能得到进一步的提高，更重要的是出现了大容量磁盘，存储容量大大增加且价格下降。在此基础上，才有可能克服文件系统管理数据时的不足，而满足和解决实际应用中多个用户、多个应用程序共享数据的要求，从而使数据为尽可能多的应用程序服务，从而出现了数据库这样的数据管理技术。数据库的特点是数据不再只针对某一个特定的应用，而是面向全组织，具有整体的结构性，共享性高，冗余度减小，具有一定的程序与数据之间的独立性，并且对数据进行统一的控制。数据库系统阶段的特点如下。

① 数据结构化。在描述数据时不仅要描述数据本身，还要描述数据之间的联系。数据结构化是数据库的主要特征之一，也是数据库系统与文件系统的本质区别。

② 数据共享性高、冗余少且易扩充。数据不再针对某一个应用，而是面向整个系统，数据可被多个用户和多个应用程序共享，而且容易增加新的应用，所以，数据的共享性高且易扩充，大大减少了数据冗余。

③ 数据独立性高。

④ 数据由数据库管理系统（DBMS）统一管理和控制。数据库为多个用户和应用程序所共享，对数据的存取往往是并发的，即多个用户可以同时存取数据库中的数据，甚至可以同时存放数据库中的同一个数据，必须确保数据库数据的正确有效和数据库系统的有效运行。

7.1.3　数据治理的目标及内容

1. 数据治理的目标

(1) 完善的数据管控体系。通过对数据治理组织、流程、标准和技术支持的统一规划设计，实现数据治理过程的高效运行和持续优化，建立数据治理的长效机制。

(2) 统一的数据来源。通过对关键共享数据的集中管理，确保关键共享数据的一致性，构建企业层面的统一数据视图。

(3) 标准化、规范化的数据。数据清理将实现现有数据的标准化，数据申请和数据审批等业务流程将控制新增数据的标准化，从而彻底改善数据不完整、冗余、错误等质量问题。

(4) 提高工作效率。数据的标准化将使企业内部的信息共享、业务融合更加流畅，业务对数据实时性、准确性的需求得到满足，从而带来工作效率的提高。

(5) 降低数据管理、维护、集成的成本。共享数据分散在不同的业务系统中，想要保持数据的一致性，就必须付出大量的管理维护成本，但仍然无法根治数据质量问题。通过对这部分数据统一管理，将一致的、权威的数据通过接口自动分发给各个业务系统，大大节约维护成本，并且保证了数据的质量。

(6) 满足数据的合规性。数据治理将帮助组织更好地遵从内外部有关数据使用和管理的监管法规，如 SOX 法案等。

2. 数据治理的内容

(1) 确保信息利益相关者的需要评估，以达成一致的企业目标，这些企业目标需要通过对信息资源的获取和管理实现。

（2）确保有效助力业务的决策机制和方向。

（3）确保使用绩效监测与合规性评价程序进行监督。

7.1.4 数据管理的评估

数据体系现状评估是企业数据管理体系规划的起点，只有清楚地认识企业内数据管理活动的真实现状，才能制订合理的数据体系建设目标和规划。数据管理成熟度是指企业按照数据治理的目标和条件，成功、可靠、持续地实施数据管理的能力。数据管理成熟度模型通过对主数据体系建设的各个阶段进行多维度的描述，从而实现对企业数据管理能力的量化评价，对数据体系的建设和维护进行过程监控和研究，以使其更加科学化、标准化。

软件行业广泛使用能力成熟度模型（capability maturity model，CMM）来评估软件生产过程的标准化程度和软件企业能力。该评估框架适当调整后，也可用于评价企业数据管理水平。参考能力成熟度模型，数据管理成熟度一般也可分为初始级、可重复级、已定义级、已管理级、优化级、创新级六个级别（见图 7-1）。

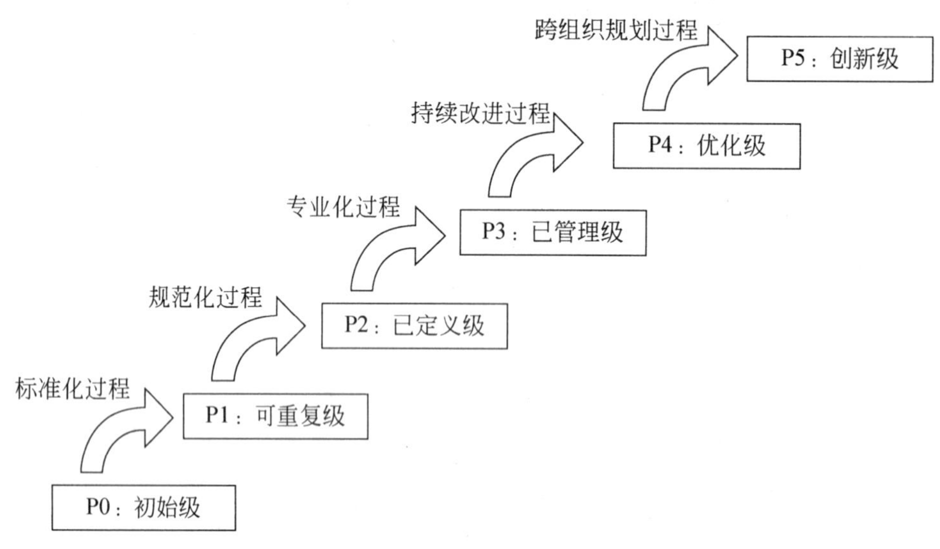

图 7-1 数据管理成熟度模型

每个成熟度级别是一个完备的进化阶段，反映企业数据管理能力当前所达到的水平以及下一阶段改进的目标。

（1）初始级 P0：处于初始级的组织内部只有模糊的数据管理意识，没有专门的机构对其进行管理。

（2）可重复级 P1：可重复级的最大特征是企业已经了解到数据管理的重要性，并建立了基础的数据管理流程。组织内部已经开始进行数据管理工作，但往往局限于项目或部门内部。

(3) 已定义级 P2：已定义级最大的特征是组织内部建立起统一的数据管理规范，并建立起独立的部门进行数据管理的协调活动，明确定义数据流程的各专业岗位。

(4) 已管理级 P3：处于已管理级的组织中，已经形成数据管理专业部门，建立起协同跨流程区域的专业化数据标准团队，数据实现集成化管理，数据标准流程和制度的实施细则也已经明确。

(5) 优化级 P4：处于优化级的组织不仅能够保证数据管理流程的有序进行，而且能够实现业务环节的专业评估，实现自我优化，不断提升。

(6) 创新级 P5：创新级是主数据管理的最高级别，此阶段的主数据管理已经跨越了企业边界，形成跨企业的行业主数据标准，主数据业务流程能够灵活、创新、敏捷地支撑新流程运作，响应新的产品服务。

每个级别的数据管理水平将作为达到下一更高级别的基础，成熟度不断升级的过程也就是其数据管理水平不断积累的过程。因此，从数据管理成熟度模型归纳出的改进方向，将为企业数据管理水平不断升级的历程提供指引，指导企业不断改进缺陷。

针对治理目标的不同，数据管理的成熟度评估可以面向主数据、业务数据、分析数据分别进行。同时，针对数据管理的特点，在成熟度模型的内部可将每一级细化为职责、组织岗位、管理流程和信息技术支持四大管理领域：职责领域描述了企业“为什么要进行数据管理”，组织岗位领域描述了“谁来做数据管理”，管理流程领域描述了“怎么做数据管理”，信息技术支持领域则描述了在企业信息系统应用体系中数据的存储情况和数据管理功能的实现情况。模型为每一个管理领域描述了其对应的典型行为，区分出这些领域在不同的成熟度级别中的不同表现，判断这些管理领域所处的成熟度级别，进而得到企业的总体成熟度级别。

7.2 企业信息系统安全

7.2.1 信息系统安全的基本概念

国家标准（GB/T 28001）对“安全”给出的定义是“免除了不可接受的损害风险的状态”，也就是防备危害和其他损害。例如，国家安全是指保护主权、资产、资源和人民安全的多层次系统。这只是广义上概念性的安全，与安全相对应的是风险、威胁这两个定义。不同的机构会面临不同的风险和威胁，因此，安全有不同的具体含义。

相对于安全而言，信息安全是一个更为具体的概念，也是在计算机出现之后才特别受到广泛重视的一个概念。由于政府和企业系统普遍重视信息安全，众多国内外的标准化组织都把信息安全纳入自身的标准体系中。然而在不同的标准体系中，信息安全却有不尽相同的定义。这在某种程度上也印证了之前提到的问题，就是“安全”没有绝对的定义，而且受环境与业务等因素的影响。例如，根据美国国家安全系统委员会（committee on national security systems，CNSS）所发布的标准，“信息安全（information security）就是保护信息及其关键要素，包括使用、存储以及传输信息的系统和硬件”。美国国家安全系统委员会定义信息安全概念的基础是 CIA，即机密性（confidentiality）、完整性（integrity）、可用性（availability）。再如，根据 ISO/IEC27000：2005《信息安全管理体系原理与术语》中对“信息安全”定义为“保护、维持信息的机密性、完整性和可用性，也可包括真实性、可核查性、抗抵赖性、可靠性等性质”。从具体的需求分析，信息安全则可以涉及物理安全、操作安全、通信安全、系统安全、网络安全、数据安全、安全管理等多个方面的概念。

然而，以上所提及的信息安全的几个概念都是理论上的定义，在现实的工程应用中，这些理论上的概念与机构的实际需求还可能存在较大的差距。

信息系统安全是一个更为具体的实际概念，因为信息系统是为实现不同业务目标的应用系统。因此，在理解信息系统安全时，必须从机构的组织层面、应用角度来理解。信息系统安全的最终目标还是为了支持、促进所属机构的长远发展，因此，在评价信息系统是否安全时，需要考虑以下几个问题：信息系统是否满足机构自身的发展目的或使命要求？信息系统是否能为机构的长远发展提供安全方面的保障？机构在信息安全方面所投入的成本与所保护的信息价值是否平衡？在给定的系统环境下，不同的信息系统安全保障等级可以保护的最大价值是多少？信息系统如何有效地实现安全保障？

机构的安全目标一般是指：信息系统遵守了国家的相关安全法律法规，遵循了行业内的相关标准，能确保机构运转正常，能持续性地提供给支撑业务所需的服务功能。也就是说，信息系统所提供的功能提高了业务的竞争力，能为机构的长远发展提供安全保障和支持，同时，从成本效益角度分析，安全方面投入的成本与所防范的风险、威胁是平衡的。

7.2.2 企业信息系统的安全问题及面临的风险

1. 企业信息系统的安全问题

（1）监听和篡改。分布式系统内的数据易受监听和篡改，主要是因为现代网络的开放性和缺少集中式的管理。网络的开放性包括网络媒质的物理开放和网络传输协议标准的开放。这些开放性导致数据很容易被不怀好意的人拦截、窃听，或者被嵌入其他数据以破坏其完整性。非集中式管理是指在分布式系统中不同的机器通常从属于不同的管理人员，并且常常应用不同的身份认证机制和安全策略，不同的服务器之间也无法保证绝对的信任关系。

（2）假冒身份和擅自泄露信息。由于采取非集中式管理，不同的机器有不同的管理人员、身份认证机制和安全策略。因此，用户在登录分布式系统时，可以较轻易地假冒身份或者泄露信息。

（3）程序模块运行在不同机器上，因此，信息必须在开放网络间传输。这是因为分布式系统在概念上是软件进程的分布，其物理前提是构成系统的大量机器的分布。以网上银行为例，其用户模块在个人计算机上，业务处理应用模块在银行服务器中，数据库在数据服务器上。因此，各项进程分布在多台机器上，信息通过网络来传输，这就增加了安全隐患。

（4）系统资源由特定的服务器管理。数据资源、系统资源都由特定的服务器管理，如邮件、数据库等，通过网络使用这些数据也带来很多安全问题。又如，身份认证服务由特定的服务器通过开放的网络提供，这样就存在身份认证的机制在一台机器上开始，却在另一台机器上进行验证，跟身份认证相关的敏感信息不可避免地需要在开放的网络上传输，从而带来非常棘手的安全问题。同样的问题也存在于数据存储服务过程中，即数据存储在一台机器上，又由另一台机器上的进程来处理。

企业在运营的过程中，由于对安全问题的忽视以及技术和管理手段的滞后，使企业资产、企业的数据资产暴露在风险当中，这些风险会给企业的发展带来极大的负面影响。当前的信息系统多为大型信息系统，也多用于支撑和促进大型机构的业务运作与长远发展。这种应用也就意味着大型信息系统所面临的安全挑战并非仅仅是信息系统本身的安全挑战和风险，它也可以影响整个机构的管理与运作。

2. 信息系统安全挑战中面临的风险

除了业务风险外，还有几个方面的风险因素容易被忽略，而又不能被忽略。

（1）法律风险。以电子银行系统或电子政务为例，当信息系统用于支持电子银行或电子政务时，信息系统必定会在业务处理过程中收集一些必要的用户信息。一般来说，用户都不会太担心这些信息被泄露或者滥用，因为一般的银行服务或政务服务都有相关的法律保护用户的权益。通常，法律条文会要求服务机构的信息系统妥当地保护用户信息，以确保用户的隐私不被泄露。一旦这些信息被泄露后，用户就可以依据相关的法律追究拥有信息系统的机构的责任。可见机构所面临的风险并非是信息系统本身的安全风险，也不是纯粹技术上的风险，而是机构需要承担的法律责任。因此，在当前这个越来越重视个人隐私的环境下，威胁会导致机构遭受损失，甚至会由于系统漏洞而面临法律风险。实践经验明确地告诉我们，绝大部分的机构领导对系统安全的首要目标是确保信息系统提供的电子服务能依从相关的法律法规要求，避免日后承担法律责任。

（2）财务风险。财务风险仍然是从机构的管理角度来看待这一问题。以上市公司的信息系统为例，上市公司的年度或季度财务报表正式公布之前，在公司内都属于机密数据，因为，一旦在正式公布之前泄露给外界，便很可能造成公司股价极大的波动，可能使公司遭受极大的财务风险。

（3）商誉风险。如果机构的信息系统存在一些风险或面临挑战，会对机构本身的业务信誉或名声造成一定的影响。仍以网上银行为例，假设某一银行的网上银行系统存在漏洞被黑客攻击，造成了客户账上的金额被盗窃或者转移。这时，银行一般有两种处理办法可以选择：一是承认网上银行系统本身存在漏洞，银行需要为客户的损失承担责任，并由银行来赔偿客户财产上的损失。如果信息系统面临这样的黑客威胁，银行就必然面临着财务风险。二是银行会选择尽可能证明网上银行系统不存在安全漏洞的问题，坚持是客户自己对银行账号管理不善或者错误操作等原因导致自己的财产受损。如果银行长期这么做，这家银行的商誉就必定受到很大的影响。因此，特别是对用于电子商务系统的机构而言，信息系统的安全挑战中也面临着商誉风险。

7.2.3 安全与控制的基本框架

1. 信息系统控制

信息系统控制可以是手工控制，也可以是自动控制，它由一般控制和应用软件控制构成。一般控制是宏观上的说法，如保护程序安全、数据安全等，都是比较常见和抽象的控制；应用控制是具体的控制。

（1）一般控制。一般控制从总体上确保企业对其信息系统控制的有效性。一般控制的目标是保证计算机系统的正确使用和安全性，防止数据丢失。一般控制在人员、逻辑访问、设备和业务连续性方面进行控制。

① 人员控制：涉及人员招募、训练和监督的人员控制必须确保程序和数据职责完成。包括部门内部职责的分离和数据处理部门的分离。例如，企业应立即停止已离开公司职员所有的访问权限。

② 逻辑访问控制：对未经授权的访问提供了安全保护。最普遍的安全访问是通过密码访问，所以，可对密码定义其格式、长度、加密和常规的变化。

③ 设备控制：对计算机设备进行物理保护，如把它们锁在一间保护室或保护柜中，并使用报警系统，如果计算机从其位置上发生移动，报警系统将被激活。

④ 业务连续性控制：在系统故障、设备操作系统故障、程序或数据丢失或毁坏的情况下，业务持续性或灾难恢复计划可从信息系统中恢复关键的业务信息。

（2）应用控制。应用控制与管理政策配合，对程序和输入、处理和输出数据进行适当的控制，可以弥补一般控制的某些不足。

① 输入控制：目的是发现和防止错误的交易数据的录入，其中包括交易前的数据录入，如在发票与收到的货物、文件和采购订单相匹配后，核准供应商的发票。数据输入屏幕的规定格式令使用者不得跳过强制输入字段。输入体系内容的合理检查，如检查给予顾客的折扣是否在允许的限度内。

② 过程控制：确保过程的发生按照公司的要求进行，没有被忽略或处理不当的交易发生。最常见的控制是交易记录、分批平衡和总量控制系统。

③ 输出控制：确保输入和处理活动已经被执行，而且生成的信息可靠并分发给用户。主要的输出控制形式是交易清单和例外报告等。

2. 风险评估

在一个企业中，诱发安全事故的因素很多，安全风险评估能为全面、有效落实安全管理工作提供基础资料，并评估出不同环境或不同时期的安全危险性的重点，加强安全管理，采取宣传教育、行政、技术和监督等措施和手段，推动各阶层员工做好每项安全工作；使企业每位员工都能真正重视安全工作，让其了解、掌握基本安全知识。绝大多数安全事故是可以避免的，这也是安全风险评估的价值所在。

当任何生产经营活动被鉴定为有安全事故危险性时，便应考虑怎样进行评估工作，以简化及减少风险评估的次数来提高效率。安全风险评估主要包括三个步骤：识别安全事故的危害、评估危害的风险和控制风险的措施及管理。

3. 安全措施

一旦确认了信息系统的主要风险，就需要为保护公司财产制定安全措施。安全措施由陈述信息风险、阐述可接受的安全目标、达成这些目标的机制等构成。什么是企业最重要的信息资产？这些信息由谁产生、由谁控制？现有的保护信息的安全措施有哪些？对于每一种资产，管理层可以接受的风险等级是什么？例如，是否接受10年丢一次客户信用数据的情况？管理层必须对达到可接受风险等级需要付出的代价做出估算。

安全措施能够促使企业制定出其他一些相关措施，以明确哪些使用企业信息资产的行为是可以被接受的，以及哪些企业成员能够访问这些信息资产。可接受使用策略，也称为可接受使用政策，规定了公司使用的信息资源、计算机设施，包括桌面、便携式电脑、无线设施、电话和网络。一个好的、可接受的使用政策应当规定每个用户可接受和不可接受的行为，并详述违约行为的后果。安全措施还包括身份管理的各项规定等。

4. 故障恢复与业务连续性计划

灾难恢复（disaster recovery）也称灾备，是指自然或人为灾害后，重新启用信息系统的数据、硬件及软体设备，恢复正常商业运作的过程。灾难恢复规划是涵盖面更广的业务连续规划的一部分，其核心即对企业或机构的灾难性风险做出评估、防范，特别是对关键性业务数据、流程予以及时记录、备份、保护。一旦灾难恢复程序进入计划，就会很快过时。应用是不断变化的，因此，必须经常审查和更新灾难恢复程序。灾难恢复投入多，才能确保计划仍然是可行的。然而，许多企业只是口头上承认灾难恢复。只有灾难恢复计划文档但是没有实际测试的公司，对灾难恢复的准备更让人担忧。业务连续性是计算机容灾技术的升华概念，一种由计划和执行过程组成的策略，其目的是为了保证企业包括生产、销售、市场、财务、管理以及其他各种重要的功能完全在内的运营状况百分之百可用。可以这样说，业务连续性是覆盖整个企业的技术以及操作方式的集合，其目的是保证企业信息流在任何时候、任何需要的状况下都能连续运行。

5. 信息系统审计

信息系统审计（IS审计）是一个通过收集和评价审计证据，独立于信息系统本身，并对信息系统是否能够保护资产的安全、维护数据的完整、使被审计单位的目标得以有效实现、使组织的资源得到高效使用等方面做出判断的过程。

7.2.4 信息安全管理标准

“三分技术，七分管理”，技术本身实际上只是信息安全体系里的一部分。大部分的信息安全管理专家认为，技术并非不重要，但在信息安全的架构里，它一定要在好的信息安全管理的基础上，这一切需要有信息安全管理相关的标准约束。

1. 信息安全管理标准 BS 7799

BS 7799 现已成为国际公认的信息安全管理权威标准。1993 年 9 月，英国标准协会（British Standards Institution，BSI）颁布《信息安全管理实施细则》，形成了 BS 7799 的基础。1995 年 2 月，英国标准协会首次公布 BS 7799-1：1995。1998 年 2 月，英国标准协会公布 BS 7799-2。1999 年 4 月，BS 7799-1 和 BS 7799-2 修订后重新发布。2000 年 12 月，国际标准组织认可通过 BS 7799-1，其正式成为国际标准，即 ISO/IEC 17799-1：2000。2002 年 9 月，英国标准协会对 BS 7799-2 进行了改版，BS 7799-2：2002 通过 ISO 认可。

BS 7799 分为两个部分：BS 7799-1《信息安全管理实施规则》、BS 7799-2《信息安全管理体系规范》。BS 7799-1（ISO/IEC 17799：2000）《信息安全管理实施细则》是组织建立并实施信息安全管理体系的一个指导性的准则，主要为组织制定其信息安全策略和进行有效的信息安全控制提供了一个大众化的最佳惯例。BS 7799-2《信息安全管理体系规范》规定了建立、实施和文件化信息安全管理体系（information security management system，ISMS）的要求，规定了根据独立组织的需要应实施安全控制的要求。正如该标准的适用范围介绍的一样，本标准适用以下场合：组织按照本标准要求建立并实施信息安全管理体系，进行有效的信息安全风险管理，确保商务可持续性发展；作为寻求信息安全管理体系第三方认证的标准。BS 7799-2 明确提出信息安全管理要求，BS 7799-1 则对应给出了通用的控制方法。因此，BS 7799-2 才是认证的依据，严格地说，组织获得的认证是获得了 BS 7799-2 的认证，BS 7799-1 为 BS 7799-2 的具体实施提供了指南，但标准中的控制目标、控制方式的要求并非信息安全管理的全部，组织可以根据需要考虑另外的控制目标和控制方式。

2. ISO/IEC 13335

ISO/IEC TR 13335，被称作“IT 安全管理指南（guidelines for the management of IT security，GMITS）”，新版称作“信息和通信技术安全管理（management of information and communications technology security，MICTS）”，是 ISO/IEC JTC1 制订的技术报告，是一个信息安全管理方面的指导性标准，其目的是为有效实施信息技术安全管理提供建议和支持。ISO/IEC 13335 标准由五部分组成：

（1）ISO/IEC 13335-1：信息技术安全概念和模型（concepts and models of it security）。这部分包括对信息技术安全和安全管理的一些基本概念和模型的介绍。

（2）ISO/IEC 13335-2：管理和计划信息技术安全（managing and planning it security）。这部分建议性地描述了信息技术安全管理和计划的方式和要点，包括决定信息技术安全目标、战略和策略，决定组织信息技术安全需求，管理信息技术安全风险，计划适当信息技术安全防护措施的实施，开发安全教育计划，策划跟进的程序（如监控、复查和维护安全服务），开发事件处理计划。

（3）ISO/IEC 13335-3：信息技术管理技术（techniques for the management of it security）。这部分覆盖了风险管理技术，信息技术安全计划的开发、实施和测试，还包括一些后续的制度审查、事件分析、信息技术安全教育程序等，介绍了四种风险评估方法：基线方法、非正式方法、详细的风险分析方法、综合分析方法。

（4）ISO/IEC 13335-4：防护措施的选择（selection of safeguards）。这部分主要探讨如何针对一个组织的特定环境和安全需求选择防护措施。

（5）ISO/IEC 13335-5：网络安全管理指南（management guidance on network security）。这部分主要描述了网络安全的管理原则、各组织如何建立框架，以保护和管理信息技术体系的安全性。这一部分将有助于防止网络攻击，把使用信息系统和网络的危险性降到最低。

ISO/IEC 13335 认为安全管理中的主要部件包括资产、威胁、脆弱性、影响、风险、防护措施和剩余风险；主要的安全管理过程包括风险管理、风险评估、安全意识、监控与一致性检验等。

3. ISO/IEC 27001：2005

ISO/IEC 27001：2005《信息技术 安全技术 信息安全管理体系 要求》是有关信息安全管理的国际标准，源于英国 BS 7799 标准。BS 7799-2：2002 经修订后，于 2005 年 10 月 15 日作为国际标准 ISO/IEC 27001：2005 正式发布。这个标准可用于组织的信息安全管理体系的建立和实施，保障组织的信息安全，采用 PDCA（plan-do-check-act，计划—执行—检查—处理）过程方法，基于风险评估的风险管理理念，全面系统地持续改进组织的安全管理。

4. 通用准则

通用准则（common criteria，CC）是目前国际上最通行的信息技术产品与系统安全性评估准则，也是信息技术安全性评估结果国际互认的基础，它是若干标准的综合，和 ISO/IEC 15408 信息技术安全性评估准则、GB/T 18336《信息技术 安全技术 信息技术安全评估准则》是同一个标准，CC 是最早的称谓，ISO/IEC 15408 是正式的 ISO 标准，GB/T 18336 是我国等同采用 ISO/IEC 15408 之后的国家标准。

5. 我国的信息安全管理标准

我国对安全技术的标准化工作一直非常重视，1984 年 6 月，由全国计算机与信息处理标准化技术委员会组建了数据加密直属工作组；于 1992 年改为全国信息技术标准化技术委员会的信息技术安全分技术委员会；于 2002 年单独成立全国信息安全标准化技术委员会。到目前为止，该标准化技术委员会已制定了（已发布）信息技术方面的国家标准共计 53 个。其中，安全管理方面的国家标准主要如下：

（1）GB/T 19715.1-2005《信息技术 信息技术安全管理指南 第 1 部分：信息技术安全概念和模型》（ISO/IEC 13335-1：1996，IDT）。

（2）GB/T 19715.2-2005《信息技术 信息技术安全管理指南 第 2 部分：管理和规划信息技术安全》（ISO/IEC 13335-2：1997，IDT）。

（3）GB/T 19716-2005《信息技术 信息安全管理实用规则》（ISO/IEC 17799：2000，MOD）。

对于这些国家标准，名称后面括号中的内容是采用的国际标准号及其采用程度。其中 ISO/IEC 13335-1：1996 和 ISO/IEC 17799：2000 已有新版本；同时，ISO/IEC 13335-2：1997 也并入 ISO/IEC 13335-1：2004。

7.2.5 企业信息安全的技术及工具

建立完善的企业信息安全管理系统，必须内外兼修，一方面，防止外部入侵；另一方面，防范内部人员泄密。所以，在选择企业信息安全管理产品时，必须是一个完整的体系结构。

市场上比较流行，而又能够代表未来发展方向的安全产品大致有以下几类。

用户身份认证：如静态密码、动态密码（短信密码、动态口令牌、手机令牌）、USB key（U 盾）、IC 卡、数字证书、指纹虹膜等。

防火墙：即访问控制系统，它在内部网络与不安全的外部网络之间设置障碍，阻止外界对内部资源的非法访问，防止内部对外部的不安全访问。但它本身可能存在安全问题，也可能会是一个潜在的瓶颈。

安全路由器：由于广域网连接需要专用的路由器设备，因而可通过路由器来控制网络传输。通常采用访问控制列表技术来控制网络信息流。

安全服务器：安全服务器主要针对一个局域网内部信息存储、传输的安全保密问题，其实现功能包括对局域网资源的管理和控制，对局域网内用户的管理，以及局域网中所有安全相关事件的审计和跟踪。

安全管理中心：由于网上的安全产品较多，且分布在不同的位置，这就需要建立一套集中管理的机制和设备，即安全管理中心。它用来给各网络安全设备分发密钥，监控网络安全设备的运行状态，负责收集网络安全设备的审计信息等。

入侵检测系统（intrusion detection system，IDS）：作为传统保护机制（比如访问控制，身份识别等）的有效补充，形成了信息系统中不可或缺的反馈链。

入侵防御系统（intrusion prevention system，IPS）：作为入侵检测系统很好的补充，是信息安全发展过程中占据重要位置的计算机网络硬件。

安全数据库：由于大量的信息存储在计算机数据库内，有些信息是有价值的，也是敏感的，需要保护。安全数据库可以确保数据库的完整性、可靠性、有效性、机密性、可审计性及存取控制与用户身份识别等。

数据容灾设备：数据容灾作为企业信息安全管理体系中的一个重要补救措施，在整个企业信息安全管理体系中起着举足轻重的作用。数据容灾设备包括数据恢复设备、数据复制设备、数据销毁设备等。应用较多的数据容灾设备包括 Data Copy King（硬盘复制机）、开盘机等。

7.3　区块链技术

7.3.1　区块链的定义及特征

1. 区块链的定义

区块链是分布式数据存储、点对点传输、共识机制、加密算法等计算机技术的新型应用模式，本质上是一个去中心化的数据库，同时是比特币的底层技术。区块链是一串使用密码学方法相关联产生的数据块，每一个数据块中包含了一次比特币网络交易的信息，用于验证其信息的有效性（防伪）和生成下一个区块。

狭义来讲，区块链是一种按照时间顺序将数据区块以顺序相连的方式组合成的一种链式数据结构，并以密码学方法保证的不可篡改和不可伪造的分布式账本。广义来讲，区块链技术是利用块链式数据结构来验证与存储数据，利用分布式节点共识算法来生成和更新数据、利用密码学的方法保证数据传输和访问的安全，利用由自动化脚本代码组成的智能合约来编程和操作数据的一种全新的分布式基础架构与计算范式。

一般来说，区块链系统由数据层、网络层、共识层、激励层、合约层和应用层组成。其中，数据层封装了底层数据区块以及相关的数据加密和时间戳等技术；网络层则包括分布式组网机制、数据传播机制和数据验证机制等；共识层主要封装网络节点的各类共识算法；激励层将经济因素集成到区块链技术体系中来，主要包括经济激励的发行机制和分配机制等；合约层主要封装各类脚本、算法和智能合约，是区块链可编程特性的基础；应用层则封装了区块链的各种应用场景和案例。该模型中，基于时间戳的链式区块结构、分布式节点的共识机制、基于共识算力的经济激励和灵活可编程的智能合约是区块链技术最具代表性的创新点。

2. 区块链的特征

（1）去中心化。区块链技术不依赖额外的第三方管理机构或硬件设施，没有中心管制，除了自成一体的区块链本身，通过分布式核算和存储，各个节点实现了信息自我验证、传递和管理。去中心化是区块链最突出、最本质的特征。

（2）开放性。区块链技术基础是开源的，除了交易各方的私有信息被加密外，区块链的数据对所有人开放，任何人都可以通过公开的接口查询区块链数据和开发相关应用，因此，整个系统信息高度透明。

（3）独立性。基于协商一致的规范和协议（类似比特币采用的哈希算法等各种数学算法），整个区块链系统不依赖第三方，所有节点能够在系统内自动安全地验证、交换数据，不需要任何人为的干预。

（4）安全性。只要不能掌控全部数据节点的51%，就无法肆意操控修改网络数据，这使区块链本身变得相对安全，避免了主观人为的数据变更。

(5) 匿名性。除非有法律规范要求，单从技术上讲，各区块节点的身份信息不需要公开或验证，信息传递可以匿名进行。

7.3.2 区块链的技术演化

1. 区块链1.0：数字货币

区块链1.0是以比特币为代表的虚拟货币的时代，代表了虚拟货币的应用，包括其支付、流通等虚拟货币的职能，主要具备的是去中心化的数字货币交易支付功能，目标是实现货币的去中心化与支付手段。比特币是区块链1.0最典型的代表，区块链的发展得到了欧美等国家市场的接受，同时也催生了大量的货币交易平台，实现了货币的部分职能，能够实现货品交易。比特币勾勒了一个宏大的蓝图：未来的货币不再依赖于各国央行的发布，而是进行全球化的货币统一。

区块链1.0只满足虚拟货币的需要，虽然区块链1.0的蓝图很庞大，但是无法普及到其他的行业中。区块链1.0时代也是虚拟货币的时代，涌现出了大量的山寨币等。在区块链1.0阶段，基于区块链技术构建了很多去中心化数字支付系统，很好地解决了货币和支付手段的去中心化问题，对传统的金融体系有一定的冲击。

2. 区块链2.0：数字资产与智能合约

在比特币和其他山寨币的资源消耗严重、无法处理复杂逻辑等弊端逐渐暴露后，业界逐渐将关注点转移到比特币的底层支撑技术区块链上，产生了运行在区块链上的模块化、可重用、自动执行脚本，即智能合约。这大大拓展了区块链的应用范围，区块链由此进入2.0阶段，业界也慢慢地认识到区块链技术潜藏的巨大价值。区块链技术开始脱离“数字货币”领域的创新，其应用范围延伸到金融交易、证券清算结算、身份认证等商业领域，涌现了很多新的应用场景，如金融交易、智能资产、档案登记、司法认证等。当前，技术和产业处于区块链2.0阶段。

3. 区块链3.0：超越货币、经济和市场，各种行业分布式应用

区块链3.0是指区块链在金融行业之外（如法律、零售、物联、医疗等）领域的应用场景，可以解决信任问题，不再依靠第三方建立信用和信息共享，提高整个行业的运行效率和整体水平，满足更加复杂的商业逻辑。区块链3.0被称为互联网技术之后的新一代技术创新，足以推动更大的产业改革。区块链3.0可以涉及生活的方方面面，所以区块链3.0将更具有实用性，赋能各行业，不再依赖于第三方或某机构获取信任与建立信用，能够通过实现信任的方式提高整体系统的工作效率。

区块链1.0是区块链技术的萌芽，区块链2.0是区块链在金融、智能合约方向的技术落地，而区块链3.0是为了解决各行各业的互信问题与数据传递安全性的技术落地与实现。现在我们所说的区块链1.0、区块链2.0、区块链3.0，看上去是种递进的演化，但事实上，它们仅仅是应用范围不同而已。区块1.0到区块链3.0是平行的发展阶段，分别在各自的领域内发挥应有的作用。

通过区块链技术，能够让人类生活在许多应用和工具中，进入“可编程”状态和智能状态，完成非常复杂的操作。区块链飞速发展描绘了世界基于技术的统一愿景，整个社会有望进入智能互联网时代，形成一个可编程的社会。在这个信用已经成为紧缺资源的时代，区块链的技术创新作为一种分布式信用的模式，为全球市场的金融、社会管理、人才评价和去中心化组织建设等提供了一个广阔的发展前景。

7.3.3　区块链的分类

1. 公有区块链

公有区块链（public block chains）：世界上任何个体或者团体都可以发送交易，且交易能够获得该区块链的有效确认，任何人都可以参与其共识过程。公有区块链是最早的区块链，也是应用最广泛的区块链，各大比特币系列的虚拟数字货币均基于公有区块链，世界上有且仅有一条该币种对应的区块链。

2. 联合（行业）区块链

联合（行业）区块链（consortium block chains）：由某个群体内部指定多个预选的节点为记账人，每个块的生成由所有的预选节点共同决定（预选节点参与共识过程），其他接入节点可以参与交易，但不过问记账过程（本质上还是托管记账，只是变成分布式记账，预选节点的多少，如何决定每个块的记账者成为该区块链的主要风险点），其他任何人可以通过该区块链开放的 API（application programming interface，应用程序接口）进行限定查询。

3. 私有区块链

私有区块链（private block chains）：仅仅使用区块链的总账技术进行记账，可以是一个公司，也可以是个人，独享该区块链的写入权限，本链与其他的分布式存储方案没有太大区别。传统金融都想实验尝试私有区块链，而公链的应用（如比特币）已经工业化，私链的应用产品还在摸索中。

7.3.4　区块链的核心技术

1. 分布式账本

分布式账本指的是交易记账由分布在不同地方的多个节点共同完成，而且每一个节点记录的是完整的账目，因此，它们都可以参与监督交易的合法性，同时也可以共同为其作证。

与传统的分布式存储有所不同，区块链的分布式存储的独特性主要体现在两个方面：一是区块链每个节点都按照块链式结构存储完整的数据，而传统分布式存储一般是将数据按照一定的规则分成多份进行存储。二是区块链每个节点存储都是独立的、地位等同的，依靠共识机制保证存储的一致性，而传统分布式存储一般是通过中心节点往其他备份节点同步数据。没有任何一个节点可以单独记录账本数据，从而避免了单一记账人被控制或者被贿赂而记假账的可能性。由于记账节点足够多，理论上讲，除非所有的节点被破坏，否则账目就不会丢失，从而保证了账目数据的安全性。

2. 非对称加密

存储在区块链上的交易信息是公开的，但是账户身份信息是高度加密的，只有在数据拥有者授权的情况下才能访问，从而保证了数据的安全和个人的隐私。

3. 共识机制

共识机制就是所有记账节点之间怎么达成共识，去认定一个记录的有效性，这既是认定的手段，也是防止篡改的手段。区块链提出了四种不同的共识机制，适用于不同的应用场景，在效率和安全性之间取得平衡。

区块链的共识机制具备“少数服从多数”和“人人平等”的特点，其中“少数服从多数”并不完全指节点个数，也可以是计算能力、股权数或者其他的计算机可以比较的特征量。“人人平等”是当节点满足条件时，所有节点都有权优先提出共识结果、直接被其他节点认同后并最后有可能成为最终共识结果。以比特币为例，采用的是工作量证明，只有在控制了全网超过51%的记账节点的情况下，才有可能伪造出一条不存在的记录。当加入区块链的节点足够多的时候，这基本上不可能实现，从而杜绝了造假的可能。

4. 智能合约

智能合约是基于这些可信的不可篡改的数据，可以自动化地执行一些预先定义好的规则和条款。以保险为例，如果说每个人的信息（包括医疗信息和风险发生的信息）都是真实可信的，那就很容易在一些标准化的保险产品中，进行自动化的理赔。在保险公司的日常业务中，虽然交易不像银行和证券行业那样频繁，但是对可信数据的依赖有增无减。因此，利用区块链技术，从数据管理的角度切入，能够有效地帮助保险公司提高风险管理能力，主要包括投保人风险管理和保险公司的风险监督。

7.3.5 典型应用场景

1. 金融领域

区块链在国际汇兑、信用证、股权登记和证券交易所等金融领域有着潜在的巨大应用价值。将区块链技术应用在金融行业中，能够省去第三方中介环节，实现点对点的直接对接，从而在大大降低成本的同时，快速完成交易支付。

2. 物联网和物流领域

区块链在物联网和物流领域也可以天然结合。通过区块链可以降低物流成本，追溯物品的生产和运送过程，并且提高供应链管理的效率。该领域被认为是区块链一个很有前景的应用方向。

3. 公共服务领域

公共管理、能源、交通等领域都与民众的生产生活息息相关，但是这些领域的中心化特质也带来了一些问题，这些都可以用区块链来改造。区块链提供的去中心化的完全分布式DNS（domain name system，域名系统）服务，通过网络中各个节点之间的点对点数据传输服务就能实现域名的查询和解析，确保某个重要的基础设施的操作系统和固件没有被篡改，可以监控软件的状态和完整性，发现不良的篡改，并确保使用了物联网技术的系统所传输的数据没有经过篡改。

4. 数字版权领域

通过区块链技术，可以对作品进行鉴权，证明文字、视频、音频等作品的存在，保证权属的真实、唯一性。作品在区块链上被确认版权后，后续交易都会进行实时记录，实现数字版权全生命周期管理，也可作为司法取证中的技术性保障。

5. 保险领域

在保险理赔方面，保险机构负责资金归集、投资、理赔，往往管理和运营成本较高。通过智能合约的应用，既无须投保人申请，也无须保险公司批准，只要触发理赔条件，就可实现保单自动理赔。

6. 公益领域

区块链上存储的数据，高可靠性且不可篡改，天然适合用在社会公益领域。公益流程中的相关信息，如捐赠项目、募集明细、资金流向、受助人反馈等均可以存放于区块链上，并且有条件地进行透明公开公示，方便社会监督。

练习题

1. 名词解释

数据资产　数据治理　灾难恢复　共识机制

2. 企业数据治理的目标是什么？
3. 如何评估企业数据治理的效果？
4. 企业信息系统安全主要面临的问题有哪些？
5. 保护企业信息资产不受威胁的安全技术和手段有哪些？
6. 区块链 3.0 的本质是什么？
7. 数据管理的发展经历了哪些阶段？

第8章　企业资源规划

【学习目的与要求】

1. 掌握ERP中核心模块的主要功能，模块之间的信息交换和功能协同。
2. 熟悉ERP中所包含的先进管理思想。
3. 了解企业资源规划ERP的发展过程，ERP的发展趋势。
4. 了解互联网环境下的ERP特点。

【内容提要】

本章从ERP的发展历史出发，探讨了ERP的基本思想、ERP软件的功能模块以及互联网环境下的ERP。包括：ERP的含义、ERP的管理思想、ERP的发展历程、ERP的应用、ERP的主要功能模块、基于Internet的ERP。

【引导案例】

韩都衣舍的ERP

韩都衣舍公司不惜重金，自建120人的信息技术团队，自主开发出一套整合链接了供应链、财务、人力、用户以及销售前端各大电商的信息系统，打通了各个电商与后台交付的数据和结算全流程。通过该系统可随时查看每个小组的销量、费用、奖金、库存、生产进展、产品物流等。

该信息化平台的第一个重要价值，就是让品牌小组的自主经营体高效运行。传统企业也有很多自主经营体的组织，比如事业部，但要问最大的问题在哪里，大多数企业家一定会说：财务核算问题。如果财务不能实时核算出销售、成本、库存等数据，就会制约快速决策；如果财务不能准确及时核算平均成本，就会制约事业部负责人的积极性。

信息化平台的第二个重要价值，就是起到了“筑巢引凤”的作用。“素缕”品牌的创立者酷爱服装设计，几年前，她在淘宝上开了一家“素缕”店，招募了8个人开始经营。几年下来，营业收入一直徘徊在200万元左右。究其原因，这位设计师的大部分时间被服装设计之外的事情占据了，没有更多的时间专注在产品上，同时也缺少客户端的流量和影响力。与韩都衣舍洽谈之后，这位设计师果断率领“素缕”团队加盟到韩都衣舍平台，把供应链、导流量、日常管理等事情全部拿到韩都衣舍的大平台上运作，她专心地进行产品设计研发。一年之后，“素缕”销售额达到了6 000万元。

目前，韩都衣舍已经转型为互联网服装品牌的孵化平台，让中国更多的优秀设计师带着品牌加盟，韩都衣舍为这些品牌提供供应链服务系统，帮助其组织生产；并在韩都衣舍网络平台上进行销售，提升流量；帮助其做仓储，设计师自己只负责开店的资金投入，给韩都衣舍交服务费即可。韩都衣舍不参与经营决策，只提供服务。

（资料来源：赵迎光．韩都衣舍 互联网品牌迎来全盛时代．成功营销，2016（Z1）：80.）

8.1 企业资源规划的发展历史

在飞速发展的信息时代，企业竞争实力的积聚更加依赖于信息技术和管理技术的有机结合。以制造业为代表，越来越多的企业采用 ERP（enterprise resource planning，企业资源规划）这种先进的集管理和信息技术于一体的管理理论，并在实践中取得了良好的效果。

企业资源规划（ERP）是由美国加特纳公司（Gartner Group）最早提出的一种管理理念。它着眼在不断发展的信息技术条件下，如何拓展传统的企业管理方式。

ERP 的发展经历了以下阶段。

作为一种库存订货计划：MRP（material requirements planning，物料需求计划）阶段，也称基本 MRP 阶段。

作为一种生产计划与控制系统：闭环 MRP（closed-loop MRP）阶段。

作为一种企业生产管理信息系统：MRP Ⅱ（manufacturing resources planning，制造资源规划）阶段。

作为一种企业全范围的管理信息系统：ERP（enterprise resources planning）阶段。

8.1.1 MRP 阶段

20 世纪 50—60 年代，企业处在有限范围的竞争市场中，市场与客户的需求相对稳定，企业管理和经营主要解决资金占用与资金周转的问题，资金占用越少，周转速度越快，企业的生产成本就越低，产品的市场竞争力就越强，因此，利用 MRP 系统解决库存优化管理，实现对企业物料这一单项资源的计划管理，是当时企业管理的主要内容。

MRP 解决了如何实现制造业库存管理目标这一难题：在正确的时间按正确的数量得到所需的物料。MRP 是当今众所周知的 ERP 的雏形，MRP 与 ERP 的库存管理思想又源于求解制造业基本方程（见表 8-1）。

表 8-1　MRP 回答了制造业的主要问题

问	答
1. 生产什么？	主生产计划（MPS）
2. 用到什么？	产品信息，物料清单（BOM）
3. 已有什么？	库存信息，物料可用量
4. 还缺什么？何时生产或订货？	加工及采购计划

MRP 根据主生产计划（master production schedule，MPS）回答了要“生产什么”，根据物料清单（bill of materials，BOM）回答了要“用到什么”，根据库存记录回答了“已有什么”，根据 MRP 运算后得出的结果回答了“还缺什么”和“何时生产或订货”这四个核心问题。这四个问题是任何工业企业，无论其产品类型、生产规模、工艺过程如何，都必须回答的、带有普遍性的基本问题，因此，MRP 很快受到了广大企业的欢迎。

MRP 的逻辑流程如图 8-1 所示。

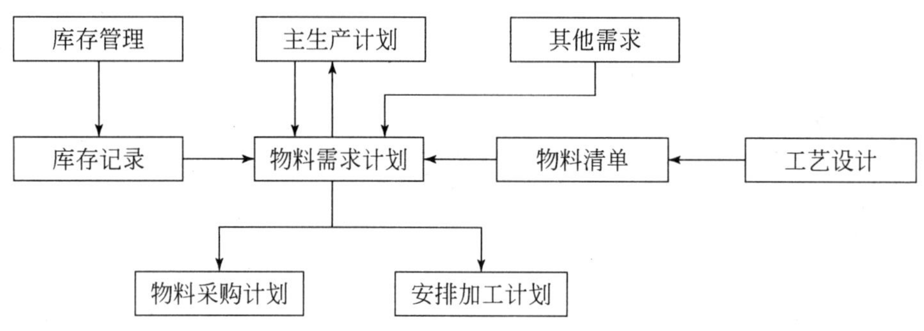

图 8-1　MRP 的逻辑流程

8.1.2　闭环 MRP 阶段

进入 20 世纪 70 年代，市场竞争进一步激烈，市场需求变动加快，企业对内部资源计划管理的范围随之扩大，从以前单纯的物料计划扩展到对生产过程的物料、人力和机器各项资源进行计划和控制，为此闭环 MRP 增强了生产管理的应变能力和进一步提高了市场竞争力。

闭环 MRP 是在 MRP 的基础上，增加对投入与产出的控制，也就是对企业的能力进行校检、执行和控制。

闭环 MRP 理论认为主生产计划与物料需求计划结合应该是可行的，即考虑能力的约束，或者对能力提出需求计划，在满足能力需求的前提下，才能保证物料需求计划的执行和实现。在这种思想要求下，企业必须对投入与产出进行控制，也就是对企业的能力进行校检、执行和控制。与 MRP 主要作为零部件计划制订系统相比，闭环 MRP 则是一个完整的生产计划与控制系统。

所谓闭环，有两层意思：一是把生产能力计划、车间作业计划和采购作业计划纳入 MRP，形成一个封闭系统；二是在计划执行过程中，必须调整能力数据，能力需求计划必须有来自车间、供应商和计划人员的反馈信息，并利用这些反馈信息进行计划调整平衡，从而使生产计划方面的各个子系统得到协调统一。其工作过程是一个“计划—实施—评价—反馈—计划”的过程。闭环 MRP 的逻辑流程如图 8-2 所示。

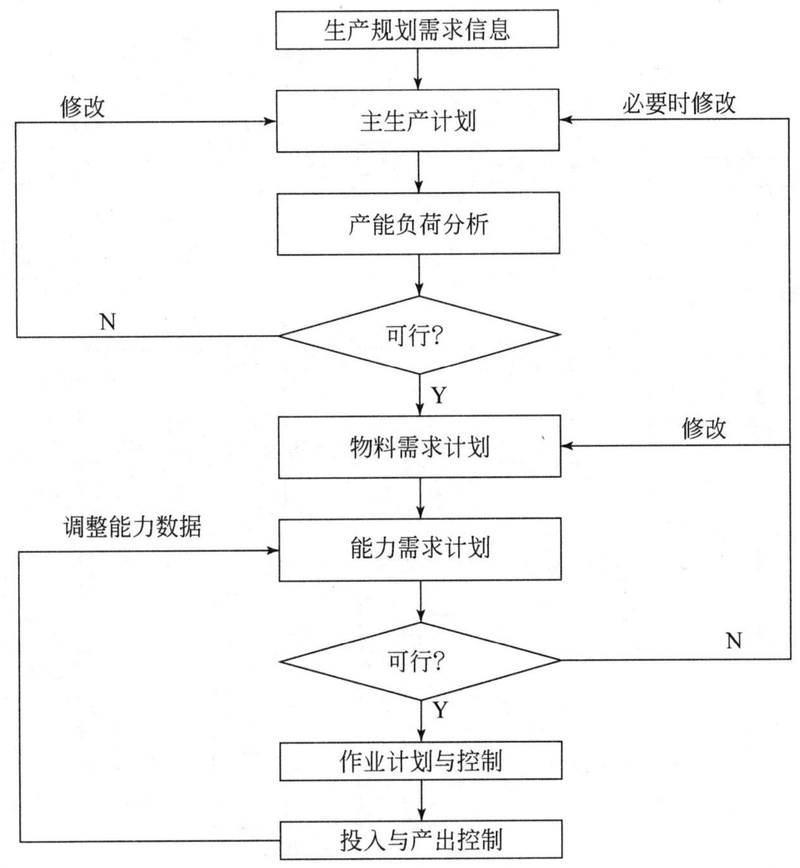

图 8-2　闭环 MRP 的逻辑流程

8.1.3　MRPⅡ阶段

进入 20 世纪 80 年代，市场竞争激烈程度加剧，市场和客户需求变动加速，企业对内部资源的计划管理范围进一步扩大，需要对企业物料、人力、机器设备、资金和时间等全部资源的有效管理，并对企业超出生产活动之外的各项活动，如产品销售、财务管理、企业决策等集成一体化管理。MRPⅡ是对制造业企业资源进行有效计划的一整套方法。它是一个围绕企业的基本经营目标，以生产计划为主线，对企业制造的各种资源进行统一的计划和控制，使企业的物流、信息流、资金流流动畅通的动态反馈系统。MRPⅡ极大地提高了企业的生产效率、市场应变能力与市场竞争力。MRPⅡ的逻辑流程如图 8-3 所示。

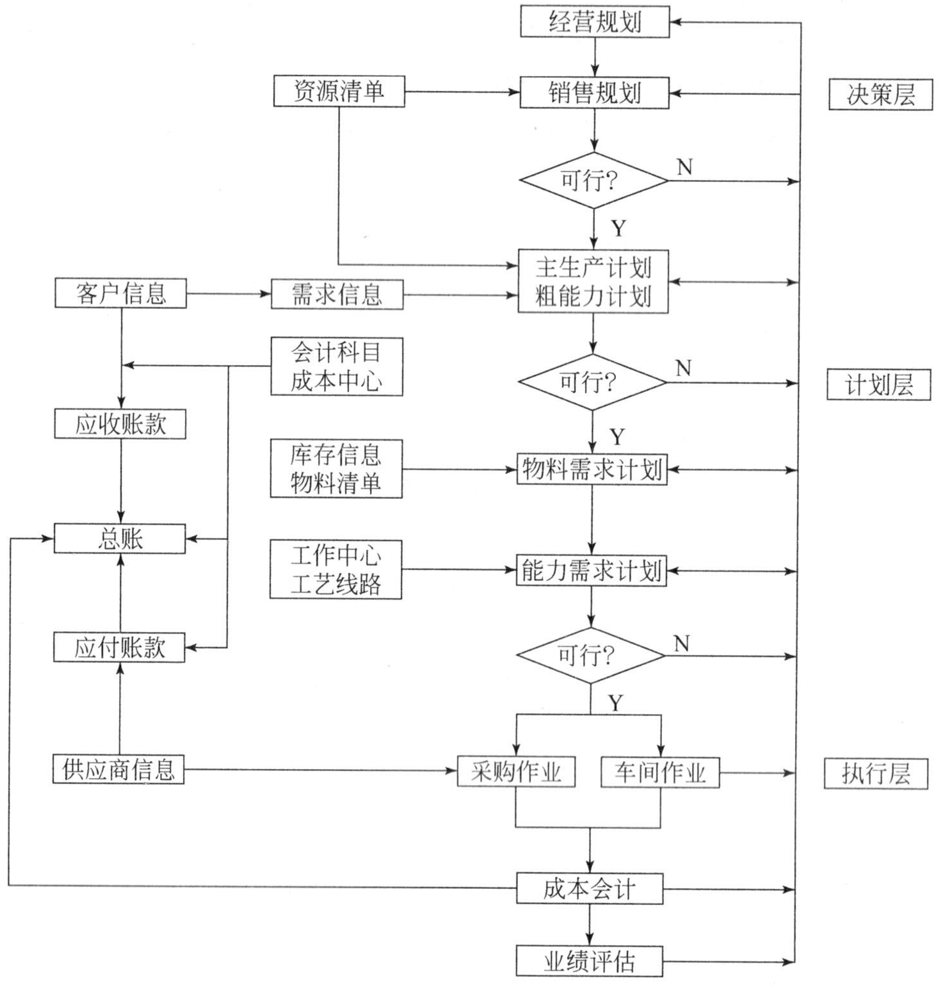

图 8-3　MRPⅡ的逻辑流程

MRPⅡ由闭环 MRP 发展而来，在技术上，它与闭环 MRP 并没有太大的区别，但它包括了财务管理和模拟的能力，这就有了本质意义上的区别。对于已经应用了闭环 MRP 系统的企业，建立 MRPⅡ只是一个系统扩充的问题。而对初建计算机辅助系统的企业，则是一件工作量大、难度较高的工作。特别是对管理基础比较差的企业来说，难度更大。但这类企业更有必要尽快实现 MRPⅡ，因为有了 MRPⅡ才能迅速、准确、高效地对整个企业进行管理，这一点已被国内外的实践所证明。

一般的 MRPⅡ系统包括八大模块，即销售管理、主生产计划、物料需求计划、生产作业计划、采购管理、能力需求计划、数据管理和库存管理。据权威机构美国生产与库存管理协会（American Production and Inventory Control Society，APICS）的统计表明，企业在使用了 MRPⅡ系统后，可明显改善库存管理，减少库存资金占用，提高资金周转次数，提高劳动生产率，有效降低生产成本，从而提高经济效益和企业的市场竞争力。20 世纪 80 年代以来，欧、美企业争相采用 MRPⅡ系统并获得显著效果，MRPⅡ管理思想与软件的运用已经变成跨国企业的必备基础管理工作和重要的管理控制手段。

MRPⅡ有三大特点：一是 MRPⅡ把企业中的各子系统有机地结合起来，形成一个面向整个企业的一体化系统。其中，生产和财务两个子系统的关系尤为密切。二是 MRPⅡ的所有数据来源于企业的中央数据库。各子系统在统一的数据环境下工作。三是 MRPⅡ具有模拟功能，能根据不同的决策方案模拟出各种未来将会发生的结果。MRPⅡ的特点可以从以下几个方面来说明，这些特点是相辅相成的。

1. 计划的一贯性与可行性

MRPⅡ是一种计划主导型管理模式，计划层次从宏观到微观、从战略到技术、由粗到细逐层优化，并始终保证与企业经营战略目标相一致。它把通常的三级计划管理统一起来，计划编制工作集中在厂级职能部门，车间班组只能执行计划、调度和反馈信息。计划下达前反复验证和平衡生产能力，并根据反馈信息及时调整，处理好供需矛盾，保证计划的一贯性、有效性和可执行性。

2. 管理的系统性

MRPⅡ是一项系统工程，它把企业所有与生产经营直接相关的工作联结成一个整体，各部门都从系统整体出发做好本职工作，每个员工都知道自己的工作质量同其他职能的关系。这只有在“一个计划”下才能成为系统，条块分割、各行其是的局面应被团队精神所取代。

3. 数据共享性

MRPⅡ是一种制造企业管理信息的系统，企业各部门都依据同一数据信息进行管理，任何一种数据变动都能及时地反映给所有部门，做到数据共享。在统一的数据库支持下，按照规范化的处理程序进行管理和决策，改变了过去那种信息不通、情况不明、盲目决策、相互矛盾的现象。

4. 动态应变性

MRPⅡ是一个闭环系统，它要求跟踪、控制和反馈瞬息万变的实际情况，管理人员可随时根据企业内外环境条件的变化迅速做出响应，及时调整决策，保证生产正常进行。它可以及时掌握各种动态信息，保持较短的生产周期，因而有较强的应变能力。

5. 模拟预见性

MRPⅡ具有模拟功能。它可以解决“如果怎样……将会怎样”的问题，可以预见在相当长的计划期内可能发生的问题，事先采取措施消除隐患，而不是等问题已经发生了再花几倍的精力去处理。这将使管理人员从忙碌的事务堆里解脱出来，致力于实质性的分析研究，提供多个可行方案供领导决策。

6. 物流、资金流的统一

MRPⅡ包含了成本会计和财务功能，可以由生产活动直接产生财务数据，把实物形态的物料流动直接转换为价值形态的资金流动，保证生产和财务数据一致。财务部门及时得到资金信息用于控制成本，通过资金流动状况反映物料和经营情况，随时分析企业的经济效益，参与决策，指导与控制经营和生产活动。

8.1.4 ERP阶段

进入20世纪90年代，社会开始发生革命性变化，即从工业经济时代开始步入知识经济时代，知识经济时代的技术持续创新、市场需求瞬息万变以及企业竞争空间迅速扩大，企业所处的时代背景与竞争环境发生了巨大变化。

一是创新过程的变化。与工业经济时代相比，知识经济时代的目标是创新，创造性能更新产品，或者用新的工艺把部件组成优质低价的现有产品。知识经济时代的创新与工业社会有所不同。在工业经济时代中，创新没有计划，带有很大的偶然性；知识经济时代中的创新，则是有计划的常规活动。在工业经济时代，创新一般来自杰出的个人；知识经济时代中的创新，则主要是集体合作的产物，极少有单独个人的创新。在工业经济时代，创新一旦完成，长时期较少变化，而知识经济时代的创新是连续出现的。

二是取得竞争优势的变化。在工业经济时代，竞争优势来自对效率的追求。在知识经济时代，竞争优势来自对创新的追求。首先或早期生产新产品、使用新工艺，或提供前所未有的服务，可以取得一定时间的垄断利润，从而获得竞争优势。

三是需求的迅速变动与生产过程的调整。在知识经济时代，那种“生产什么就卖什么”的时代已经一去不复返了，市场的需求在迅速变化，同时创新过程也在创造需求。

四是竞争空间的扩大。随着各国市场的开放、信息技术的运用，企业逐步形成规模化发展并进入国际化发展空间。竞争不再受地域限制，任何企业都要承受来自国际化企业发展的竞争压力。

在以上情形下，传统的成本与效率管理目标已经不再成为企业取得市场竞争优势的法宝。一方面，企业管理要在现有基础上考虑进一步提高效率，以适应市场竞争并取得竞争优势；另一方面，企业还要适应持续创新过程造成的市场需求的变化及其对企业生产流程不断调整的要求，在更广阔的竞争范围内取得竞争优势。企业管理从面向内部资源管理转向面向全社会供应链上一切市场资源的有效利用，实现对企业与社会各方组成供应链的各个环节的有效管理是ERP出现的必然。

1. ERP系统的设计思想

ERP在MRPⅡ的基础上扩展了管理范围，给出了新的结构。ERP系统的设计思想包括：

（1）把客户需求和企业内部的制造活动，以及供应商的制造资源整合在一起，体现了完全按用户需求制造的思想，这使企业适应市场与客户需求快速变化的能力增强。

（2）将制造业企业的制造流程看作是一个在全社会范围内紧密连接的供应链，其中包括供应商、制造工厂、分销网络和客户等；同时将分布在各地所属企业的内部划分成几个相互协同作业的支持子系统，如财务、市场营销、生产制造、质量控制、服务维护、工程技术，还包括对竞争对手的监视管理等。

图 8-4 列出了著名 ERP 软件供应商德国 SAP 公司 R/3 系统提供的功能。

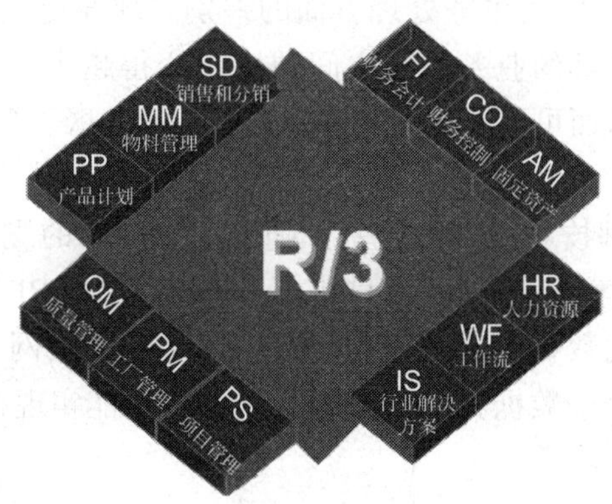

图 8-4 SAP 公司的 R/3 系统功能

2. ERP 与 MRPⅡ的区别

ERP 是在 MRPⅡ的基础上发展起来的，它同 MRPⅡ的主要区别体现在以下几个方面。

（1）在资源管理范围方面的差别。MRPⅡ主要侧重对企业内部人、财、物等资源的管理，ERP 系统在 MRPⅡ的基础上扩展了管理范围，它把客户需求和企业内部的制造活动以及供应商的制造资源整合在一起，使企业形成一个完整的供应链并对供应链上所有环节（如订单、采购、库存、计划、生产制造、质量控制、运输、分销、服务与维护、财务管理、人事管理、实验室管理、项目管理、配方管理等）进行有效管理。

（2）在生产方式管理方面的差别。MRPⅡ系统把企业归类为几种典型的生产方式进行管理，如重复制造、批量生产、按订单生产、按订单装配、按库存生产等，对每一种类型都有一套管理标准。而在 20 世纪 80 年代末到 90 年代初期，为了紧跟市场的变化，多品种、小批量生产以及“看板式”生产等则是企业主要采用的生产方式。由单一的生产方式向混合型生产发展，ERP 能很好地支持和管理混合型制造环境，满足了企业的这种多角化经营需求。

（3）在管理功能方面的差别。ERP 除了 MRPⅡ系统的制造、分销、财务管理功能外，还增加了支持整个供应链上物料流通体系中供、产、需各个环节之间的运输管理和仓库管理；支持生产保障体系的质量管理、实验室管理、设备维修和备品备件管理；支持对工作流（业务处理流程）的管理。

（4）在事务处理控制方面的差别。MRPⅡ是通过计划的及时滚动来控制整个生产过程，它的实时性较差，一般只能实现事中控制。而 ERP 系统支持联机分析处理、售后服务（质量反馈），强调企业的事前控制能力，它可以将设计、制造、销售、运输等通过集成来并行地进行各种相关的作业，为企业提供了对质量、适应变化、客户满意、绩效等关键问题的实时分析能力。此外，在 MRPⅡ中，财务系统只是一个信息的归结者，它的功能是将供、产、销中的数量信息转变为价值信息，是物流的价值反映。而 ERP 系统则将财务计划和价值控制功能集成到整个供应链上。

（5）在跨国（或地区）经营事务处理方面的差别。现在企业的发展，使得企业内部各个组织单元之间、企业与外部的业务单元之间的协调变得越来越多和越来越重要，ERP 系统应用完整的组织架构，从而可以支持跨国经营的多国家地区、多工厂、多语种、多币制应用需求。

（6）在计算机信息处理技术方面的差别。随着信息技术的飞速发展，网络通信技术的应用，使 ERP 系统能够对整个供应链信息进行集成管理。ERP 系统采用客户机/服务器（C/S）体系结构和分布式数据处理技术，支持因特网/内联网/外联网、电子商务（E-business、E-commerce）、电子数据交换（EDI）。此外，还能实现在不同平台上的互操作。

8.1.5 ERPⅡ

ERPⅡ是通过支持和优化企业内部和企业之间的协同运作和财务过程，以创造客户和股东价值的一种商务战略和一套面向具体行业领域的应用系统。

ERPⅡ引入了“协同商务（collaborative commerce，C-Commerce）”的概念，是指企业内部人员、企业与业务伙伴、企业与客户之间的电子化业务的交互过程。

ERPⅡ的扩展功能主要有：

（1）支持集多种生产类型、多种经营方式和多种产业为一体的，跨区域的 SCM（supply chain management，供应链管理）模式。

（2）支持以协同商务、协同竞争和双赢原则为商业运作模式的 SCM 体系。

（3）支持市场分析、销售分析和客户关系管理（customer relationship management，CRM）。

（4）支持包括先进计划与排产技术在内的多种计划和优化排产方法。

（5）支持电子商务。

（6）支持物流和配送体系管理。

（7）支持集团的资本运作管理。

（8）支持更大范围的信息集成和系统开放。

8.2 ERP 的管理思想

美国加特纳公司通过一系列功能标准来定义 ERP 系统：超越 MRPⅡ范围的集成功能；支持混合方式的制造环境；支持能动的监控能力；支持开放的客户机/服务器计算环境。

我们可以从管理思想、软件产品、管理系统三个层次给出 ERP 的定义：

ERP 是由美国著名的计算机技术咨询和评估集团——加特纳公司提出的一整套企业管理系统体系标准，其实质是在 MRPⅡ基础上进一步发展而成的面向供应链（supply chain）的管理思想。

ERP 是综合应用了客户机/服务器体系、关系数据库系统、面向对象技术、图形用户界面、第四代语言（4GL）、网络通信等信息的产业成果，以 ERP 管理思想为灵魂的软件产品。

ERP 是整合了企业管理理念、业务流程、基础数据、人力物力、计算机硬件和软件于一体的企业资源管理系统。

8.2.1　ERP 的核心管理思想

ERP 的核心管理思想就是实现对整个供应链的有效管理，主要体现在三个方面：

1. 体现对整个供应链资源进行管理的思想

在知识经济时代，仅靠自己企业的资源不可能有效地参与市场竞争，还必须把经营过程中的有关各方（如供应商、制造工厂、分销网络、客户等）纳入一个紧密的供应链中，才能有效地安排企业的产、供、销活动，满足企业利用全社会一切市场资源快速高效地进行生产经营的需求，以期进一步提高效率和在市场上获得竞争优势。换句话说，现代企业竞争不是单一企业之间的竞争，而是一个企业供应链与另一个企业供应链之间的竞争。ERP 系统实现了对整个企业供应链的管理，适应了企业在知识经济时代市场竞争的需要。

2. 体现精益生产、同步工程和敏捷制造的思想

ERP 系统支持对混合型生产方式的管理，其管理思想表现在两个方面。

（1）精益生产（lean production，LP）的思想，它是由美国麻省理工学院提出的一种企业经营战略体系。即企业按大批量生产方式组织生产时，把客户、销售代理商、供应商、协作单位纳入生产体系；企业同其销售代理、客户和供应商的关系，已不再是简单的业务往来关系，而是利益共享的合作伙伴关系，这种合作伙伴关系组成了一个企业的供应链，这即是精益生产的核心思想。

（2）敏捷制造（agile manufacturing）的思想。当市场发生变化，企业遇有特定的市场和产品需求时，企业的基本合作伙伴不一定能满足新产品开发及生产的要求，这时，企业会组织一个由特定的供应商和销售渠道组成的短期或一次性供应链，形成虚拟工厂，把供应和协作单位看成是企业的一个组成部分，运用同步工程组织生产，用最短的时间将新产品打入市场，时刻保持产品的高质量、多样化和灵活性，这即是敏捷制造的核心思想。

3. 体现事先计划与事中控制的思想

ERP 系统中的计划体系主要包括：主生产计划、物料需求计划、能力计划、采购计划、销售执行计划、利润计划、财务预算和人力资源计划等，而且这些计划功能与价值控制功能已完全集成到整个供应链系统中。

一方面，ERP 系统通过定义事务处理相关的会计核算科目与核算方式，以便在事务处

理发生的同时自动生成会计核算分录，保证了资金流与物流的同步记录和数据的一致性，从而实现了根据财务资金现状可以追溯资金的来龙去脉，并进一步追溯所发生的相关业务活动，改变了资金信息滞后于物料信息的状况，便于实现事中控制和实时做出决策。

另一方面，计划、事务处理、控制与决策功能都在整个供应链的业务处理流程中实现，要求在每个流程处理过程中最大限度地发挥每个人的工作潜能与责任心，流程与流程之间则强调人与人之间的合作精神，以便在有机组织中充分发挥每个人的主观能动性与潜能，实现企业管理从“高耸式”组织结构向“扁平式”组织机构的转变，提高企业对市场动态变化的响应速度。

总之，借助信息技术的飞速发展与应用，ERP 系统得以将很多先进的管理思想变成现实中可实施应用的计算机软件系统。

8.2.2 精益生产

精益生产，简称精益，是衍生自“丰田生产方式”的一种管理哲学。

精益生产是通过系统结构、人员组织、运行方式和市场供求等方面的变革，使生产系统能很快地适应不断变化的用户需求，并能精简生产过程中一切无用、多余的东西，最终达到生产的各环节效果最好的一种生产管理方式。与传统的大生产方式不同，其特色是多品种、小批量。

精益生产方式源于“丰田生产方式”，是由美国麻省理工学院组织世界上 17 个国家的专家、学者，花费 5 年时间，耗资 500 万美元，以汽车工业这一开创大批量生产方式和精益生产方式 JIT（just-in-time，准时制生产）的典型工业为例，经理论化后总结出来的。精益生产方式的优越性不仅体现在生产制造系统，同样也体现在产品开发、协作配套、营销网络和经营管理等各个方面，它是当前工业界最佳的一种生产组织体系和方式，已成为 21 世纪标准的全球生产体系。

8.3 ERP 系统的主要功能模块

由于各个厂家产品的风格与侧重点不尽相同，其 ERP 系统的模块结构也相差较大。在此，我们撇开实际的产品，从企业的角度来简单描述一下 ERP 系统的功能结构，即 ERP 能够为企业做什么，它的模块功能到底包含哪些内容。

ERP 是将企业所有资源进行整合集成管理，简单地说，是将企业的物流、资金流、信息流三大流进行全面一体化管理的管理信息系统。它的功能模块不同于以往的 MRP 或 MRP Ⅱ模块，它不仅可用于生产企业的管理，而且在许多其他类型的企业（如一些非生产、公益事业的企业）也可导入 ERP 系统进行资源计划和管理。

下面以典型的生产企业为例来介绍 ERP 的功能模块。在企业中，一般的管理主要包括三方面的内容：生产计划与控制管理（计划、车间控制、制造标准）、物流管理（分销管理、采购管理、库存控制）和财务管理（会计核算、财务管理）。这三大系统本身就是集成体，它们互相之间有相应的接口，能够很好地整合在一起进行管理。随着企业对人力资源管理的重视，已经有越来越多的 ERP 厂商将人力资源管理纳为 ERP 系统的一个重要组成部分。

8.3.1 财务管理

ERP 中的财务模块与一般的财务软件不同，作为 ERP 系统中的一部分，它与系统的其他模块有相应的接口，能够相互集成。例如由生产活动、采购活动输入的信息，可以自动计入财务模块生成总账、会计报表，取消了输入凭证的烦琐过程，几乎完全替代以往传统的手工操作。

ERP 软件的财务模块一般分为会计核算模块和财务管理模块。

1. 会计核算模块

会计核算主要是记录、核算、反映和分析资金在企业经济活动中的变动过程及其结果。它由总账、应收账、应付账、现金管理、固定资产核算、多币制、工资核算、成本等部分构成。

（1）总账模块。其功能是处理记账凭证输入、登记，输出日记账、一般明细账和总分类账，编制主要会计报表。它是整个会计核算的核心，应收账、应付账、固定资产核算、现金管理、工资核算、多币制等各模块都以其为中心来互相传递信息。

（2）应收账模块。应收账是指企业应收的由于商品赊欠而产生的正常客户欠款账。它包括发票管理、客户管理、付款管理、账龄分析等功能。应收账模块和客户订单、发票处理业务相联系，同时将各项事件自动生成记账凭证，导入总账。

（3）应付账模块。会计里的应付账是企业应付购货款等账目，它包括了发票管理、供应商管理、支票管理、账龄分析等。应付账模块能够和采购模块、库存模块完全集成以替代过去烦琐的手工操作。

（4）现金管理模块。该模块主要是对现金流入、流出的控制以及零用现金和银行存款的核算。它包括对硬币、纸币、支票、汇票和银行存款的管理。在 ERP 中提供了票据维护、票据打印、付款维护、银行清单打印、付款查询、银行查询和支票查询等与现金有关的功能。此外，现金管理模块还和应收账、应付账、总账等模块集成，自动产生凭证，导入总账。

（5）固定资产核算模块。固定资产核算模块完成对固定资产的增减变动以及折旧有关基金计提和分配的核算工作。它能够帮助管理者了解目前固定资产的现状，并能通过该模块提供的各种方法来管理资产及进行相应的会计处理。其具体功能有：登录固定资产卡片和明细账，计算折旧，编制报表，以及自动编制转账凭证，并转入总账。固定资产核算模块可以和应付账、成本、总账等模块集成。

（6）多币制模块。多币制是为了适应当今企业的国际化经营，对外币结算业务的要求增多而产生的。多币制将企业整个财务系统的各项功能以各种币制来表示和结算，且客户订单、库存管理及采购管理等也能使用多币制进行交易管理。多币制和应收账、应付账、总账、客户订单、采购等各模块都有接口，可自动生成所需数据。

(7) 工资核算模块。工资核算模块可以自动进行企业员工的工资结算、分配、核算以及各项相关经费的计提。它能够登录工资、打印工资清单及各类汇总报表，计算计提各项与工资有关的费用，自动做出凭证，导入总账。工资核算模块与总账、成本模块是集成的。

(8) 成本模块。它将依据产品结构、工作中心、工序、采购等信息进行产品的各种成本计算，以便进行成本分析和规划；还能用标准成本或平均成本法按地点维护成本。

2. 财务管理模块

财务管理的功能主要是基于会计核算的数据，再加以分析，从而进行相应的预测、管理和控制活动。它侧重于财务计划、财务分析和财务决策。

(1) 财务计划：根据前期财务分析做出下期的财务计划、预算等。

(2) 财务分析：提供查询功能和通过用户定义的差异数据的图形显示进行财务绩效评估，账户分析等。

(3) 财务决策：财务管理的核心部分，中心内容是做出有关资金的决策，包括资金筹集、投放和资金管理。

8.3.2 物流管理

1. 分销管理

销售管理是从产品的销售计划开始，对其销售产品、销售地区、销售客户等各种信息的管理和统计，并对销售数量、金额、利润、绩效、客户服务做出全面的分析。分销管理模块大致有三方面的功能。

(1) 客户信息的管理和服务。分销管理模块能建立一个客户信息档案，对其进行分类管理，进而对其进行针对性的客户服务，以达到最高效率地保留老客户、争取新客户。ERP与客户关系管理（CRM）软件的结合必将大大增加企业的效益。

(2) 销售订单的管理。销售订单是ERP的入口，所有的生产计划都是根据它下达并进行排产的。销售订单的管理贯穿产品生产的整个流程，它包括：① 客户信用审核及查询（对客户信用分级，审核订单交易）。② 产品库存查询（决定是否要延期交货、分批发货或用代用品发货等）。③ 产品报价（为客户作不同产品的报价）。④ 订单输入、变更及跟踪（订单输入后，变更的修正，以及订单的跟踪分析）。⑤ 交货期的确认及交货处理（决定交货期和发货事物安排）。

(3) 销售的统计与分析。ERP系统先根据销售订单的完成情况以及各种指标做出统计，比如客户分类统计，销售代理分类统计等，然后就这些统计结果对企业实际销售效果进行评价：① 销售统计（根据销售形式、产品、代理商、地区、销售人员、金额、数量来分别进行统计）。② 销售分析（包括对比目标、同期比较和订货发货分析，从数量、金额、利润及绩效等方面作相应的分析）。③ 客户服务（客户投诉记录，原因分析）。

2. 库存控制

库存控制模块用来控制存储物料的数量，以保证稳定的物流，支持正常的生产，同时最小限度地占用资本。它是一种相关的、动态的、真实的库存控制系统。它能够结合、满足相关部门的需求，随时间变化动态地调整库存，精确地反映库存现状。其具体功能有：

（1）为所有的物料建立库存，决定何时订货采购，同时作为采购部门采购、生产部门作生产计划的依据。

（2）收到订购物料，经过质量检验入库，生产的产品也同样要经过检验入库。

（3）收发料的日常业务处理工作。

3. 采购管理

采购管理模块可以确定合理的订货量、优秀的供应商和保持最佳的安全储备。能够随时提供定购、验收的信息，跟踪和催促外购或委外加工的物料，保证货物及时到达。建立供应商档案，用最新的成本信息来调整库存的成本。其具体功能有：

（1）供应商信息查询（查询供应商的能力、信誉等）。

（2）催货（对外购或委外加工的物料进行跟催）。

（3）采购与委外加工统计（统计、建立档案，计算成本）。

（4）价格分析（对原料价格分析，调整库存成本）。

8.3.3 生产计划与控制管理

生产计划与控制管理模块是ERP系统的核心所在，它将企业的整个生产过程有机地结合在一起，使企业能够有效地降低库存，提高生产效率。同时，各个原本分散的生产流程可以自动连接，前后连贯地进行，不会出现生产脱节，因而不会耽误生产交货的时间。

生产计划与控制管理是一个以计划为导向的先进的生产、管理方法。首先，企业确定它的一个主生产计划，然后经过系统层层细分后，下达到各部门去执行，即生产部门以此生产，采购部门按此采购等。

1. 主生产计划

主生产计划是根据生产计划、预测和客户订单的输入来安排将来各周期中提供的产品种类和数量，它将生产计划转为产品计划，在平衡了物料和能力的需要后，精确到时间、数量的详细的进度计划。它是企业在一段时期内的总活动的安排，是一个稳定的计划，是根据生产计划、实际订单和对历史销售分析的预测产生的计划。

2. 物料需求计划

主生产计划决定生产多少最终产品后，再根据物料清单，把整个企业要生产的产品的数量转变为所需生产的零部件的数量，并对照现有的库存量，可得到还需加工多少、采购多少的最终数量。这才是整个部门真正依据的计划。

3. 能力需求计划

能力需求计划是在得出初步的物料需求计划之后，将所有工作中心的总工作负荷与工作中心的能力平衡后产生的详细工作计划，用以确定生成的物料需求计划是否是企业生产能力上可行的需求计划。能力需求计划是一种短期的、当前实际应用的计划。

4. 车间控制

车间控制是随时间变化的动态作业计划，是将作业分配到具体车间，再进行作业排序、作业管理、作业监控。

5. 制造标准

在编制计划中需要许多生产基本信息，这些基本信息就是制造标准，包括零件代码、物料清单、工序和工作中心，都用唯一的代码在计算机中识别。

（1）零件代码，对物料资源的管理，对每种物料给予唯一的代码识别。

（2）物料清单，定义产品结构的技术文件，用来编制各种计划。

（3）工序，描述加工步骤及制造和装配产品的操作顺序。它包含加工工序顺序，指明各道工序的加工设备及所需要的额定工时和工资等级等。

（4）工作中心，使用相同或相似工序的设备和劳动力组成的，是生产进度安排、核算能力、计算成本的基本单位。

8.3.4 人力资源管理

以往的 ERP 系统基本上都是以生产制造和销售过程（供应链）为中心。因此，长期以来一直把与制造资源有关的资源作为企业的核心资源来进行管理。但近年来，企业内部的人力资源开始越来越受到企业的关注，被视为企业的资源之本。在这种情况下，人力资源管理作为一个独立的模块，被加入 ERP 系统中，与 ERP 中的财务、生产系统组成了一个高效的、具有高度集成性的企业资源系统。作为 ERP 系统中的独立模块，它与传统方式下的人事管理有着根本的不同。

1. 人力资源规划的辅助决策

（1）对于企业人员、组织结构编制的多种方案，进行模拟比较和运行分析，并辅之以图形的直观评估，辅助管理者做出最终决策。

（2）制定职务模型，包括职位要求、升迁路径和培训计划，根据担任该职位员工的资格和条件，系统会提出针对本员工的一系列培训建议，一旦机构改组或职位变动，系统会提出一系列的职位变动或升迁建议。

（3）进行人员成本分析，可以对过去、现在、将来的人员成本做出分析及预测，并通过 ERP 集成环境，为企业成本分析提供依据。

2. 招聘管理

人才是企业最重要的资源。优秀的人才可以保证企业持久的竞争力。招聘系统一般从以下几个方面提供支持。

（1）进行招聘过程的管理，优化招聘过程，减少业务工作量。

（2）对招聘的成本进行科学管理，从而降低招聘成本。

（3）为选择聘用人员的岗位提供辅助信息，并有效地帮助企业进行人才资源的挖掘。

3. 工资核算

（1）能根据公司跨地区、跨部门、跨工种的不同薪资结构及处理流程，制订与之相适应的薪资核算方法。

（2）与时间管理直接集成，能够及时更新，实现对员工薪资的动态化核算。

（3）回算功能。通过与其他模块的集成，自动根据要求调整薪资结构及数据。

4. 工时管理

（1）根据本国或当地的日历，安排企业的运作时间以及劳动力的作息时间表。

（2）运用远端考勤系统，可以将员工的实际出勤状况记录到主系统中，并把与员工薪资、奖金有关的时间数据导入薪资系统和成本核算中。

5. 差旅核算

差旅核算系统能够自动控制从差旅申请、差旅批准到差旅报销的整个流程，并且通过集成环境将核算数据导入财务成本核算模块中。

8.4 ERP 系统的实施

在引入 ERP 系统的过程中，实施是一个极其关键也是最容易被忽视的环节。实施的成败最终决定 ERP 效益的充分发挥。企业的 ERP 项目只有在一定科学方法的指导下，才能够成功实现企业的应用目标。

一个典型的 ERP 系统实施过程（见图 8-5）主要包括以下几个阶段。

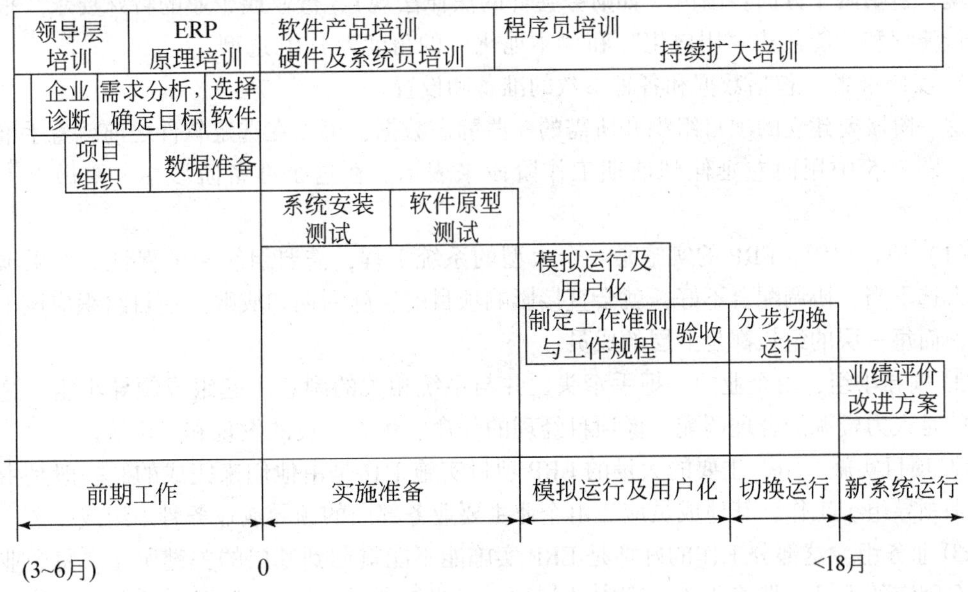

图 8-5　ERP 系统实施过程

1. 前期工作（软件安装之前的阶段）

这个阶段非常重要，关系到项目的成败，但往往被企业所忽视。这个阶段的工作主要包括以下内容。

（1）领导层培训和ERP原理培训。培训的主要对象是企业高层领导和今后ERP项目组人员，经过培训，他们能够掌握ERP的基本原理和管理思想，这是ERP系统应用成功的思想基础。因为只有企业的各级管理者及员工才是真正的使用者，真正了解企业的需求，只有他们理解了ERP，才能判断企业需要什么样的ERP软件，才能更有效率地运用ERP。

（2）企业诊断。企业的高层领导和今后ERP项目组人员，用ERP的思想对企业现行管理的业务流程和存在的问题进行评议和诊断，找出问题，寻求解决方案，用书面形式明确预期目标，并规定评价实现目标的标准。

（3）需求分析，确定目标。企业在准备应用ERP系统之前，还需要理智地进行立项分析：企业是不是到了该应用ERP系统的阶段？企业当前最迫切需要解决的问题是什么，ERP系统是否能够解决？ERP系统的投资回报率或投资效益的分析：在财力上企业能不能支持ERP的实施？实施ERP的目的是什么，系统到底能够解决哪些问题和达到哪些目标？基础管理工作有没有理顺或让咨询公司帮助理顺，人员的素质够不够高？然后将分析的结果写成需求分析和投资效益分析正式书面报告，从而做出是否实施ERP项目的正确决策。

（4）选择软件。在选型过程中，首先要知己知彼。知己，就是要弄清楚企业的需求，即先对企业本身的需求进行细致的分析和充分的调研，这项工作在需求分析阶段已经完成；知彼，就是要弄清软件的管理思想和功能是否满足企业的需求。这二者是相互交织进行的，可以通过软件先进的管理思想来找出企业现有的管理问题；由于企业自身的原因，特定的软件可能无法满足企业的特殊需求，也需要一定的补充和开发。除此之外，还要了解软件实施的环境，包括两个方面：国情（如财务会计的法律法规）、行业或企业的特殊要求。根据这些运行流程和功能，从“用户化”和“本地化”的角度为ERP选型。

2. 实施准备（包括数据和各种参数的准备和设置）

这一阶段要建立的项目组织和所需的一些静态数据，可以在选定软件之前就着手准备和设置，图8-5中用向左延伸到前期工作阶段来表示。在这个准备阶段中，要做以下几项工作。

（1）项目组织。ERP的实施是一个大型的系统工程，需要组织上的保证，如果项目的组成人选不当、协调配合不好，就会直接影响项目的实施周期和成败。项目组织应该由三层组成，而每一层的组长都是上层的成员。

① 领导小组，由企业的一把手牵头，并与系统相关的副总一起组成领导小组。这里要注意的是人力资源的合理调配，像项目经理的任命、优秀人员的发现和启用等。

② 项目实施小组，主要的大量的ERP项目实施工作是由他们来完成的，一般是由项目经理来领导组织工作，其他成员应当由企业主要业务部门的领导或业务骨干组成。

③ 业务组，这部分工作的好坏是ERP实施能不能贯彻到基层的关键所在。每个业务组必须有固定的人员，带着业务处理中的问题，通过对ERP系统的掌握，寻求一种新的解决

方案和运作方法，并用新的业务流程来验证，最后协同实施小组一起制定新的工作规程和准则。这其中也包括基层单位的培训工作。

（2）数据准备。在运行 ERP 系统之前，要准备和录入一系列基础数据，这些数据是在运用系统之前没有或未明确规定的，故需要做大量研究分析工作。这些数据包括一些产品、工艺、库存等信息，还包括一些参数的设置，如系统安装调试所需信息、财务信息、需求信息等。

（3）系统安装调试。在人员、基础数据已经准备好的基础上，就可以将系统安装到企业中，并进行一系列的调试活动。

（4）软件原型测试。这是对软件功能的原型测试（prototyping），也称计算机模拟（computer pilot）。由于 ERP 系统是信息集成系统，所以在测试时应当是全系统的测试，各个部门的人员都应该同时参与，这样才能理解各个数据、功能和流程之间相互的集成关系，找出不足，提出解决企业管理问题的方案，以便接下来进行用户化或二次开发。

3. 模拟运行及用户化

这一阶段的目标和相关任务是：

（1）模拟运行及用户化。在基本掌握软件功能的基础上，选择代表产品，将各种必要的数据录入系统，带着企业日常工作中经常遇到的问题，组织项目小组进行实战性模拟，提出解决方案。模拟可集中在机房进行，也称之为会议室模拟（conference room pilot）。

（2）制定工作准则与工作规程。进行了一段时间的测试和模拟运行之后，针对实施中出现的问题，项目小组会提出一些相应的解决方案，在这个阶段就要将与之对应的工作准则与工作规程初步制定出来，并在以后的实践中不断完善。

（3）验收。在完成必要的用户化的工作、进入现场运行之前，还要经过企业最高领导的审批和验收通过，以确保 ERP 的实施质量。

4. 切换运行

这要根据企业的条件来决定应采取的步骤，可以各模块平行一次性实施，也可以先实施一两个模块。在这个阶段，所有最终用户必须在自己的工作岗位上使用终端或客户机操作，处于真正应用状态，而不是集中于机房。如果手工管理与系统还有短时并行，可作为一种应用模拟看待（live pilot），但时间不宜过长。

5. 新系统运行

一个新系统被应用到企业后，实施的工作其实并没有完全结束，而是将转入业绩评价和下一步的后期支持阶段。这是因为，我们有必要对系统实施的结果作一个小结和自我评价，以判断是否达到了最初的目标，从而在此基础上制订下一步的工作方向。另外，由于市场竞争形势的发展，企业将会不断提出新的需求，再加之系统的更新换代、主机技术的进步都会对原有系统构成新的挑战，所以无论如何，企业都必须在巩固的基础上，通过自我业绩评价，制订下一目标，然后进行改进，并不断地巩固和提高。

值得注意的是，在整个实施进程中，培训工作是贯彻始终的。只有员工才是系统的真正使用者，只有他们对相关的 ERP 软件产品及所要求的硬件环境有了一定的了解，才能够保证系统最终的顺利实施和应用。

练习题

1. 名词解释

物料需求计划(MRP)　制造资源规划(MRPⅡ)　企业资源规划(ERP)　ERPⅡ

2. 与 ERP 相比，ERPⅡ有哪些特点？

3. 分析 ERP 中包含的管理思想。

4. 分析 ERP 与供应链管理的关系。

5. ERP 基本的功能模块有哪些？

6. 企业在实施 ERP 时，应该注意哪些问题？

第 9 章　供应链管理

【学习目的与要求】

1. 重点掌握 C2M 模式下的供应链运作过程。
2. 掌握 C2M 模式下的供应链重构。
3. 熟悉平台型组织的供应链运作模式。
4. 了解供应链、供应链管理的内涵，了解“互联网+”背景下供应链的重构、供应链的模式。

【内容提要】

本章系统地介绍了供应链、供应链管理的含义；供应链的运作过程；供应链管理的目的；供应链的模式；需求驱动供应链的工作过程；供应链管理的过程；供应链管理的特征和目标；供应链管理中供应伙伴的选择。

【引导案例】

戴尔的供应链管理

戴尔公司是一家总部位于美国得克萨斯州的世界五百强企业，由迈克尔·戴尔于 1984 年创立，以生产、设计、销售家用和办公室电脑而闻名。戴尔公司的供应链管理一直被视为全球典范之一。从公司成立以来，该公司一直致力于为用户提供量身设计的产品或服务，并在全球高技术行业以及个人电脑制造业普遍不景气的大环境下，仍然占据全球个人电脑销售额第一的头牌位置。

其商业模式的成功离不开供应链的有效管理。供应链管理原来是对商品、信息和资金在由供应商、制造商、分销商和顾客组成的网络中的流动管理，然而戴尔的供应链中没有分销商、批发商和零售商，而是直接由公司把产品卖给顾客，既去掉了中间商所赚取的利润，也降低了成本，并准确快速地获取了订单信息，还通过网上支付解决了现金流问题，使其几乎无须用自有现金支持运转。另外，戴尔还采取把服务外包的方法，又降低了一部分运营成本。供应商、戴尔和服务商三者共同形成了一个完整链条。

从广义的供应链管理上，戴尔的工作不再是产品的设计和制造，而是根据市场定义新产品，后面的阶段几乎都由上游的合作厂商来完成。

客户订单通过互联网发出后50秒内，供应链管理平台控制中心就会收到信息。工作人员借助供应链管理平台，把收到的订单信息迅速传递给各个配件供应商，通知戴尔公司所需配件的数量、规格、型号、装配和运输，供应商则根据相关信息迅速组织运货到装配厂，从而保证在最短的时间、最少的开支制造出更好的产品。通过供应链管理平台，戴尔公司已经把客户、配件生产厂家、供应商、装配线等联结成一个整体。

（资料来源：佚名．戴尔供应链管理的成功之道［EB/OL］．［2020-01-10］．https://wenku.baidu.com/view/d7431b60974bcf84b9d528ea81c758f5f61f29d6.html.）

9.1 供应链概述

供应链最早起源于彼得·德鲁克提出的“经济链”，而后经由迈克尔·波特发展成为“价值链”，最终日渐演变为“供应链”。不同学者基于研究角度的不同，对供应链给出了不同的定义。

9.1.1 供应链的定义

2006年，中国发布实施的《物流术语》国家标准（GB/T18354-2001）对供应链的定义是“生产及流通过程中，涉及将产品或服务提供给最终用户所形成的网链结构”。

供应链（supply chain）是一个业务过程，它用一条链的形式连接了制造商、零售商和供应商，实现产品或服务的制造、传输，目标是通过提供几个组织间业务处理的合作，把制造好的产品从生产线顺利地送到顾客手中，以获得效益。

企业创造了许多方法来完成供应链，如：准时制生产（just-in-time，JIT）、快速反应（quick response，QR）、有效顾客反应（efficient consumer response，ECR）、供应商管理库存（vendor managed inventory，VMI）、持续补充（continuous replenishment）等，所有这些措施的目的只有一个：有效地管理供应链。很明显，今天的企业所面临的供应链管理问题同过去是一样的，不同的是，今天的企业需要快速地在供应链之间共享和传播信息。

电子商务与供应链管理的集成，改变了企业和企业间的运作模式。企业再也不能单纯把供应链管理看成提高效率或降低成本，而是把焦点放在更优的服务、更好的发展和增加收入，并把它看成提高自己竞争力的手段。这与企业经营模式的变革（从效率驱动向消费者价值/效益驱动转变）是一致的。

向消费者价值/效益驱动的转变说明了，企业不仅关注降低成本、改善生产效率，更需要了解客户的需求，并根据客户的需求来安排生产的产品或服务。企业的成功与否取决于其对客户需求变化的响应能力及满足客户需求的成本。成本常常与供应链的不确定性有关，不确定性是由全球化的供应和资源、不可预测的需求、波动的价格策略、越来越短的产品生命周期、对商标忠诚度的降低造成的。要管理这些不确定因素，需要一个新型的供应链管理软件。

9.1.2 供应链的基本特征

供应链是一个网链结构，由围绕核心企业的供应商、供应商的供应商和用户、用户的用户组成。一个企业是一个节点，节点企业与节点企业之间是一种需求与供应关系。供应链主要具有以下特征。

1. 复杂性

因为供应链节点企业组成的跨度（层次）不同，供应链常常由多个、多类型甚至多国企业构成，所以供应链结构模式比一般单个企业的结构模式更为复杂。

2. 动态性

供应链管理因企业战略和适应市场需求变化的需要，其中节点企业需要动态地更新，这就使供应链具有明显的动态性。

3. 面向用户需求

供应链的形成、存在、重构，都是基于一定的市场需求而发生，并且在供应链的运作过程中，用户的需求拉动是供应链中信息流、产品/服务流、资金流运作的驱动源。

4. 交叉性

节点企业可以是这个供应链的成员，同时又是另一个供应链的成员，众多的供应链形成交叉结构，增加了协调管理的难度。

9.1.3 供应链的结构模型

为了有效指导供应链的设计，了解和掌握供应链结构模型是十分必要的，下面从企业之间关系的角度介绍几种供应链的拓扑结构模型。

1. 供应链模型：链状模型

结合供应链的定义和结构模型，不难得出这样一个简单的供应链模型，这里称其为链状模型Ⅰ（见图9-1）。链状模型Ⅰ清楚地表明产品的最初来源是自然界，如矿山、油田、橡胶园等，最终去向是用户。产品因用户需求而生产，最终被用户所消费。产品从自然界到用户经历了供应商、制造商和分销商三级传递，并在传递过程中完成产品加工、产品装配形成等转换过程。被用户消费掉的最终产品仍回到自然界，完成物质循环（图9-1中的虚线）。

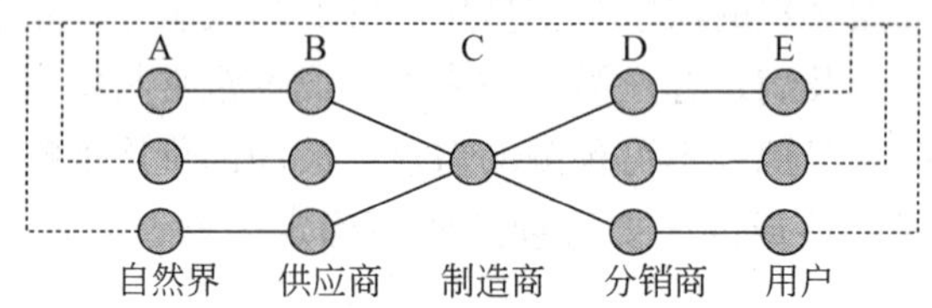

图 9-1 链状模型 I

很显然，链状模型 I 只是一个简单的静态模型，表明供应链的基本组成和轮廓概貌，进一步，可以将其简化成链状模型 II（见图 9-2）。链状模型 II 是对链状模型 I 的进一步抽象，它把商家都抽象成一个个的点，称为节点，并用字母或数字表示。节点以一定的方式和顺序联结成一串，构成一条图学上的供应链。在链状模型II中，若假定 C 为制造商，则 B 为供应商，D 为分销商；同样地，若假定 B 为制造商，则 A 为供应商，C 为分销商。在链状模型 II 中，产品的最初来源（自然界）、最终去向（用户）以及产品的物质循环过程都被隐含抽象掉了。从供应链研究便利的角度，把自然界和用户放在模型中没有太大的作用。链状模型 II 着力于供应链中间过程的研究。

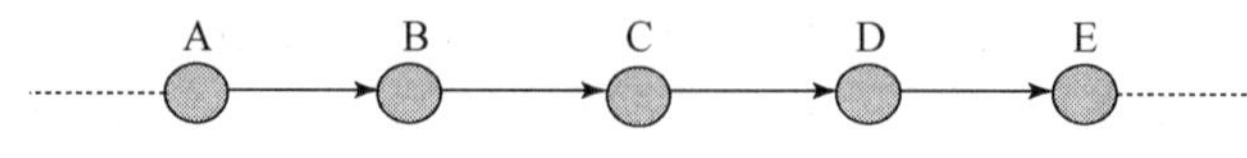

图 9-2 链状模型 II

（1）供应链的方向。在供应链上除了流动着物流（产品流）和信息流外，还存在资金流。物流的方向一般都是从供应商流向制造商，再流向分销商。在特殊情况下（如产品退货），产品在供应链上的流向与上述方向相反。但由于产品退货属非正常情况，退货的产品也非本书严格定义的产品，所以本书将不予考虑。我们依照物流的方向来定义供应链的方向，以确定供应商、制造商和分销商之间的顺序关系。链状模型 II 中的箭头方向即表示供应链的物流方向。

（2）供应链的级。在链状模型 II 中，定义 C 为制造商时，可以相应地认为 B 为一级供应商，A 为二级供应商，而且还可递归地定义三级供应商、四级供应商；同样地，可以认为 D 为一级分销商，E 为二级分销商，并递归地定义三级分销商、四级分销商。一般地讲，一个企业应尽可能考虑多级供应商或分销商，这样有利于从整体上了解供应链的运行状态。

2. 供应链模型：网状模型

事实上，在链状模型 II 中，C 的供应商可能不止一家，而是有 B_1，B_2，…，B_n 等 n 家，分销商也可能有 D_1，D_2，…，D_m 等 m 家。动态地考虑，C 也可能有 C_1，C_2，…，C_k 等 k 家，这样链状模型 II 就转变为一个供应链的网状模型（见图 9-3）。网状模型更能说明现实世界中产品的复杂供应关系。在理论上，网状模型可以涵盖世界上所有厂家，把所有厂家都看作是其上面的一个节点，并认为这些节点存在着联系。当然，这些联系有强有弱，而且在不断地变化着。通常，一个厂家仅与有限个厂家相联系，但这不影响我们对供应链模型的理论设定。网状模型对供应关系的描述性很强，适合于对供应关系的宏观把握。

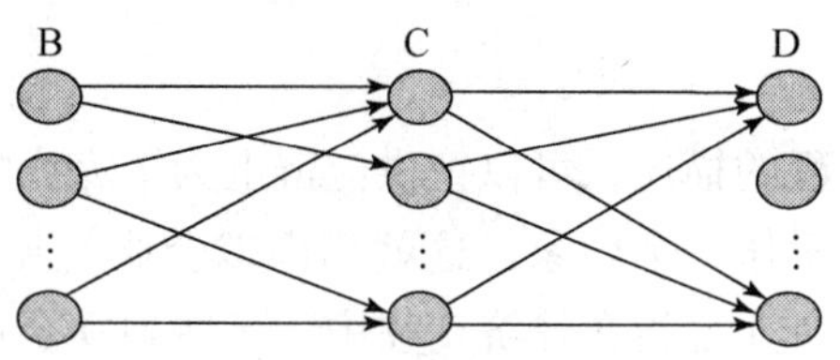

图 9-3　网状模型

（1）入点和出点。在网状模型中，物流作有向流动，从一个节点流向另一个节点。这些物流从某些节点补充流入，从某些节点分流流出。我们把这些物流进入的节点称为入点，把物流流出的节点称为出点。入点相当于矿山、油田、橡胶园等原始材料提供商，出点相当于用户。图 9-4 中 A 节点为入点，F 节点为出点。对于有的厂家既为入点又为出点的情况，出于对网链表达的简化，将代表这个厂家的节点一分为二，变成两个节点：一个为入点，另一个为出点，并用实线将其框起来。如图 9-5 中，A_1为入点，A_2为出点。

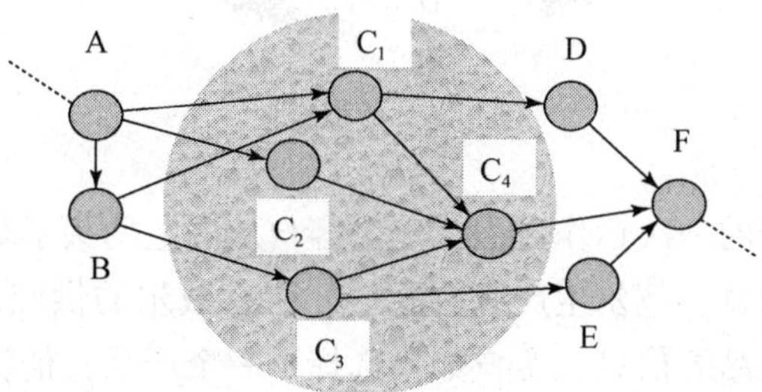

图 9-4　网状模型 I

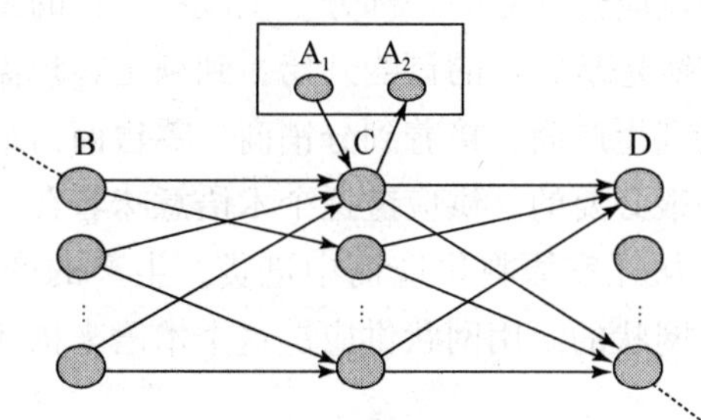

图 9-5　网状模型 II

（2）子网。有些厂家规模非常大，内部结构也非常复杂，与其他厂家相联系的只是其中一个部门，而且内部也存在着产品供应关系，用一个节点来表示这些复杂关系显然不行，这就需要将表示这个厂家的节点分解成很多相互联系的小节点，这些小节点构成一个网，称为子网（见图 9-4）。在引入子网概念后，研究图 9-4 中 C 与 D 的联系时，只需考虑 C_2与 D

的联系，而不需要考虑 C_3 与 D 的联系，这就简化了无谓的研究。子网模型对企业集团是很好的描述。

3. 供应链模型：虚拟企业

借助以上对子网模型过程的描述，可以把供应链上为了完成共同目标、通力合作并实现各自利益的一些厂家形象地看作一个厂家，这就是虚拟企业（见图 9-6）。图中，虚拟企业的节点用虚线框起来。虚拟企业是指在经济交往中，一些独立企业为了共同的利益和目标在一定时间内结成的相互协作的利益共同体。虚拟企业组建和存在的目的就是为了获取相互协作而产生的效益，一旦这个目的完成或利益消失，虚拟企业即不复存在。

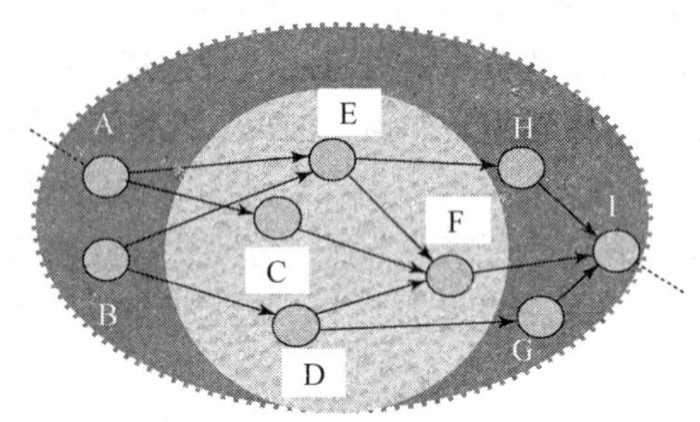

图 9-6　虚拟企业

我们来看戴尔供应链的一次运作过程：一个客户从网上购买了戴尔计算机，这个供应链包括客户、客户订购的网页、戴尔生产线装配厂、所有戴尔的供应商以及供应商的供应商。网页给客户提供价格、产品等信息。客户如果选择了一个产品，他就进入订购系统和支付系统。之后，客户也可以返回到网页查询订购情况。接下来，供应链就根据客户订购的产品进行各个供应商之间的订购。这个过程包括供应链不同阶段的信息流、物流和资金流。

这个例子说明，客户是供应链独立的一部分。供应链的目的是为了满足客户的需求，同时在过程中产生利润。供应链是从客户的订购开始，到满足客户需要、客户支付产品费用结束。整个供应链是从供应商到生产商，接着到分销商、零售商，最后到客户。将信息流、物流、资金流的流向形象化是很必要的。供应链这个术语意味着在一个阶段只有一个主角，但事实上，一家生产商可能是从几家原料供应商中进货，生产的产品也可能是销给几家分销商，因此，大部分供应链是网状的。用网状供应链这个术语来描述现实存在的供应链结构可能会更准确。

9.1.4　供应链的模式

目前，大体上有三种供应链模式：推动式供应链、拉动式供应链和推拉结合供应链。

1. 推动式供应链模式

推动式供应链（见图 9-7）模式也称为产品驱动模式。在这种模式下，制造商是主体，零售商根据制造商制造的产品进行销售，企业生产什么，消费者就使用什么。

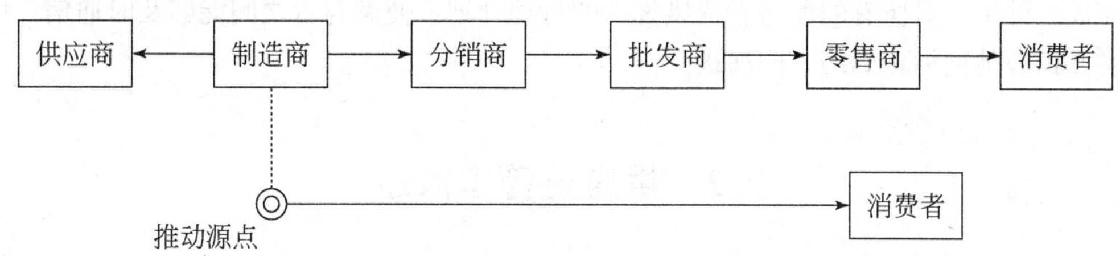

图9-7 推动式供应链

推动式供应链模式的核心是通过备货式生产（make to stock，MTS）的方式来应对需求，通常采取提高安全库存量的办法来应对需求波动，因此，整个供应链上的库存量较高，对需求变动响应能力较差。

2. 拉动式供应链模式

在拉动式供应链模式下，消费者是主体，制造商根据客户的需求来安排生产。

拉动式供应链模式的驱动力来源于最终客户，这种供应链模式的集成度较高，信息交换迅速，可以根据客户的需求来实现定制化服务，因此，整个供应链上的库存量较低。

拉动式供应链模式的核心是通过订单式生产（make to order，MTO）方式或以销定产来应对不断变化的市场，提前将不确定需求转化为确定性需求。

相比推动式供应链模式，拉动式供应链模式的优点：一是推动商品减少无序流转，促进商品实现按需生产；二是降低企业库存。

3. 推拉结合供应链模式

拉动式供应链有着特殊的优势，但如果生产所需要的零部件、原材料也采取这种模式，整个产成品生产制造的时间就会过长，供应链对市场的响应速度也会变慢，且不容易形成规模经济。所以，需要将拉动式供应链模式和推动式供应链模式结合起来，形成混合式的供应链模式，即推拉结合供应链模式。推动部分与拉动部分的接口处被称为“推拉边界点”。

在“推拉边界点”之前，是推动式的大规模通用化半成品生产阶段，有利于形成规模经济。生产按预测进行，中间产品生产出来后就保持中间的这种状态。

在“推拉边界点”，也就是收到客户订单后，根据订单将半成品加工成最终产品，实现快速有效的客户反应。因此，切入点之前是推动式生产阶段，切入点后是拉动式的差别化定制阶段。

然而，几乎没有公司懂得如何管理拉动式供应链，原因很简单，有效的供应链模式需要企业做到如下几点。

（1）迅速准确地获得客户的需求。

（2）做出最好的选择，以便以尽可能低的成本满足客户的需求。

（3）沿着整个供应链（从原材料采购到产品的制造）做出决策。

（4）把成品分发到客户手中并收回付款。

要想一环扣一环地完成这四个步骤并不那么容易。为了解决这个问题，供应链的管理者必须完成三件事：对所有的参与者提供统一的行动计划；使参与者之间能够及时通信；协调参与者并指挥他们沿正确的方向前进。

9.2 供应链管理概述

供应链管理（supply chain management，SCM）是订单生成、订单执行、订单完成及产品、服务或信息分发过程的合作，供应链内的相互依赖创造了一个“扩展的企业”，其管理内容远远超过制造业。原材料供应商、流通渠道伙伴（批发商、分销商、零售商）及消费者本身都是供应链管理的主要角色。

供应链管理的复杂性在于将艺术（展示艺术、销售艺术、服务艺术）和科学（预测、数据分析、资源管理、销售）有机结合起来。但是，供应链管理决不仅是各种工具和方法的一个口袋，它连接着各不相同的信息系统，需要自始至终有一种新的思考方法和全新的观念。

9.2.1 供应链管理的过程

通过分析很多大公司的管理经验发现，没有执行正确的商业过程，就不可能使生产流程达到最优化，在商业生产过程中运用供应链管理时，工业标准就得不到统一。使用标准化商业过程的价值在于使供应链管理环节上的各个公司的管理者能使用统一的语言并有效开展合作。企业在实施供应链管理时涉及以下几个核心过程。

1. 客户关系管理

客户关系管理过程提供了如何发展和维护与客户关系的方法。通过这个步骤，管理者能够辨认关键客户和客户群，并把他们作为公司商业计划的一部分。目的是根据客户价值将他们分类，并通过为客户提供个性化的服务来提升顾客的忠诚度。

2. 需求管理

需求管理是一个平衡客户需求和供应能力的过程。这种管理能有预见性地匹配需求和供给，并能有效地执行计划。这个过程不仅指预测，它还包括协调供给和需求，增强弹性，减少波动。一个优良的需求管理系统，可以使用点对点的销售并了解关键客户的数据，以减少不确定性，并对整个供应链提供有效支持。同时，它也有效地协调市场需求和生产计划。

3. 客户服务管理

客户服务管理表示公司对客户的态度。这是在客户关系管理步骤中由客户小组开发产品服务包的关键步骤。客户服务中通过与职能部门（如制造和物流部门）联系，为客户提供关于运输日期和产品实用性等方面的实时信息。客户服务过程还包括帮助客户了解产品的应用。

4. 订单管理

订单管理过程不仅指下达订单指令，它还包括定义客户需求，设计网络，在最小化配送成本的基础上满足客户需求等一系列活动。它的目的是建立一个从供应商到公司，再从公司到不同客户的无缝衔接的系统。

5. 生产流程管理

生产流程管理包括与以下生产活动有关的行为：原材料的取得、生产、管理供应链的生产环节和将产品运出工厂。这个过程的日的是在既定的时间内以尽可能低的成本生产出尽可能多的产品。为了达到预期的生产要求，计划和执行就需要寻求供应链参与者的合作。

6. 供应商关系管理

供应商关系管理过程是指如何与供应商建立和维持友好关系。从字面意思就可以理解，这个过程与客户关系管理过程类似。简言之，供应商关系管理就是定义和管理产品服务包。

7. 产品开发和产品商业化

产品开发和产品商业化过程是指要与客户和供应商共同开发产品，并把产品投放市场。负责产品开发和商业化过程的团队应该和客户关系管理过程中的团队合作，以确认客户和需求，并选择材料和供应商，同时与生产流程管理过程中的团队合作，根据市场的需求研发新产品技术。

8. 回收管理

回收管理过程包括与管理回收、逆向物流、闸口控制有关的活动。适当地执行回收管理不仅能有效地管理产品流中的次品，而且还能减少不期望出现的回收产品的数量，并能重复利用诸如包装盒之类的可循环利用的产品部分。有效的回收管理是供应链管理的重要步骤，它能使公司获得持续的竞争力。

9.2.2　集成化供应链管理

1. 集成化供应链管理概述

要想成功地实施供应链管理，使供应链管理真正成为有竞争力的武器，就要抛弃传统的管理思想，把企业内部以及节点企业之间的各种业务看作一个整体功能过程，形成集成化供应链管理体系。通过信息、制造和现代管理技术，将企业生产经营过程中有关的人、技术、经营管理三要素有机地集成并优化运行。通过对生产经营过程的物料流、管理过程的信息流和决策过程的决策流进行有效的控制和协调，将企业内部的供应链与企业外部的供应链有机地集成起来进行管理，达到全局动态最优目标，以适应新的竞争环境下市场对生产和管理过程提出的高质量、高柔性和低成本的要求。

2. 集成化供应链管理的理论模型

集成化供应链管理的核心是由“客户需求—集成化计划—业务流程重组—面向对象的过程控制”组成第一个控制回路（作业回路）；由“客户化策略—信息共享—调整适应性—创造性团队”组成第二个控制回路（策略回路）；作业回路的每个作业形成各自相应的作业

性能评价与提高回路（性能评价回路）。供应链管理正是围绕这三个回路展开，形成相互协调的一个整体，根据集成化思想，构建集成化供应链管理的理论模型（见图 9–8）。

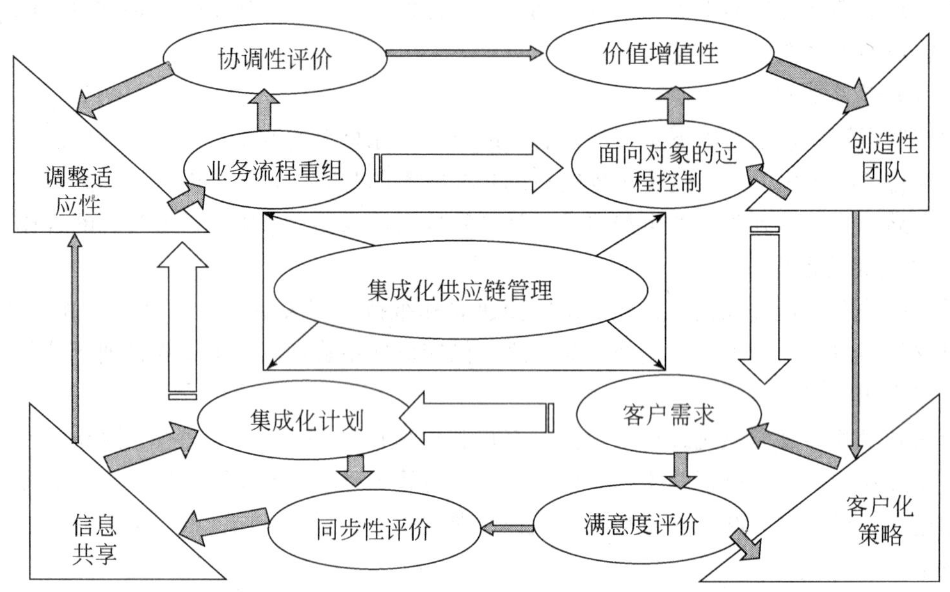

图 9–8　集成化供应链管理的理论模型

"调整适应性—业务流程重组—协调性评价"回路中主要涉及供需合作关系、战略伙伴关系、供应链（重建）精细化策略等问题。"面向对象的过程控制—价值增值性—创造性团队"回路中主要涉及面向对象的集成化生产计划与控制策略、基于价值增值的多级库存控制理论、资源约束理论在供应链中的应用、质量保证体系、群体决策理论等。"客户需求—满意度评价—客户化策略"回路中主要涉及的内容包括：满意策略与用户满意评价理论、面向客户化的产品决策理论研究、供应链的柔性敏捷化策略等。"信息共享—集成化计划—同步性评价"回路中主要涉及的内容包括：准时制生产供销一体化策略、供应链的信息组织与集成、并行化经营策略。

3. 集成化供应链管理的实现

目前企业要实施集成化供应链管理，就必须面对和解决许多有关供应链的问题，主要包括：供应链的高成本（大约占净销售值的 5% ~20%）；库存水平过高（库存水平经常保持在 3 ~5 个月）；部门之间的冲突；目标重构；产品寿命周期变短；外部竞争加剧；经济发展的不确定性增加；价格和汇率的影响；用户多样化需求等。

要解决这些问题，真正实现集成化供应链管理，企业要进行以下几个方面的转变。

（1）企业要从供应链的整体出发，考虑企业内部的结构优化问题。

（2）企业要转变思维模式，从纵向一维空间思维向纵—横一体的多维空间思维方式转变。

（3）企业要放弃"小而全，大而全"的封闭的经营思想，向与供应链中的相关企业建立战略伙伴关系为纽带的优势互补、合作关系转变。

(4) 企业要建立分布的、透明的信息集成系统，保持信息沟通渠道的畅通和透明度。

(5) 所有的人和部门都应对共同任务有共同的认识和了解，去除部门障碍，实行协调工作和并行化经营。

(6) 风险分担与利益共享。

4. 集成化供应链管理实现的步骤

企业从传统的管理模式转向集成化供应链管理模式，一般要经过五个阶段，包括从最低层次的基础建设到最高层次的集成化供应链动态联盟，各个阶段的不同之处主要体现在组织结构、管理核心、计划与控制系统、应用的信息技术等方面，其步骤如下。

(1) 阶段 1：基础建设。

基础建设阶段是在原有企业供应链的基础上分析、总结企业现状，分析企业内部影响供应链管理的阻力和有利之处，同时分析外部市场环境，对市场的特征和不确定性做出分析和评价，最后完善企业的供应链。

在传统型的供应链中，企业职能部门分散、独立地控制供应链中的不同业务。企业组织结构比较松散。这时的供应链管理主要具有以下特征。

① 企业的核心注重于产品质量。由于过于注重生产、包装、交货等的质量，可能导致成本过高，所以企业的目标是以尽可能低的成本生产高质量的产品，以解决成本—效益障碍。

② 关于销售、制造、计划、物料、采购等的控制系统和业务过程相互独立、不相匹配，因部门合作和集成业务失败导致多级库存等问题。

③ 组织部门界限分明，单独操作，往往导致相互之间的冲突。采购部门可能只控制物料来源和原材料库存；制造和生产部门通过各种工艺过程实现原材料到成品的转换；销售和分销部门可能处理外部的供应链和库存，而部门之间的关联业务往往会因各自为政而发生冲突。

处于这一阶段的企业主要采用短期计划，出现困难时需要一个一个地解决。虽然企业强调办公自动化，但这样的环境往往导致整个供应链的效率低下，同时也增加了企业对供应和需求变化影响的敏感度。

(2) 阶段 2：职能集成。

职能集成阶段集中处理企业内部的物流，企业围绕核心职能对物流实施集成化管理，对组织实行业务流程重构，实现职能部门的优化集成，通常可以建立交叉职能小组，参与计划和执行项目，以提高职能部门之间的合作，克服这一阶段可能存在的不能很好满足用户订单的问题。

职能集成强调满足用户的需求。事实上，用户需求在今天已经成为驱动企业生产的主要动力，而成本则在其次，但这样往往导致第二阶段的生产、运输、库存等成本的增加。此时供应链管理主要有以下特征：① 将分销和运输等职能集成到物流管理中，制造和采购职能集成到生产职能中。② 强调降低成本而不注重操作水平的提高。③ 积极为用户提供各种服务，满足用户需求。④ 职能部门结构严谨，均有库存做缓冲。⑤ 具有较完善的内部协定，如采购折扣、库存投资水平、批量等。⑥ 主要以订单完成情况及其准确性作为评价指标。

在集成化供应链管理的第二阶段一般采用 MRP 系统进行计划和控制。对于分销网，需求得不到准确的预测和控制，分销的基础设施也与制造没有有效的联结。由于用户的需求得不到确切的理解，从而导致计划不准确和业务的失误，所以在第二阶段要采用有效的预测技术和工具对用户的需求做出较为准确的预测、计划和控制。

但是，以上采用的各项技术之间、各项业务流程之间、技术与业务流程之间都缺乏集成，库存和浪费等问题仍可能困扰企业。

（3）阶段 3：内部供应链集成。

这一阶段要实现企业直接控制领域的集成，要实现企业内部供应链与外部供应链中供应商和用户管理部分的集成，形成内部集成化供应链。集成的输出是集成化的计划和控制系统。为了支持企业内部集成化供应链管理，主要采用供应链计划（supply chain planning，SCP）和 ERP 系统来实施集成化计划和控制。这两种信息技术都是基于客户机/服务器（C/S）体系在企业内部集成中的应用。有效的供应链计划集成了企业所有的主要计划和决策业务，包括：需求预测、库存计划、资源配置、设备管理、优化路径、基于能力约束的生产计划和作业计划、物料和能力计划、采购计划等。ERP 系统集成了企业业务流程中主要的执行职能，包括：订单管理、财务管理、库存管理、生产制造管理、采购等职能。供应链计划和 ERP 通过基于事件的集成技术联结在一起。

本阶段企业管理的核心是内部集成化供应链管理的效率问题，主要考虑在优化资源、能力的基础上，以最低的成本和最快的速度生产最好的产品，快速满足用户的需求，以提高企业的反应能力和效率。这对于生产多品种或提供多种服务的企业来说意义更大。投资提高企业的运作柔性也变得越来越重要。在第三阶段需构建新的交叉职能业务流程，逐步取代传统的职能模块，以用户需求和高质量的预测信息驱动整个企业供应链的运作。因满足用户需求而导致的高服务成本是此阶段管理的主要问题。

此阶段的供应链管理具有以下特征：① 强调战术问题而非战略问题。② 制订中期计划，实施集成化的计划和控制体系。③ 强调效率而非有效性，即保证要做的事情尽可能做好、尽可能快地完成。④ 从采购到分销的完整系统具有可见性。⑤ 信息技术的应用。广泛运用电子数据交换（EDI）和 Internet 等信息技术支持与供应商和用户的联系，获得快速的反应能力。电子数据交换是集成化供应链管理的重要工具，特别是在进行国际贸易合作需要大量关于运输的文件时，利用电子数据交换可以使企业快速获得信息和更好地为用户提供优质服务，并与用户建立良好的关系，而不是“管理”用户。

这一阶段可以采用 MRP 系统、MRPⅡ系统管理物料，运用准时制生产（JIT）等技术支持物料计划的执行。准时制生产的应用可以使企业缩短市场反应时间、降低库存水平和减少浪费。

在这个阶段，企业可以考虑同步化的需求管理，将用户的需求与制造计划和供应商的物料流同步化，减少不增值的业务。同时，企业可以通过广泛的信息网络（而不是大量的库存）来获得巨大的利润。

（4）阶段4：外部供应链集成。

实现集成化供应链管理的关键在于第四阶段，将企业内部供应链与外部的供应商和用户联结，形成一个集成化供应网链。与主要供应商和用户建立良好的合作伙伴关系，即所谓的供应链合作关系（supply chain partnership）。

此阶段企业要特别注重战略伙伴关系管理。管理的焦点要以面向供应商和用户取代面向产品，增加与主要供应商和用户的联系，增进相互之间的了解（产品、工艺、组织、企业文化等），相互之间保持一定的一致性，实现信息共享等，企业通过为用户提供与竞争者不同的产品或服务或增值的信息而获利。供应商管理库存（vendor management inventory, VMI）和共同计划预测与库存补充（collaborative planning forecasting and replenishment, CPFR）的应用就是企业转向改善、建立良好的合作伙伴关系的典型例子。通过建立良好的合作伙伴关系，企业就可以很好地与用户、供应商和服务提供商实现集成和合作，共同在预测、产品设计、生产、运输计划和竞争策略等方面设计和控制整个供应链的运作。对于主要用户，企业一般建立以用户为核心的小组，这样的小组具有不同职能领域的功能，从而更好地为主要用户提供有针对性的服务。

处于这个阶段的企业，生产系统必须具备更高的柔性，以提高对用户需求的反应能力和速度。企业必须能根据不同用户的需求，既能按订单生产（make-to-order），按订单组装、包装（assemble or package-to-order），又能按备货方式生产（make-to-stock），这样一种根据用户的不同需求对资源进行不同的优化配置的策略称为动态用户约束点策略。延迟技术（postponement）可以很好地实现以上策略。延迟技术强调企业产品生产加工到一定阶段后，等待用户订单，再根据用户的不同要求完成产品的最后加工、组装，这样企业供应链的生产就具有了很高的柔性。

为了达到与外部供应链的集成，企业必须采用适当的信息技术为企业内部的信息系统提供与外部供应链节点企业的很好的接口，达到信息共享和信息交互，达到相互操作的一致性。这些都需要采用Internet信息技术。

本阶段企业采用销售点驱动的同步化、集成化的计划和控制系统。它集成了用户订购数据和合作开发计划、基于约束的动态供应计划、生产计划等功能，以保证整个供应链中的成员同步化地进行供应链管理。

（5）阶段5：集成化供应链动态联盟

在完成以上四个阶段的集成后，已经构成了一个网链化的企业结构，称为供应链共同体，它的战略核心及发展目标占据市场的领导地位。为了达到这一目标，随着市场竞争的加剧，供应链共同体必将成为一个动态的网链结构，以适应市场变化、柔性、速度、革新、知识等需要，不能适应供应链需求的企业将从供应链联盟中被淘汰。供应链从而成为一个能快速重构的动态组织结构，即集成化供应链动态联盟。企业通过Internet网络商务软件等技术集成在一起，以满足用户的需求，一旦用户的需求消失，它也将随之解体。而当另一个需求出现时，这样的一个组织结构又由新的企业动态地重新组成。在这样的一个环境中求生存，企业如何成为一个能及时、快速满足用户需求的供应商，是企业生存、发展的关键。

集成化供应链动态联盟是基于一定的市场需求、根据共同的目标而组成的，通过实时信息的共享来实现集成；主要应用的信息技术是因特网/内联网的集成，同步化的、扩展的供应链计划和控制系统是主要的工具。基于因特网的电子商务取代传统的商务手段，这是供应链管理发展的必然趋势。

9.3　供应链管理的方法

近年来，供应链管理发展迅速，各种各样的供应链管理方法层出不穷，限于篇幅，我们主要介绍快速反应和有效客户反应系统。虽然这两种方法产生的行业不同，各自的侧重点不同，但它们的实施都是相同的，即：减少供应链的不确定性和风险，从而积极地影响库存水平、生产周期、生产过程，并最终提高为客户服务的水平。

9.3.1　快速反应

快速反应（QR）是美国纺织服装业发展起来的一种供应链管理方法，指物流企业面对多品种、小批量的买方市场，不是储备了产品，而是准备了各种要素，在用户提出要求时，能以最快速度抽取要素，及时组装，提供所需产品或服务。

快速反应的着重点是对客户需求做出快速反应，快速反应要求零售商和供应商一起工作，通过共享 POS（point of sale，销售终端）信息来预测商品的未来补货需求，不断地监视趋势以探索新产品的机会，以便对客户的需求更快地做出反应。

快速反应成功的 5 项条件：

（1）改变传统的经营方式、企业经营意识和组织结构。企业不能局限于依靠本企业独自的力量来提高经营效率的传统经营意识，要树立通过与供应链各方建立合作伙伴关系，努力利用各方资源来提高经营效率的现代化经营意识。

零售商在垂直型快速反应系统中起主导作用，零售店铺是垂直型快速反应系统的起始点。在垂直型快速反应系统内部，通过 POS 数据等销售信息和成本信息的相互公开和交换，来提高各个企业的经营效率。明确垂直型快速反应系统内各个企业之间的分工协作范围和形式，消除重复作业，建立有效的分工协作框架。必须改变传统的事务作业的方式，通过利用信息技术实现事务作业的无纸化和自动化。

（2）开发和应用现代信息处理技术。

（3）与供应链各方建立战略伙伴关系。

（4）改变传统的商业信息保密的做法，将销售信息、库存信息、生产信息、成本信息等与合作伙伴交流共享，并在此基础上，要求各方一起发现问题、分析问题和解决问题。

（5）供应方必须缩短生产周期，降低商品库存。供应方应努力做到：缩短商品生产周期；进行多品种少批量生产和多频度少数量配送，降低零售商库存水平，提高为顾客服务的水平；在商品实际需求将要发生时采用准时制生产的方式组织生产，减少供应商自身的库存水平。

9.3.2 有效客户反应

有效客户反应（ECR）是 1992 年从美国的食品杂货业发展起来的一种供应链管理战略，这是一种分销商与供应商为消除系统中不必要的成本和费用并给客户带来更大效益而进行密切合作的一种供应链管理战略。

图 9-9 描述了有效客户反应的原理。有效客户反应是将客户与供货商联结在一起，达到生产与销售间商品和信息的快速与效率化的移动，以快速反映客户的需求。

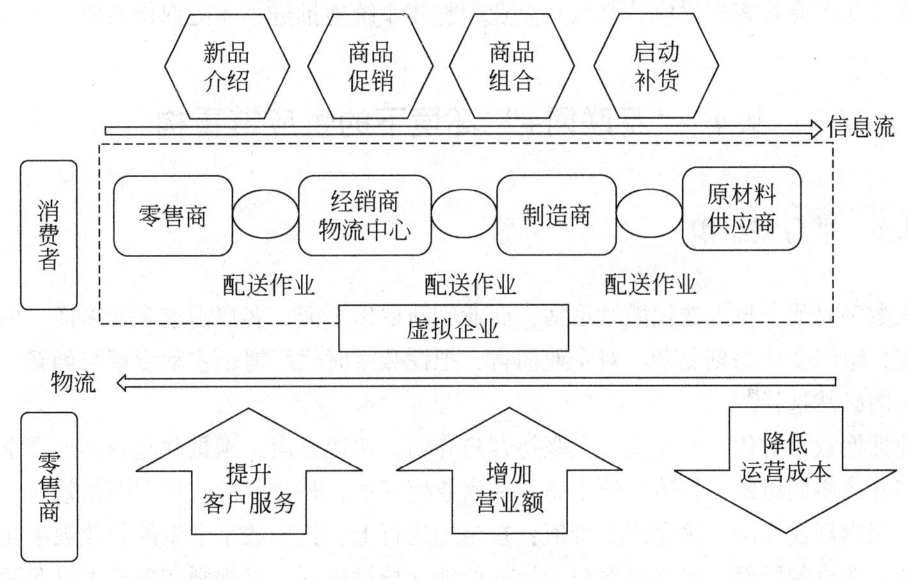

图 9-9 有效客户反应的原理

有效客户反应的核心原则：

1. 以客户为中心

一切从客户利益出发，了解客户的构成情况，了解他们的需求和对商店、商品的意见，改进服务，增加客户价值，从而增加客户对商店和品类的忠诚度，得到客户的回报。

2. 以数据为基础

零售业经营成千上万种商品，面对成千上万的客户，需要各种复杂的经营活动，只有充分利用经营数据，才能分析不同客户的不同需求，不同商品的经营情况，做出正确经营活动的决策，提高供应链效率。

有效客户反应是一种观念，而非信息技术。依据这种观念，整合目前已有的各种信息化工具，以达到快速反应的效果。信息化工具包括：持续补货系统（continuous replenishment program，CRP）、供货商管理库存系统（vendor managed inventory，VMI）、作业基础成本分析（activity based costing，ABC）、记分卡（scorecard）评量表等。

3. 与业务伙伴有效协作

从流通行业的链条来看，没有任何一个独立的企业能完全满足客户的需求。供应链的各方（零售商、制造商、分销商、第三方物流等）只有紧密合作，才能高效地满足客户的需求。业务伙伴的协作关系不只是在供应链上，还体现在一起了解和满足客户的需求和品类管理上。

4. 整体系统推进

为客户提供优质服务涉及企业的各个业务流程和各个部门，如门店、总部各职能部门、仓库、运输、供应商等，要综合考虑各个因素，如销量、利润、成本、库存、缺货、效率等。要真正实现有效客户反应，必须在企业中整体系统地推进，才能取得实效。

9.4 “互联网+”环境下的供应链重构

9.4.1 平台型组织

进入数字时代，技术迭代微妙迅猛，商业创新层出不穷，客户需求多元多样，内外环境混序不定，组织变化深刻复杂。对企业而言，把握数字时代脉搏，主动变革与创新，是未来战略成长的必然选择。

企业拥抱数字时代，要在文化上坚持客户导向，快速反应，满足并超越客户需求；在战略上坚持开放协同思维，打造价值生态；在商业模式上，整合资源，扩大网络效应；在价值选择上，聚焦规模经济，聚合产生价值；在组织运行上，打造数字孪生的企业数字化运行与决策系统；在机制层面，建立以客户为导向的独立核算机制，靠规则实现员工自我驱动。当然，所有的文化、战略、商业模式、价值、运行、机制，都需要一个载体，即一个以客户为导向，靠数据驱动，通过开放协同，构建网络效应的组织平台为载体，这个载体就是平台型组织（见图9-10）。

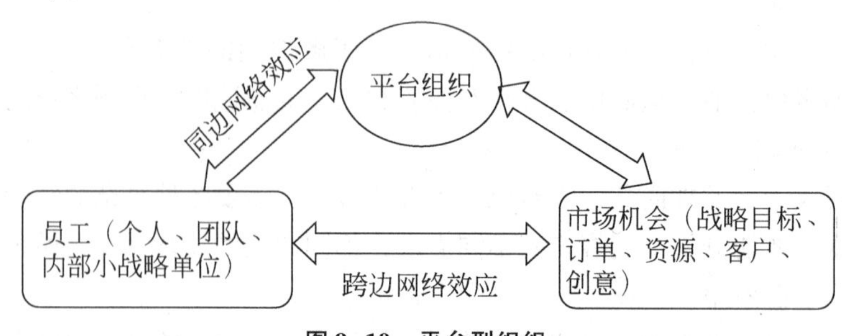

图9-10　平台型组织

平台型组织是现代企业组织为了顺应市场、技术、人才的新趋势而形成的新型组织形态，其可以持续新的创意和机会，激发全员参与，全员创新。

1. 平台型组织的三个层次

平台型组织包括三个层次：平台、平台战略和平台型组织。所谓平台，即企业搭建的物理或超时空的平台；平台战略是指利用平台的理念整合资源，提升商业价值的战略模式；平台组织则借鉴平台理念思考组织结构的配套和运行模式。

（1）平台：双边/多边链接载体。平台是一种聚集客户和供应商的现实或虚拟场所，为供需双方提供交易环境。平台是把两个不同的客户群体联系起来，形成一个完整的网络，并建立了有助于促进双方交易的基础架构和规则。

平台实质上是一种交易空间或场所，可以存在于现实世界，也可以存在于虚拟网络空间。平台是一种基于价值创造、价值传递与价值实现的商业逻辑。平台引导或促成双方或多方客户之间的交易，最终追求利益最大化。

因此，双边市场中联结不同客户群的产品或服务称之为平台。平台参与方主要有客户、供应方、平台提供者、平台支持者、互补方等要素。

① 客户：主要是终端的客户。

② 供应方：产品或服务的主要提供者。

③ 平台提供者：多群体和用户的连接者、匹配者。

④ 平台支持者：市场设计者的决策，行使控制权。

⑤ 互补方：与平台提供者存在共生关系，有利于增加平台多样性。

平台的主要职能就是创造价值，平台具有规模价值、时间价值、经济价值、目标价值、需求价值等效应，借助技术手段，平台突破了传统约束和限制，实现了人流、物流、信息流、资金流和交易流的快速、高效、有序、精准的流动。

（2）平台战略：聚核—扩网—富生态。互联网打破了物理时空约束，改变了交易场所，拓展了交易时间，加快了交易速度，减少了中间环节，这都为平台突破物理时空限制提供了基础。所以平台是一种基于价值创造、价值传递和价值实现的商业逻辑。

平台战略（见图9-11）则是利用平台的理念，实现商业价值。连接两个或多个群体；以提供双方或多方互动机制来满足所有群体的需求并从中获利，这就是平台型组织的商业模式，其创造价值逻辑，从“连接”到“聚合”的方式降低各个平台参与方的交易成本，促使网络效应发生作用。

企业要打造平台战略，首先要提出系统性的价值主张，这是平台的价值所在，也是与其他平台交互的源点。在提出系统性价值主张后，企业要经历从边缘到核心转变的过程，通过边缘创新，提出核心价值主张，吸引平台参与方和客户，同时不断扩张自己的价值网络，网越大，平台的离心力也在增加，当吸引力等于离心力时，平台的源点组织的边界就会终止。

所以在扩网的过程中，企业要不断地聚核，不断丰富源点组织价值密集的过程，通过价值主张的影响力，来不断拓展平台型组织的边界。

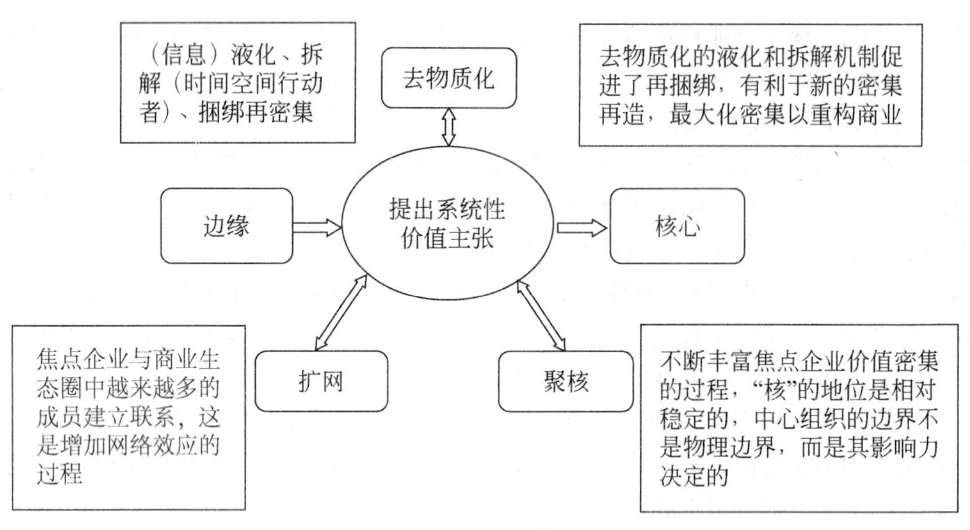

图 9-11 平台战略

当然，技术手段也是平台战略实现的核心要素，去物质化是将信息液化、拆解、捆绑再密集的过程，去物质化的液化和拆解机制促进了再捆绑，有利于新的密集再造，最大化密集以重构商业。

在整个平台战略过程中，平台具有网络效应，可以连接双边乃至多边市场（商家、资源、市场）并创造价值，可以吸引更多资源，具有其强大的网络效应。网络效应提高平台利用率，利用率越高，依附平台的可变组件就越多，平台上的供给方和需求方会降低交易成本，优化资源组合。所以，平台的价值就是资源的集聚和规模效应。

企业在践行平台战略时，需要首先提出系统性的价值主张，在价值主张中，让客户、参与方、互补方能够获得相关利益，继而参与其中。通过不断地吸引参与方，增强网络效应，通过网络效应的不断反馈，增强企业的核心价值主张，形成核心价值主张—扩网—聚核的正向循环，不断实现商业成功。

（3）平台型组织：协同融合网络。从狭义来说，平台型组织指的是利用发达的信息流、物流、资金流等技术手段，通过组建强大的中心/平台/后台机构，以契约关系为纽带，链接各附属层级组织的组织形态。其优点在于降低管理成本，最大限度整合相关资源，充分授权，高效决策，快速应对外部环境等。

从广义来讲，平台型组织是坚持以客户需求为导向，以数字智慧运营平台和业务赋能平台为支撑，以多中心+分布式的结构形式，在开放、协同、共享的战略思维下，广泛整合内外部资源，通过网络效应，实现规模经济和生态价值的一种组织形式。

平台型组织以后台+中台+前端+生态为固有组织范式，拉通组织内部流程，架构组织外部生态，为客户提供个性化、多样化、一体化的解决方案。

当然，不同行业、不同规模的组织，在平台型组织实践中各有差异。凡是具备“客户导向、开放协同、网络效应、规模经济、数字孪生、交互赋能、自我驱动、多中心+分布式”特征的组织模式，都认为是平台型组织的典型实践。

2. 平台型组织的类型

（1）外部经营平台：大平台+富生态。外部平台主要为经营和生态赋能，是企业利用已有资源优势，打开组织边界，通过搭建平台，赋能内外部经营前端，扩大网络效应，客户可以享受更多企业提供的产品或服务甚至技术，其他参与方企业也可以利用外部平台的资源和网络效应在平台上创业创新，形成大平台+富生态的价值体系。外部平台的价值主要是吸引、促进和匹配，通过吸引生态参与方，扩大核心交互，加强网络效应，实现生态价值最大化。外部经营生态平台的典型代表如阿里巴巴、美团、滴滴等。通过技术、数据和人才资源的共享和赋能，阿里巴巴集团以阿里巴巴、淘宝网、天猫和聚划算为主，构建了基于电商的网络平台，随后以卖家和买家的支付需求为核心，构建了以支付宝、蚂蚁金服为主的金融平台，在不断开放的组织边界中，阿里巴巴形成了电子商务、云计算、金融支付、数字娱乐、社交网络、物流设施、外卖商超等一体化的价值生态，满足了客户“3 公里的幸福生活”的价值诉求。

（2）内部管理平台：后台—中台—前端。内部平台主要是管理赋能平台，通过功能性平台的打造，赋能市场前端，内部平台以后台—中台—前端的方式运行。后台主要为职能管理平台，负责整合资源，打造开放管理体系，构建内部生态；中台主要为业务赋能平台，负责匹配、赋能，分析市场前端的需求和特征，快速有效满足业务、资源、技术、数据等方面的需求；前端则围绕客户，挖掘并及时响应客户需求，实现商业成功。

3. 平台型组织架构

平台型组织由职能后台、赋能中台、自主强前端、多元生态体构成。图 9–12 描述了平台型组织架构。

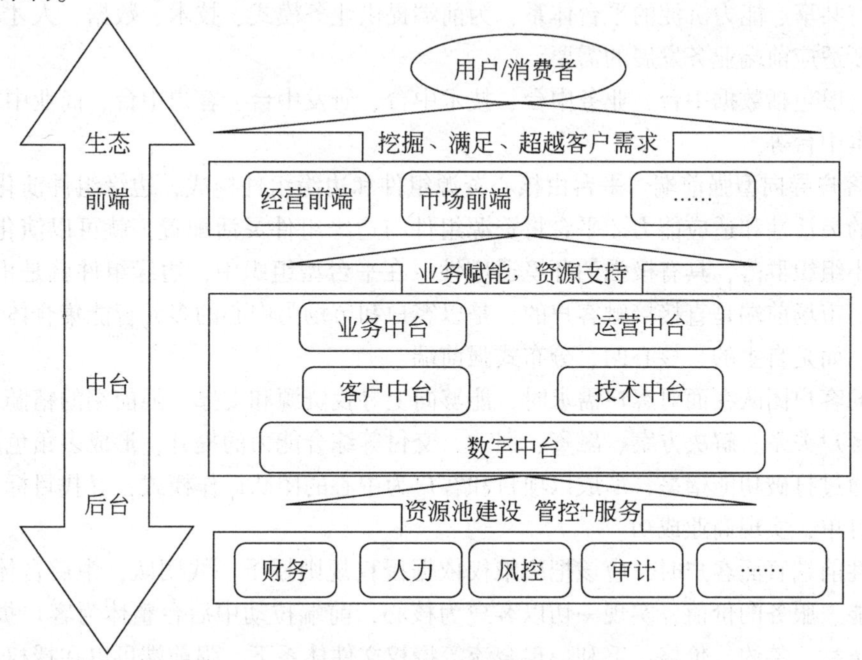

图 9–12 平台型组织架构

(1) 资源管控型后台。后台职能部门作为前端业务协同发展平台，通过搭建管理体系，强化核心职能，优化管控流程，提供专业服务，成为高效职能管理平台。

后台由管理企业核心资源的系统构成，如财务系统、产品系统、客户管理系统、风险管控系统、战略指挥系统、生产建设系统、仓储物流系统。后台重点聚焦于战略规划、服务支持、制度输出、战略落地、绩效管理、创新整合、资本运作、市场引领等职能，由传统的“专业型、功能型、服务型”功能转变为“平台+专业型、赋能+功能型、管控+服务型”功能。

(2) 业务赋能型中台。中台，首先指的是平台，是介于前端和后台的一种平台型形态。中台的本质，是企业级能力复用平台，企业中台化就是利用平台化手段发现、沉淀与复用企业级能力的过程。

中台将前端经营及管理中的共性问题归集，建立共享性、集约化、规模性平台，为前端提供支撑和赋能。平台型组织中要建设大规模支撑中台，通过标准且简洁易用的界面，使组织职能模块化，同时整合资源池，让技术—数据等资源能够共享和调用，通过能力复用的机制，不断把原有业务的核心能力复用到其他业务和新兴业务，最终实现能力平台化、业务多角化的成长。

中台是真正为前端而生的平台（可以是技术平台，业务能力或组织机构），是将企业的核心能力以数字化形式沉淀到平台，形成以服务为中心，以业务中台和数据中台构建起数据闭环运转的运营体系，便于企业更高效地进行业务探索和创新。

中台存在的唯一目的是更好地服务前端规模化创新，进而更好地响应服务引领客户，使企业真正做到自身能力与客户需求的持续对接。中台是链接前端与后台的桥梁和纽带，强调资源整合与共享、能力沉淀的平台体系，为前端提供业务模式、技术、数据、人才等资源和能力，不断适应前端业务发展的需要。

中台一般包括数据中台、业务中台、技术中台、研发中台、客户中台、商业中台、创客中台、资本中台等。

(3) 客户导向型强前端。平台由核心资源组件和边缘组件构成，边缘组件演化能力强，具有极强的灵活性和适应能力。平台将资源组件与边缘组件灵活配置，就可以演化多样化、个性化的小组织群落，具有极强的环境适应性。在平台型组织中，边缘组件就是市场前端，不同的是，市场前端是直接接触客户的，是以客户和市场为中心的多元智能集合体，不再是边缘前端，而是自主的、核心的、分布式强前端。

一线的客户团队在面对客户需求时，能够向上寻找资源和支撑。强前端的精髓是为了目标，通过客户关系、解决方案、融资、回款、交付等综合能力的提升，形成多角色融合的作战团队，通过打破功能壁垒，形成以项目和客户为中心的团队运作模式，寻找目标、寻找机会，获取订单，实现商业成功。

市场性前端直面客户时，应该把决策权依据授权规则授予一线团队，中后台体现支撑、保障、赋能、服务的价值，实现一切以客户为核心，前端拉动中后台整体为客户提供服务。当然，在条款、签约、价格、毛利、现金流等授权文件体系下，强前端可以在授权范围内行使自主权，超越授权要严格按程序审批，同时，在被赋予自主权的同时，强前端要承担全部或部分盈亏。

4. 平台型组织的价值

（1）高信息瞬连，低交易成本。数字时代，信息可以“零时间瞬连”到任何个体与组织，加快信息流和资金流的流动。交易过程发生在虚拟空间，付出较少的搜寻时间成本可完成交易，原本空间到场的硬约束被较低的时间成本取代。数字时代消费与生产的时间无限性与空间无约束，让组织价值实现过程通过虚拟与实体空间完成了互联互通。

内部平台赋能，通过数据和算法，分析各类客户和各类业务活动，并快速匹配有价值的单元和关联，降低内部交易成本。

（2）广网络效应，短价值链条。富生态价值体系的建立，让众多价值单元从横向价值链协同变成多维价值生态协同，各类要素围绕最终客户提供价值。平台让价值链缩短，提供各种参与者的直接对接，商业模式因此变得灵活而迅速，企业与外界的连接更广、更实时、更顺畅，成本更低。

（3）多跨界协同，大规模经济。开放的组织理念，资源平台的建立，让企业能够实现跨界协同，增加了共享和整体服务，同时形成规模效应，不断强化资源，吸附更多参与主体，打造广阔的价值生态圈。

在平台组织内部，通过数据和技术的支持，将业务场景的共性需求提炼，打造为组件化的资源包，以接口形式提供给前端使用。这种内部资源集约化的管理模式，有利于产品的快速试错、更新迭代，有利于快速复制能力，拓展新业务领域，最大限度地减少资源浪费，并产生资源聚集的规模效应。

（4）强业务聚合，极敏捷高效。组织规模化之后，在强调分权、各业务独立发展的组织模式下，不可避免地带来各业务板块沟通协调的困难，造成过高的管理成本而产生“大企业病”，这需要在公司内部构筑平台，让各业务部门保持相对的独立和分权，然后用一个强大的中台对这些部门进行总协调和总支持，以平衡集权和分权的成本，同时比较灵活地为新业务、新部门留下接口。

有了业务、资源和能力聚合的中台，可以快速匹配前端多业务场景，能够以敏捷、高效的市场前端组织单元，响应多样化的客户需求。如阿里巴巴整合了会员、交易、营销和结算等功能，这些基础的服务会被所有业务使用，从而提升整个组织的管理效率。

（5）齐创共享，培养组织人才。外部平台能够让价值生态中的服务内容和产品更加多样化，同时给予更多的创新创业机会，边缘化的创新一旦形成规模化优势，平台可以通过资本纽带，形成“泛契约组织生态圈”，从而吸引更多参与方，齐创共享。

内部平台让员工的创意实现和商业化成本更低，员工可以自发搭建灵活市场前端来寻找业务优化的机会，甚至独立成为自主经营体，发展为经营性前端。

同时，分工协同的组织运行体系，对员工的系统性和全局性有着非常大的锻炼和提升。组织也成为一个综合型人才的培养基地，让员工实现成长。

平台型组织能真正实现价值链创新、协作关系创新和资源配置创新，有利于降低交易成本，快速打造价值生态圈。同时，经营性/市场性前端的独立核算机制让组织单元自负盈亏，具备了创新创业的冲动和活力，而赋能中台的打造，又可以充分发挥平台化、集约化的规模经营和聚合效应，进行低成本条件下的创新、试错和快速迭代。最重要的是，大量分布式市场性前端有利于激发员工的创造性，让整个组织快速反应客户需求，真正实现客户价值至上。

9.4.2 C2M模式

1. C2M模式的概念

用户直连制造（customer-to-manufacturer，C2M）是指现代制造业中由用户驱动生产的反向生产模式。C2M模式基于互联网、大数据、人工智能，以及通过生产线的自动化、定制化、节能化、柔性化，运用庞大的计算机系统随时进行数据交换，按照用户的产品订单要求，设定供应商和生产工序，最终生产出个性化产品的工业化定制模式。这也被称为继蒸汽机、电气化、自动化之后人类的第四次科技革命。

在C2M模式下，用户直接通过平台下单，工厂接收用户的个性化需求订单，然后根据需求设计、采购、生产、发货。其主要包括纯柔性生产，小批量多批次的快速供应链反应。

C2M模式去除库存、物流、总销、分销等一切可以省略的中间环节，砍掉了包括库存在内的所有不必要的成本，让用户以超低价格购买到超高品质的产品，同时让中国高端制造业直接面对用户需求。

用户直连制造实现了用户到工厂的直连，去除所有中间流通加价环节，连接设计师、制造商，为用户提供“大牌品质，工厂价格”的商品。

对于用户而言，C2M模式强调以用户为中心，根据用户的个性化需求组织生产，并吸引用户加入产品设计环节，有效激发市场活力和社会创造力；对于制造企业而言，C2M模式提高了传统生产要素的生产率，推动企业生产线、供应链、内部管理制度乃至整个商业模式变革。

得益于互联网技术的发展，用户碎片化、零散的个性化需求可以高效连接起来，这些信息整合后，还可以用可操作的形式提供给生产厂商，在保证生产规模的基础上满足用户的个性化需求。

这种去库存、去中间商、以量定产的新型商业模式，不仅使各方价值最大化，更极大推进了制造业供给侧结构性改革，提高传统生产要素的生产率，倒逼企业的生产线、供应链、内部管理制度乃至整个商业模式变革。

搭建C2M平台，利用大平台，用户直连工厂，快速提升产品的生产效率。同时，借助平台，在自家工厂产能剩余的情况下，释放出一部分产能，提供给周边订单多的制造企业，实现“共享工厂”，最大化经济、资源效率的最大化。

C2M模式的特征是：智能化，大规模，个性化定制。相比以往的大规模生产模式，C2M模式面临成本、质量、效率的挑战。真正做到用户直连制造，就要很好地维持成本、质量和效率三者之间的相对平衡。值得注意的是，用户直连制造并不排斥共性需求，仍然会有相当一部分产品是以标准化的形态流向市场，只不过这种需求是以类似团购的方式满足。

2. 用户直连制造发展的驱动力

用户直连制造这个主流模式在当下以及未来的发展中主要有四大驱动，这四个方面进程的快慢决定了用户直连制造的发展。

第一个驱动是技术进步。从前企业之所以满足不了用户的个性化需求，是因为其技术不成熟，导致定制的成本过高，所以，技术进步是用户直连制造最主要的推动因素或者推动力。

第二个驱动是消费升级。随着消费者的生活水平不断提高，个性化定制不再是富人的专利，更多的消费者对于定制服务会有更多的需求。今后，人们的消费水平将会越来越高，所以定制的生命力也将更加旺盛。

第三个驱动是制造企业的转型升级。制造企业是 C2M 模式的主角，它的转型升级对用户直连制造来说具有很大的推动作用。制造企业除了要进行产业互联网、工业互联网外，应该更加注重开放化与社会化，只有打破企业的围墙，当设计能力和制造能力被社会化时，制造企业才能真正实现转型升级，用户直连制造才会有更好的生长空间。

第四个驱动是电商的转型升级。电商在转型升级过程中有三个痛点：一是电商平台的大数据垄断和个人隐私的泄露；二是电商便利化程度还不够高，未来的线上购物应该是不用选择平台的，只要用户说出自己的需求，谁能满足这个需求，就由谁来服务；三是质量问题。电商流量为王的时代已经过去，质量为王、个性化定制、精准满足用户需求的时代逐渐呈现在眼前。只有解决这些痛点，电商才能进入新的发展阶段，用户直连制造的发展也会更快。

其实用户直连制造不是一家企业、一个行业的事情，它的未来取决于用户直连制造的所有参与者，包括企业、消费者、制造企业和电商，只有大家共同进步，用户直连制造的前景才能更好。

3. C2M 模式的发展

用户直连制造把用户的需求贯穿到整个供应链全流程、全路径中。例如：京东有千万量级的库存保有单位（stock keeping unit，SKU），怎样把对的商品推荐给对的消费者，也是用户直连制造考虑的内容。用户直连制造打造的是全链条服务。京东有很多供应链服务，能够更好地指导客户去做预测以及整个生产的备货。当这个商品拿到京东平台以后，从什么样的视角切入，帮它找到适合的消费者；甚至说商品拿到京东并成为“爆款”以后，在不同的生命周期怎样呈现给消费者，这些都是京东 C2M 链条中的内容。

用户直连制造不仅是从用户到企业的一个过程，更是从用户到企业，再到用户的一个过程，是用户和企业及上游供应链生产融合的过程。在这个过程中，行业之间通过不同的分工，彼此信任、彼此选择。

用户直连制造反向定制不仅可以做好一个产品，还可以激活一个生态。例如：基于平台提供的大数据，企业看到了游戏者在打游戏的过程中不仅使用游戏本，更是一个游戏的生态，游戏者需要游戏的拉杆箱、游戏的键盘、鼠标，甚至游戏的护眼仪、护颈椎的按摩仪，这就需要我们在做用户直连制造反向定制产品的过程中，从做好一个产品到激活一个生态。

练习题

1. 名词解释

供应链　供应链管理　用户直连制造(C2M)　平台型组织　快速反应（QR）　有效顾客反应（ECR）

2. 分析拉动式供应链和推动式供应链的区别。

3. 分析供应链的运作过程。

4. 请根据具体的应用案例，分析企业实施供应链管理的具体条件。

5. 分析一个供应链管理系统应该具备哪些功能模块。

6. 以京东为例，分析 C2M 模式的含义、特点和运作过程。

7. 试分析海尔的平台战略。

第10章　客户关系管理

【学习目的与要求】

1. 重点掌握客户关系管理（CRM）在提高客户满意度和客户忠诚度中的作用。
2. 掌握客户分类、客户分级的原则、依据和应用，个性化服务的实施过程。
3. 熟悉客户生命周期的阶段划分，每一阶段的特点、内容和方法。
4. 了解客户关系管理的定义、功能、架构和组成。

【内容提要】

本章主要介绍客户关系管理的概念、客户关系生命周期、客户价值以及客户价值评价体系，并简要介绍了客户关系管理的类型、功能以及相关技术。通过案例和相关知识的介绍，进一步理解客户关系管理的功能和企业如何成功地实施客户关系管理。

【引导案例】

Z银行的客户关系管理应用

由于缺乏合适的工作平台，Z银行客户经理在开展日常业务时只能把客户信息记录在电脑的Excel表格或者记事本上。由于无法全部掌握银行的批发业务内容，有时当客户提出需求时，客户经理只好打电话到柜台去查询后才能给出答复。其实，Z银行拥有几十种批发业务品种。在营销过程中，由于缺乏有效的工具，客户经理往往只熟悉少量的产品，因而只能向客户推荐和销售少数自己熟悉的产品，有限的企业客户资源难以得到有效利用，导致Z银行批发业务中单个客户的盈利能力较低。因此，Z银行需要借助团队的力量来整合营销资源，深度挖掘商机，并提高客户的满意度。

为了实现全面的批发业务客户管理，Z银行正式启动客户关系管理（CRM）项目，其目标是：为客户经理提供开展业务的工具；将优秀客户经理和团队经验固化下来，从而优化业务流程；构建一个信息共享平台，减少信息沟通的成本；系统的推行不仅是工具的运用，同时是营销方法和流程的变革。

Z银行把客户关系管理项目分成两期来进行。一期项目主要是搭建提高客户经理服务能力的客户关系管理工具系统，同时进行新的销售方法和流程的设计。Z银行设计了“点金五式”流程，包括：目标与计划管理、商机管理、客户信息管理、营销推进管理和业务管理。同时，Z银行搭建了客户关系管理平台的框架，上线了客户信息管理、客户管理、活动管理、产品与知识库管理、业绩管理、权限管理和报表管理七大功能。二期项目的目标是为实施新的销售流程和方法提供工具，以提高客户满意度、产品交叉销售率和销售成功率。具体功能包括优化大客户销售计划和商机管理，并增加了客户营销团队申请、过程管理、客户反馈三个功能。

客户关系管理项目实施后，Z银行在批发业务上实现了一个统一、两个集中、三个平台、四个转变，即统一度量衡，客户信息集中、营销信息集中，客户信息平台、客户关系管理工作平台和营销管理工作平台，业务数据化、管理流程化、营销精细化和销售过程化，从而有效支持批发业务的二次转型。

（资料来源：佚名．招商银行AS分行客户关系管理［EB/OL］．［2020-01-12］. http://www. doc88. com/p-2806482193202. html. 作者有修改。）

10.1　客户关系管理概述

10.1.1　客户关系管理的含义

理解客户关系管理首先要理解什么是客户。在客户关系管理中，客户是对企业产品或服务有特定需求的群体，它是企业经营活动得以维持的根本保证。客户不一定是产品或服务的最终接受者，也不一定是用户，同时客户也并不一定是企业之外的人或组织。对于一个企业来说，商品的最终用户是客户，中间商是客户，企业内部的各个部门也是客户。只有协调好这些客户之间的关系，才能更好地达到企业既定的目标。单纯的客户往往划分为两种，即现有客户和潜在客户。现有客户是企业已经获得的资源，企业所需要做的就是维持与这些客户之间的往来关系。而潜在客户则是指那些即将或者有可能转化为企业现有客户的客户群，他们是企业要着重思考应对的。

关系就是事物之间相互作用、相互影响的状态，人与人或人与事物之间的某种性质的联系。而这里的管理，则是有目的的管理。互联网迅速发展的今天，企业如果不及时做出适当的战略性调整，采取以维系客户关系为目的的管理，最终将远离客户。

不同学者或机构对客户关系管理给出不同的定义。

最早提出客户关系管理的是美国加特纳公司，它认为客户关系管理是整个企业范围内的一个战略，这个战略目标通过组织细分市场，培养客户满意行为，将从供应商到客户的关系处理过程联系在一起，使利润、收益、客户满意度最大化。

IBM 商业公司认为客户关系管理是通过提高产品性能，增强客户服务，提高客户交付价值和客户满意度，与客户建立起长期、稳定、相互信任的密切关系，从而为企业吸引新客户、维系老客户，提高效益和竞争优势。

德国 SAP 公司提出客户关系管理系统的核心是对客户数据的管理。

美国机械制造技术协会把客户关系管理理解为一种以客户为中心的经营策略，它以信息技术为手段，对业务功能进行重新设计，对业务流程进行重组。

上述几种关于客户关系管理的定义，基本是从战略理念、技术手段等方面进行界定，都不足以全面地概括客户关系管理。基于以上定义，本书给出如下客户关系管理的定义：客户关系管理是基于 Internet 技术和平台，为了提高企业核心竞争力，通过对企业业务流程重组、客户服务水平改进来提高客户满意度和忠诚度而树立的一种以客户为中心的经营理念，并在此基础上开展一系列为争取和保持客户为目的所实施的全部商业过程，以求最终达到企业利润最大化目的的企业级电子商务应用系统。

10.1.2 客户关系管理的特点

1. 从管理角度

(1) 客户关系管理是一种管理理念。客户关系管理将企业的客户视为最重要的企业资产，吸收了数据库营销、关系营销和一对一营销等最新管理思想的精华，通过满足客户的特殊需求，并在此基础上为其提供个性化的产品或服务，提高客户的满意度和忠诚度，最终实现企业和客户的双赢。

(2) 客户关系管理是一种管理机制。客户关系管理是一种旨在改善企业与客户之间关系的新型管理机制。通过向企业销售、市场和客户服务的专业人员提供全面、个性化的客户资料，强化其跟踪服务、信息分析的能力，帮助他们与客户和生意伙伴之间建立和维护一种亲密的信任关系，为客户提供更快捷和周到的优质服务，提高客户满意度和忠诚度。

2. 从技术角度

(1) 采用信息技术。在电子商务过程中，建立一种行之有效的客户关系机制，信息技术扮演了一个很重要的角色。因为对大部分的产业来讲，信息技术是一种基础的客户服务传递方式，所以新的客户关系的建立与改造，从根本上说也是对公司信息系统的建立与改造。如果能建立起良好的信息系统客户服务系统，或将原有的信息系统进行改造，把整个业务流程完全连接起来，真正形成全新的客户关系管理体系。

(2) 信息系统与商业流程的整合。在客户关系管理上，要注重信息系统与商业流程的整合。一般来说，有价值的客户不会只跟企业做一次业务。例如，在保险行业里，客户可能会在养老、人寿、汽车和房产等几个方面都有投保的欲望，但是保险公司往往只注意客户的某一种需求，而忽视了客户的其他需求。在制造行业，当客户打电话求购某种商品时，公司有时只会给他们相关商品的信息，而不会随时附上客户曾经购买过的商品的资料。对公司而言，这就意味着失去了一次很好的交叉销售机会，因为客户可能还有兴趣购买他们曾经购买过的商品。这些就是典型的建立在孤立信息系统之上的公司业务模式。所以，在建立客户关系管理系统时，就应该将客户的这些需求整合到信息技术中。如在客户服务的网页上可以加上一些可选项，提供多路径的客户链接等。

10.1.3 客户关系管理的类型

客户关系管理是一整套企业级的整体解决方案，包括运营型客户关系管理、分析型客户关系管理和协作型客户关系管理。

1. 运营型客户关系管理

运营型客户关系管理（见图 10-1）是客户关系管理系统的“躯体”，它是整个客户关系管理系统的基础，它可为分析客户的服务支持提供依据。运营型客户关系管理主要包括销售、市场和服务三个过程的流程化、规范化、自动化和一体化。

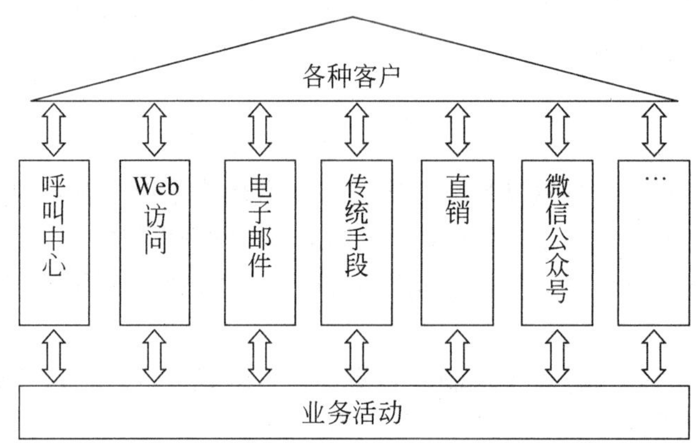

图 10-1 运营型客户关系管理

（1）在销售方面，客户关系管理为企业管理销售业务的全过程提供丰富强大的销售信息管理、销售过程定制、销售过程监控、销售预测、销售信息分析等功能，主要包括客户与联系人管理、销售机会管理、待办事宜与工作流、产品的报价和配置、渠道销售管理、合同制定和管理、网上订购、销售的预测和统计报表、竞争对手的跟踪、合作伙伴的信息。

销售主管更关心的是现在销售的行为如何？能否按时完成任务？销售的成本有多大？是否控制在预算之内？季度或年销售任务是否可以完成？哪些项目是完成任务的重点？采取什么样的策略，可以尽快拿下这个项目？在销售系统中，一定要体现这些内容。所以，在客户关系管理系统中，一般包括漏斗报告、成本分析和销售预测。

（2）在市场营销方面，客户关系管理为企业自始至终掌握市场营销活动的运作提供便利。客户关系管理提供市场营销活动信息管理、计划预算、项目追踪、成本明细、回应管理、效果评估等功能，帮助企业管理者清楚地了解所有市场营销活动的成效与投资回报。主要包括：市场预算和收入跟踪管理、市场活动管理、活动反响跟踪、促销内容管理、市场宣传资料、工作流自动化、任务管理、市场衡量指标、时间表管理、电话促销管理、邮件促销管理、Web 促销管理。

市场经理比较关心的是市场定位是否准确？产品品牌是否有所提高？成本是否控制在预算内？市场活动是否有效？为销售带来了多大的机会？

客户管理在企业成功方面起着很重要的作用，要求所有业务流程的流线化和自动化，包括经由多渠道的客户的“接触点”的整合，前台和后台之间的运营的平滑及相互链接和整合。

举一个简单例子来说明销售、市场和服务一体化：举行一次市场活动后，收到大量的名片，市场部将名片输入客户信息中，客户关系管理系统就会将这些感兴趣人的信息自动按行业、地域等分派给相应的销售代表或销售经理，销售人员就会对感兴趣的人进行跟踪。销售人员对急待需求的人员或单位会安排讲座，将讲座的内容安排、听众的组成、达到的最低目标和最高目标等输入客户关系管理系统中并自动传给相应的售前经理，在售前经理的计算机上，会弹出一个待办事宜的窗口，由他安排讲座的活动，安排好的活动会自动传给相关的人员。在讲座安排日期前的指定时间，计算机会自动提示相关人员参加活动，并将该活动自动记录到销售过程中，以便以后统计该项目活动的有效性和项目成本核算。如果此次活动不成功，销售人员还要填写存在的问题等。这是客户关系管理的一个销售流程管理，也体现了市场、销售和售前共享一个数据库，使它们一体化。

(3) 在服务方面，当销售成功后，客户服务部门就能在系统中及时看到相关客户服务的信息，当客户打来电话投诉时，如果客户的电话号码和客户信息中的号码一致，客服人员的计算机显示屏上将马上弹出客户的基本信息，客服人员马上会问道：“您是××先生吗？您×年×月×日购买了我们公司的××产品，现在需要我为您提供什么服务？”本来客户非常生气，想大发脾气，但是，厂商对客户如此了解，客户的气也就消了一半。为什么会这样？是因为在客户关系管理系统中，销售、市场和服务的数据是共享的，这样就不会造成当客户投诉多次时，不同的客服人员给出不同的回答，因为每个客服人员的答复会自动记录在客户的服务信息中。

运营型客户关系管理是整个客户关系管理的基础，它收集了大量的客户信息、市场活动信息和客户服务的信息，并且使销售、市场、服务一体化、规范化和流程化，但是，对于大量的客户信息，将如何处理，如何从数据中得到信息，从信息中得到知识，对我们的决策和政策制定加以指导是十分重要的。那么，自然引导出分析型的客户关系管理。

2. 分析型客户关系管理

分析型客户关系管理是客户关系管理系统的“心脏”和“大脑”，它为企业的决策提供指导。分析型客户关系管理主要是分析运营型客户关系管理和原有系统中获得的各种数据，继而为企业的经营和决策提供可靠的量化数据。分析型客户关系管理一般需要用到一些数据管理和数据分析工具，如数据仓库、联机分析处理和数据挖掘等。

例如，为了给客户提供更好的服务，赢得客户的忠诚，首先必须了解客户的效益率。通过客户的各种背景数据和其过去交易行为数据，建立合适的客户终身价值模型，按照客户的终身价值对客户进行分类，预测其未来的趋势，了解每类客户能为公司带来多少效益。只有为不同类型的客户提供他们最需要的产品或服务，公司才能优化利用其有限的资源，集中服务于所挑选的客户群体。

客户关系管理数据仓库不是为了存储数据，而是为市场的定位和销售策略的制定更好地组织企业内的所有可能收集到的数据。建立数据仓库不是目的，只是进行分析的中间环节，保证数据的一致性、准确性、综合性、易用性，为各种分析方案提供统一的数据源，因而以客户为中心的数据仓库是根据客户管理的需求，对企业所有可能和客户相关的数据进行重组，使企业对自己的客户具有统一的认识。

分析型客户关系管理（见图 10–2）具有六大支柱性功能：客户分析、客户建模、客户沟通、个性化、优化、接触管理。

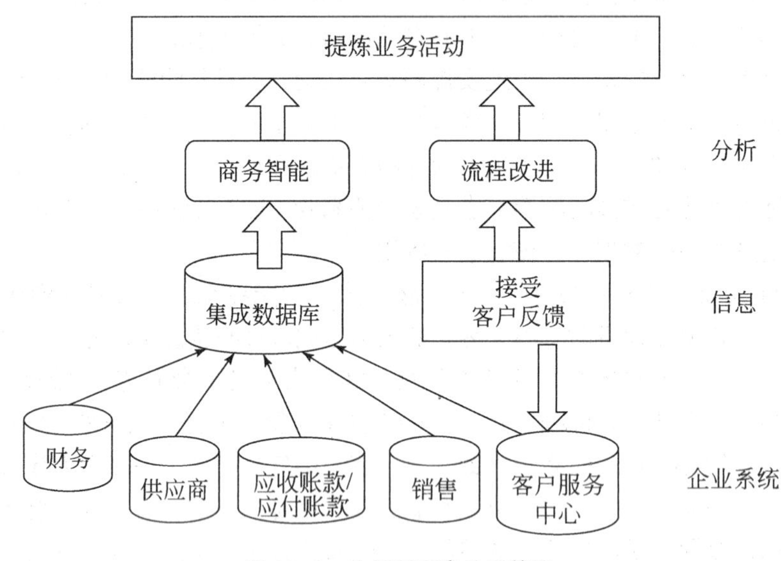

图 10–2　分析型客户关系管理

分析型客户关系管理把大量的销售、市场、服务和业务数据进行整合，使用数据仓库、数据挖掘、联机分析处理和决策支持技术，使完整的、可靠的数据转化为有用的、可靠的信息，再将信息转化为知识；进一步为企业提供技术和战略上的商业决策，为客户服务和新产品的研发提供准确的依据；提高企业的竞争能力，使公司能够把有限的资源集中服务有效的客户群体，并同这些客户保持长期和有效益的关系，分析性客户关系管理使这一切成为可能，它是一种处理大容量的客户数据的方法，为了获得可靠的信息支持决策和作战商业决策。

有了分析的结果，一方面，将分析的结果交给领导做决策；另一方面，将分析的结果，通过合适的渠道（电话、E-mail、传真、书信等方式）自动地分发给相关的客户。如我们已经分析到一类客户可能会流失，那么应该给这些客户以关怀。客户关系管理系统自动地将这些客户的联络方式发送到客户服务中心，通过客户服务中心与客户进行互动、关怀。这就需要协作型的客户关系管理。

3. 协作型客户关系管理

协作型客户关系管理将实现全方位的客户交互服务和收集客户信息，实现多种客户交流渠道，如呼叫中心、面对面交流、网站、电子邮件、社交媒体（微博、微信）、App 等，使各种渠道融会贯通，以保证企业和客户都能得到完整、准确和一致的信息。

客户关系管理整体解决方案的基本流程如下。

（1）运营型客户关系管理的软件从客户的各种“接触点”将客户的各种背景数据和行为数据收集并整合在一起。

（2）将企业的运营数据和外来的市场数据经过整合和变换，装载入数据仓库。运用联机分析处理和数据挖掘等技术从数据中分析和提取相关规律、模式或趋势。

（3）利用动态报表系统和企业信息系统等，把有关客户的信息和知识在整个企业内进行有效的流转和共享。这些信息和知识将转化为企业的战略和战术行动，用于提高所有渠道同客户交互的有效性和针对性，把合适的产品或服务，通过合适的渠道，在适当的时候，提供给适当的客户。

客户关系管理整体解决方案除了提供运营型客户关系管理的产品外，还提供客户关系管理通常包含的分析和应用：客户群体分类分析和行为特征分析、大客户效益分析和预测、客户背景分析、客户满意度分析、交叉销售分析、产品或服务使用分析、客户信用分析、客户流失分析、欺诈发现、市场分类分析、市场竞争分析、客户服务中心优化等。

10.2 客户生命周期

企业要获得一个客户并长久保持跟客户之间的良好关系，需要付出艰苦的劳动，花费大量的时间。本节就从客户生命周期的概念出发，分析在不同阶段客户关系管理的作用。

10.2.1 客户生命周期的含义

客户生命周期是指从一个客户开始对企业进行了解或企业欲对某一客户进行开发开始，直到客户与企业的业务关系完全终止且与之相关的事宜完全处理完毕的这段时间。客户生命周期是企业产品生命周期的演变，但对商业企业来讲，客户生命周期比企业某个产品的生命周期重要得多。客户生命周期描述的是客户关系从一种状态（一个阶段）向另一种状态（另一个阶段）运动的总体特征。一般来说，客户生命周期分为四个阶段。图 10-3 描述了典型的客户生命周期曲线。

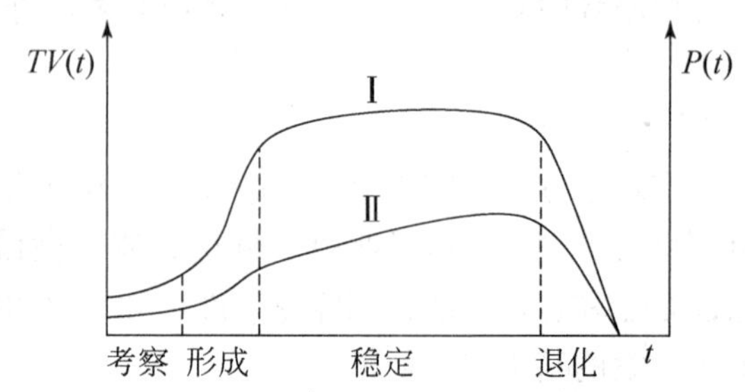

图 10–3 典型的客户生命周期曲线①

1. 考察期

双方相互了解不足、不确定性大是考察期的基本特征，评估对方的潜在价值和降低不确定性是这一阶段的中心任务。在这一阶段，客户会下一些尝试性的订单，企业与客户开始交流并建立联系。因客户对企业的业务要进行了解，企业也要对其进行相应的解答，某一特定区域内的所有客户均是潜在客户，企业投入是对所有客户进行调研，以便确定出可开发的目标客户。此时企业有客户关系投入成本，但客户尚未对企业做出大的贡献。

2. 形成期

形成期是客户关系的快速发展阶段，表明在考察期双方相互满意，并建立了一定的相互信任和交互依赖。在这一阶段，双方从关系中获得的回报日趋增多，交互依赖的范围和深度也日益增加，逐渐认识到对方有能力提供令自己满意的价值（或利益）和履行其在关系中担负的职责，因此愿意承诺一种长期关系。

在这一阶段，随着双方了解和信任的不断加深，关系日趋成熟，双方的风险承受意愿增加，由此双方交易不断增加。当企业对目标客户开发成功后，客户已经与企业发生业务往来，并且业务在逐步扩大，此时已进入客户成长期。企业的投入和开发期相比要小得多，主要是发展投入，目的是进一步融洽与客户的关系，提高客户的满意度、忠诚度，进一步扩大交易量。此时客户已经开始为企业做贡献，企业从客户交易取得的收入已经大于投入，开始盈利。

3. 稳定期

稳定期是客户关系发展的最高阶段，这一阶段有较明显的特征：① 双方对对方提供的价值高度满意。② 为能长期维持稳定的关系，双方都做了大量有形和无形的投入。③ 大量的交易。因此在这一阶段，双方的交互依赖水平达到整个关系发展过程中的最高点，双方关系处于一种相对稳定状态。此时企业的投入较少，客户为企业做出较大的贡献，企业的业务交易量处于较高的盈利时期。

4. 退化期

退化期是客户关系发展过程中关系水平逆转的阶段。关系的退化并不总是发生在稳定期后的第四阶段，实际上，在任何一个阶段关系都可能退化。图 10–4 描述了退化出现的阶段。

---

① 图中 *TV* 是总销售额，*P* 代表收益。

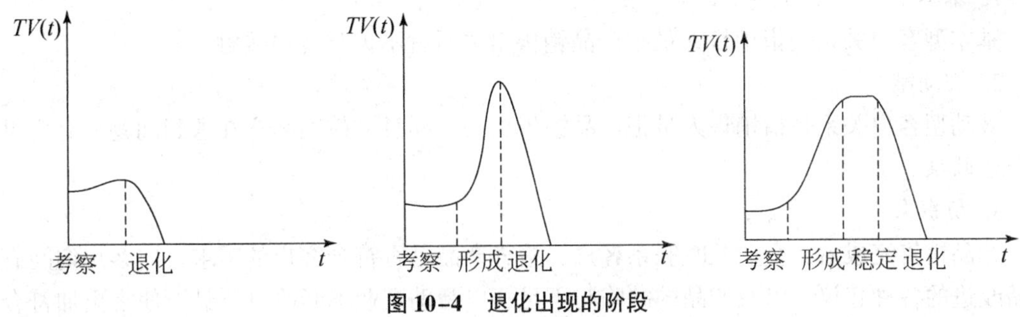

图 10-4 退化出现的阶段

引起关系退化的可能原因很多，如一方或双方经历了一些不满意、需求发生变化等。

退化期的主要特征有：业务交易量下降；一方或双方正在考虑结束关系甚至物色候选关系伙伴（供应商或客户）；开始交流结束关系的意图等。当客户与企业的业务交易量逐渐下降或急剧下降，客户自身的总业务量并未下降时，说明客户已进入退化期。

此时，企业有两种选择，一种是加大对客户的投入，重新恢复与客户的关系，进行客户关系的二次开发；另一种做法是不再做过多的投入，渐渐放弃这些客户。企业两种不同的做法自然就会有不同的投入产出效益。当客户不再与企业发生业务关系，且企业与客户之间的债权债务关系已经理清时，意味着客户生命周期的完全终止。此时企业有少许成本支出而无收益。

表 10-1 从交易额、价格、成本、间接收益、利润等角度分析了客户生命周期四个阶段的特点。

表 10-1 客户生命周期各阶段的特点

变量	考察期	形成期	稳定期	退化期
交易额	总体很小	快速增长	最大并持续稳定	回落
价格	为吸引客户，一般为较低的基本价格	有上升趋势，形成期后期变得明显	价格继续上升，具体取决于公司增值能力	开始下降
成本	最高	明显降低	继续降低至一个低限	回升，但一般低于考察期
间接效益	没有	后期开始有间接收益，并有扩大趋势	明显，且继续扩大	开始下降
利润	很小甚至负利润	快速上升	继续上升，但后期减缓，最后稳定在一个高水平上	开始下降

10.2.2 客户关系的类型

客户关系的类型是企业的经营主体，不同的客户群需要建立不同类型的客户关系。美国营销学大师菲利普·科特勒将企业建立的客户关系概括为五种类型。

1. 基本型

基本型客户关系是指销售人员把产品销售出去后就不再与客户接触。

2. 被动型

被动型客户关系是指销售人员把产品销售出去，同意或鼓励客户在遇到问题或有意见时与企业联系。

3. 负责型

产品销售完成后，企业及时联系客户，检查产品是否符合客户的需求。向客户询问有关产品改进的各种建议，以及产品的缺陷与不足，以帮助企业不断改进产品，使之更加符合客户需求。

4. 能动型

产品销售完成后，企业不断联系客户，提供有关改进产品的建议和新产品的信息。

5. 伙伴型

企业和客户共同努力，帮助客户解决问题，支持客户的成功，实现共同发展。

对于企业而言，这五种不同程度的客户关系类型之间并不存在好坏、优劣的简单对比关系。不同企业甚至同一企业在面对不同客户时，都有可能建立不同的客户关系类型。

10.2.3 客户识别与选择

1. 识别与选择顾客

核心客户并不总是那些拥有大片市场的、全国性的甚至全球性的大客户。衡量客户对企业的价值（吸引力），要看客户对企业产品消费的增加潜力及其对企业的长期价值。目前在评估客户价值方面，有两类方法可以结合使用：人口统计法和心理描绘法。通过它们分析每个客户的平均收益、较高利润的产品或服务的使用百分比、销售或订单的趋势以及客户支持或服务的成本等。要注意到，无论客户具有怎样的吸引力，投资者的投资决定总是建立在与核心客户的合作关系能否达成的现实之上。

从原则上讲，要提高客户的吸引力是比较困难的，除非为了获得新的核心能力而完全改变业务方向。通过与客户之间的关系量化，能够比较容易地改善与客户的关系。

2. 核心客户的策略性选择

对待核心客户，通常有四种策略：第一种，将其作为发展目标；第二种，为防止核心客户被竞争对手掠走采取防御策略；第三种，用最小量的资源维持现有关系；第四种，退出。

经过筛选后，对有较好市场前景且吸引力强的客户应当用第一个发展策略。防御策略用于防止现有的核心客户被竞争对手抢走，特别是在潜在的市场成长十分有限的情况下。当然，运用这两个策略都需要投入一些资源。然而，不管从长期还是短期来看，这些经过筛选的客户往往对实现公司目标起着举足轻重的作用，所以，资源的投入是非常值得的。

用最少量资源维持现有关系的策略适用于那些合作业务发展得比较好，但在吸引力指标或核心能力方面并不特别适合的客户。此策略将使用的资源控制在一定范围之内，与客户的信息交流方式上更依赖邮件和展示会。

当然，供应商使用后两种策略对待的客户已不可能保持核心客户的地位。然而在资源的制约下，总有一些客户被挑选出来作为发展业务关系的对象。一个供应商如果同大量有较强吸引力的客户保持良好的关系，供应商很有可能将大部分资源花费在防御策略上；如果拥有较少此类客户，供应商将把大部分精力放到同少量优势客户发展更加稳固的关系上。

3. 在能力上与客户相匹配

迈克尔·波特将可持续的竞争优势解释为：在长期的运作中，能持续地产生出高于行业平均水平的利润。因此，利润是企业获得可持续竞争优势时的必然结果。发展可持续竞争优势有以下三个要素。

（1）能力。这里所说的能力，是指企业的实际能力——企业所擅长的是什么，并不是指技能或者具体某个人的能力。从本质上讲，能力这一概念与普遍存在的 SWOT① 分析中的优势与劣势的概念是一样的。企业要想找到核心能力，就要更加详细地研究企业的实际能力及其在实现可持续竞争优势的过程中所扮演的角色，同时，考虑企业为具体的客户群体服务的能力。如果能力为客户增加了已经认识到的使用价值，或者如果与竞争对手相比，能力能够使企业以更低的成本来为客户服务，那么这样的能力便是最好的价值。从这种前后关系中可以看出，能力不是绝对的，是相对于客户特性描述和相关的竞争对手而言的。

（2）稀有性。能力分成两种，一种是相持性的并在行业中属于通用的能力；另一种是能获得优势的并属于稀有的能力，能够在二者之间进行区别是很重要的，也是完全必要的。为了做到这一点，必须做更深层次的描述：例如，革新能力是一个很广泛的能力类别，在这个类别里可能包括许多要素，如产生思想方法的能力；招募新工作人员以及激发起工作人员创造力的能力；在进入更昂贵的评估阶段之前，为了保证观点、思想、方法能够得以甄别、挑选而进行的开发精密复杂的报告系统的能力等。所有这些都是革新能力的组成部分，稀有能力就存在这些子要素之中。

（3）可持续性。在企业里，任何事情都不能说可以永远真正地可持续下去，如果一件事能够持续一定的时间，它就能成为竞争优势的基础。如果一种能力很快被竞争对手学习并复制，这种能力很快就失去了它应有的价值。这是因为该能力所提供的竞争优势不能持续下去，从而不能给企业带来长期的利益。

可持续性的本质实际上是以难于效仿的能力为支撑。这些能力往往是深深植根于企业之中，已经成为企业的组成部分，所以识别和效仿起来是非常困难的，这样的能力涉及复杂的相互作用、相互影响和相互关系。

10.2.4 客户保持

客户的真正需求是企业建立有效的长期客户关系的根本出发点。因为，不了解客户的真

① SWOT 是英文单词 strengths（优势）、weakness（劣势）、opportunity（机会）、threats（威胁）的首字母。

正需求，就不可能与客户开展长期互动的接触、联络、交流等一系列客户关系的实质性活动，更谈不上对于客户的长期保持。

事实上，即使是与客户直接接触的市场营销部门也无法非常准确地把握客户的需求，因此，对于客户的长期保持是非常大的难题。原因来自两方面：一是客户对现有产品的需求是多样化的；二是加强企业灵活性生产的能力，从而使企业与最具价值客户的每一次互动更为灵活有效。

以下这个案例说明了解客户需求的重要性，该案例最早是由美国印第安纳大学的运作管理学教授罗伯特·希尔在研究质量流程问题时使用过的：日本石水住宅的工厂用标准房屋组件定制房屋，其中房屋的布线是按“智能屋”来设置的，使用计算机辅助设计，用 3 天时间就可以完成 80% 的工作。可是实际上，石水住宅与业主共同商讨设计房屋的时间几乎等于组装房屋的时间；最后业主在房屋建成 30 天后才入住，其中大部分时间花在设计调整上，因此即使业主自行设计、自定风格，房屋落成后，仍然会有不满意之处，通过调整就可以完全适合业主的需求。石水住宅的业务取得了很大的成功，其经验首先就在于，企业要定位于采取有效措施来满足客户特定的需要，甚至包括引导其发现自己真正的需要。而当企业真正发掘客户的真正需求时，才能与客户建立起长久的客户关系，使这些客户得以保持。

另外，要对企业客户的流失进行监控和研究。客户流失并不是对客户关系的否定，而是对实施它的迫切性和必要性的再次证明，也是对客户保持的推进。因此对客户流失状况进行监控，分析客户流失的原因，这样企业就可以及时发现经营管理中需要改进的环节，其结果有时甚至可以把流失的客户重新吸引回来，并建立起更加牢固的长期客户关系。

10.2.5 客户忠诚

1. 客户忠诚的概念

客户忠诚是企业盈利的源泉和成长基石，是企业最大的无形资产。客户关系管理中的忠诚与日常生活中的忠诚概念有所不同。客户忠诚是指客户长期锁定于你的公司，使用你的产品，并且在下一次购买类似产品时还会选择你的公司。其内涵有三个方面：一是态度取向。它反映了客户对企业产品的积极取向程度，对企业或品牌产生情感，甚至引以为荣的态度，进而表现出持续购买的欲望。二是行为重复。它是指客户在一次购买之后继而持续购买的概率，以客户购买产品的比例、购买的顺序、购买的可能性等指标来衡量。三是主动推荐行为。代表了客户对企业产品的积极态度，也反映了客户愿意将企业产品推荐给其他潜在客户的意愿。

客户忠诚是指客户对企业的产品或服务的依恋或爱慕的感情，它主要通过客户的情感忠诚、行为忠诚和意识忠诚表现出来。

（1）情感忠诚表现为客户对企业的理念、行为和视觉形象的高度认同和满意。

（2）行为忠诚表现为客户再次消费时对企业的产品或服务的重复购买行为。

（3）意识忠诚则表现为客户做出的对企业的产品或服务的未来消费意向。

2. 客户忠诚的类别

（1）垄断忠诚。这种忠诚来源于产品或者服务的垄断性质，例如家庭用电，电力公司在市场中具有绝对的垄断地位，所以即使客户对电力公司的服务不是很满意也不可能放弃用电。在这种情况下，不论客户满意与否都别无选择，只能长期使用企业的产品或服务。

（2）亲缘忠诚。企业的下属人员甚至企业下属人员的亲属会对企业的产品或者服务产生一种很牢固的忠诚心理。但事实上，他们也许并不满意企业的产品或服务，只是出于对企业的一种归属感。

（3）利益忠诚。这是相对于价格敏感型客户而言的。当企业给予这些客户诸如价格刺激、促销政策的时候，企业的产品对于这些客户来说拥有很大的诱惑力，因而这些客户对企业的产品处于一种短暂的忠诚状态，而这种忠诚度是极不稳定的，他们会随着市场的变化而发生转移。

（4）惰性忠诚。这是客户消费的一种习惯性行为。比如家庭主妇会长期在固定的超市购物，原因可能是该超市距离自己的家很近。而一些采购人员会选择一些固定的供应商，也是因为他们对该供应商的订货流程比较熟悉。

（5）信赖忠诚。当客户对企业的产品产生信赖感，并愿意长期购买的时候，这种忠诚就建立了。它是高可靠度、高持久性的，是比前面任何一个忠诚都牢固的，是企业最终所追求的忠诚类型。

（6）潜在忠诚。它是指客户虽然拥有却还没有表现出来的忠诚。比如奢侈品行业，客户对某种奢侈品牌具有强烈的追逐欲望，却因价格等各方面原因而限制了客户的需求，但是这种忠诚会随着市场以及客户自身的变化而发掘出来。

各种忠诚的持久性和客户依赖性如图 10-5 所示。

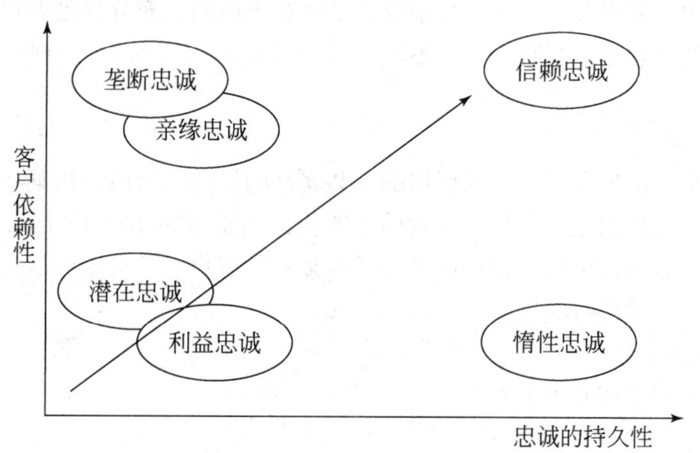

图 10-5 各种忠诚的持久性和客户依赖性

3. 客户忠诚的重要性

获得新客户需要付出成本，特别是在市场竞争激烈的行业中，成本更加昂贵。而忠诚客户能够在没有诱因（如降格刺激、促销活动等）的情况下，反复购买企业的产品或服务。

新客户对于企业的贡献是微薄的，甚至短期内无法为企业带来利润。而忠诚客户对于企业的贡献是巨大的，因此企业的大部分收入往往来自少部分的忠诚客户。

忠诚客户能够帮助企业增强竞争壁垒，阻止竞争对手的进入。忠诚客户能够成为高效的企业品牌传递者，主动向企业的潜在客户推荐企业的产品或服务，这种“口碑”效应相对于广告来说成本要小得多，但效果更好。忠诚客户在一定程度上不易受到产品价格、质量的影响，甚至愿意为其所接受的服务支付更高的价格。

10.3 客户分类与客户分级

“物以类聚，人以群分”，流失的客户各有各的离开原因，留下的客户却有相似的理由。承认每一个客户的不同，找出他们的相似点，并为他们提供个性化的服务，是客户分类和分级的主要目的。

10.3.1 客户分类

客户分类管理，是根据客户的经济情况、客户对于企业的利润贡献、客户需求的差异性等，科学合理地配置企业的资源，并提供相应的能满足客户需求的产品或服务。

所有的客户都需要关怀、关注、爱护，但是企业的资源是有限的，因而，企业总是存在如何利用现有的外部环境条件和企业内部资源在客户关系管理和营销效益方面发挥作用。

在营销实践中，客户关系管理与营销效益是存在矛盾的。充分满足客户需求，并不一定能够增加企业的经济效益，有时候甚至不增反降，在这样的情况下，企业应区别实际情况，谨慎对待。

1. 分类发现

分类发现就是给出识别一个特殊群体的公共属性的描述，可以分析某些共同的特性，这个特性可以用来分类新的项。例如：喜欢网上购物的消费者中70%以上的人年龄在20～35岁。在获得有关的分类知识后，就可以进行适合某一类客户的信息服务活动，根据客户分类的信息对信息服务方式进行改进。

2. 客户分类的作用

客户分类的作用主要有以下5点。

（1）不同的客户带来的价值不同。

（2）企业必须根据客户的不同价值来分配相应不同的资源。

（3）不同价值的客户有不同的需求，企业需要分别满足不同客户的需求。

（4）能够更加准确、高效地把控客户需求，增加客户黏性。

（5）分类管理客户，制定不同的企业策略，将不同的客户转换为企业的忠诚客户。

3. 客户分类的方法

企业可以根据客户信息管理中的客户信息数据，掌握客户的资料，并依据企业的需要确定一个适合企业自身实际情况的客户分类方法。

按分类依据的不同，可以将客户分类分为基于客户统计学特征的客户分类方法，基于客户购买行为的客户分类方法和基于客户价值的客户分类方法三大类；按分类技术不同，可以将客户分类为定性的客户分类方法和定量的客户分类方法（见图 10-6）。这里主要讲述按分类依据划分的客户分类方法。

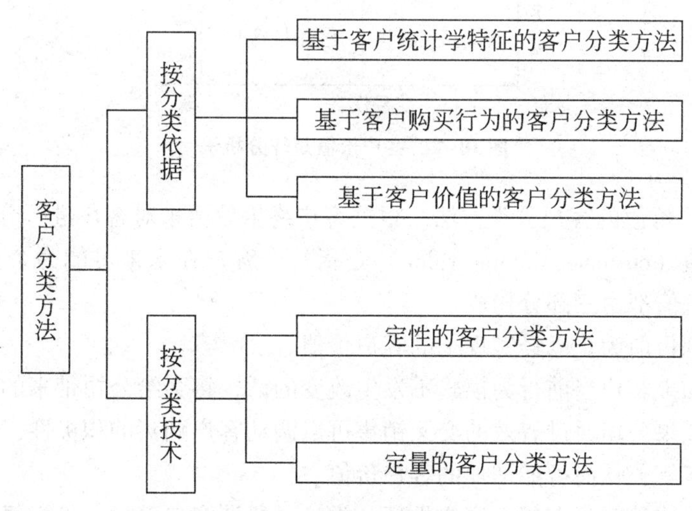

图 10-6　客户分类的方法

（1）基于客户统计学特征的客户分类方法。该分类方法分为两类：一类是针对个体消费者的，是指以客户年龄、性别、收入、购买产品数量、教育背景等统计学中某几项相结合进行分类的方法。另一类是针对企业消费者的，是指以客户的利润指标、成本支出指标、规模指标、运营状况指标等统计学特征中的某几项相结合进行分类的方法。基于客户统计学特征的客户分类方法较为简单、实用，但是存在很大的片面性。

（2）基于客户购买行为的客户分类方法。常见的客户购买行为的客户分类方法有 RFM[①] 分析法、客户价值矩阵分析法、基于客户份额的客户分类方法。

RFM 分析法是一种广泛应用于数据库营销的分析方法。RFM 分析法是一种比较有效的客户分析方法。一方面，RFM 分析法的指标都是基于购买行为的，其相关的原始数据也比较容易获取和作预处理。另一方面，可以清楚地看出每个客户 RFM 值的变化趋势，能够预测每个客户的购买行为。

客户价值矩阵分析法（见图 10-7）是在 RFM 分析法的基础上发展起来的，针对 RFM 分析法中客户与企业的交易次数和交易金额之间存在的多重共线性，以及得到的客户类别过

① RFM 是英文单词 recency（最近一次消费）、frequency（消费频率）、monetary（消费金额）的首字母。

多这两个缺点改进后得到的方法。该方法用客户平均交易额度代替总交易额，用客户与企业的交易次数与平均购买量构成的客户价值矩阵简化分类的结果，将客户划分为最好的客户、乐于消费客户、不确定客户和经常性客户。

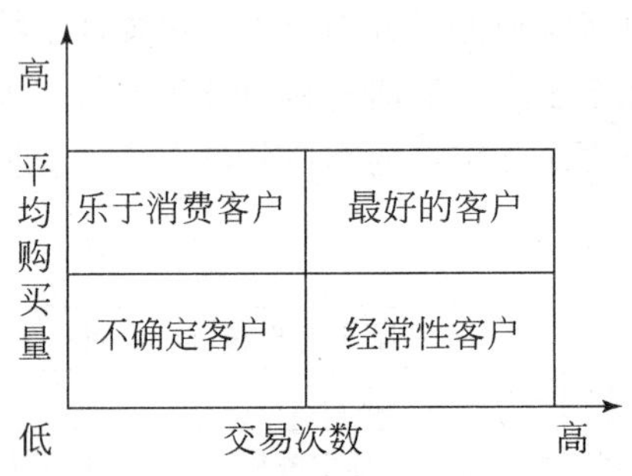

图 10-7　客户价值矩阵分析法

（3）基于客户价值的客户分类方法。根据客户终生价值来对客户进行分类。

客户终生价值（customer lifetime value）是指每个客户在未来可能为企业带来的收益总和。每个客户的价值都由三部分构成。

历史价值：到目前为止已经实现了的客户价值。

当前价值：如果客户当前行为模式不发生改变的话，将会给公司带来的客户价值。

潜在价值：如果公司通过有效的交叉销售可以调动客户购买的积极性，或促使客户向别人推荐产品和服务等，从而可能增加的客户价值。

除上述分类方法外，还有基于客户份额分类法：所谓客户份额，是指每个客户从本企业购买某一种产品或服务的数量占该客户购买该类产品或服务总量的百分比。通过比较该百分比的大小，将所有的客户分为四种类型（见图 10-8）。

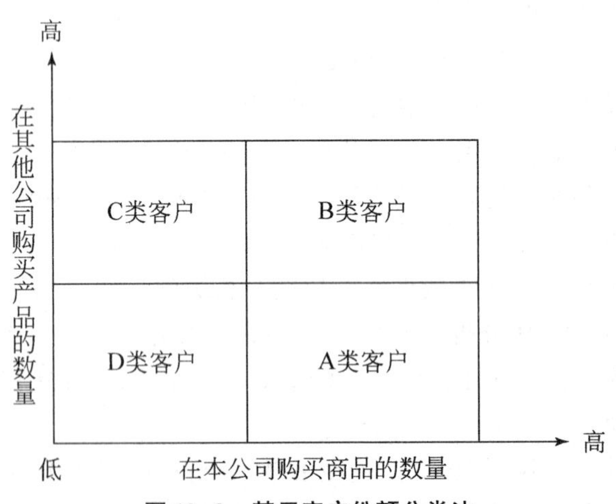

图 10-8　基于客户份额分类法

A 类客户的特点是在本企业购买产品或服务的数量高，在其他企业购买的数量低。该类客户是企业的 VIP 客户，他们给企业带来很高的收入。

B 类客户在本企业和其他企业购买的产品或服务的数量一样高。该类客户通常会给企业带来很大部分的收入，是很重要的、需要尽力维护的客户，对于该类客户应深入分析他们购买其他企业产品或服务的原因，制定相应的挽留策略，使该类客户转换为 A 类客户。

C 类客户在其他企业购买产品或服务的数量高，而在本企业的购买量很低。这类客户虽然在本企业购买的数量很低，但是具有很大的开发潜质，所以应该采取主动型的策略来吸引该类客户成为本企业的大客户。

D 类客户在所有企业购买产品或服务的数量都很低，企业可以先不用花费太多的资源在该类客户身上。

10.3.2　会员制与会员等级

会员制是一种人与人或组织与组织之间进行沟通的媒介，它是由某个组织发起并在组织的管理运作下吸引客户自愿加入，目的是定期与会员联系，为他们提供有较高感知价值的利益包。会员制营销是一种深层次的关系营销，是维系会员的一种营销方式，一种能抓牢会员的心、提高会员忠诚度的营销手段。会员制营销的目标是通过与会员建立富有感情的关系，不断激发并提高他们的忠诚度。会员管理软件，是通过软件信息技术方式，帮助企业达到“开拓新客户、维系老客户”的经营目的。

会员是客户关系管理体系的一部分，与客服、积分共同成为客户关系管理的三驾马车。客户关系管理的目的是维系高级用户，促进用户的持续消费与黏性，形成品牌知名度。完整的会员体系由科学合理的会员制度、数据分析和会员管理三部分构成（见图 10-9）。

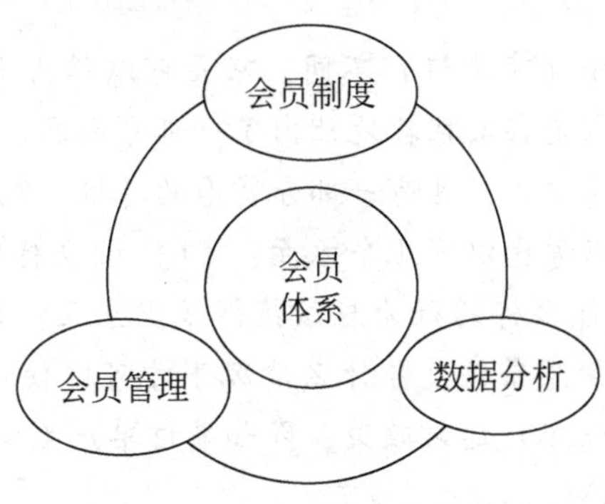

图 10-9　会员体系的构成

【案例 10-1】

京东的会员制及会员等级

京东的会员体系包括：会员体系（京享值）、京豆、会员 plus、魔镜等级。

1. 会员体系（京享值）

会员体系的存在是用于回馈忠实用户，鼓励用户多进行购买操作。此处说的会员体系只是用户积攒的积分，积分到达一定额度后会员等级提升，而非付费用户。

每个等级的用户都具有独享的特权，这些特权有两个作用：一是鼓励用户多消费，提升等级；二是通过刺激用户的攀比心理，让用户多消费。

在设立会员体系中的等级时，需要确立用户的行为（特定任务）、积分、会员等级之间的关系。

会员体系中的积分通常都会采用产品中最核心的操作作为依据，例如QQ和微博采取登录时长作为依据，京东和天猫采用消费金额作为依据。积分和操作之间的对应关系确定时没有严格的标准（不像虚拟货币需要考虑汇率），只要是整数且大小适中、利于计数就可以。

会员等级本身就意味着某种特权，所以积分和会员等级之间的关系就是积分与特权之间的关系。在设立时有三个依据：一是各个消费阶层的人群占比，二是各个特权对应的成本，三是产品愿意为此付出的成本。

积分有以下特点：用户通过完成指定操作获取积分，而积分又可以直接或间接（升等级）用来兑换特权。积分从哪儿来呢？当用户完成某些核心操作时，积分会被赠予用户。

京东的积分称为京享值，是根据用户近12个月在京东商城和京东金融的账户信息、消费金额、活跃互动、小白信用和信誉等方面的行为，综合算出的分值。分值每天更新，每月1日结算最近12个月的分值。随着京享值的不断提升，会员可享受的会员权益也会越多。会员可通过完善账户信息、增加购物消费，经常参与评价晒单、转发分享及回答提问等途径提升京享值。

2. 京豆

京豆同会员体系中的积分（京享值）不同，京豆可以作为虚拟货币在结算时进行抵扣。当用户使用这种积分时，京东是实实在在地让出了一部分利润。

京豆作为一种回馈用户的方式，具有一部分货币的特性。既然是货币，就要控制汇率和流通。京豆在具体设计时，应考虑以下几个方面：(1) 设立标准，即什么样的行为应该获得京豆？(2) 衡量价值，即什么样的行为应该获得多少京豆？(3) 设定汇率，即京豆与真实货币的比率是多少？(4) 使用条件，即什么情况下才可以使用京豆进行结算？(5) 销毁机制，即京豆是否有有效期？(6) 退订政策，即如果订单产生退换货，京豆如何处理？

3. 会员Plus

会员Plus是京东为客户打造的高级会员服务，通过为会员提供高品质的客户服务，让网购变得更加方便、省钱和放心。会员Plus作为一种增值服务，为付费的会员提供了比普通会员体系更多的特权。由于会员Plus需要用户支付会员费，所以选取的特权也需要对付费用户具有额外的吸引力。它有以下好处：一是让有能力并有意愿付费的用户有了获取更多特权的途径；二是有助于让用户成为产品的忠诚用户。

4. 魔镜等级

魔镜等级是根据京东客户购物记录、售后服务记录、诚信记录等进行综合评估划分的服务级别，服务级别越高，可享受的售后特色服务权益也越多。魔镜 S 等级代表着 Super/Service/Smile，S 是闪电退款、上门换新，是售后，也是守候。魔镜等级的提供，旨在优化售后环境，为客户提供更健康、更高效的售后服务。

保持良好的购物和售后服务行为将有助于更快地提升魔镜等级，例如按约定的时间将商品返回指定地址、如实描述商品故障及使用场景等。

魔镜等级每个月会进行更新，如果近 90 天内拍下未付款订单过多或存在不诚信行为等，可能会影响客户的等级，导致降级。

10.4 客户分析与个性化服务

随着与客户互动的不断增加，客户关系管理系统中积累的客户数据也越来越多，利用这些数据为客户提供更好的服务、发现更多的商机，是分析型客户关系管理的任务。其中，挖掘存量客户价值、精细营销、促进增长成为企业关注的焦点。图 10-10 描述了客户数据分析的过程。

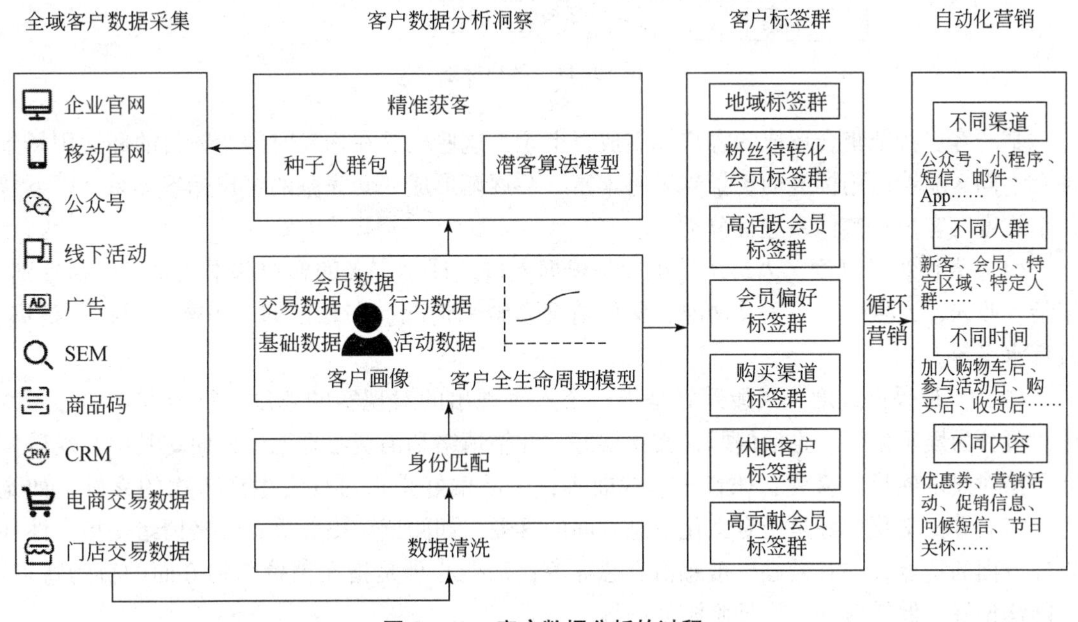

图 10-10 客户数据分析的过程

10.4.1 客户标签

客户标签是表达人的基本属性、行为倾向、兴趣偏好等某一个维度的数据标识，它是一种相关性很强的关键字，可以简洁地描述和分类人群。客户标签（见图10-11）通常是一个或多个客户特征的集合，构成集合的特征也称为业务特征规则，是表达客户标签规则的原子组成。企业可以通过构建客户标签，分析客户的消费习惯，给客户的消费行为打上专属标签，并根据标签内容画出客户画像，继而有针对性地进行精准营销。

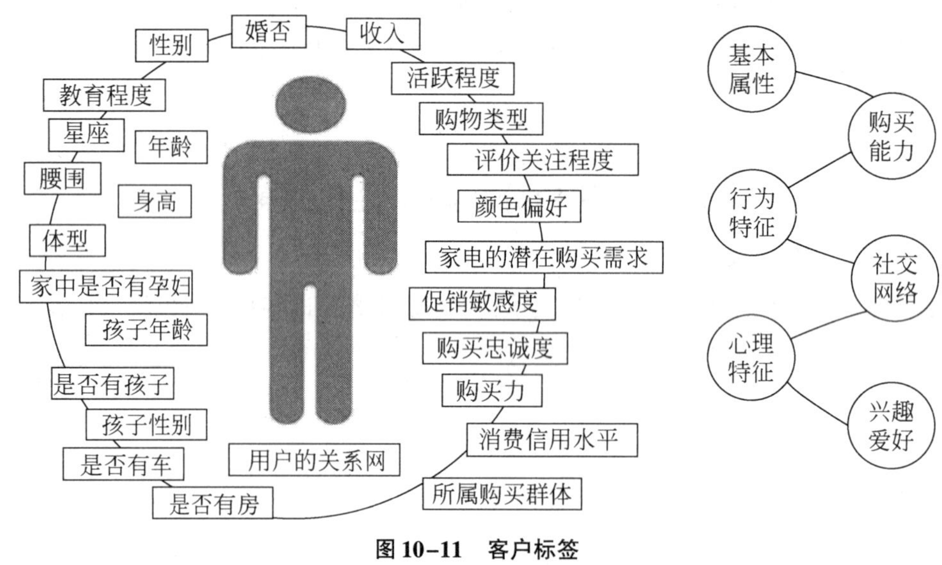

图10-11 客户标签

基于客户特征集合形成的客户标签成百上千，这些标签在构建时的业务目的和适用场景各有不同。随着应用标签的场景越来越丰富，会逐渐形成一套完整的客户标签体系。以下从几个维度对客户标签体系进行分类。

（1）人口统计维度。人口统计维度是根据人口统计学定义的客户基本信息，包括性别、年龄、收入、人生阶段、子女情况、父母情况、婚姻情况、宗教信仰、民族、国籍、籍贯、教育水平等。

（2）兴趣爱好维度。兴趣爱好是指一个人表现出的对现实的态度、行为方式和心理特征，可分为娱乐偏好、生活偏好、文化偏好、性格情绪和消费心理五个方面。其中，娱乐偏好是指对娱乐项目的喜爱，如音乐、戏曲等；生活偏好是指对日常生活事物的喜好，如宠物、家居等；文化偏好是指对文化信息方面的喜爱，如阅读、摄影等；性格情绪是指个性和心理方面的特点，如有爱心、重感情、急躁等；消费心理是指在消费购物方面的行为特点，如网购偏好、促销偏好、假日旅游偏好等。

（3）社会属性维度。社会中不同类别的人会以家庭、邻里、朋友等群体形式生活，社会属性维度就是描述社会群体的一些特性，主要包括生活特征、工作特征和社交特征。其中，生活特征是指居住区域（如市中心、郊区）、是否购车、是否购房等；工作特征是指工作区域、工作性质、行业类别、工作职务等；社交特征是指交友情况（友人众多或很少）、社交圈属性（如高端知识分子、篮球爱好者等）、人群归属（如大学生群体、恋爱群体等）。

10.4.2 客户个性化推荐

调查显示，90% 以上的信息对于 90% 的用户是无用的，其后果就是用户要花费大量的时间搜索所需信息，导致信息超载问题，使信息的利用率大大降低。在时间和资源等因素的制约下，用户不希望被淹没在信息的海洋中，人们渴求从网络中高效地寻找到所需的信息。

传统的信息服务主要利用搜索引擎解决这个问题。搜索引擎的本质是帮助用户找到其所需资源，用户在使用搜索引擎时，需要事先知道搜索的对象是什么，在输入相关的关键词后才能找到需要的资源。搜索引擎属于被动式的网络服务，且不同用户搜索的结果仍然相同，无法满足用户的个性化需求，也不能有效地解决信息超载问题。由此，个性化推荐技术应运而生，推荐的本质是帮助用户找到其所需要的资源。推荐系统通过用户的历史访问记录，猜到用户的需求，把用户需要的资源找出来，推送给用户。

1. 个性化推荐系统的组成

个性化推荐系统主要由三个模块组成（见图 10-12）：行为记录模块、模型分析处理模块和推荐模块。行为记录模块用于记录用户的行为，包括用户注册信息、用户评价信息、用户历史行为信息。模型分析处理模块对用户的行为进行记录和分析处理，利用推荐算法建模，找到用户潜在的兴趣爱好以及对项目的喜好程度。然后利用推荐模块，将用户可能喜欢的内容推荐给用户，包含购买建议、文本评价等推荐形式。

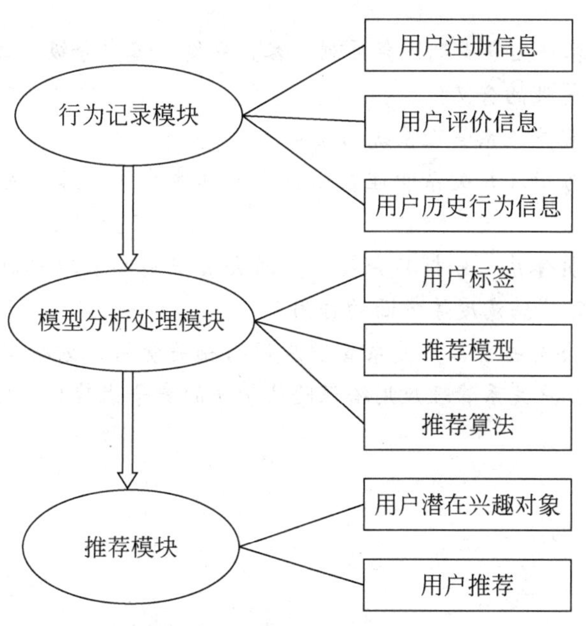

图 10-12 个性化推荐系统的组成

2. 个性化推荐系统的作用

个性化推荐最大的优点是，它能收集用户特征资料并根据用户特征（如兴趣偏好），为用户主动做出个性化的推荐。而且，系统给出的推荐是可以实时更新的，即当系统中的商品库或用户特征库发生改变时，给出的推荐序列会自动改变。这就大大提高了电子商务活动的简便性和有效性，同时也提高了企业的服务水平。个性化推荐系统的作用主要表现在：

（1）将浏览者转变为购买者。电子商务系统的访问者在浏览过程中经常并没有购买欲望，个性化推荐系统能够向用户推荐他们感兴趣的商品，从而促成购买过程。

（2）提高交叉销售能力。个性化推荐系统在用户购买过程中向用户提供其他有价值的商品推荐，用户能够从系统提供的推荐列表中购买自己确实需要但在购买过程中没有想到的商品，从而有效提高系统的交叉销售。

（3）提高客户忠诚度。与传统的商务模式相比，电子商务系统使用户拥有越来越多的选择，用户更换商家极其方便，只需点击一两次鼠标就可以在不同的电子商务系统之间跳转。个性化推荐系统分析用户的购买习惯，根据用户需求向用户提供有价值的商品推荐。如果推荐系统的推荐质量很高，那么用户会对该推荐系统产生依赖。因此，个性化推荐系统不仅能够为用户提供个性化的推荐服务，而且能与用户建立长期稳定的关系，从而有效地保留客户，提高客户的忠诚度，防止客户流失。

练习题

1. 名词解释

客户关系管理　客户生命周期　会员制　客户分类　客户分级　客户忠诚

2. 简述客户关系管理的含义。

3. 分析不同类型客户关系管理系统的特点。

4. 以银行为例，分析客户关系管理在银行业的具体应用，客户关系管理给银行带来的好处。

5. 了解京东的会员体系，分析其会员体系的会员规则和激励机制，分析其会员体系在增加客户黏性、提高客户满意度等方面的作用。

6. 收集平安保险公司关于客户关系管理应用的相关资料，分析保险业客户关系管理的具体应用领域，以及客户关系管理应用给保险业带来的竞争优势。

第 11 章　企业数字化运营

【学习目的与要求】

1. 重点掌握电子商务的概念和分类，社会化电子商务的概念和分类。
2. 掌握电子商务的基本要素，移动电子商务的特点及社会化电子商务的特征。
3. 熟悉社会化商务的工具与技术，社会化商务的好处和局限性。
4. 了解电子商务盈利模式及社会化电子商务盈利模式创新。

【内容提要】

本章从企业数字化运营的发展趋势出发，介绍了电子商务及社会化商务。主要内容包括：电子商务及其基本要素、分类；电子商务的盈利模式；移动电子商务；协作与社会化商务；社会化电子商务；社会化电子商务的盈利模式创新及社会化商务的创新应用等。

【引导案例】

星巴克：成功转型为社会化数字企业

2012 年 3 月 9 日，咖啡如往常一样煮着，店里的顾客如往常一样品着咖啡，在这平静的场景下，咖啡连锁巨头星巴克正酝酿一场重大改变。在这一天，星巴克增设了首席数码执行官这一新职位。数码执行官认为，星巴克的数字业务对公司的持续成功与它卖出的咖啡一样重要。这个时代的顾客资源是动态变化的，它同传统的市场观念完全不同，企业需要打开思路，探索新的方法。星巴克增设首席数码执行官是一个正确的选择，这表明他们意识到顾客和业务的流动性。星巴克做出的改变主要有（包括，但不限于）：

（1）提供简单的移动支付方式。星巴克鼓励消费者参与的数字化业务之一是采用移动支付系统。尽管已有基于近场通信的支付系统，但星巴克在苹果和安卓系统中植入二维条码扫描系统。也就是说，顾客可以在手机中带着一张星巴克卡。这个支付系统已于 2011 年 1 月推出，并受到客户的好评，截至同年 4 月份，星巴克已经处理了超过 4 500 万笔移动支付交易。

(2) 开拓社交应用。在社会媒体眼中，星巴克是精明品牌的代表。在推特流行前，星巴克就和它合作，现在星巴克已有2.5亿的粉丝。Facebook平台上有超过30亿的用户“喜欢”了解星巴克的最新信息，并参与到星巴克的状态更新中。星巴克也与谷歌进行合作，筹集资金来创造就业。星巴克出售脱销的价值5美元的Google offer（谷歌推出的团购服务），换取价值10美元的星巴克店铺信用。Google为每个有效offer捐赠3美元来支持星巴克为美国创造就业的倡议。这项促销是星巴克每日交易的首位，这并不是凭空想出的小生意手段，而是一种带来新生意的方式。

(3) 通过数字连接客户。星巴克通过数字技术联合了网页、手机和店内领域。该公司特别提供吸引人的数字免费赠品来吸引老顾客：完全免费的Wi-Fi和通过星巴克数字网络提供的轻松的内容。

星巴克通过数字化手段洞悉与之相连的客户需求。现在，我们看到的是充满科技化的星巴克，一个强大的零售商和革新者。

11.1 电子商务

随着全球经济一体化和信息技术的飞速发展，企业获取生产资料的途径与产品营销的范围日趋扩大，同时，现代企业竞争的结果使生产企业和商业企业都进入了一个微利时代，产品的成本和利润变得非常透明。而电子商务的推广，加快了世界经济的一体化。在网上实现商务交易活动后，需要一个有效的现代物流对实物提供低成本、高效率、适时、适量的转移服务，这使现代物流在整个商务活动中占有举足轻重的地位。电子商务带来对物流的巨大需求，而物流对电子商务发展的制约也日益突出。

11.1.1 电子商务的概念

随着互联网技术的不断发展，它不仅改变了商务模式，也改变了人们的生活，电子商务逐渐成为人们必须适应的新的商务交易模式。电子商务从20世纪后期出现后，在短短几十年的时间里就成为信息化时代的标志性事物。从本质上说，电子商务是人类追求高工作效率，促使商务活动信息化不断发展的结果，也是一种新的经济形态。在企业、市场甚至是国家经济运行中扮演着越来越重要的角色。

电子商务是以网络通信技术进行的商务活动。各国政府、学者、企业界人士根据自己所处的地位和对电子商务参与的角度和程度的不同，给出了许多不同的定义，但其关键依然是依靠电子设备和网络技术进行的商业模式。随着电子商务的高速发展，它已不仅仅包括其购物的主要内涵，还包括了物流配送等附带服务。

1. 学者观点

美国学者瑞维·卡拉科塔（Ravi Kalakota）和安德鲁·B. 惠斯顿（Andrew B. Whiston）

在其合著《电子商务的前沿》中提出:“广义地讲,电子商务是一种现代商业方法。这种方法通过改善产品或服务质量,提高服务传递速度,满足政府组织、厂商和消费者降低成本的需求。这一概念也用于通过计算机网络寻找信息以支持决策。一般来讲,今天的电子商务通过计算机网络将买方和卖方的信息、产品或服务联系起来,而未来的电子商务则通过构成信息高速公路的无数计算机网络中的一条将买方和卖方联系起来。” NIIT① 美国负责人约翰·朗格内克(John Longenecker)从营销角度将电子商务定义为“电子化的购销市场,使用电子工具完成商品购买和服务”。美国的埃姆海恩斯(Emmelainz)博士在其专著《EDI 全面管理指南》中,从功能角度将电子商务(electronic commerce,E-commerce)定义为“通过电子方式,并在网络基础上实现物资、人员过程的协调,以便商业交换活动”。加拿大专家詹金斯(Jenkins)和兰开夏(Lancashire)在其合著《电子商务手册》中从应用角度将电子商务定义为“数据(资料)电子装配线的横向集成”。

中国科技促进发展研究中心王可研究员认为,从过程角度把电子商务定义为“在计算机与通信网络基础上,利用电子工具实现商业交换和行政作业的全过程”。中国人民大学方美琪教授认为,从宏观上讲,电子商务是通过电子手段建立的一种新经济秩序,它不仅涉及电子技术和商业交易本身,而且涉及诸如金融、税务、教育等社会其他层面;从微观角度说,电子商务是指各种具有商业活动能力的实体(生产企业、商贸企业、金融机构、政府机构、个人消费者等)利用网络和先进的数字化传媒技术进行的各项商业贸易活动,这里特别强调两点,一是活动要有商业背景,二是网络化和数字化。西安交通大学李琪教授认为,依据内在要素不同,电子商务的定义有广义和狭义之分。广义的电子商务,是指电子工具在商务活动中的应用。电子工具包括从初级的电报、电话到 NII(national information infrastructure,国家信息基础建设)、GII(global information infrastructure,全球信息基础建设)和 Internet 等工具。现代商务活动是从商品(包括实物与非实物、商品与商品化的生产要素等)的需求活动到商品的合理、合法的消费除去典型的生产过程后的所有活动。狭义的电子商务,是指在技术、经济高度发达的现代社会中,掌握信息技术和商务规则的人,系统化运用电子工具,高效率、低成本地从事以商品交换为中心的各种活动的全过程。电子商务是在商务活动的全过程中,通过人与电子工具的紧密结合,极大地提高商务活动的效率,降低人、财、物的消耗,提高商务活动的经济效益和社会效益的新型生产力。

2. 企业观点

信息技术行业是电子商务的直接设计者和设备的直接制造者。许多公司根据自己的技术特点给出了电子商务的定义。IBM 提出了一个电子商务的定义公式,即“电子商务=Web+IT”,它所强调的是在网络计算环境下的商业化应用,不仅是硬件和软件的结合,也不仅是我们通常意义下强调交易的狭义的电子商务,而是把买方、卖方、厂商及其合作伙伴在因特网(Internet)、内联网(intranet)和外联网(extranet)结合起来的应用。它同时强调,这

① 全球最大的信息技术教育和提供信息技术解决方案的公司。

三部分是有层次的：只有先建立良好的因特网，建立好比较完善的标准和各种信息基础设施，才能顺利扩展到外联网，最后扩展到电子商务。

SUN 公司[①]对电子商务的定义是：电子商务就是利用因特网进行的商务交易，在技术上可以给出如下 3 条定义：① 在现有的 Web 信息发布基础上，加上 Java 的网上应用软件以完成网上公开交易。② 在现有企业内部交互网的基础上，开发 Java 的网上企业应用，达到企业应用 Inntranet 化，进而扩展到外联网，使外部客户可以使用该企业的应用软件进行商务交易。③ 商务客户将通过计算机、网络电视机机顶盒、电话、手机、PDA（personal digital assistant，个人数字助理）等 Java 设备进行交易。这三个方面的发展最终将殊途同归——Java 电子商务的企业和跨企业应用。

3. 政府和国际性组织的观点

欧洲议会给出的关于电子商务的定义是：电子商务是通过电子方式进行的商务活动。电子商务通过电子方式处理和传递数据，包括文本、声音和图像。它涉及许多方面的活动，包括货物电子贸易和服务、在线数据传递、电子资金划拨、电子证券交易、电子货运单证、商业拍卖、合作设计和工程、在线资料、公共产品获得。它涉及产品（如消费品、专门设备）和服务（如信息服务、金融和法律服务）、传统活动（如健身、教育）和新型活动（如虚拟购物、虚拟训练）。

美国政府在其《全球电子商务纲要》中比较笼统地指出：电子商务是指通过 Internet 进行的各项商务活动，包括广告、交易、支付、服务等活动，电子商务将会涉及全球各国。

经济合作与发展组织（Organisation for Economic Cooperation and Development，OECD）是较早对电子商务进行系统研究的机构，它将电子商务定义为：电子商务是利用电子化手段从事的商业活动，它基于电子数据处理和信息技术，如文本、声音和图像等数据传输；其主要遵循 TCP/IP 协议、通信传输标准，遵循 Web 信息交换标准，提供安全保密技术。

世界贸易组织在电子商务专题报告中指出，电子商务就是通过电信网络进行的生产、营销、销售和流通活动，它不仅指基于 Internet 上的交易，而且指所有利用电子信息技术来解决问题、降低成本、增加价值和创造商机的商务活动，包括通过网络实现从原材料查询、采购、产品展示、订购到出品、储运及电子支付等一系列的贸易活动。

全球信息基础设施委员会在《电子商务工作委员会报告（草案）》中指出，电子商务是运用电子通信作为手段的经济活动，通过这种方式，人们可以对带有经济价值的产品或服务进行宣传、购买和结算。这种交易的方式不受地理位置、资金多少或零售渠道的所有权影响，公有或私有企业、公司、政府组织、各种社会团体、一般公民、企业家都能自由地广泛参加的经济活动，其中包括农业、林业、渔业、工业、私营和政府的服务业。电子商务能使产品在世界范围内交易并向消费者提供多种多样的选择。

国务院信息化工作办公室在 2007 年 12 月提交的《中国电子商务发展指标体系研究》

① SUN 公司是信息技术及互联网技术服务公司，现已被甲骨文公司收购。

中，将电子商务定义为：通过以互联网为主的各种计算机网络所进行的，以签订电子合同（订单）为前提的各种类型的商业交易。商务部在 2009 年 4 月发布的《电子商务模式规范》中对电子商务的定义是：依托网络进行货物贸易和服务交易，并提供相关服务的商业形态。

4. 一般观点

电子商务是一个不断发展的概念。可分为狭义电子商务和广义电子商务。狭义电子商务定义为，主要利用 Internet 从事商务或活动；广义电子商务定义为，使用各种电子工具从事商务活动。无论是广义的还是狭义的电子商务的概念，电子商务都涵盖了两个方面的内容：一是离不开互联网这个平台，没有了网络，就不能称为电子商务；二是通过互联网完成的是一种商务活动。

狭义的电子商务（electronic commerce，E-commerce），是指通过使用互联网等电子工具（这些工具包括电报、电话、广播、电视、传真、计算机、计算机网络、移动通信等）在全球范围内进行的商务贸易活动。它是以计算机网络为基础所进行的各种商务活动，包括商品和服务的提供者、广告商、消费者、中介商等有关各方行为的总和。人们一般理解的电子商务，就是指狭义上的电子商务。

广义的电子商务（electronic business，E-business），是指通过电子手段进行的商业事务活动。通过使用互联网等电子工具，使公司内部、供应商、客户和合作伙伴之间，利用电子业务共享信息，实现企业间业务流程的电子化，配合企业内部的电子化生产管理系统，提高企业的生产、库存、流通和资金等各个环节的效率。

11.1.2 电子商务的基本要素

电子商务系统主要由电子商务网络系统、供应方和需求方、认证中心、网上银行、物流中心等基本要素组成，其基本结构如图 11-1 所示。

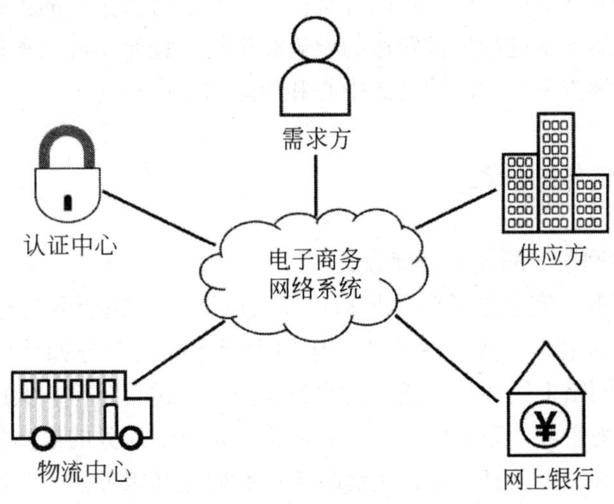

图 11-1 电子商务的基本结构

1. 电子商务网络系统

广义上讲，电子商务网络系统是商务活动中各参与方和支持企业进行交易活动的电子技术手段的集合。狭义上讲，电子商务网络系统则是指企业、消费者、银行、政府等在Internet和其他网络的基础上，以实现企业电子商务活动的目标，满足企业生产、销售、服务等生产和管理的需要，支持企业的对外业务协作，从运作、管理和决策等层次全面提高企业信息化水平，为企业提供具备商业智能的计算机网络系统。

2. 供应方和需求方

供应方和需求方可统一看作是电子商务用户，主要包括个人用户和企业用户两种类型。个人用户可以通过个人计算机或其他智能终端接入网络；企业用户可以通过组建企业内联网、外联网和企业级的系统应用来统筹企业价值生产和创造所用到的人、财、物等各类企业资源。

3. 认证中心

认证中心（certificate authority，CA）是采用公开密钥基础架构（public key infrastructure，PKI）技术，专门提供网络身份认证服务，负责签发和管理数字证书，且具有权威性和公正性的第三方信任机构。它的作用就像我们现实生活中颁发证件的公司，如护照办理机构。认证中心可以是民间团体，也可以是政府机构。国内的认证中心主要分为区域性认证中心和行业性认证中心。

4. 网上银行

网上银行又称网络银行、在线银行或电子银行，它是各银行在互联网中设立的虚拟柜台，银行利用网络技术，通过互联网向客户提供开户、销户、查询、对账、行内转账、跨行转账、信贷、网上证券、投资理财等传统服务项，使客户足不出户就能够安全、便捷地管理活期和定期存款、支票、信用卡及个人投资等。

5. 物流中心

物流中心是指接受并处理下游用户的订货信息，对上游供应方的大批量货物进行集中储存、加工等作业，并向下游进行批量转运的设施和机构。按照物流服务地域范围的大小，物流中心可以分为城市物流中心、区域物流中心和国际物流中心三类。

11.1.3 电子商务的分类

1. 按交易过程在网络上的完成程度分类

（1）完全电子商务。完全电子商务是指产品或服务可以完全通过电子商务的方式实现和完成整个交易过程的电子商务。一些数字化的无形产品或服务如软件、音乐、远程教育等，供需双方直接在网络上完成订货或申请服务、网上支付与结算、实施服务或产品使用权的转移，无须借助其他手段。完全电子商务在理论上是电子商务的最高境界，但交易对象的特性仅限于无形产品和网上信息服务，不能涵盖所有商品和服务。

（2）不完全电子商务。不完全电子商务是指商品交易的全过程无法完全依靠电子商务方式实现的电子商务。一些物质和非数字化的商品无法在网络上供货和送货，需要依靠一些外部要素，如运输系统、邮政系统等来完成货物的运输和配送。

2. 按交易主体分类

（1）ABC（agents business consumer）：是由代理商（agents）、商家（business）和消费者（consumer）共同搭建的集生产、经营、消费为一体的电子商务平台。三者之间可以转化。大家相互服务、相互支持，你中有我、我中有你，真正形成一个利益共同体。

（2）B2B（business to business）：是针对企业内部以及企业与上下游厂商之间的资讯整合，并在互联网上进行的企业与企业间交易。借由内联网（intranet）建构资讯流通的基础及外联网（extranet）结合产业的上中下游厂商达到供应链的整合。

（3）B2C（business to customer）：企业通过网络销售产品或服务给个人消费者。企业厂商直接将产品或服务推上网络，并提供充足资讯与便利的接口吸引消费者选购，这也是一般最常见的作业方式，例如网络购物、证券公司网络下单作业、一般网站的资料查询作业等，都属于企业直接接触顾客的作业方式。

（4）C2C（consumer to consumer）：消费者与消费者之间的互动交易行为，这种交易方式是多变的。例如，消费者可同在某一竞标网站或拍卖网站中，共同在线上出价，由价高者得标；或由消费者自行在网络新闻论坛或BBS上张贴布告以出售二手货品甚至是新品，诸如此类因消费者间的互动而完成的交易。

（5）C2B（consumer to business）：不同于传统的供应商主导商品，这是通过汇聚具有相似或相同需求的消费者，形成一个特殊群体，经过集体议价，以达到消费者购买数量越多，价格相对越低的目的。

（6）B2B2C（business to business to consumer）：第一个B，并不仅仅局限于品牌供应商、影视制作公司和图书出版商，任何的商品供应商或服务供应商都能成为第一个B；第二个B是指电子商务企业，通过统一的经营管理对商品和服务、消费者终端同时进行整合，它是广大供应商和消费者之间的桥梁，为供应商和消费者提供优质的服务，是互联网电子商务服务的供应商。C表示消费者，是指在第二个B构建的统一电子商务平台购物的消费者。

（7）B2G（business to government）：一个提供B2G服务的网站可以提供一个单一地方的业务，为一级或多级政府（城市、州或省、国家等）来定位应用程序和税款格式；提供送出填好表格和付款的能力；更新企业的信息；请求回答特定的问题等。B2G有时也被称为电子政府。

（8）C2G（consumer to government）：消费者对行政机构间的电子商务，指的是政府对个人的电子商务活动。这类的电子商务活动目前还没有真正形成，然而在个别发达国家如澳大利亚，政府的税务机构已经通过指定私营税务或财务会计事务所，用电子方式来为个人报税。

（9）G2G（government to government）：电子政务的基本模式，具体的实现方式可分为政府内部网络办公系统、电子法规、政策系统、电子公文系统、电子司法档案系统、电子财政管理系统、电子培训系统、垂直网络化管理系统、横向网络协调管理系统、网络业绩评价系统、城市网络管理系统，亦即传统的政府与政府间的大部分政务活动都可以通过网络技术的应用高速度、高效率、低成本地实现。

（10）其他类型：O2O（online to offline，线上线下）、B2E（business to employee，企业和员工之间的电子商务）等。

11.1.4 电子商务的盈利模式

盈利模式是对企业经营要素进行价值识别和管理，在经营要素中找到盈利机会，即探求企业利润来源、生产过程以及产出方式的系统方法。有观点认为，它是企业通过自身以及相关利益者资源的整合并形成的一种实现价值创造、价值获取、利益分配的组织机制及商业架构。尽管当前已经发展成很多种不同的电子商务盈利模式，但许多公司都依赖于以下六种盈利模式中的一种或几种的组合。

1. 广告收益模式

互联网网站的收益方式是通过吸引大量的访问用户并使他们能够阅读广告信息。在电子商务中，广告模式是最为广泛的盈利模式，可以说，没有广告收益，互联网体验将会与现在大为不同，因为人们获得内容就要支付费用。互联网上的内容都是免费提供给访问用户的，因为广告客户为了获得向访问用户播放广告的权利，支付了内容的生产和发布成本。

2. 销售收益模式

公司通过向客户销售商品、资讯或服务来取得利益。

3. 订阅收益模式

网站对所提供的内容和服务收取订阅费用，即订阅者只有在支付费用后才可以访问该网站提供的原创内容和服务。一般内容服务供应商多采用此种模式。

4. 免费增值收益模式

在此种商业模式中，公司免费提供基础的内容和服务，但对那些同级的或特殊的服务收费。这种模式的一个问题是将人们从免费用户转换为付费客户比较困难，同时“免费”也可能导致亏损。

5. 交易费收益模式

企业对支持或履行的交易收取费用。此种模式被广泛接受的原因是使用这些平台的真正成本不会被用户立刻察觉到。

6. 合作收益模式

将访问用户引导到其他网站，同时通过收取费用或按比例收取销售收益获得回报。

11.1.5 移动电子商务

1. 移动电子商务的概念

移动电子商务（M-commerce）是由电子商务（E-commerce）的概念衍生出来，电子商务以 PC 机为主要界面，是“有线的电子商务”；而移动电子商务，则是通过智能手机、平板电脑等手持移动终端从事的商务活动。它将互联网、移动通信技术、短距离通信技术及其他信息处理技术完美地结合，使人们可以在任何时间、任何地点进行各种商务活动，实现随时随地、线上线下的购物与交易。

2. 移动电子商务的发展

随着移动通信技术和计算机的发展，移动电子商务的发展经历了三代。

第一代移动电子商务是以短信为基础的访问技术，这种技术存在许多严重的缺陷，其中最严重的问题是实时性较差，查询请求不会立即得到回答。此外，由于短信长度的限制，也使一些查询无法得到一个完整的答案。这些令用户无法忍受的严重问题导致了一些早期使用基于短信的移动电子商务的部门纷纷要求升级和改造现有的系统。

第二代移动电子商务采用基于 WAP（wireless application protocol，无线应用协议）技术的方式，手机主要通过浏览器的方式来访问 WAP 网页，以实现信息的查询，部分地解决了第一代移动访问技术的问题。第二代移动访问技术的缺陷主要表现在 WAP 网页访问的交互能力极差，因此极大地限制了移动电子商务系统的灵活性和方便性。此外，WAP 网页访问的安全问题对于安全性要求极为严格的政务系统来说也是一个严重的问题。这些问题使第二代移动技术难以满足用户的需求。

新三代移动电子商务采用了基于面向服务架构（service oriented architecture，SOA）的 Web Service、智能移动终端和移动虚拟专用网络（virtual private network，VPN）技术相结合的第三代移动访问和处理技术，使系统的安全性和交互能力有了极大的提高。第三代移动电子商务同时融合了 3G 移动技术、智能移动终端、移动虚拟专用网络、数据库同步、身份认证及 Web Service 等多种移动通信、信息处理和计算机网络的最新前沿技术，以专网和无线通信技术为依托，为电子商务人员提供了一种安全、快速的现代化移动商务办公机制。

3. 移动电子商务的特点

移动电子商务有以下几个特点。

（1）方便：移动终端既是一个移动通信工具，又是一个移动销售终端（POS）、一个移动的银行自动柜员机（ATM）。用户可在任何时间、任何地点进行电子商务交易和办理银行业务，包括支付。

（2）不受时空控制：移动电子商务是电子商务从有线通信到无线通信、从固定地点的商务形式到随时随地的商务形式的延伸，其最大优势是移动用户可随时随地获取所需的服务、应用、信息和娱乐。用户可以在自己方便的时候，使用智能手机或平板电脑查找、选择及购买商品或服务。

（3）安全：使用手机银行业务的客户可更换为大容量的 SIM 卡，使用银行可靠的密钥，对信息进行加密，传输过程全部使用密文，确保了安全性。

（4）具有开放性、包容性：移动电子商务因为接入方式无线化，使任何人都更容易进入网络世界，从而使网络范围延伸更广阔、更开放；同时，使网络虚拟功能更带有现实性，因而更具有包容性。

（5）潜在用户规模大：截至2020年第一季度，我国移动电话用户数接近15.9亿[①]。我国手机网民规模达8.97亿，占我国总网民比例99.3%。[②] 显然，从电脑和移动电话的普及程度来看，移动电话远远超过了电脑。以移动电话为载体的移动电子商务不论在用户规模上还是在用户消费能力上，都优于传统的电子商务。

（6）易于推广使用：移动通信所具有的灵活、便捷的特点，决定了移动电子商务更适合大众化的个人消费领域，比如自动支付系统，包括自动售货机、停车场计时器等；半自动支付系统，包括商店的收银柜机、出租车计费器等；日常费用收缴系统，包括水、电、煤气等费用的收缴等；移动互联网接入支付系统，包括登录商家的WAP站点购物等。

（7）迅速灵活：用户可根据需要灵活选择访问和支付方法，并设置个性化的信息格式。

11.2 社会化商务

【案例11-1】

建材巨头CEMEX的第三次飞跃

1906年，CEMEX（西麦斯公司）成立于墨西哥，如今已从一个区域性的企业成长为全球最大的建材供应商和第三大水泥生产商，全球员工超过47 000人。在过去几十年中，CEMEX通过信息技术完成了两次飞跃。第一次是通过信息技术解决“按时交付”的难题，使同质化的水泥产品通过差异化服务在竞争品牌中脱颖而出，实现盈利能力升级，跻身世界十强（服务创新）；第二次是将眼光从大批量的企业市场转向规模小且分散的个人长尾市场（业务创新）。如今，社会化商务将帮助CEMEX完成第三次飞跃。

早在2009年，CEMEX就已经开始在企业内部部署社会化商务应用项目，代号Shift。一开始，Shift项目吸收了很多社交网络和Web 2.0工具，主要是为企业员工的内部协作提供一个内部网络空间。Shift项目允许员工像社交网络那样根据兴趣划分小组，建设个人账户资料，并通过一些常见的社交功能进行协作，这些功能包括社区、危机、活动流（activity stream）、书签和文件分享等。值得注意的是，Shift项目还整合了微件功能，允许员工与他们已经在使用的外部社交网络账户集成，形成一个单一通用、高度集成的员工社交平台，这个功能非常有利于提高企业社交网络的使用率和用户体验。

对于一个有着根深蒂固企业文化的传统企业来说，CEMEX的员工年龄和文化背景跨度很大，很多员工并不熟悉社交网络，这些对于Shift项目的实施来说都是不小的挑战。Shift项目的实施相当成功，该项目运行一年便有超过20 000名员工使用，占公司当时员工总数

① 数据来源：工信部2020年第一季度统计数据。

② 数据来源：2020年4月中国互联网络信息中心发布的《第45次中国互联网络发展状况统计报告》。

的 95%。Shift 的成功有两个关键：一是让高级管理层成为第一批试用者，而不是普通员工；二是员工论坛管理。让企业高管尝试新的社交平台有助于从企业文化层面帮助企业塑造社交气质，帮助员工克服最初的恐惧感和陌生感。员工论坛则是 Shift 项目最受欢迎的应用模块之一，CEMEX 员工在 Shift 项目上自发建设了超过 500 个不同主题的论坛，讨论具体的新产品、新工艺甚至“可持续性低碳策略”这样的战略性计划。

（案例来源：刘朝阳．社会化商务：建材巨头 CEMEX 的第三次飞跃［EB/OL］．［2020-1-10］．https://www.ctocio.com/industry/manufacture/3736.html.）

CEMEX 的案例展示了一个成功企业的几个内部社交网络。该网络的目标是促进企业全球数千名员工之间的高效协作，并通过内部论坛推进创新。企业通过使用 Web 2.0 工具，使员工的协作变得高效和有效，其结果便是各种想法的提出、评估和实施，进而促进了公司的创新。

社会化商务不仅是商务形态的发展和创新，同时也是互联网发展和互联网应用创新的必然结果。

11.2.1　协作与社会化商务

协作是指劳动协作，即许多人在同一生产过程中，或在不同的但互相联系的生产过程中有计划地协同劳动。对于企业，协作是指为实现预期的目标而用来协调员工之间、工作之间以及员工与工作之间关系的一种手段。协作是为了实现共同的目标，充分利用组织资源，依靠团队的力量共同完成某一个任务。协作可以创造出一种比单个战略业务单元更大的收益，即实现协同效应。协作的优点是充分有效地利用组织资源，扩大企业经营空间范围，缩短产品的生产时间，便于集中力量在短时间内完成个人难以完成的任务。当人们协同创作时，创意在群体成员间浮现；创意的火花飞舞得更快、更激昂，整体成就也高于个体努力的总和。在团队协作过程中，有创意的解决办法常会出人意料地出现。

企业中员工之间的协作，可能存在于非正式的合作团队中，也可能存在于正式的合作团队中。团队通常有一项企业赋予的特殊使命，团队成员需要通过合作系统完成一系列具体的任务以实现这一使命。一个团队的使命可能是“赢得一场比赛”，也可能是“增加一定的销售额”。团队存在的时间取决于该团队需要解决的问题，以及找到问题解决方案并完成使命需要的时间。

出于如下诸多原因，协作和团队工作如今比以往任何时候都更为重要。

（1）工作性质的变化。与以前相比，现今工作的性质发生了变化。以前工厂制造生产流程中，每个环节、每个阶段都是彼此独立的，各环节之间由管理者负责协调，工作被垂直划分为彼此独立的单元。如今的产品生产或服务流程中，各参与方之间需要更紧密的协调和互动。麦肯锡公司的一份报告指出：“互动已经成为主要的增值工作，甚至在工厂中工人也常常以生产小组的方式工作。”

（2）专业工作的增加。在服务业中，互动性的岗位变成需要紧密协调和合作的专业岗位。专业岗位的工作人员要求能够分享信息，分享如何完成工作的想法或看法。每一个岗位的人员都要与其他参与者协同完成工作。

（3）企业组织结构的转变。在企业数字化的进程中，企业的组织结构由原先的层次化结构向扁平化结构转变。因此，“命令自上而下传递，反馈自底向上进行”的工作方式逐渐转变为按团队的方式组织工作。员工之间往往按照团队的方式去工作，高层管理者只是管控和评估工作结果，很少下达详细的命令。

（4）对创新的关注。创新既是一个群体过程，又是一个社会过程，大部分创新源于实验室、企业及政府机构中个体之间的合作。充分的合作实践和强有力的协作技术被认为能够增加创新的成功与品质。

（5）工作和企业文化的变化。相较于独立工作的个体，多样化的团队能获得更快、更好的成果。

11.2.2 社会化商务的工具与技术

如果没有信息系统支持协作与社会化商务，一种协作的、团队导向的文化是难以产生收益的。为了获得工作上的成功，需要员工、客户、供应商和管理者等相互依赖，同时也需要大量的工具用来支持这样的工作。这些工具除了电子邮件、信息网站外，还有虚拟世界、协作和社会化平台等。

虚拟世界：以计算机模拟环境为基础，以虚拟的人物化身为载体，用户在其中生活、交流的网络世界。虚拟世界的用户常常被称之为“居民”。居民可以选择虚拟的3D模型作为自己的化身，以走、飞、乘坐交通工具等各种手段移动，通过文字、图像、声音、视频等各种媒介交流。我们称这样的网络环境为“虚拟世界”，这个世界是虚拟的，因为它来源于计算机的创造和想象；但这个世界又是客观存在的，它在“居民”离开后依然存在，真实的人类虚幻地存在，时间与空间真实地交融，这是虚拟世界的最大特点。真实世界中的人们通过虚拟世界中的化身，利用手势、对话框和语音通信在虚拟的场所中见面、互动和交流想法。

协作和社会化平台：现在已经有套装软件产品可以为工作在不同地域的团队提供协作与社会化商务多功能的平台，应用最广泛的是基于互联网的音频会议与视频会议系统，如谷歌在线服务和云协作服务、微软的SharePoint和IBM的Notes等。

按照下述6个步骤操作，可以为企业找到价格适中、风险可控、合适的协作软件。

（1）在时间与空间上公司面临的协作方面的挑战是什么？利用时间—空间社会化工具评估矩阵（见图11-2）来定位企业，企业可能位于矩阵中的多个单元，每个单元都对应不同的协作工具。

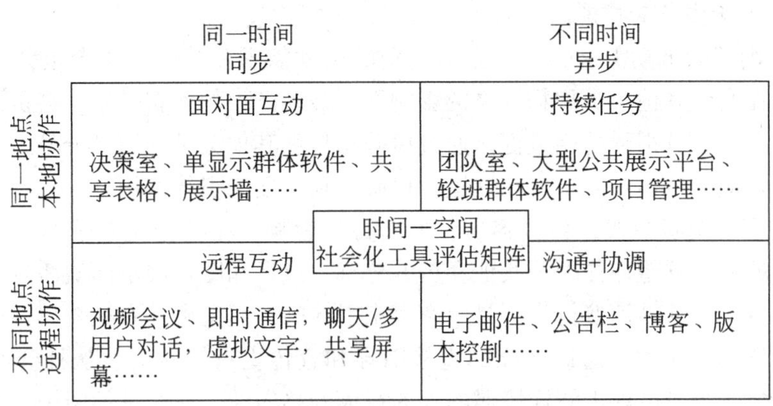

图 11–2 时间—空间社会化工具评估矩阵

(2) 对于企业在矩阵中的每一个单元面临的挑战，可以采用什么类型的解决方案？将供应商的产品列一份清单。

(3) 从企业成本和收益的角度分析，每个产品工具成本估算中要包含培训成本，如果有必要的话，也要估算信息系统部门所投入的成本。

(4) 识别每个产品工具的安全风险及漏洞风险，企业愿意将企业信息通过互联网托付给外部服务提供商吗？企业愿意承担将重要系统的运营交给其他公司而带来的风险吗？如果供应商倒闭，转换到另一家供应商的成本是多少？

(5) 向潜在用户寻求支持，让他们识别实施和培训中遇到的问题，有一些工具会比其他工具更易使用。

(6) 在候选产品工具中做出选择，并邀请供应商进行演示。

11.2.3 社会化电子商务及其特征

1. 社会化电子商务

所谓社会化电子商务，是指将关注、分享、沟通、讨论、互动等社交化的元素应用于商务过程的现象。

随着计算机和智能手机的普及，使用社会化媒体的人越来越多，很多人花在上面的时间也在增加。每天有相当多的一部分人在使用微信、微博等社交网络，社会化电子商务涉及的范围非常广泛，涉及的人群也相当多。越来越多的企业开始把社交化电子商务当成品牌营销和企业推广的一部分，企业花费在上面的资金也越来越多，社会化电子商务给企业带来的效益也越来越大。具体而言，从消费者的角度来看，社会化电子商务既体现在消费者购买前的店铺选择、商品比较，又体现在购物过程中通过 IM、论坛等与电子商务企业间的交流与互动，也体现在购买商品后的消费评价及购物分享等。从电子商务企业的角度来看，通过社会化工具的应用及与社交化媒体、网络的合作，完成企业营销、推广和商品的最终销售。

2. 社会化电子商务的特征

（1）会员消费的被动需求模式。会员消费的被动需求模式，是指会员并不主动产生消费需求，而是在受到其他会员购物分享的影响下，被动产生的消费需求。会员的消费需求与其他会员的主动分享有很强的相关性。通过口碑相传和其他会员的商品分享，会员受到商品信息的兴趣激发而产生消费需求，在这里，口碑起很重要的引导作用。

（2）用户引导消费模式，会员容易受消费行为影响。在社会化电子商务的模式中，会员对某一商品的购买欲望往往因为其他会员的分享、点评和图片展示而被激发。这是一种典型的用户引导行为，这种消费行为不是由商家来引导的，而是由具有社会属性的用户之间的口碑分享而触发的。显然，这比商家的直接引导和宣传更有影响力。从社会心理学的角度讲，人往往有模仿与自己处于同样境遇的人的行为的趋向性。在会员的眼中，其他会员的好评往往会促使其去模仿，从而产生消费欲望。

（3）社会化电子商务扮演导购角色，导购员是用户本身。社会化电子商务是基于用户分享商品信息、点评商品、展示商品和与其他会员互动分享商品的使用体验，以此建立具有社会属性的社交关系，社会化购物分享系统提供这一个分享平台，每一个会员自己创造内容，对于其他会员来说起到导购作用，这种作用的影响力要远远大于商家自身对产品的宣传。

11.2.4 社会化电子商务的分类

1. 依托现有的电子商务服务构建社区

这种模式主要被发展成熟的电子商务企业所采用，特别是 B2C、C2C、B2B 企业。其中运作比较成功的有微淘、淘小铺等。这几种电子社区平台都是基于自身的电子商务，一方面，通过社会化平台的个性化服务，如买家秀、购物相关话题的分享和交流，加强用户与用户之间、用户与网站之间的联系，增加用户的黏性；另一方面，通过稳定的电子社区关系促进用户的购买行为，从而加速电子商务的发展。

2. 第三方社会化电子商务平台

这种平台本身并不提供产品或服务，而是构建于现有电子商务企业的产品或服务。平台通过自身的个性化服务吸引并汇集稳定的用户群，拥有一套自己的关系圈，关系圈的建立是独立于电子商务企业之外的。在中国，比较有代表性的网站有“什么值得买”等，这类电子商务平台为众多的网购用户提供了一个交流彼此购物心得、乐趣，分享相关购物资讯，以及结识更多具有相同购物爱好朋友的场所。

3. 基于社区的社会化电子商务

现在，互联网上形成了非常多且具有相当影响力的社交平台，比如脸书、推特、新浪微博等。如果能够将这些具有庞大用户群体的社交平台与电子商务进行整合，实施精准营销，不论对于平台本身，还是对于个人与企业用户，都是极具吸引力的。比如：新浪微博的一款第三方应用闲鱼，其本质是二手商品的交易应用，为微博用户提供发布、查询、评价信息的服务。

11.2.5 社会化商务的好处和局限性

1. 社会化商务的好处

社会化商务正在对组织和行业产生重大影响，为企业带来了巨大的经济和战略利益。总体来说，社会化商务的收益分为三类：对客户的好处、对零售商的好处和对其他类型企业的好处。

（1）对客户的好处。

社会化商务对客户的好处主要表现在：很容易从朋友和其他客户那里获得推荐，建议增强客户的信心和信任度，以帮助其更好地决定购买产品或服务；客户可以享受特别优惠，如通过团购以节省大笔费用；采购更符合客户的特定需求偏好和期望，这增加了满意度并减少了产品选择决策时间；客户可以很容易地使用社会化商务技术；社会化商务更适合使用移动互联网的生活方式；增强对供应商的信任；社会化商务允许客户帮助其他客户；客户可以从供应商处获得更好的客户服务；客户可以结识新朋友和进行在线社交；客户在购买决策的过程中可以获得丰富的相关信息；客户可以与他们无法接触的个人和企业建立联系。

（2）对零售商的好处。

零售商可以通过以下方式从社会化商务中获益：可以收集消费者提供的有关市场传播策略和产品设计的反馈信息；供应商获得免费的口碑营销；增加网站流量，增加收入和销售额；随着协作筛选和其他社会影响力方法的使用增加销售额。

零售商是社会化商务的主要受益者，全球约 50% 的企业通过社交网络发现新客户；此外，约 30% 的公司投资社交网络以获取和留存老客户。

（3）对其他类型企业的好处。

社会化商务对其他类型企业的好处包括：通过对大量候选人的广泛接触，进行更快速、成本更低的招聘活动；通过创新方法降低成本，例如利用员工和商业伙伴的集体智慧；培养更好的外部关系，例如与合作伙伴和渠道分销成员合作；增强企业内部和业务合作伙伴之间的协作并改善沟通，例如使用博客、微博；培养更好的内部关系，例如提高员工的生产力和满意度；由其他企业或专家为小型企业提供免费咨询，例如 LinkedIn①；部署和运营社会化商务系统的成本不高；在需要时，迅速找到内外部专家；快速低成本地进行市场调查，并从客户、员工和业务合作伙伴处得到反馈；通过对话和社交媒体推广来建立品牌；在细分领域以低成本打开品牌市场；在线管理公司和品牌声誉；在线建立拥有积极口碑的品牌社区；加强客户服务和支持；增加公司网站和实体店的流量和销售量；通过在线监测对话来促进市场调查；提高搜索引擎结果上的公司和品牌排名。

2. 社会化商务的局限性

尽管社会化商务为组织提供了许多机会，但其实施可能涉及一些潜在风险和复杂的问

① LinkedIn（领英），全球职场社交平台。

题，例如新旧信息系统的整合等。对高层管理人员而言，具有代表性的风险因素包括：伴随社会化商务存在的安全和隐私问题、欺诈的可能性、法律问题、用户自生成内容的质量等。公司也可能在社交媒体和评论网站上失去对其品牌形象和声誉的控制，这可能会影响其产品的销售。采用社会化商务的主要障碍是对于变化的抗拒，难以衡量的投资回报率，以及难以与现有信息系统和安全机制集成起来。

11.2.6 社会化电子商务盈利模式创新

社会化电子商务以强势席卷全球，但是一个严峻的事实摆在我们面前：绝大多数的社会化电子商务网站陷入亏损当中，并且上述盈利模式大多过于依赖网站自身的流量。为了保证社会化电子商务网站的持久稳定发展，必须进行盈利模式的创新。

1. 进行多元化广告形式设计

每个社会化电子商务网站所针对的目标客户群体不尽相同，而且每个网站都形成了由具有相同兴趣爱好的用户所组成的群组。有鉴于此，社会化电子商务网站可以帮助企业对用户的偏好、潜在需求等进行数据挖掘及分析，针对某个特定的目标受众群投放网络广告，从而使广告的精准度与针对性进一步提高。比如，体育用品生产厂商就可以通过豆瓣网向体育爱好群组进行广告投放，甚至可以实现“一对一”的投放。

传统的网络广告往往出现在用户感兴趣的内容周围，其实很难获得用户的关注。我们可以转变广告设计思路，由用户被动接受广告向用户主动参与广告转变。活动广告就是一种典型的用户参与广告，也是参与度和互动性最好的广告形式之一。需要注意的是，必须保证活动的品牌与形式契合目标受众的兴趣，并找到新颖独特的创意点，这样才能最大程度获得用户的关注，激发用户的参与性。

2. 拓宽增值服务的种类

社会化电子商务网站可以拓宽增值服务的种类，比如说依据自身的庞大用户群体，向企业、组织、团体或个人提供收费问卷调查服务，按照参与调查的用户人数进行收费，甚至还可以帮助企业进行专业的调查分析，进一步增加收入的来源。

另外，还可以引入竞价排名与关键词竞价服务，这一服务的运行机制与谷歌、百度相类似，即通过出价的多少决定相关商品页面、微博或博客在用户搜索结果当中的排名，出价越高，排名越靠前。

3. 引入 SOLOMO 模式

2011 年 2 月，KPCB 风险投资公司合伙人、北美创业投资企业家 John Doerr 提出了 SOLOMO（social local mobile）模式，就是将社交、本地化与移动互联网相结合。简言之，SOLOMO 模式就是通过互联网向有共同需求的用户群体提供本土化的服务，实现线上线下的有效整合。

11.2.7 社会化商务的创新应用

1. 社交购物

参与购物是社交网络的一个自然领域，虽然社交网络购物才刚刚开始发展，但其潜力巨大。购物本质上是一种社交活动，社交购物是指使用包括 5 个社交网络在内的社交媒体工具和平台在线购物，并与朋友分享购物体验。社交购物融合了电子商务和社交媒体。

社会化商务的驱动因素主要有：访问社交网络的大量人群可以吸引广告；客户朋友提出的推荐和建议的数量越来越多，访问的速度和方便程度也越来越高；需要通过竞争满足社会化客户；具有使用互联网的知识和能力的社会化客户的出现；需要与业务合作伙伴协作；一些新业务模式提供的巨大折扣，如“秒杀”活动；以社交为导向的购物模式，如“团购”活动；身处某些社交网络进行购物时所获得的便携性，如来自短视频上的“购买”按钮；使用微博和智能手机实时与朋友沟通的便携性。

社交购物的部署有两种基本方法：将社交软件应用程序和功能添加到现有的电子商务网站；将电子商务功能添加到社交媒体和网络站点，许多供应商在这些网站上提供他们自己的商品。

社会化商务的许多好处也是社交购物的好处，除此之外，社交购物的好处还有：可以在购物时进行社交；可以发现你从未听说的产品或服务；可以轻松快捷地与供应商代表进行交流；对网上购物的信心和信任可能会因与朋友的互动与参与而增强；可以通过团购、每日特价等获得超级优惠；可以与朋友、粉丝和其他人交换购物技巧，因此可以从别人的经验中学到技巧；可以构建和分享心愿单；可以和志同道合的人一起购物。

2. 地理社交网络及基于位置的广告

地理社交网络是具有位置感知功能的社交网络，这使社交网络能够将用户与本地企业、人员或事件连接起来，可以通过追踪手机或接收提供位置的短信来识别客户的位置。

基于位置的广告和营销是移动商务的商业模式，该模式通过客户手机中的 GPS 了解客户的位置，一旦供应商知道一个人接近某个企业，供应商便可以发送文字电子邮件甚至打电话，提供打折产品优惠券或服务。这种有针对性的基于广告的商业模式在传统的电子商务中并不太成功，因为顾客对此不感兴趣，由于隐私问题，那些使用 GPS 的顾客会将其关闭。随着社交网络的引入，情况发生了变化。基于位置的营销的性质改变为社交、娱乐和奖励，广告是作为附加服务而来的。基于位置的广告产生的交互次数明显多于非目标广告，该技术基于地理定位和地理社交网络。

3. 社会化客户关系管理

社会化客户关系管理（social customer relationship management，SCRM）是由社交媒体支持的客户关系管理，旨在通过对话共享和其他交互方式来吸引客户，以便为所有参与者提供好处并增强彼此间的信任。社会化客户关系管理，基于社交媒体支持，公司提出的优化客户体验以及建立信任和忠诚度的既定目标。要取得成功，需要考虑与客户和企业之间交互相关的人员业务流程和技术。像客户关系管理一样，社会化客户关系管理的一个主要目标是建立信任和品牌忠诚度。

被授权的客户称为社会化客户，这些客户通常是社交网络中的会员，这些客户进行购物时受到朋友、专家和家人的影响。社会化客户会自行选择与公司互动的模式。商家必须了解社会化客户与传统客户的不同之处，并为他们提供基于社交的客户服务。社会化客户对组织提出了新的要求，但是社交媒体工具很好地满足了这些要求，成本通常很低。社交媒体提供了参与和协作，如果实施得当，最终会为组织带来竞争优势。

对于企业而言，利用社会化媒体进行营销服务的社会化客户关系管理体系不是只去开几个微博就万事大吉的，首先，需要建立社会化客户关系管理的运作流程；其次，建立社会化客户关系管理的组织结构；最后，构建社会化客户关系管理的相关绩效考核指标。这样才能真正建立起有效的社会化客户关系管理体系。对于准备尝试或者计划中的企业，以微博平台为例，企业可以基于这些简单的做法来建立自己的跟随者、品牌和客户的信任。

（1）分享：分享照片和包含你的业务相关的场景信息。

（2）听：定期监听关于你的公司、品牌和产品以及竞争对手的内容话题。

（3）问：用心去问你的追随者问题，收集有价值的观点，同时表明你在倾听。

（4）回应：响应问候和关注，实时反馈。

（5）奖励：及时更新有关特别优惠、折扣和限时购买等微博。

（6）展示更多的领先优势和知识常识：推荐与你的业务相关的带有大图的文章和链接。

（7）拥护你的关系利益者：公开转发和回复你的追随者和客户发的很棒的微博。

（8）建立正确的声音：微博消费者往往更喜欢直接、真诚及可爱的语气，所以考虑如何让你的声音对应你的微博。

练习题

1. 名词解释

电子商务　移动电子商务　B2B　协作

2. 电子商务的类型有哪些？

3. 社会化商务有哪些创新型的应用？

4. 电子商务的营利模式主要有哪些？

5. 社会化电子商务有哪些特征？

6. 如何为公司找到一个价格适中、风险可控、合适的协作软件？

7. Web 1.0 与 Web 2.0 的特点及二者之间的区别是什么？

第 12 章　信息系统项目管理

【学习目的与要求】

1. 重点掌握信息系统项目风险管理的过程和信息系统风险的类型。

2. 掌握信息系统开发项目小组的组成以及 CIO（chief information officer，首席信息官）、信息系统用户、系统分析师的职责、知识和素质要求。

3. 熟悉信息系统项目管理的知识体系。

4. 了解信息系统工程项目沟通管理的重要性和沟通管理过程。

【内容提要】

本章介绍了信息系统项目管理的知识体系，并针对信息系统工程的特点，重点阐述了信息系统工程项目中几个重要的内容：信息系统工程项目沟通管理、信息系统项目风险管理、信息系统工程团队的建设。重点介绍了企业信息化队伍的组成以及企业信息化建设中各个层面（管理层、业务层、技术层）上的人员（首席信息官、系统分析师、用户）的职责，及其应该具备的知识和素质。

【引导案例】

圣经中“巴别通天塔”的悲剧

洪水大劫后，挪亚家族繁衍起来，他们成群往东迁移到示拿（Shinar），发现一片广阔的原野，就定居在那里，逐渐发展成一个人口众多的城邦。那时，人们发明了用泥烧砖建造房屋，他们准备在原野上建座大塔，以免洪水的危害。他们有一个庞大的计划，塔大到足以使全城的人都能住下，塔高要通天。不久，塔节节升高，直入云霄。不料，这件事惊动了上帝，他降临现场观看世人建筑的塔。他想，人们如今建城造塔，往后做别的事就都能成功了。上帝因他们狂妄，责罚他们各操不同的语言，彼此不相了解，结果该塔无法完成。由于信息不通而失去了统一的指挥，致使停工待料，工程无法进展，人心随之涣散，人流散到四面八方，造的塔也就半途而废了。后来，人们称这座塔为巴贝尔（Babel）通天塔。

弗雷德里克·布鲁克斯博士在其名著《人月神话》中指出："巴别通天塔"可能是第一个工程上的失败，但它绝不是最后一个。沟通和沟通的结果——组织，是成功的关键。

12.1 信息系统项目管理概述

12.1.1 项目管理概述

项目（project）是指在既定的资源和要求的约束下，为实现某种目标而开展的任务的集合，是一系列活动有机组合而形成的一个完整过程。项目具有明确的目标，跨组织，是独特的活动，项目具有临时性。

信息系统项目管理是决定信息系统开发的关键成功因素之一。信息系统项目也称为IT项目，是指应用信息技术按限定时间、限定费用和要求的质量标准，完成的一次性任务或管理对象。典型的企业信息系统应用项目可分为以下三类：① 信息系统平台构建项目，主要指系统硬件配置、系统网络和系统集成等。② 应用软件开发项目，主要指信息系统开发与实施、门户网站、应用数据库、决策支持系统项目等。③ 信息系统咨询项目，主要指信息系统咨询规划项目、信息化人才培训项目等。

信息系统项目的特点有：① 收益的无形性。信息系统项目投资的收益是隐性收益。例如，通过信息技术的实施提升了企业的竞争力，其收益很难加以量化评估。② 复杂性。信息系统项目涉及的领域极为广泛，包括企业的业务、技术、管理等，需要许多专业性的知识。③ 高不确定性。一方面，信息系统项目在实施过程中，实际的情况与项目的计划和预算可能会出现较大的偏差；另一方面，在执行过程中还会遇到各种始料未及的风险和意外，使信息系统项目具有很大的不确定性。④ 柔性。在信息系统项目投资过程中，投资者具有灵活性，可以根据市场的变化，决定项目的投资时间、规模和方式等，甚至终止项目。投资过程中的这种柔性，称为经营柔性。⑤ 学习型投资。信息系统项目投资是一种学习型投资。例如，成功的项目投资，可以培养和锻炼一批管理和技术人才，使企业的知名度提高，为企业在本行业或相关行业拓展业务提供可能和便利。

项目管理（project management）是以项目为对象的系统管理方法，通过一个临时性专门机构的柔性组织，对项目进行高效率的计划、组织、指导和控制，以实现项目全过程的动态管理和项目目标的综合协调与优化。项目管理需要通过一个专门的组织实施；项目管理通过规划资源，从时间、成本、质量、客户关系等方面满足项目目标。

12.1.2 项目管理的知识体系

美国项目管理协会（Project Management Institute，PMI）把项目管理划分为10大知识领域和 47 个项目管理过程，包括 4 个核心知识领域、5 个辅助知识领域和项目整合管理。项目管理的十大知识领域包括：项目范围管理、项目时间管理、项目成本管理、项目质量管理、项目采购管理、项目人力资源管理、项目沟通管理、项目风险管理、项目干系人管理、项目整合管理。其中，项目范围管理、项目时间管理、项目成本管理和项目质量管理是项目管理的 4 大核心知识领域，它们被视为核心知识领域的原因是，这 4 个知识领域将形成具体的项目目标。项目人力资源管理、项目沟通管理、项目风险管理、项目采购管理、项目干系人管理是辅助知识领域。

表 12-1 至表 12-10 分别列出了 4 个项目管理核心知识领域、5 个项目管理辅助知识领域和项目整合管理的主要过程。

表 12-1　项目管理核心知识领域的主要过程（项目范围管理）

核心知识领域	主要过程	简要描述
项目范围管理	规划范围管理	创建范围管理计划，书面描述将如何定义、确认和控制范围
	收集需求	为实现项目目标而确定，记录并管理干系人的需求
	定义范围	对项目和产品进行详细描述
	创建 WBS	通过创建任务分解结构（word breakdown structure，WBS）过程，将项目交付物和项目任务分解为较小的、更易于管理的组件
	确认范围	正式验收已完成的项目交付物
	控制范围	监督项目和产品的范围状态，管理范围基准变更

表 12-2　项目管理核心知识领域的主要过程（项目时间管理）

核心知识领域	主要过程	简要描述
项目时间管理	规划进度管理	为规划、编制、管理、执行和控制项目进度制定政策、程序和文档
	定义活动	识别和记录为完成项目交付物而必须进行的具体活动
	排列活动顺序	识别和记录项目活动之间的依赖关系
	估算活动资源	估算执行每项活动所需材料、人员、设备或用品的种类和数量
	估算活动持续时间	根据资源估算的结果，估算完成单项活动所需工作时段数
	制订进度计划	分析活动顺序、持续时间、资源要求和进度制约因素，创建项目进度模型
	控制进度	监督项目活动状态，更新项目进展，管理进度基准变更，以实现进度计划

表 12-3　项目管理核心知识领域的主要过程（项目成本管理）

核心知识领域	主要过程	简要描述
项目成本管理	规划成本管理	为规划、管理、花费和控制项目成本制定政策、程序和文档
	估算成本	对完成项目活动所需要的资金进行近似的估算
	制订预算	汇总所有单个活动的估算成本，建立一个经批准的成本基准
	控制成本	监督项目状态，更新项目成本，管理成本基准变更

表 12-4　项目管理核心知识领域的主要过程（项目质量管理）

核心知识领域	主要过程	简要描述
项目质量管理	规划质量管理	识别项目及其交付物的质量要求或标准，并书面描述项目将如何证明符合这些质量要求
	实施质量保证	审计质量要求和质量控制测量结果，确保采用合理的质量标准和操作性定义
	控制质量	监督并记录质量活动执行结果，以便估计绩效，并推荐必要的变更方法

表 12-5　项目管理辅助知识领域的主要过程（项目沟通管理）

辅助知识领域	主要过程	简要描述
项目沟通管理	规划沟通管理	根据项目干系人的信息需求及组织的可用资产情况，制订合适的项目沟通方式和计划
	管理沟通	根据沟通管理计划，生成、收集、分发、存储、检索及最终处置项目信息
	控制沟通	在整个项目生命周期中对沟通进行监督和控制，确保满足项目干系人的信息需求

表 12-6　项目管理辅助知识领域的主要过程（项目人力资源管理）

辅助知识领域	主要过程	简要描述
项目人力资源管理	规划人力资源管理	识别和记录项目角色、职责、所需技能、报告关系，并编制人员配备管理计划
	组建项目团队	确认人力资源的可用情况，并为开展项目活动而组建团队
	建设项目团队	提高工作能力，促进团队成员互动，改善团队整体氛围，提高项目绩效
	管理项目团队	跟踪团队成员工作表现，提供反馈，解决问题并管理团队变更，以优化项目绩效

表 12-7　项目管理辅助知识领域的主要过程（项目风险管理）

辅助知识领域	主要过程	简要描述
项目风险管理	规划风险管理	定义如何实施项目风险管理活动
	识别风险	判断哪些风险可能会对项目产生影响，并记录这些风险的特性
	实施定性风险分析	评估并综合分析风险发生的概率和影响，对风险进行优先排序，从而为后续分析和活动提供基础
	实施风险定量分析	就已经识别的风险对项目整体目标的影响进行定量分析
	规划风险应对	针对项目目标，制定提高机会，降低威胁的方案和措施
	控制风险	对整个项目中实施风险应对计划，跟踪已识别风险，监督残余风险，识别新的风险，对风险过程的有效性进行评估

表 12-8　项目管理辅助知识领域的主要过程（项目采购管理）

辅助知识领域	主要过程	简要描述
项目采购管理	规划采购管理	记录项目采购政策，明确采购方法，识别潜在卖方
	实施采购	获取卖方应答，选择卖方并与其洽谈和签订书面合同
	控制采购	管理采购关系，监督合同执行情况，并根据需要实施变更
	结束采购	完成单次项目采购

表 12-9　项目管理辅助知识领域的主要过程（项目干系人管理）

辅助知识领域	主要过程	简要描述
项目干系人管理	识别干系人	识别能影响项目决策、活动和结果的个人、群体或组织，以及被项目决策、活动和结果影响的个人、群体或组织，并分析和记录他们的相关信息。这些信息包括他们的利益、参与度、相互依赖、影响力以及对项目成功的潜在影响等
	规划干系人管理	基于对干系人需求、利益及对项目成功的潜在影响的分析，制定合适的管理策略，以有效调动干系人参与整个项目生命周期
	管理干系人参与	在整个项目生命周期中，与干系人进行沟通和协作，以满足其需求，解决实际出现的问题，并促进干系人合理参与项目活动
	控制干系人参与	全面监督项目干系人之间的关系，调整策略和计划，以调动项目干系人参与项目的积极性

表 12-10 项目整合管理的主要过程

知识领域	主要过程	简要描述
项目整合管理	制定项目章程	编写一份正式批准项目并授权项目经理在项目活动中使用组织资源的文件
	制订项目管理计划	定义、准备和协调所有子计划，并将它们整合成一份综合项目管理计划。项目管理计划包括经过整合的项目基准和子计划
	指导与管理项目工作	为实现项目目标而指导和执行项目管理计划中所确定的工作，并实施已经批准的变更工作
	监督项目工作	跟踪、审查和报告进展，以实现项目管理计划中确定的绩效目标
	实施整体变更控制	审查所有的变更请求，批准变更，管理可交付物、组织过程资产、项目文件和项目管理计划的变更，并对变更处理结果进行沟通
	结束项目或阶段	完结所有项目管理过程组的所有活动，以正式结束项目或项目阶段

12.1.3 项目管理工具 Microsoft Project

Microsoft Project 是微软公司推出的一个功能强大而且可以灵活运用的项目管理工具，利用 Microsoft Project 可以从所有 10 个项目管理知识领域的角度帮助用户，而大多数用户使用 Microsoft Project 来辅助项目范围、时间、成本、人力资源和沟通的管理。

1. MicrosoftProject 的功能

Microsoft Project 有以下几个功能：① 迅速、完整地制订项目计划。② 协助项目工作者寻找关键路径，并提供优化的方法。③ 资源分配、协调和效率分析。④ 项目成本估算、控制、分析。⑤ 项目动态跟踪和控制。⑥ 项目执行状态分析、评价。⑦ 信息沟通交流。

Microsoft Project 能够协助项目经理制订计划、为任务分配资源、跟踪进度、管理预算和分析工作量等完成项目需要进行的各项活动。

2. Microsoft Project 的优势和特点

Microsoft Project 的优势和特点主要有：① 使项目参与人员有共识的项目描述语言。② 代替人完成烦琐的项目调整计算工作。③ 帮助项目经理分析项目焦点，抓住主要矛盾，提高工效。④ 提高项目管理的应变能力。⑤ 能提供大量在项目管理过程中所需的数据、信息。⑥ 在国际上应用广泛、通用性强，易学易用。⑦ 凝聚了现代项目管理的理论和方法（WBS、甘特图、里程碑、关键路径法、网络图、责任矩阵、成本估算、项目评价技术）。⑧ 数据分析处理能力强。⑨ 信息交流功能强。⑩ 基于网络的协同工作方式。

12.2　信息系统工程项目沟通管理

12.2.1　信息系统工程项目沟通管理的重要性

沟通是为了特定的目标，在人与人之间、组织或团队之间进行的信息、思想和情感的传递或交互的过程。一个典型的信息系统开发项目组由许多人员构成，这些人员具有不同的知识背景，熟悉不同的业务语言，因此，项目组成员之间的沟通就是一个极其重要的问题。许多专家都认为，对任何项目特别是信息系统工程项目的成功威胁最大的是沟通的失败，Brooks 法则，即“向进度落后的项目中增加人手，只会使进度更加落后”就是对这一观点最好的印证。

弗雷德里克·布鲁克斯在其著作《人月神话》中指出：一个成功的项目组应该更多地像一个外科手术队伍一样发挥作用，组内的每一个成员完成对整体重要的某一项专门任务。而且随着项目的进展，项目组成员的构成、人员数量也在不断发生变化。当项目进度落后时，增加人力就像使用汽油灭火一样，只会使事情更糟。

为什么向信息系统项目中增加人手，并不会加快项目进度？其中一个重要的原因是沟通效率的问题。哪些因素与沟通效率有关呢？

1. 人员数量

沟通效率显然与团队中人员的数量有关。单纯从沟通效率和成本来看，团队的人员数量越多，沟通的代价越高，效率也就越低。

2. 沟通语言

沟通效率与项目成员所使用的语言密切有关。项目成员所使用的语言种类越繁杂，沟通的代价越高，效率也就越低。事实上，绝大多数企业信息系统的开发都是由很多具有不同背景、运用不同语言的人组成的，在这种情况下，如何提高沟通的效率并降低沟通的成本呢？

3. 沟通技能

很多现象表明，当信息技术专业人员与非信息技术专业人员进行沟通时，就好像他们在与另一星球的人交谈一样困难。一方面，尽管使用计算机的人越来越多，但信息技术的发展极为迅速，产生了大量的技术专业术语，导致用户与开发人员之间的差距随着技术的进步也越来越大；另一方面，目前的信息技术教育体制普遍注重培养学生的技术技能，而不重视培养他们的沟通与社交“软技能”（包括听、说、读、写）。这些“软技能”恰恰是信息技术专业人员最需要的。为了保证项目的成功，每个项目成员都需要熟练掌握技术技能和沟通技能。

12.2.2 信息系统工程项目沟通管理过程

项目沟通管理包括为确保项目信息及时且恰当地规划、收集、生成、发布、存储、检索、管理、控制、监督和最终处置所需要的各个过程。项目沟通管理过程包括：规划沟通管理、管理沟通、控制沟通。

1. 规划沟通管理

规划沟通管理是了解项目干系人的信息需要和要求及组织的可用资产情况，制订合适的项目沟通方式和计划的过程。其主要作用是，识别和记录与项目干系人的最有效率且最有效果的沟通方式。

有效的项目沟通，是指以正确的形式，在正确的时间和地点，把恰当的信息提供给正确的受众。沟通规划的关键之一是对项目干系人进行分析，对项目干系人的分析有以下两个目的：① 确定不同的项目干系人的信息需求，以明确各个项目干系人可以分别看到哪些项目文件，什么范围的人出席什么会议。② 辨别出项目对项目干系人的影响和收益，以此帮助项目经理制订出对项目最有帮助的沟通策略。

2. 管理沟通

管理沟通是根据沟通管理计划，生成、收集、分发、储存、检索及最终处置项目信息的过程。管理沟通过程的主要作用是促进项目干系人之间实现有效的沟通。沟通管理除了要确保信息发布的效率和效果，还要确保信息被正确地生成、接受和理解，并创造更多的机会和更好的条件使项目干系人获得更多的信息。

信息收集与发布的有效性是管理沟通的一个重要内容。信息发布的目的是及时向项目干系人提供所需的信息，项目沟通的信息发布方法包括：

（1）口头沟通方法。口头沟通可以是面对面的，也可以是通过电话进行的，还可以通过会议的方式实现。

（2）书面沟通方法。一般是指运用书面文件和信函的形式进行沟通，包括项目团队内部使用的报告、报表，在项目团队与业主/客户之间使用报告、备忘录、信函等方式的沟通。

（3）非语言沟通方法。在项目沟通中有一些极有意义的沟通，既非以口头形式，又非以书面形式进行，而是以非语言沟通（nonverbal communication）的方式进行。像眼神、表情、身体姿态等，都属于非言语沟通。

（4）电子媒介沟通的方法。当今时代项目沟通越来越多地依赖于各种各样复杂的电子媒介传递信息。除了极为常见的电子邮件外，还可以使用多种通过电子媒介和信息网络进行沟通的方法，这些方法都有自己的语言和沟通规则。

3. 控制沟通

控制沟通是在整个项目生命周期中对沟通进行监督与控制的过程，以确保满足项目干系人对信息的需求。其主要作用是随时确保所有项目沟通参与者之间的信息流动效率和效果的最优化。控制沟通过程可能引发重新开展规划沟通管理和/或管理沟通过程。这种重复体现了项目沟通管理各个过程的持续性质。

要有效地控制沟通，就要了解沟通的原则、方法、工具，掌握处理冲突的方法和技巧。

12.3　IT 项目风险评估与管理

12.3.1　IT 项目风险概述

1. 风险概述

风险是由于从事某项特定活动过程中存在的不确定性而产生的经济或财务损失，自然破坏或损伤的可能性。风险具有客观性、随机性（不确定性）、不利性、可变性、相对性、风险和利益的对称性（共存性）等特点。

风险是相对于项目的主体而存在的。不同的组织对于风险的承受能力不同，相同的风险对于不同的人和组织带来的影响程度是不一样的。IT 风险是指企业在 IT 项目实施过程中因资金不足、技术存在缺陷、市场需求发生变化、发生意外事件等内外部因素，而导致 IT 项目延期完工甚至终止的可能性和不能实现预期目标的可能性。

将风险分析引入 IT 项目决策分析有重大的意义。首先，IT 项目中引入风险是企业外界环境的客观要求，一旦项目失败，将对企业产生巨大的负面影响。其次，目前 IT 项目的成功率依然很低。国际著名咨询公司 Standish Group 对 IT 项目进行了统计研究，自 1994 年开始定期发布一个题为“混沌”的报告。数据显示，IT 项目的成功率虽然呈增长的态势，但总体上来说，成功率还很低，成功率的增长速度很慢。最后，由于 IT 项目固有的特性，使其风险与其他普通项目的风险有很大的不同（见表 12-11）。IT 项目本身具有周期长、技术复杂和不确定性的特点，面对有限的资源、有待改进的技术以及瞬息万变的复杂系统环境，要求管理人员必须具备风险意识。

表 12-11　IT 项目与其他项目的风险比较

内容	风险比较
目的	IT 项目的目的不像其他项目那样有比较清楚的定义，IT 项目可能在项目开始时还没有完全定义好目标
范围	IT 项目有时缺少清晰的界限，如业务过程是否包含在项目中？项目必须与哪个系统衔接？另外，IT 项目的范围还可以蔓延和扩大
并行工作	IT 项目具有并行工作的特点，例如，新系统的建设工作仍可以在现行系统上继续开展
衔接	IT 项目可能面临更复杂的衔接问题

续表

内容	风险比较
技术依赖性	在 IT 项目中，人们试图使用新的技术或者那些尚未使用或者使用经验有限的技术，从而增加了项目的风险
管理层的期望	高层管理人员对 IT 项目的期望会在很大程度上影响 IT 项目的选择和决策
累计影响	一个 IT 项目可以影响其他的项目，最近的项目依赖于许多以前和一些当前正在进行的项目的结果
了解技术	信息技术系统能够成功的重要途径是对多种技术的整合，这需要更深刻、更透彻地了解技术
技术差距	最新技术和较早技术的差距也会影响 IT 项目

2. 风险管理概述

风险管理是指在项目执行的过程中，持续不断地进行风险识别、分析、策略制定、监控风险执行的情况，是为将风险控制在最低限度而进行的各项管理工作的总和。风险管理的内容（见图 12–1）包括：风险识别、风险分析、风险规划和风险监控。

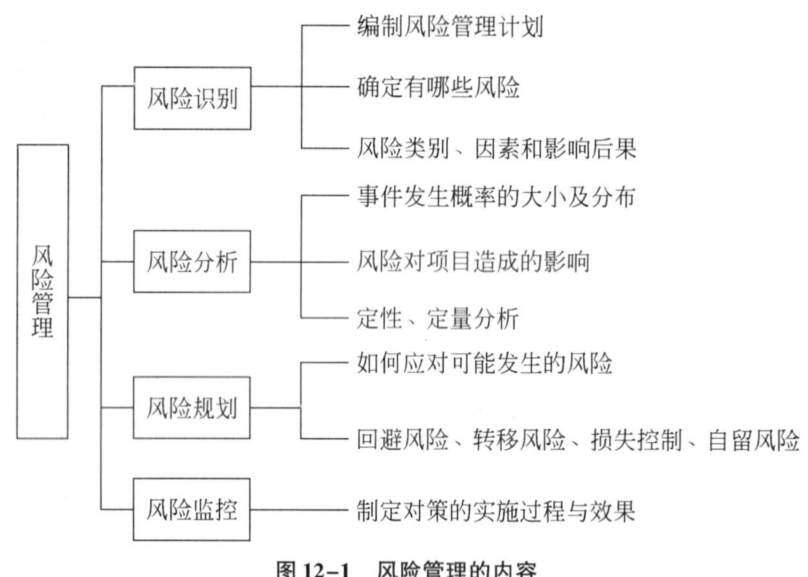

图 12–1　风险管理的内容

12. 3. 2　IT 项目风险识别

1. IT 项目风险识别的内容

IT 项目风险识别，就是找出各种潜在风险以及引起风险的主要因素，然后在此基础上对风险的后果做出定性或定量的估计。IT 项目风险识别的内容包括确定风险来源、风险产生的条件、描述风险特征、确定可能影响项目的风险事件。IT 项目的风险识别方法有以下几种。

（1）专家调查法。通过专家找出各种潜在风险，并对其后果做出分析和估计。

（2）访谈法。通过与那些具有类似项目经历的人员进行面谈，确定项目的风险。

（3）鱼骨图法。鱼骨图是一种诊断工具，能帮助使用者掌握事件因果间的关系，清楚地指出造成问题的原因和子原因，帮助人们将问题追溯到它们最根本的原因上。

（4）风险分解结构法。风险分解结构（risk breakdown structure，RBS）是基于风险源的项目风险集合，其作用是用于组织或定义项目所面临的全面风险。在风险分解结构中，每一递降的层次表示了对项目风险更加详细的定义。风险分解结构可以充分反映风险的层次性，有效表示风险的结构，确保找出项目所面临的所有风险要素，有助于风险管理人员全面理解项目面临的风险，并指导风险管理过程。图 12-2 是典型的 IT 项目风险的分解结构。

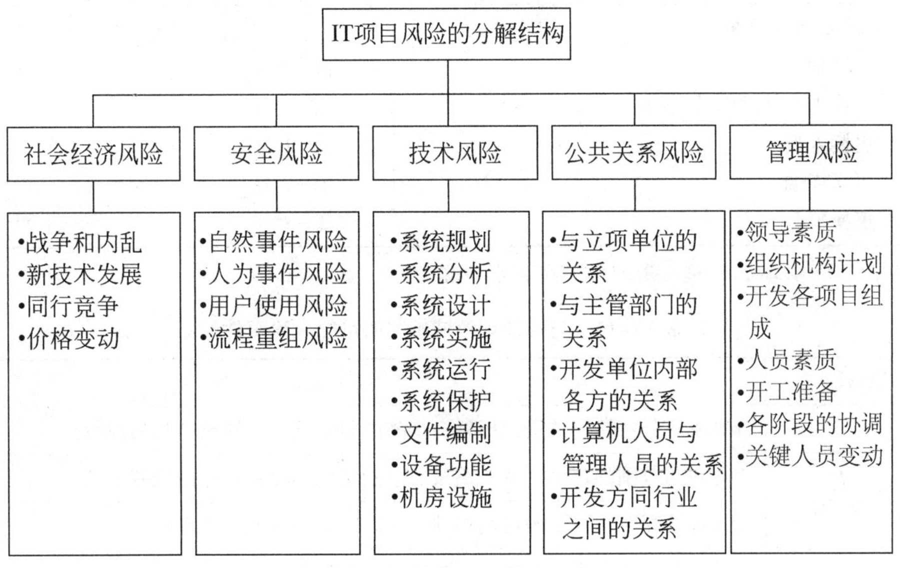

图 12-2　IT 项目风险的分解结构

（5）核对表法。核对表法是将人们经历过的风险事件及其来源罗列出来，制成一张核对表。通过核对表，项目管理人员就容易识别项目的潜在风险。如表 12-12 和表 12-13，就是典型的核对表。

表 12-12　麦克法兰（McFarlanz）的风险调查问卷（部分）

问题	分数
1. 项目估计用多少时间？	
（　）12 个月或更少	低 = 1 分
（　）13 ~ 24 个月	中 = 2 分
（　）24 个月以上	高 = 3 分

续表

问题	分数
2. 系统的人数估计是多少？	
（ ）12～375 人	低=1 分
（ ）375～1 875 人	中=2 分
（ ）1 875～3 750 人	中=3 分
（ ）3 750 人以上	高=4 分
3. 涉及的部门（除信息技术部门）有几个？	
（ ）1	低=1 分
（ ）2	中=2 分
（ ）3 或更多	高=3 分
4. 项目是否需要增加硬件？	
（ ）不增加	低=0 分
（ ）更换中央处理器的类型	低=1 分
（ ）更换外设	低=1 分
（ ）更换终端	中=2 分
（ ）更换平台	高=3 分

注：表中任何一项得高分，都说明该领域存在很高的风险。

表 12-13　与各知识领域相关的可能风险事件

知识领域	风险事件
整体	计划不充分；错误的资源配置；拙劣的整体管理、缺乏项目后评价
范围	工作包与范围的定义欠妥；质量要求的定义不完备；范围控制不当
时间	错误地估算时间或资源可利用性；浮动时间的分配与管理较差
成本	估算错误；生产率、成本、变更或应急控制不充分；维护、安全、采购做得很差。
质量	错误的质量观；设计/材料和工艺不符合标准；质量保证做得不够
人力资源	差的冲突管理；表现很差的项目组织和拙劣的责任定义；缺乏领导
沟通	计划编制与沟通比较粗心；缺乏与重要项目干系人的协商
风险	忽略了风险；风险分配不清楚
采购	没有实施的条件或合同条款

2. IT 项目风险的来源

IT 项目风险的类型按原因可分为：商业风险、技术风险、管理风险等。商业风险主要包括市场风险，即开发的产品市场上不需要；开发的产品不符合整个公司的战略；缺乏销售渠道；没有得到预算保证；重要人员变动等。管理风险主要包括项目缺乏人员、进度、预算的管理，对资源、配置等缺乏计划与控制，造成项目质量处于混沌水平。技术风险主要是指产品分析与设计、实施与维护等方面的问题，以及技术不确定、陈旧、相对环境过于“先进”等因素。

IT 项目风险来源可以从项目过程中发现，也可以从项目内容中发现。以下是 IT 项目中常见的十类风险。

(1) 需求风险。其内容包括：需求的变化，需求定义不合理，增加额外的需求，产品定义含糊的部分比预期需要更多的时间，需求定义过程中用户参与程度不够，缺乏有效的需求变化管理过程。

(2) 计划编制风险。其内容包括：计划、资源和产品定义全凭客户或领导指令，并且不完全一致；计划是优化的，但计划不现实；计划过分地依赖特定的小组成员；产品规模比估计要大；完成目标日期提前，但没有相应地调整产品范围或可用资源；涉足不熟悉的产品领域，花费在设计和实现上的时间比预期的要多。

(3) 组织和管理风险。其内容包括：仅由管理层或市场人员进行技术决策，导致计划进度缓慢，计划时间延长；低效的项目组结构降低生产率；管理层审查、决策的周期比预期的时间长；预算削减，打乱项目计划；管理层做出了打击项目组积极性的决定；缺乏必要的规范，导致工作失误与重复工作；非技术的第三方工作（预算批准、设备采购批准、法律方面的审查、安全保证等）时间比预期的延长。

(4) 人员风险。其内容包括：作为先决条件的任务（如培训或其他项目）不能按时完成；开发人员和管理层关系不佳，导致决策缓慢，影响全局；缺乏激励措施，士气低下，降低了生产能力；某些人员需要更多的时间适应还不熟悉的软件开发工具和环境；项目后期加入新的开发人员，需进行培训并与现有成员沟通，从而使现有成员的工作效率降低；由于项目组成员之间发生冲突，导致沟通不畅、设计欠佳、接口出现错误或额外的重复工作；不适应工作的项目成员没有调离项目组，影响了项目组其他成员的积极性；没有找到项目急需的具有特定技能的人。

(5) 开发环境风险。其内容包括：设施未及时到位；设施虽然到位但不配套；设施拥挤、杂乱或破损；开发工具未及时到位；开发工具不如期望的那样有效，开发人员需要时间创建工作环境或切换新的工具；新的开发工具的学习期比预期的长。

(6) 客户风险。其内容包括：客户对于最后交付的产品不满意，要求重新设计和开发；客户的意见未被采纳，造成产品最终无法满足客户要求；客户对规划、原型和规格的审核、决策周期比预期的长；客户没有参与规划、原型和规格的审核导致需求不稳定或产品生产周期的变更；客户答复的时间（如回答或澄清与需求相关问题的时间）比预期的长。

(7) 承包商风险。其内容包括：承包商没有按承诺交付组件；承包商递交的组件质量低下，无法接收，必须花时间加以改进；承包商没有购进项目开发所需要的工具，从而无法提供需要的性能水平。

(8) 产品风险。其内容包括：矫正质量低下的、不可接受的产品需要比预期更多的设计和实现工作；开发额外的不需要的功能，延长了计划进度；严格要求与现有系统兼容，需要进行比预期更多的设计和实现工作；由于各种原因无法预料的工作；在不熟悉或未经检验的软件和硬件环境中运行，产生未预料到的问题；开发一种全新的模块将比预期花费更长的时间；依赖正在开发中的技术，将延长计划进度。

（9）设计和实现风险。其内容包括：设计质量低下，导致重复设计；一些必要的功能无法重用现有的资源，必须重新自行开发新的功能；代码质量低下，需要进行额外的测试；分别开发的模块无法有效地集成。

（10）过程风险。其内容包括：大量的纸面工作导致进程比预期的慢；前期的质量保证行为不真实，导致后期的重复工作；不太正规，导致沟通欠佳；过于正规导致过多耗时于无用的工作；向管理人员提交的报告占用开发人员的时间比预期的多；风险管理不够细致，导致未能发现重大的项目风险。

12.3.3 IT 项目风险评估与对策

风险识别之后，就要判断这些风险对项目的影响程度，并考虑如何规避这些风险。风险评估的主要任务是评估已识别的风险对项目潜在的影响程度。可以采用定性描述和定量分析相结合的方法进行。IT 项目风险对策涉及的内容包括以下几点。

1. 制订 IT 项目风险应对计划

风险应对的基本措施有：规避、接受和减轻。风险规避是指根除某一具体的威胁或风险，例如，开发团队使用熟悉的硬件或软件可根除由于使用新的开发工具或环境带来的风险。风险接受是指如果风险发生，就接受其带来的后果。风险减轻是指通过减少风险事件发生的概率来减轻风险事件的影响。

2. 制订风险管理计划、应急计划和应急储备

当已经识别的某种风险事件发生时，项目团队将采取预定的措施。应急储备是项目发起人为了应付项目范围或质量上可能发生的变更而持有的预备金，它可用来转移成本风险、进度风险。

3. IT 项目风险的化解和监控

风险监控最有效的工具是十大风险事项列表（见表 12-14）。它是一种在整个项目生命周期内保持风险意识的工具。该列表包含每个风险目前的排名、以前的排名，在一段时间内出现在列表上的周数以及风险化解进展。

表 12-14　十大风险事项列表（部分）

风险事件	本周排序	上周排序	已上列表周数	风险化解进展
计划不充分	1	2	4	修订整个项目计划
设计低劣、需重新设计	2	5	3	按规范设计、请专家审核
领导乏力	3	1	8	更换项目经理
开发工具延迟交付	4	4	4	已将其列为最高优先级处理
……	……	……	……	……

12.4　信息系统工程团队的建设

12.4.1　信息系统开发项目组的组成

企业信息系统的建设是一项复杂的社会—技术工程。企业信息系统建设成功与否，不仅取决于技术，更重要的是取决于企业各层管理人员对信息系统的认识，以及企业信息系统开发项目组的组织与管理。信息系统开发项目组（见表 12-15）是由具有不同知识和技能背景的人员组成的，其中，首席信息官（chief information officer，CIO）是整个企业信息化建设的关键；系统分析师（system analyst）是信息系统项目的关键。

人们已经认识到：与信息系统开发有关的各方面人员组成的团队对于信息系统的成功与否起到了至关重要的作用。如何使一个团队成为一个“冻胶（jell）团队”，这是项目经理的主要任务。“冻胶团队”是一群紧密结合在一起的人，其整体大于部分的总和。

表 12-15　信息系统开发项目组

人员	工作职责
项目管理人员	系统开发、运行和维护的组织与领导工作
系统分析师	系统分析：与用户沟通，确定用户的需求，建立系统逻辑模型
系统设计员	系统设计：提出系统技术解决方案，满足用户需求
程序员	按照系统设计的要求，进行应用程序的设计
系统维护人员	系统硬件和软件维护
操作员	硬件操作和信息处理等
文档管理员	文档管理、配置管理
质量管理员、审计	质量管理、风险管理
其他专业人员	数据库管理员、网络管理员等特殊设计工作

12.4.2　首席信息官

首席信息官（CIO）是企业信息资源和信息系统的最高领导者。一个称职的首席信息官对于整个企业的总体战略、企业业务需要以及信息技术战略的形成和组织是非常重要的。首席信息官应该具备把握信息技术部门整体运行和处理各方面关系的能力。美国首席信息官研究专家西诺特在其著作《信息武器》一书中写到：作为一名高层的管理者，在全公司范围内，在内部管理和长期竞争的观点上，最大限度地发挥在信息系统上的投资和技术的作用，这就是首席信息官的使命。

1. 首席信息官的职责定位

首席信息官不仅要对信息技术部门的正常运行负责，更要参与企业的核心管理层的决策，决定企业的信息战略，保证信息战略与企业战略相配合，并对企业信息化的发展做出长远规划。

可以从信息技术的应用和信息价值利用两方面来认识首席信息官的职责。信息技术的应用是首席信息官的传统职责，包括：为企业组织信息管理系统的应用项目，开发、选购或网络集成；而信息价值利用，则主要是指首席信息官必须承担的体现信息资源价值和效益的方面；也可以从战略层面、执行层面、变革层面、沟通层面4个层面来分析首席信息官的职责定位（见图12-3）。

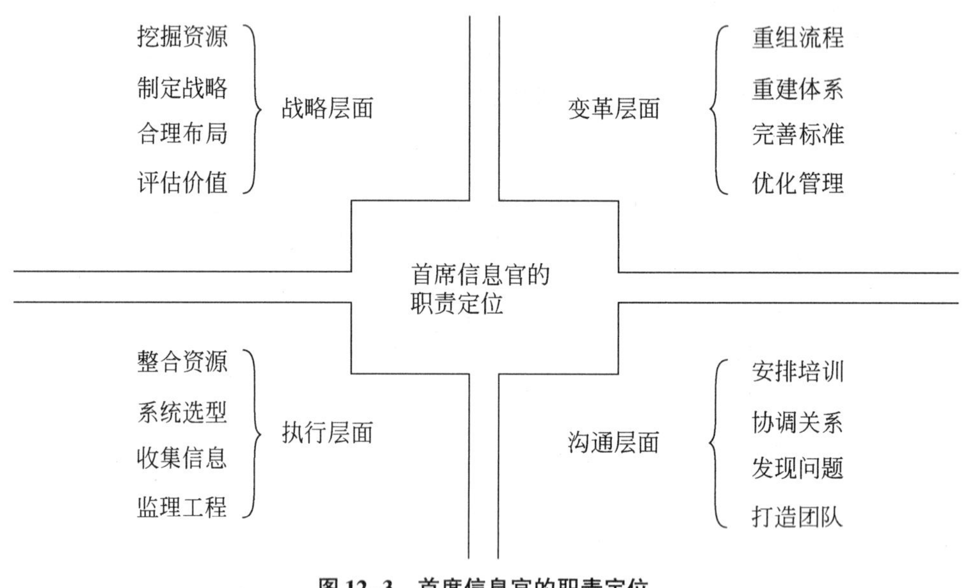

图12-3 首席信息官的职责定位

（1）战略层面。首席信息官的职责是挖掘企业的信息资源、制定企业信息化战略、为企业信息化合理布局、评估信息化对企业的价值等。为企业战略决策和企业战略的实施服务，制定企业信息化战略是首席信息官的首要职责。

（2）执行层面。负责信息流、物流、资金流的整合，完成信息系统的选型实施，收集研究企业内外部的信息，为决策提供依据。同时还要承担信息系统工程的监理工作。

（3）变革层面。协助企业完成业务流程重组，运用信息管理技术重建企业的决策体系和执行体系，同时要对信息编码和商务流程统一标准。不仅要推动企业信息化的软硬件环境优化，而且要为首席执行官当好参谋，与各高层管理者一起促进企业内外部商务环境的改善。

（4）沟通层面。安排企业信息化方面的培训，发现信息运用的瓶颈，观察研究企业运作中的信息流及其作用。协调沟通上下级关系，打造优秀的信息技术团队。

根据美国加特纳公司的定义，首席信息官是一个机构关键的管理岗位，负责制定信息化政策，保证信息技术和业务发展战略的默契配合。总的说来，首席信息官的主要职责包括：① 参与制定组织发展战略，领导组织信息战略的制定。② 确立信息处理和利用及其所需设备方面的政策、标准和程序，制定组织信息制度和信息政策。③ 培育良好的信息文化。④ 提升组织和员工的信息素质、信息能力。⑤ 为高层管理者提供决策所需的信息支持和信息能力支持。⑥ 进行信息化项目规划，领导重要信息化项目的实施。⑦ 监控所有信息化项目的实施，监控现有信息系统的运行。⑧ 领导组织内所有信息部门，为操作部门和业务功能提供咨询或服务。⑨ 与业务部门一起，考虑如何使信息和知识为产品或服务增值。⑩ 将自己的经验和教训等知识贡献给行业协会和社会。

2. 首席信息官应具备的素养和能力

（1）良好的沟通、协调能力。作为企业信息系统的规划者，首席信息官要善于协调企业内部各层次、各部门、各环节的关系以及企业与其协作伙伴的关系。善于对话和沟通，能够适应企业的文化和传统，使信息技术与管理体制相得益彰。

（2）较强的职业技能和学习能力。具有广博的多学科和交叉领域的职业技能，才能运用信息科学的理论基础为各种层次的管理者和用户服务。信息技术的发展日新月异，还需要有非常强的学习能力。

（3）全球化的视野和敢于创新的胆识。首席信息官应具备全球化的战略视野，具备为企业经营管理与竞争战略发展的需要推荐与开发新技术的能力，对信息技术的发展动向及其对企业的影响有敏锐的洞察力，富有远见和技术创新精神。

（4）丰富的管理经验。首席信息官必须对本行业的发展背景有全面的了解，对企业管理的目标有明确的认识，对经营决策和竞争环境的基本情况有充分的掌握，并且有丰富的管理实践经验。

（5）精明的商业经营头脑。首席信息官的工作必须以提高企业的效益和竞争力为目标，应了解信息技术何时、何地、何种情况下在哪些方面能为达成这一目标起关键作用。

（6）较强的应变能力。面对日新月异的信息技术和急剧变化的竞争环境，首席信息官要有较强的应变能力，能承担来自技术和环境变化的压力，具有敢于迎接各种困难和挑战的勇气。

3. 首席信息官的知识体系

首席信息官的知识体系如图 12-4 所示。

12.4.3 信息系统用户

用户（user）是使用并受益于信息系统的人员。用户在系统开发过程中扮演着重要的角色，他既是信息系统需求的提出者，又是信息系统的使用者，同时也应该是信息系统开发的参与者。用户能否积极参与到项目的开发中已经是公认的、直接影响项目成败的关键因素之一。现代信息系统开发都特别重视用户在系统开发过程中的作用。

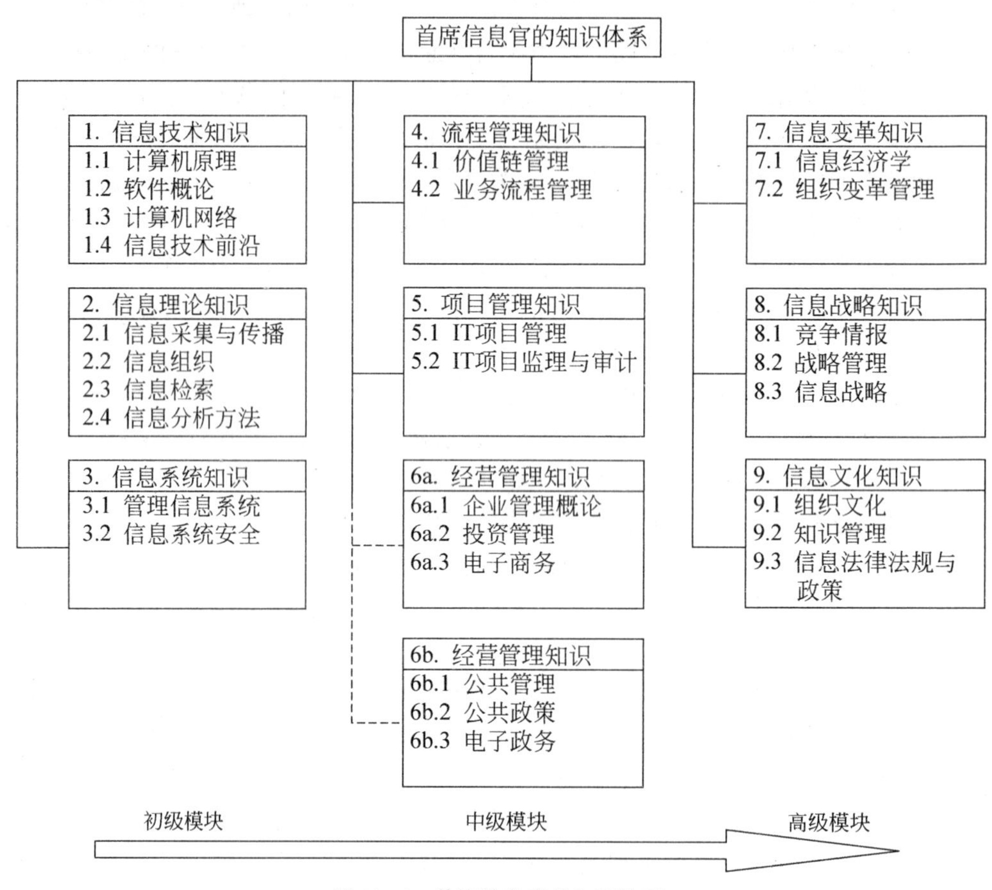

图 12–4　首席信息官的知识体系

信息系统开发成功的关键是真正了解并清楚用户复杂的需求，这个问题的解决必须建立在开发人员和用户良好的沟通、协作的基础上。只有开发人员和用户双方参与者十分清楚自己的权利和义务，才能建立起一种良好的合作关系。

1. 用户在信息系统开发中的权利和义务

（1）给系统分析师讲解业务。系统分析师要理解用户讲解的业务概念及术语。用户不要期望系统分析师会成为该领域的专家，也不要期望系统分析师能把握用户业务的细微潜在之处，只要让系统分析师明白业务中的问题和目标即可。

（2）抽出时间清楚地说明并完善需求。用户有必要抽出时间参与“头脑风暴会议”的讨论，接受采访或参加其他获取需求的活动。

（3）准确而详细地说明需求。编写一份清晰、准确的需求文档是很困难的。系统开发过程中很容易产生模糊不清的需求，但是必须解决这种模糊性和不准确性，而用户恰恰是解决这些问题的最佳人选。如果用户一时不能准确地表达，通常可通过原型开发，用户同开发人员一起反复修改，不断完善需求定义。

(4) 及时做出决定。系统分析师会要求用户做出一些选择和决定。用户必须积极对待并尽快做处理和决定，因为开发人员通常只有等用户做出决定后才能行动，否则将导致项目延误。

(5) 尊重开发人员的需求可行性及成本评估。所有的信息系统功能都有其成本。用户所希望的某些产品特性可能在技术上行不通，或者实现它要付出极高的代价。开发人员会对此做出负面的评价，用户应该尊重开发人员的意见。

(6) 划分需求的优先级。绝大多数项目没有足够的时间或资源实现功能性的每个细节，如决定哪些特性是必要的、哪些是重要的、哪些是需求开发的主要部分，这些只能由用户负责设定需求优先级；开发人员将为用户确定优先级提供有关每个需求的花费和风险的信息。在时间和资源限制下，关于所需特性能否完成或完成多少应尊重开发人员的意见。业务决策有时不得不依据优先级来缩小项目范围或延长工期，或增加资源，或在质量上寻找折中。

(7) 评审需求文档和原型。用户评审需求文档，是给系统分析师带来反馈信息的一个机会。如果用户认为编写的需求分析报告不够准确，就要尽早告知系统分析师并提出改进建议。更好的办法是先为产品开发一个原型，这样用户就能提供更有价值的反馈信息给开发人员，使开发人员更好地理解用户的需求。

(8) 需求变更要立即联系。不断的需求变更，会给在预定计划内完成的质量产品带来严重的不利影响。变更是不可避免的，但在开发周期中，变更越在晚期出现，其影响越大；变更不仅会导致代价极高的返工，而且会延误工期，特别是在大体结构完成后又需要增加新特性。所以，一旦用户发现需要变更需求时，请立即通知系统分析师。

(9) 遵照开发小组处理需求变更的过程。为将变更带来的负面影响减少到最低限度，所有参与者必须遵照项目变更控制过程。这就要求不放弃所有提出的变更，对每项要求的变更进行分析、综合考虑，最后做出合适的决策，以确定应将哪些变更引入项目中。

(10) 尊重开发人员采用的需求分析过程。软件开发中最具挑战性的莫过于收集需求并确定其正确性，系统分析师采用的方法有其合理性。如果用户理解并支持系统分析师为收集、编写需求文档和确保其质量所采用的技术，那么整个过程将会更为顺利。

2. 用户和管理者在信息化建设中应具备的知识结构

(1) 具有信息技术方面的基础知识（硬件、软件、数据库、网络）。

(2) 熟悉企业中各种类型的信息系统（MIS、DSS、ES 等）的结构、功能；熟悉信息系统发展的趋势（自底向上、由内而外）；深刻领会信息化建设的关键因素；深刻领会信息技术在企业管理中双刃剑的作用。

(3) 熟悉信息化工程建设队伍中各种类型人员的职责和作用，熟悉信息化工程的原则、原理及步骤（系统开发生命周期），学会表达用户的业务需求和信息需求，懂得如何与技术人员交流。

12.4.4 系统分析师

1. 系统分析师及其职责

系统分析师（systems analyst）是信息系统建设的关键人物，是用户与技术人员之间的桥梁与翻译。正如翻译一样，系统分析师必须熟悉两门语言：业务领域语言和技术语言。

系统分析师负责研究业务问题，确定如何运用业务知识和信息技术解决这些问题，然后将业务方面的信息需求转化为由各种技术专家实施的计算机信息系统。

有两种类型的系统分析师：业务分析师和应用分析师。业务分析师（business analyst）是能够运用领域知识对业务问题进行分析，并对独立于技术的需求进行分析的系统分析师。应用分析师（application analyst）是能够运用技术对应用系统进行设计，并从事依赖于技术开发工作的系统分析师。

系统分析师就像是一个外科大夫，企业犹如一个病人，信息技术是系统分析师做手术的手术刀。但是如果找不到病人的病因，不能对症下药，再熟练的外科大夫也无能为力。

2. 系统分析师应该具备的知识和能力

一个优秀的系统分析师必须具备科学方法、变革能力等方面的知识和能力，图 12-5 描述了系统分析师能力模型。

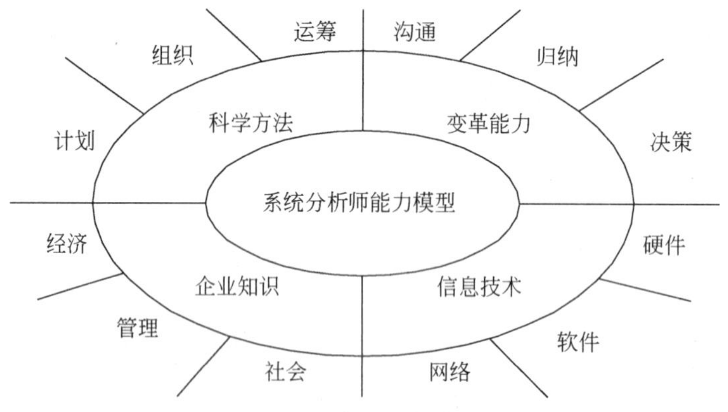

图 12-5 系统分析师能力模型

（1）信息技术应用知识。信息技术是信息系统的基本工具，作为一名优秀的系统分析师，首先必须是一个信息技术方面的专家。系统分析师应该具备的知识：① 计算机硬件和软件基础知识。② 数据库基本理论和设计。③ 通信与网络。熟悉客户机/服务器（browser/server，B/S）结构、浏览器/服务器结构；因特网、内联网、外联网。④ 计算机编程经验和技能。⑤ 信息系统基础知识，包括组织中的各种信息系统（TPS、MIS、DSS、MRP、MRP Ⅱ、ERP、SCM、CRM、CIMS 等）、电子商务等。⑥ 信息系统开发方面的知识。系统分析师必须熟知和熟练运用系统开发的一些技能，包括系统开发的基本概念和原理；系统开发工具（如计算机辅助软件工程）；系统开发技术（项目管理技术、系统分析技术、系统设计技术、系统构造与实施技术、系统维护技术等）；快速应用开发（rapid application development，RAD）等。

（2）业务领域知识。企业信息管理不仅是关于系统开发，而且也是关于如何利用信息技术解决企业面临的问题。因此，计算机信息系统并不是组织业务系统的简单翻版，作为系统分析师必须具有丰富的业务领域知识，熟悉企业组织的运作过程。这些业务领域知识包括会计学、经济法、经济学、财务管理、生产、市场营销、作业管理、组织行为学等。

（3）解决问题的能力。系统分析师必须具有理解企业问题的能力，并能够将一些复杂的问题进行分解，分析问题的各个方面，然后提出问题的解决方案。系统分析师必须具有对问题进行深入分析的能力。系统分析师必须能够设计几套解决用户问题、满足用户需求的方案，每个解决方案需要仔细地全盘考虑，同时还要与管理人员讨论解决方案，并选出最佳解决方案。

（4）人际沟通能力。信息系统开发过程中，系统分析师需要编制各种文档资料，需要与不同专业背景的人员打交道。因此要求系统分析师必须具有良好的写作和口头表达能力，并熟知沟通的各种技巧，包括会谈、听取别人的观点等。

（5）人际关系能力。为了使项目小组能够高效地工作，系统分析师必须具有与各种不同性格的人员沟通和协调的能力。

（6）灵活性和适应性。永远不会有两个信息系统项目是完全一样的，即使对同一个问题也不可能只有一种解决方案。系统开发有多种方法和技术，系统分析师必须能够灵活地选择恰当的方法和技术来解决问题。用户的业务环境不断变化，用户的需求也在不断变化，计算机软件、硬件技术的发展更是日新月异，因而要求所开发的信息系统必须具有较强的适应能力。为适应这些变化，系统分析师提出的解决方案必须具有足够的灵活性。

（7）学习新技术的能力。信息技术的发展日新月异，如何能够利用最新的技术解决用户问题是衡量一个系统分析师能力的重要方面。

（8）品质和道德。系统分析师所做的工作可能会涉及组织许多不同部门的信息，有些信息是非公开的，如关于公司产品方面的专利信息、公司的战略计划等，系统分析师必须能够保证这些信息的安全性。同时也会涉及用户的一些私密信息，这就要求系统分析师具有较高的道德标准。

3. 系统分析师在信息系统开发中的注意事项

（1）系统分析师要使用符合用户语言习惯的表达。

（2）系统分析师要了解用户的业务及目标。

（3）系统分析师必须编写系统需求报告。

（4）系统分析师必须对需求工作结果进行解释。

（5）系统分析师要尊重用户的意见。

（6）系统分析师要对需求及产品实施提出建议和解决方案。

（7）系统分析师需要描述产品使用特性。

(8) 允许重用已有的软件组件。

(9) 对变更的代价提供真实可靠的评估。

(10) 获得满足用户功能和质量要求的系统。

练习题

1. 名词解释

IT 项目　风险　系统分析师　业务分析师　应用分析师　首席信息官(CIO)

2. 简述信息系统开发项目的人员构成。

3. 企业为什么要设立首席信息官，其职责是什么？首席信息官应该具备哪些素质？

4. 用户在信息系统开发中的作用是什么？

5. 简述系统分析师的职责，应具备的知识和素质。

6. 简述项目管理的知识体系。

7. 简述信息系统开发中沟通的重要性。

8. 如何理解 Brooks 法则？

9. 简述 IT 风险的类型和来源。

10. 简述 IT 风险管理的内容。

第 13 章　信息系统开发

【学习目的与要求】

1. 重点掌握瀑布模型各阶段的任务、建模工具、文档。
2. 掌握基于瀑布模型的系统开发生命周期模型，包括特点、适用范围等。
3. 熟悉什么是需求，什么是好的需求。

【内容提要】

信息系统开发生命周期模型是信息系统开发的指导思想和全局性框架，它反映了人们对信息系统开发过程的认识。本章的主要内容包括：基于瀑布模型的系统开发生命周期、基于迭代模型的原型化方法，并结合系统开发生命周期介绍了各阶段的任务、工作内容、建立的模型以及应该完成的文档。

作为一个信息系统的用户和企业的管理人员，一方面要懂得信息系统开发的一些基本原理、方法；另一方面，也要清楚地懂得在信息系统开发中的权利和义务，尤其是如何表达自己的需求，这样才能更好地配合开发人员做好信息系统的开发工作。

【引导案例】

用户与系统分析师之间的对话

下面是用户（经理）与系统分析师之间的对话，你能从中发现什么问题吗？

经理：“我们要建立一套完整的商业管理软件系统，包括商品的进、销、调、存管理，是总部—门店的连锁经营模式。通过通信手段门店自动订货，供应商自动结算，卖场通过扫条码实现销售，管理人员能够随时查询门店商品销售和库存情况。另外，我们也得为政府部门提供关于商品营运的报告。”

系统分析师：“我已经明白这个项目的大体结构框架，这非常重要，但在制订计划之前，我们必须收集一些需求。”

经理觉得奇怪："我不是刚告诉你我的需求了吗?"

系统分析师："实际上，您只说明了整个项目的概念和目标。这些高层次的业务需求不足以为开发提供支持。我需要与实际将要使用系统的业务人员进行讨论，然后才能真正明白达到业务目标所需功能和用户要求，了解清楚后，才可以发现哪些是现有组件即可实现的，哪些是需要开发的，这样可节省很多时间。"

经理："业务人员都在招商。他们非常忙，没有时间与你们详细讨论各种细节。你能不能说明一下你们现有的系统?"

系统分析师尽量解释从用户处收集需求的合理性："如果我们只是凭空猜想用户的要求，结果不会令人满意。我们只是软件开发人员，而不是采购专家、营运专家或财务专家，我们并不真正明白您这个企业内部运营需要做些什么。我曾经尝试过，未真正明白这些问题就开始编码，结果没有人对产品满意。"

经理坚持道："行了，行了，我们没有那么多的时间。让我来告诉您我们的需求。实际上我也很忙。请马上开始开发，并随时将你们的进展情况告诉我。"

13.1 企业 IT 外包

13.1.1 企业 IT 外包概述

1. IT 外包概述

外包（outsourcing）是指企业整合其外部最优秀的专业化资源，从而达到降低成本、提高效率、充分发挥自身核心竞争力和增强企业对环境的应变能力的一种管理模式。外包就是将公司的一些重要但非核心的业务职能交给外面的专家去做。

IT 外包（IT outsourcing）是将组织中与信息相关的活动，从企业其他业务中剥离出来，部分或全部交给组织外的信息服务提供者（internet service provider，ISP）来完成。IT 外包的内容包括：信息处理服务、业务流程支持、应用软件系统开发、网络系统建设、硬件设备选型与维护、IT 知识培训和企业信息化方案咨询等。

【案例 13-1】

IT 外包的发展历史

1962 年，美国 EDS 公司开创了最初的 IT 外包服务。由于当时很多企业客户负担不起昂贵的大型机系统，于是 EDS 公司的创始人便采用了"卖处理时间"的方式，即根据客户的信息处理要求所需的处理时间进行收费。

20 世纪 90 年代，由于软件成本大大增加，全球 IT 人才短缺等因素，引发了第 2 次 IT 外包浪潮。在这样的环境下，外来的供应商能够更好地配置 IT 资源，而且还可以解放企业，使其集中精力在自己的核心能力上。

1990 年后，美国许多大公司开始将部分信息中心的功能实行外包。柯达公司成功地将其数据中心和通信网络外包给了 IBM、DEC 等机构来运作，成为当时影响最大的外包案例，也开创了 IT 外包的先河。当时柯达公司的首席信息官是一名高级经理而不是一名计算机专家，因此他的管理思维使他得以跳出计算机专家的固有模式，在外包方面采取了积极的态度，对以前被大中型企业认为细枝末节的 IT 外包问题予以足够的重视。

目前，IT 外包在世界范围内正成为一种新的趋势，这种服务模式在许多国家已被普遍接受，尤其在西方发达国家，大部分中小企业均以 IT 服务外包形式实现了企业自身的信息化，享受专业 IT 外包服务带来的种种便利。人们已经清楚地认识到，IT 外包不再是公司管理中一个短暂的时尚，而是传统的 IT 部门改革的前奏，IT 外包为网络经济下的组织结构变革提供了参考。

美国著名的管理学家彼德·德鲁克曾预言："任何企业中仅作为后台支持而不创造营业额的工作都应外包出去，任何不提供向高级发展的机会、活动和业务也应该采用外包。"

2. IT 外包的内容

IT 外包的内容包括：IT 维护和管理的外包；构建企业信息网；IT 知识培训；日常技术维护；IT 行业信息咨询；系统解决方案。

3. IT 外包的方式

IT 外包主要有以下几种方式。

（1）整体外包。整体外包是指在一个固定的时间内，双方同意的价格和认可的服务水平下，企业将有关的 IT 服务、运行和管理外包给信息技术专业服务公司，后者将提供全套的 IT 运行、维护和发展的服务支持。一般整体外包应将信息技术职能的 80% 或更多的职能外包给外包商，本企业只保留极少数核心人员去管理和控制合同以及规划未来的发展方向。

（2）选择性外包。选择性外包是指几个有选择的信息技术职能的外包，外包数量少于整个信息技术职能的 80%。企业可以创建一个框架性的合同，来根据自身的竞争优势选取一个或多个 IT 服务提供商，将相应的一些设施和服务委托给他们，公司仍保持主要的 IS/IT 人员组织结构。

（3）战略资源联盟。一个公司也可以通过与某供应商设立合资公司来运行 IT 外包服务，这种形式是建立在风险和收益共担的基础上，并且处于某种特别目的。

（4）买入式外包。组织买进相关的管理和技术，从而使公司内部的信息系统发展得更好，提升 IT 服务的效能。在这种情况下，公司仍保留其集中化的 IT 功能。典型的例子是利用"境外离岸的系统"发展资源，即公司与一个国外的供应商签订合同，让他们去编写一套新的应用系统，但是所有这些需求和规格标准都由原公司自己制定和提出。其好处是可以找到技术熟练而人工相对便宜的专业技术人员，但也存在项目管理与沟通困难的问题。

13.1.2　企业IT外包的收益与风险

1. IT外包的收益

IT外包能够得到以下几种收益。

(1) 使企业把精力集中到核心竞争力的提升上，这是IT外包的根本原因。IT外包服务使企业能够把它的注意力集中于核心竞争力的提升上，一方面，不必为一些非主流的业务花费大量的人力和物力，包括人员成本和软、硬件成本。另一方面，系统的运营及服务支持也将因为由专业的IT公司来维护和管理而更加顺畅，而且专业化的分工也会带来成本的降低。

(2) 更好地预测未来开发成本，使企业降低信息系统运营总体拥有成本（total cost of qwnership，TCO）并减少管理者的时间消耗。规模经济在软硬件系统采购和专业人员的使用上是有效的。通过创建客户/承包商的关系，将注意力集中在成本控制上，特别是那些以往在内部由自己执行的其成本常被忽视的活动，而IT外包通过减少企业应用IT环境的复杂性，每年可以节省30%~50%的信息系统运营总体拥有成本。此外，外包还可能为企业提供一个清算其信息技术资产的机会，从而改善企业的财务报表并避免企业对未来投资的不确定性。例如，通过将设备和固定资产移交给外包商，组织能够获得一笔现金流，从而解放一部分资源用于其他投资（如战略投资）。

(3) 提高企业信息系统整体的质量和层次。与传统的企业内部运作的应用软件和服务相比，专业的IT厂商不管是在软硬件系统的配置还是在系统维护方面都将做得更好、更专业，使整个系统更安全、更可靠，具有更大的可伸缩性。

(4) 获得前沿技术，改进企业内部的IT支持与服务。

(5) 简化企业内部的管理工作。提高办公效率和质量，减少IT系统故障发生率，避免IT技术人员的流动给企业信息系统带来的不稳定性，确保企业信息系统始终处于良好的运行状态，让系统及时得到合理优化和升级，简化了企业内部的管理工作。

(6) 利用其他组织的智力资源，促进企业资源整合。IT外包后，企业原有信息技术部门的去留、部门功能的全面程度等都将发生重大变化。业务流程的优化改进必将给企业的核心业务部门带来较大调整。外包企业所提供的是经过整合的IT服务包，具有很强的系统性、完整性，是一般企业靠自己的力量难以达到的。通过对企业业务流程、数据流程的分析、重组与优化，为企业带来更有效的经营、生产模式，增强企业的核心竞争力。

2. IT外包的主要风险

IT外包作为一种先进的竞争策略，具有明显的优势，但不合理的外包也会带来风险。

(1) 企业的战略柔性丧失。战略柔性是指企业的战略可以经济而快速地响应环境变化的能力。IT外包可能会导致企业战略的不连续、不稳定，包括管理政策不稳定、管理组织不稳定、管理人员不稳定。

(2) 存在项目可行性不确定的风险。这主要是由所选择的外包项目是否适当或签订的合同缺乏灵活性造成的。由于技术的迅猛发展和市场因素的变化，可能会导致项目完成后不再适用或者不再具有竞争优势；由于外包商和外包企业之间对需求理解的不一致而使信息系统不能很好地满足企业的需求。

(3) 信息技术服务商不能很好地提供服务。

(4) 削弱企业的学习能力和创新能力。企业是在实践中了解和应用信息技术的，而 IT 外包可能会阻碍新技术与业务的结合，降低企业对某些技术的跟踪和对新技术的了解程度，从而削弱企业的学习和创新能力。

(5) 可能会对企业有关职能部门产生冲击。企业信息技术的外包往往会影响企业内部的业务流程，需要企业内部的业务流程重组，这个过程很可能会对组织成员产生影响，有时遭到企业内部员工的抵制而对企业正常的生产经营产生负面影响。

(6) 降低了企业的控制能力。某些 IT 外包可能导致企业自动放弃对信息系统的控制，从而丧失企业的部分职能。

(7) 委托代理关系复杂容易引起法律纠纷。企业一旦将工作交给外包商就基本不再插手管理，造成管理过程不易控制，特别是在合同内容不明确或者含糊的情况下，一旦企业和外包商发生误会或不一致，双方各自站在自己的立场上，则会产生矛盾甚至法律纠纷，这样就很难形成战略伙伴关系了。

13.1.3　企业 IT 外包决策

IT 外包决策的内容包括：① 是否外包。② 外包什么和如何外包。如果外包，是整体性外包还是选择性外包。同时要考虑选择一个外包商还是多个外包商，选择国内的外包商还是国外的外包商，是签订一个长期外包协议还是一个短期外包协议。③ 如果决定不进行 IT 外包，则考虑是否内包。④ 如果既不外包也不内包，则要考虑是否要进行人员调整。

13.2　信息系统开发生命周期模型

信息系统开发方法包含了许多方面的内容。从过程管理的角度，有传统的系统开发生命周期法、原型化方法等；从方法学的角度，有结构化方法、面向对象方法等。本章主要从过程管理的角度介绍了典型的系统开发生命周期法和原型化方法，并结合基于瀑布模型的系统开发生命周期法介绍了信息系统开发各个阶段的工作内容。

13.2.1　基于瀑布模型的系统开发生命周期法

系统开发生命周期（system development life cycle，SDLC）是由任务分解结构（WBS）和任务优先级结构组成的。任务分解结构是指信息系统开发全过程的阶段和活动的划分，任务优先级结构是指各个阶段之间的关系。

瀑布模型是于20世纪70年代提出的较早的一种信息系统开发生命周期模型，也是最基本的模型，其他几个模型都是在它的基础上发展而来的。基于瀑布模型的信息系统开发生命周期一般将系统开发过程划分为五个阶段（见图13-1）：信息系统规划、信息系统分析、信息系统设计、信息系统实施、信息系统运维。其特点是：强调阶段的划分及其顺序性；强调各阶段工作及其文档的完备性；是一种严格线性的、按阶段顺序的、逐步细化的开发模式。

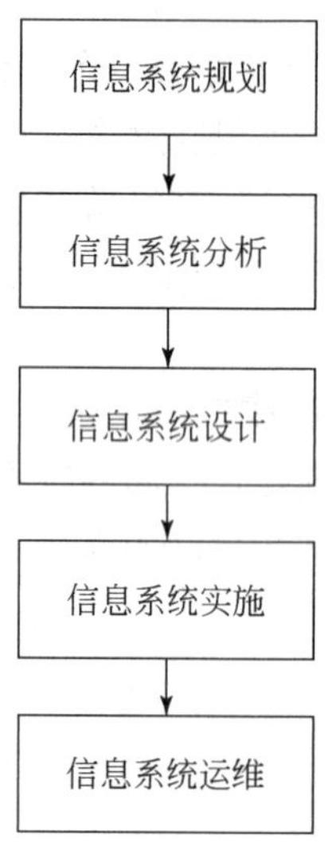

图13-1　信息系统开发过程的五个阶段

1. 各阶段任务

（1）信息系统规划。系统规划（systems planning）是在充分、深入研究企业发展远景、业务策略和管理的基础上，形成信息系统的远景、信息系统的信息体系架构（information systems architecture，ISA）、信息系统各部分的逻辑关系，以支撑企业战略规划目标的达成。信息系统规划（information system planning）也称为IT规划，是从组织的宗旨、目标和战略出发，对企业内外信息资源进行统一规划、管理和应用，从而规范组织内部管理，提高工作效率和用户满意度，最终为企业获取竞争优势，实现企业的长远发展。

（2）信息系统分析。系统分析（systems analysis）也称需求分析，是指运用一定的方法，对问题域和系统责任进行分析和理解，正确地认识其中的事物和它们之间的关系，并产生一个符合用户需求，并能够直接反映问题域和系统责任的模型及其详细说明。

（3）信息系统设计。系统设计（systems design）的目的是设计一个能够满足用户需求的技术解决方案。系统设计主要包括总体设计和详细设计两个层次。总体设计的主要任务是构造软件的总体结构；详细设计包括输入/输出设计、控制设计、人机界面设计、数据库设计、程序设计。

（4）信息系统实施。系统实施（systems implementation）的目的是构造/组装信息系统技术部件，并最终使信息系统投入运行。系统实施阶段包括的活动有：编程、测试、用户培训、新旧系统之间的切换等。编程是按第三阶段中程序设计所获得的每一个模块的基本结构和要求，用某种计算机语言编写其程序代码。测试是程序执行的过程，其目的是尽可能多地发现软件中存在的错误。用户培训的主要任务是编写用户操作手册。新旧系统之间的切换是新系统取代旧系统的一个过程。

（5）信息系统运维。系统维护（systems maintenance）的目的是对系统进行维护，使之能正常地运作。

2. 基于瀑布模型的系统开发生命周期法的优缺点

基于瀑布模型的系统开发生命周期法中的各阶段之间基本上是一种线性的顺序关系，即前一个阶段的结果是后一阶段的工作基础，因此，瀑布模型不允许有返工的情况发生。运用该模型的前提是能够早期冻结用户的需求。

（1）系统开发生命周期法的优点。

① 阶段的顺序性和依赖性。前一个阶段的完成是后一个阶段工作的前提和依据，而后一阶段的完成往往又是前一阶段的成果在实现过程中具体了一个层次。

② 逐步求精的结构化方法。从时间的进程来看，整个系统开发是一个从抽象到具体的分层实现过程，而每一阶段的工作，亦体现出自上向下、逐步求精的特点。

③ 推迟实现的观点。对于有一定规模的信息系统，编码越早，完成的时间反而会更长，甚至导致不可挽回的失败。系统开发生命周期法的一个主要特点，就是逻辑设计与物理设计分开，从而大大提高了系统的正确性、可靠性和可维护性。

④ 质量保证措施。文档编制和复审是信息系统开发过程中每个阶段结束时必须做的两项工作，也是质量保证的重要措施。通过文档编制和复审，对本阶段工作成果进行评定，错误较难传递到下一阶段。错误纠正得越早，所造成的损失就越小。

⑤ 强调文档的完备性和标准化。

（2）系统开发生命周期法的缺点。

① 系统开发生命周期是一种预先定义需求的方法，也就是说，采用该方法的基本前提是必须能够在早期就冻结用户的需求。因此，该方法只适应于可以在早期阶段就完全确定用户需求的项目。然而，在实际中要做到这一点往往是不现实的，用户很难准确地陈述其需求。

② 该方法文档的编写工作量极大，随着开发工作的进行，这些文档需要及时更新。虽然目前已有很多计算机辅助软件工程可以支持这一工作，但仍需要大量的人工参与。

③ 在实践中要想获得完善的需求说明是非常困难的。反馈信息慢，会延迟产品的交付时间。

④ 不能很好地适应用户需求的变化。

13.2.2 基于迭代模型的原型化系统开发生命周期

1. 原型化方法产生的背景和原因

基于瀑布模型的系统开发生命周期法的最大缺点和运用该方法的前提是：需要在早期冻结用户的需求。事实上，对于很多应用系统（如商业信息系统）来讲，用户要想在项目开发初期就非常清楚地陈述其需求几乎是不可能的；错误形成得越早，对整个系统的影响越严重。而且大量事实表明：用户需求定义方面的错误是信息系统开发中出现的后果最严重的错误。在此背景下，提出基于迭代模型的原型化方法。由于该方法在开发信息系统方面的有效性，尤其是图形用户界面（graphical user interface，GUI）的出现，20 世纪 80 年代中期，原型化方法（prototyping）逐渐被广大信息系统开发者所认可，并得到广泛应用，成为一种流行的信息系统开发方法。

使用原型化方法，可以构造一个动态的工作演示模型，以便从用户处取得反馈意见；可以得到一个更直观、更形象的实际工作模型；能及早发现需求方面的误解和系统开发的难点；有助于开发用户友好的人机界面；有助于检验候选的设计方案。

2. 原型化方法的基本概念

原型（prototype）即样品、模型的意思。原型化方法是用于开发某种产品或其组成部件的一个小规模工作模型（原型）所使用的一种非常流行的工程技术。对于信息系统开发而言，快速原型法是指用户的需求被提取、表示，并快速地构造一个最终系统的、具有进化能力的工作模型，并逐步发展和完善该模型。

原型化方法强调动态地定义信息系统需求，并成为一种有效的系统需求策略。这是因为，信息系统开发成功的经验和失败的教训告诉我们，信息系统开发生产率的提高以及信息系统的质量在很大程度上依赖于需求的定义。如果用户需求没有分析清楚，系统提供的服务将会受到极大的限制，根本就谈不上产生好的设计和编码。

需求分析的一种变通的方法是获得一组基本需求后，快速地加以实现。随着用户或开发人员对信息系统理解的加深而不断地对这些需求进行补充和细化，信息系统的定义是在逐步发展的过程中进行的，而不是一开始就预见一切，这就是原型化方法。因此可以认为原型化方法是确定软件需求的策略，是一种动态的需求定义策略。

3. 原型化系统开发生命周期

图 13-2 描述了原型化系统开发生命周期。

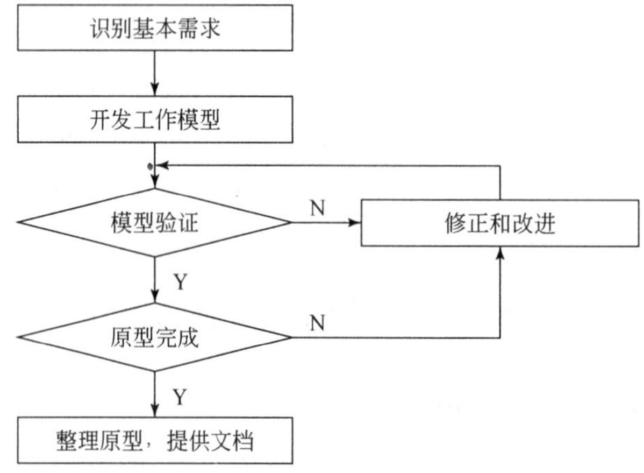

图 13-2　原型化系统开发生命周期

4. 原型化方法的优点和缺点

（1）原型化方法的优点。

① 减少了开发时间，大大提高了系统开发效率。这主要是由于最终用户更加积极地参与系统的开发，尤其是信息系统需求的确定。

② 由于用户在看到原型以前往往很难理解和详细陈述其需求，而且用户所看到的是实际的工作模型而不是用单调的语言或图来描述的需求，因此，通过原型法使信息需求的定义工作更为直观、简单。

③ 通过一系列对原型的修改和完善，大大增加了用户对设计的满意程度，进而提高了信息系统的质量。

④ 减少了系统开发的费用。

（2）原型化方法的缺点。

① 分析和设计的深度不够，从而可能造成在未能很好地理解用户需求的情况下就着手程序代码的编写。

② 原型化方法中的第一个工作原型可能并不是一个最优方案。

③ 通过原型化方法所开发的系统不具备灵活性，难以适应用户需求的变化。

④ 工作原型不容易修改。

5. 应用原型化方法的前提条件

（1）系统需求在系统开发以前不能准确地加以陈述和说明，用户需求变化较快，无须早期冻结用户需求。人们发现，要想详细而精确地定义任何事情都是有困难的。实际上，用户很善于叙述其目标、对象以及大致的方向，但对于这些事情的细节不甚清楚和难以确定。对所有参加者，建造一个系统都是一个持续不断的学习和实践的过程。

（2）有快速的系统建造工具。如果没有快速的系统建造工具，运用原型化方法几乎是不可能的。原型技术今天存在于各种形式的开发活动中。如果原型可以快速地构造，就可以测试一个"好的设想"，如果设想有错，就把它丢掉，而不致遭受大的损失。如果设想是对的，就可以进一步求精，而对于想法、概念、观点和要求的正确性，都可以在原型实验室中加以验证。而这一切都必须借助于快速生成工具的支持。目前，应用生成器（application generator，AG）、第四代生成语言（4GL）、计算机辅助软件工程等都是原型化方法的有力支持工具。

（3）需要实际的、可供用户参与的系统模型。文字和静态图形是一种比较好的通信工具，然而其最大缺点是缺乏直观的、感性的特征，因而往往不易理解对象的全部含义。交互式系统能够提供生动的规格说明，用户见到的是一个"活"的、运行着的系统。理解纸面上的系统，操作在机器上运行的系统，其差别十分显著。因此，当能提供一个"活"的系统模型时，用户对它的了解将比描述性的材料好得多。

（4）用户能够积极地参与系统的开发。因为原型化方法需要在每次迭代中通过演示或使用系统，由用户提出进一步修改的意见，所以该方法要求用户自始至终要参与到项目的开发中去。

(5) 需要有一个原型工作环境。工作环境要求具备快速的响应、文档资源的管理、演示设施等功能。

(6) 拥有一批具有丰富的问题域知识和开发经验的开发人员。原型化方法对开发人员的要求比较高。因为，如果一个开发人员不具备相关业务领域的知识和系统开发经验，则不可能期望他（她）快速地构造一个工作原型。在运用原型化方法时，开发人员的业务知识和经验的重用是非常重要的。

13.3 信息系统规划

信息技术已经成为企业战略能力形成的使能器。企业信息化建设的关键问题之一是如何在企业战略的指导下制订合理的企业信息化战略规划。目前信息技术在企业中的应用已经进入战略信息系统时期，信息技术成为企业获取竞争优势的有力武器。但是，企业在引入和利用信息技术方面还存在很多问题。一方面，很少从企业战略高度管理信息技术，不顾企业所处行业环境和自身条件，盲目引入信息技术，缺乏对于信息技术引入过程中的科学分析和对信息技术战略的控制和评价；另一方面，对于企业信息化的具体决策问题，例如对如何考察和选择 IT 项目、如何选择合作伙伴、如何规避 IT 风险等问题没有一套科学的方法，往往造成决策失误。

【案例 13-2】

ABC 集团的信息化战略

在中国企业信息化 500 强中，ABC 集团榜上有名。是什么让 ABC 集团成为一流的信息化企业？主管信息化工作的副总裁深有感触地说，一流信息化企业的建设，靠的就是战略规划的驱动。

专业化、国际化、实业化、信息化是 ABC 集团的长远发展战略，信息化是其中一个重要的组成部分。ABC 集团开展信息化建设的历史始于 2004 年，当时他们面临快速做强做大和管理资源整合、理顺关系的压力。外部环境压力要求企业尽快提升竞争力。在钢铁产业布局中，ABC 集团必须尽快明确战略定位。同时，内部管理压力需要尽快提升管理水平：实力不强、资源分散、不能形成合力，都需要整合资源、理顺关系；管理基础薄弱、风险难以管控也需要强化管理、创新思路。为此，他们提出了信息化作为企业的四大发展战略之一，明确了 ABC 集团的信息化战略要能够建立统一、全面、集成、实时共享的平台，要满足跨区域集中管控的需求。正是对信息化战略的高度重视和提前规划，才使 ABC 集团走在了企业信息化的前列。

13.3.1 企业战略与企业信息化战略

目前企业信息化建设中依然存在诸多问题。其中一个重要原因是很少从企业战略高度管理信息技术，不顾企业所处行业环境和自身条件，盲目引入信息技术，缺乏对信息技术引入过程中的科学分析及信息技术战略的控制和评价。

1. 企业战略

企业战略（business strategy，BS）是指企业根据内外环境和可获得资源情况，为求长期生存和持续的均衡发展而进行的总体性管理与谋略。

企业战略包括以下几个层次：总体战略、竞争战略和职能战略。

（1）总体战略决定并揭示企业的目的和目标，提出实现目的的重大方针和计划，确定企业应该从事的经营业务等。主要问题是确定企业的整体经营范围，在全企业范围内合理配置资源。

（2）竞争战略的主要问题是如何在市场中竞争，开发哪些产品或服务，这些产品或服务提供给哪些市场，如何更快更好地满足用户的需要。

（3）职能战略是为实现总体战略和竞争战略而对企业内部的各项关键职能活动做出统筹安排，包括财务战略、组织战略、研发战略、生产战略、市场营销战略等。

20 世纪 80 年代之后，由于信息技术的广泛应用，企业信息化战略进入企业的实践领域，成为与财务战略、人力资源战略、组织战略、研发战略、生产战略和市场营销战略同等重要的职能战略。

2. 企业信息化战略

企业信息化战略（business information strategy，BIS），又称信息技术战略，是企业战略的有机组织部分，是关于信息功能的目标及其实现的总体谋划。从功能划分的角度来看，企业信息化战略是一类独立的战略；从信息功能实现的角度来看，企业信息化战略又必须与企业战略相融合。企业信息化战略描绘了企业未来的信息化蓝图，并描绘了如何获取与整合这些蓝图的能力。企业信息化战略的内容主要包括跟踪学习战略、应用开发战略和系统维护战略。

（1）跟踪学习战略。跟踪学习战略即如何跟踪异常复杂、变化迅速的信息技术的发展。需要考虑的问题包括：企业对信息技术投以怎样的关注？对信息技术采取的是“前卫”的，还是保守的，或者是追随同业者的态度？决策者、高层领导需要学习信息技术吗？他们需要掌握到什么程度？信息技术在员工的素质中应当占有什么位置？

（2）应用开发战略。在任何信息技术得到充分应用的领域，企业对信息技术的应用能力是决定其生存和发展的关键因素之一。应用开发战略必须明确：信息技术现在能做什么？将来能做什么？需要什么条件和资源才能成功应用信息技术？信息技术对企业的生存环境（包括政府政策、基础设施、行业规则、受益者的需求等）有什么影响？其他竞争对手是怎样看待信息技术的？信息技术给他们带来哪些优势？如果掌握了信息技术，我们可以有什么样的经营发展战略？传统的保守的应用战略是自动化，其主要目标集中在提高效率这个内部的、传统的目标上；而20世纪90年代出现的“再造工程”则更强调彻底地重新创造新的业务模式。

（3）系统维护战略。系统维护战略的目标是充分、安全、可靠、低成本。其重点考虑的问题包括：日常业务对信息系统的依赖程度有多大？信息系统可能会发生什么故障？风险和成本有多大？对各种可能的故障的容忍程度如何？怎样去评估它？信息系统的运作情况如何？技术和资源能够保证到什么程度？有哪些途径得到维护所需的技术、资源或直接得到维护的服务？IT外包就是一种典型的系统维护战略。

大量实证研究表明：企业信息化建设的地位已经从传统的后台走向前端，向支持企业战略的选择甚至塑造企业战略的“战略性”地位转变。企业信息化战略决定信息技术战略投资的有效性并影响企业战略目标的实现，是企业战略能力形成的关键。

企业信息化战略中的信息体系架构是对企业战略中组织结构、战略目标的支撑体系，企业信息化战略的目标必须与企业战略一致。企业信息化战略既是企业战略的实现手段之一，又是影响企业战略制定的重要因素。

上述理论基于以下两个假设：其一，强调一致性，即在企业战略和企业信息化战略的制定和选择过程中，其目标相互参照，保持一致。其二，强调动态性，即战略一致性是一个持续适应和不断变化的过程，企业战略和企业信息化战略要根据企业内、外环境情况相互间不断地进行调整。

总之，企业战略与企业信息化战略之间是一种互动关系。企业战略不仅指导企业信息化战略；同时，企业信息化战略也支持和影响企业战略的制定和选择，并且有助于塑造企业战略。

13.3.2 信息系统规划的作用、任务及工作进程的主要阶段

信息系统规划从企业全局出发，为了实现企业的长期发展战略，规划一个基本的信息体系架构，统一规划和利用企业的信息资源，控制企业行为，辅助决策，帮助企业实现战略目标。

企业信息系统的建设是复杂的社会—技术系统工程，要获得成功，首先要做好总体规划。为什么要进行信息系统规划？一方面，从需求上看，随着社会组织的发展，对信息系统的要求会越来越高，任何一个系统都需要经常修改和维护。降低修改和维护的工作量的前提是有好的系统结构，而系统结构是在总体规划下制定的。另一方面，信息技术的发展导致计算机价格下降，像客户机/服务器、浏览器/服务器这种系统结构，把性能价格高的个人计算机互相连接起来。这种结构具有很高的灵活性，但是这种缺少规划建立起来的、分散开发的系统带来严重后果：更新系统时要反复修改软件，重新组织数据，再把它们连接起来，做这些工作所耗费的人力和资金比重新建立一个系统还要多，而且这种系统仅采取通常的维护和修改办法根本无法满足要求。所以，对于大型信息系统的建设，制订总体规划是十分重要的。

要真正实现企业内外信息的流动、共享和应用，需要通过信息系统规划建立结构稳定、

信息丰富、更新及时的共享数据库。

1. 信息系统规划的作用

（1）全局性。从企业战略发展的高度出发，纵览全局，目标明确，规划整个企业信息系统的全景愿景图，确保信息架构能更好地应对业务流程和组织的变化。

（2）预警性。通过考察、借鉴和学习，总结成功经验，吸取失败教训，能有效地预防各种信息化建设过程中易出现的问题，指导系统选型和项目实施，从而有效地规避、降低企业信息化的各种风险。

（3）有序性。根据企业各方面的资源约束，以及企业的预算，按照轻重缓急给出信息化建设的阶段性目标。

（4）经济性。始终考虑成本投入与产出的关系问题，降低成本，科学地确定信息化建设的投资，用较少的资金做更多的事情。依据信息化建设的目标和全局架构，避免无效投资、重复投资等。

（5）集成性。整合信息资源，解决“信息孤岛”问题，确保各应用系统的整体集成。

（6）挖掘潜在的应用系统。

2. 信息系统规划的主要任务

（1）根据组织发展目标与战略制定业务流程，改革与创新目标和信息系统的发展战略。

（2）制定组织的业务流程规划，确定业务流程改革与创新的方案。

（3）根据组织目标和业务流程规划确定信息系统的总体结构方案。

（4）安排项目实施方案，制定信息系统建设的资源分配方案。

3. 信息系统规则工作进程的主要阶段

信息系统规则工作进程的主要阶段包括：信息系统战略规划、业务流程规划、信息系统总体结构规划、项目实施与资源分配规划。这四个主要阶段，形成了信息系统规划四阶段模型的基本框架。

（1）信息系统战略规划。信息系统战略规划通常包括主要发展目标、发展重点、实现目标的途径和措施等。它既可以看成是企业战略规划下的一个专门性规划，也可以看成是企业战略规划的一个重要组成部分。信息系统战略规划的主要内容包括：① 信息系统的目标、约束和结构。② 对目前组织的业务流程与信息系统的功能、应用环境和应用现状进行评价。③ 对影响计划的信息技术发展的预测。信息系统战略规划无疑要受当前和未来信息技术发展的影响。④ 近期计划。

（2）业务流程规划。业务流程是指一个组织在完成其使命，实现其目标的过程中必需的、逻辑上相关的一组活动。由于业务流程相比组织内部的机构稳定，面向业务流程的信息系统在组织机构与管理体制变化时能够保持工作能力。动态多变的市场要求企业的业务流程有较好的柔性，能根据环境的变化及时调整其业务流程。

（3）信息系统总体结构规划。信息系统总体结构规划是信息系统规划的中心环节。其任务是：① 组织的信息需求分析。组织的信息需求分析是这一环节的基础工作。② 数据规划。科学、系统的数据规划是信息系统成功的基本条件。③ 功能规划与子系统划分。功能规划与子系统划分是信息系统总体结构规划的核心与关键。④ 信息资源配置规划。对信息系统的硬软件、数据存储与网络系统以及信息系统的组织与人员进行规划，为项目实施与资源分配规划打下基础。

（4）项目实施与资源分配规划，亦称 IT 基础设施建设规划。项目实施与资源分配规划包括：① 制订项目实施规划。在确定一个应用项目的优先顺序时应该依据以下五个方面进行分析：该项目的实施对组织的改革与发展有显著的推动作用；该项目的实施预计可明显节省费用或增加利润；无法定量分析其实施效果的项目，可以提高工资来激发职工的工作积极性；制度上的因素；系统管理方面的需要。② 制定资源分配方案。对规划中每个项目的实施所需要的硬件、软件资源，数据通信设备，人员、技术、服务、资金等进行估计，提出整个系统建设的概算。

IT 基础设施建设规划包括七个方面的内容：操作系统、应用系统开发环境、数据库平台、目录与安全服务、网络基础设施、信息交流与协作、网络与系统管理。

13.4 信息系统分析

13.4.1 系统分析的任务及其重要性

系统分析也称为需求分析，是系统开发生命周期的一个主要阶段。系统分析的主要任务是可行性分析、需求分析和系统建模。通过调查，系统分析师初步了解了现行系统、用户的需求及存在问题的潜在解决方案。进入系统分析阶段后，系统分析师会进一步细致地分析和研究上述问题，并整理出满足用户需求的系统需求规格说明书（system requirements specification，SRS）。

系统分析就是一个认识系统、理解问题和描述系统的过程。大量实践经验表明，如果先前没有搞清楚系统做什么，而直接考虑如何去做，那么所开发的信息系统是失败的。也就是说，信息系统开发成功的关键是对问题的理解和描述是否准确。而解决“做什么”的问题正是系统分析的基本任务。

13.4.2 需求的概念

1. 需求的定义

需求是人们的期望。需求分析是寻找用户的期望的过程。需求分析的目的是试图找出用户对（待开发的）产品的期望。信息系统需求的特点是：① 需求是隐性的，即用户都不清楚自己的需求。② 需求是变化的。

2. 需求分析的重要性

事实已经证明，开发软件系统最困难的部分就是准确说明开发什么（需求）。如果需求不明确，最终就会给系统带来极大损失，并且以后再对它进行修改也极为困难。

【案例 13-3】

Standish Group 的调查

Standish Group 调查了多家公司中的上千个项目发现：三分之一的项目在完成之前就被取消；在大型公司中，只有 9% 的项目是按预算和进度的要求完成的；在小公司中，只有 16% 的项目是按要求完成的。信息系统项目失败的主要原因包括：系统开发超出预算；系统交付延期；系统不满足用户的期望，从而导致用户不再使用该系统；一旦投入生产性运行，维护成本会急剧升高；系统不可靠，并且容易出现问题和宕机；无论出现什么错误，用户会将所有的错误都推到开发人员身上。

导致项目失败的原因主要有：不完备的需求（13.1%）；缺乏用户的参与（12.4%）；缺乏需要的资源（10.6%）；用户不切合实际的期望（9.9%）；缺乏管理人员的支持（9.3%）；需求和规格说明经常变化（8.7%）；没有统一的规划（8.1%）；开发过程中发现系统已不再需要（7.5%）。

需求分析是整个系统开发的基础。如果需求定义错误（例如需求不完全、不合乎逻辑，不贴切或使人易于发生误解），那么不论以后各阶段的工作质量如何，都必然导致系统开发失败。因此，系统开发中需求定义是系统成功的关键一步，必须引起足够的重视，并且提供保障需求定义质量的技术手段。

许多成本分析表明，随着开发生命周期的进展，改正错误或在改正错误时引入的附加错误的代价是按指数增长的（见表 13-1）。研究表明，60%～80% 的错误来源于需求定义。因此，开发面临的问题是随着生命周期展开的，不仅修改费用越来越高，而且绝大多数的错误起源于早期的需求定义阶段。

表 13-1　不同阶段发现错误的修改代价

发现错误的阶段	修改错误的代价的相对比例
需求	1
设计	3～6
编码	10
开发测试	17～40
验收测试	30～70
运行	40～1000

3. 需求的类型

信息系统需求包含多个层次，不同层次的需求从不同角度与不同程度反映细节问题。信息系统需求包括四个不同的层次：业务需求、用户需求、功能需求和非功能需求。业务需求（business requirement）反映了组织机构或用户对系统、产品高层次的目标要求。用户需求（user requirement）文档描述了用户使用产品必须完成的任务。功能需求（functional requirement）定义了开发人员必须实现的软件功能，使用户能完成他们的任务，从而满足业务需求。非功能需求（non-functional requirements）是指性能要求、可靠性要求、安全保密性要求以及开发费用和开发周期、可使用资源等方面的限制。例如性能（吞吐量和响应时间）、易用性、预算、成本、进度、文档的编制和培训要求、质量管理要求、安全和内部审计控制等。

所有的用户需求必须与业务需求一致。用户需求使需求分析者能从中总结出功能需求以满足用户对产品的要求，从而完成其任务，而开发人员则根据功能需求来设计信息系统以实现必需的功能。

13.4.3 什么是好的需求

好的需求必须满足如下要求。

1. 完整性

每一项需求都必须将所要实现的功能描述清楚，以使开发人员获得设计和实现这些功能所需的所有必要信息。

2. 正确性

每一项需求都必须准确地陈述其要开发的功能。只有用户才能确定需求的正确性，这就是一定要求用户积极参与的原因。

3. 可行性

每一项需求都必须在已知系统和环境的权能和限制范围内可以实施。为避免不可行的需求，最好在需求获取过程中始终有一位项目成员与用户在一起工作，检查技术可行性。

4. 必要性

每一项需求都应把用户真正所需要的和最终系统所需遵从的标准记录下来。

5. 划分优先级

给每项需求、特性或用例分配一个实施优先级，以指明它在特定产品中所占的分量。如果把所有的需求都看作同样重要，那么项目管理者在开发或节省预算或调度中就丧失了控制自由度。

6. 无二义性

所有的需求说明都只能有一个明确统一的解释，由于自然语言极易导致二义性，所以尽量把每项需求用简洁明了的语言表达出来。避免二义性的有效方法包括对需求文档的正规审查，编写测试用例，开发原型以及设计特定的方案脚本。

7. 可验证性

检查每项需求是否能通过设计测试用例或其他的验证方法，如用演示、检测等来确定产品是否确实按需求实现了。前后矛盾、不可行或有二义性的需求，显然也是不可验证的。

例如，“系统应该提供实时查询响应”就是一个含糊的需求。“应该”这个词用得很含糊。其次，实时查询响应时间有没有上限、下限的要求？因此，修改成“系统必须提供实时查询响应，并且响应时间不超过 2 秒钟”，就是一个符合要求的需求描述。

13.4.4 需求开发

信息系统需求工程（requirements engineering，RE）研究领域可划分为需求开发和需求管理两部分内容。需求开发就是把人们的期望转化成一种能够满足其期望的产品的过程。需求开发包括：需求获取（elicitation）、需求分析（analysis）、编写规格说明（specification）和需求验证（verification）四个阶段。首先，开发人员与用户一起工作，通过会谈，演示类似的系统或者开发系统的全部或部分部件的原型来启发需求。然后，开发人员建立相应的系统模型（过程模型、数据模型、对象模型），并利用系统需求规格说明书的文档将需求描述下来。写出需求的目的是为了开发人员和用户能够在“系统应该做什么”方面达成一致。最后要通过检查以确信需求是完整的、正确的、一致的，通过确认工作，确保我们已经对用户希望的最终产品有一个正确的描述。要通过需求验证，确保没有遗漏需求，没有冲突的需求，没有不可行的需求，没有重叠的需求，没有含糊不清的需求。

不适当的需求开发过程会导致一些风险，这些风险包括：用户参与程度不够导致产品无法被接受；用户需求的增加带来过度的耗费和降低产品的质量；模棱两可的需求说明可能导致时间的浪费和返工；用户增加一些不必要的特性和开发人员画蛇添足；过分简略的需求说明以致遗漏某些关键需求；忽略某类用户的需求将导致众多用户的不满；不完善的需求说明使项目计划和跟踪无法准确进行。

1. 需求获取

需求获取也称为需求启发，其主要任务是：确定需求开发计划（确定如何组织需求的收集、分析、细化并核实的步骤）、编写项目远景和范围文档（业务需求）、用户群分类、选择产品代表、建立核心队伍、确定用例（用户需求）、召开应用程序开发联系会议、分析用户工作流程、确定质量属性、检查问题报告、需求重用。

优秀的软件产品是建立在优秀的需求基础之上的，而高质量的需求来源于用户与开发人员之间有效的交流与合作。只有当双方参与者都能明白对方的需求，才能建立起一种合作关系。

需求获取的一项重要技术是需求信息采集（information gathering）。信息采集是一个系统分析师与用户交互的过程，因此，系统分析师必须熟悉用户领域的知识，以便能够更好地与用户沟通，准确地理解用户的需求。

（1）需求信息采集的内容包括：① 有关组织的信息，包括组织目标、组织结构、职能部门的目标、政策。② 有关组织成员方面的信息，包括权力与职责的关系、工作责任、信息需求。③ 有关工作方面的信息，包括作业和工作流、执行工作的方法和步骤、工作进程和工作量、作业和工作的性能指标。④ 有关工作环境方面的信息，包括工作区域的物理分布、可用资源。

（2）需求信息采集的来源包括：① 现有文档，包括组织结构图、政策手册、方法和步骤手册、作业描述、单据、报表、文档流程和工作流程图、系统流程图、计算机程序文档、数据字典、计算机操作手册。② 系统用户和管理人员。③ 外源信息。这些信息可以从不同的途径采集，如 Internet，有关行业部门的数据库等。

（3）信息采集常用的方法包括：会谈法、调查表法、观察法、取样法、原型法等。

2. 需求分析

需求分析就是依据某种建模方式对原始需求进行整理并文档化。需求分析的主要任务是为需求建立模型、编写数据字典。需求建模是需求的图形分析模型，是软件需求规格说明的补充说明。它们能提供不同的信息与关系，有助于找到不正确、不一致、遗漏和冗余的需求。需求分析中需要建立的模型包括数据流程图、实体—联系图、用例图、类图、顺序图、状态图等。

3. 编写规格说明

文档（document）是一种数据媒体和媒体上所记录的信息。在信息系统开发中，文档被用来描述或表示对开发活动、需求、过程或结果进行描述、定义、规定、报告或认证的任何书面或图示的信息。信息系统开发中主要完成的文档有可行性分析报告、需求规格说明书、系统设计说明书、数据库设计说明书、模块设计说明书、测试计划、测试报告、用户手册等。文档是现代软件产品的一个重要组成部分；文档是通信和交流的手段；文档对信息系统的开发过程有重要的控制作用；文档是进行系统维护的依据。实际上，文档的编写工作本身就是对系统重新认识的一个过程。如果发现文档不能按照要求顺利地编写，或者某些细节有些含糊，那么说明你一定对系统的理解还比较欠缺。

高质量的文档应满足如下要求。

（1）针对性。文档编制以前应分清读者对象，要根据不同的类型、不同层次的读者编制文档。例如，管理文档主要面向管理人员，用户文档主要面向用户，这两类文档不应像开发文档（面向软件开发人员）那样过多地使用软件的专业术语。

（2）精确性。文档的行文应当十分确切，不能出现多义性的描述。同一项目若干文档内容应该协调一致。

（3）清晰性。文档的编写应力求简明，如有可能，配以适当的图表，以增强其清晰性。

（4）完整性。任何一个文档都应当是完整的、独立的，并且自成体系。例如，前言部分应作一般性介绍，正文给出中心内容，必要时还有附录，列出参考资料等。同一项目的几个文档之间可能有些部分相同，这些重复是必要的。例如，同一项目的用户手册和操作手册中关于本项目功能、性能、实现环境等方面的描述是没有差别的。特别要避免在文档中出现转引其他文档内容的情况。比如，一些段落并未具体描述，而用“见××文档××节”的方式，这将给读者带来诸多不便。

（5）灵活性。对于较小或比较简单的项目，可做适当调整或合并。比如，可将用户手册和操作手册合并成用户操作手册；系统需求规格说明书可包括对数据的要求，从而去掉数据要求说明书；概要设计说明书与详细设计说明书合并成系统设计说明书等。

（6）可追溯性。由于各开发阶段编制的文档与各阶段完成的工作有紧密的关系，前后两个阶段生成的文档具有一定的继承关系。在项目各开发阶段之间提供的文档必定存在可追溯的关系。

4. 需求验证

需求验证的主要任务是审查需求文档，依据需求编写测试用例、用户手册，确定合格的标准。

13.5 信息系统设计

13.5.1 信息系统设计的任务和内容

系统设计的任务是赋予系统分析阶段所确定的新系统功能的一种具体的实现方法和技术。因此，系统设计的主要任务是依据系统分析报告，全面地确定系统应具有的功能和性能要求。

系统设计是一个描述、组织和构造系统部件的过程。这个过程分为两个层次：总体设计和详细设计。总体设计的主要任务是描述、组织和构造新系统的体系结构，包括信息系统架构设计、软件体系结构设计、数据库架构设计、网络设计等内容；详细设计属于低层设计，包括代码设计、输入设计、输出设计、界面设计、应用程序设计等。

13.5.2 信息系统设计的基本原则

信息系统设计应该遵循的基本原则：① 严格遵循系统分析报告所提供的文档资料，不能任意更改系统功能和性能要求。② 权衡系统的投资和效益的比例。③ 保证系统的效率和质量。系统效率包括系统的处理能力、速度、响应时间等因素；系统质量包括系统提供信息的完整性、准确性以及与表现形式有关的指标（如粒度、介质等）。④ 体现系统的可扩展性和可适应性。⑤ 合理运用先进和成熟的技术，既要考虑系统的先进性，又要避免更大的风险。⑥ 保证系统的安全性。⑦ 编写完备的系统设计报告。

13.5.3 信息系统架构设计

信息系统架构是指计算机信息系统各个组成部分（包括硬件、软件、数据等）之间的相互关系。典型的信息系统架构有：集中式、客户机/服务器（C/S）、浏览器/服务器（B/S）。由于信息系统的部件通常分布于多个计算机系统和不同的地理位置上，所以客户机/服务器体系结构、浏览器/服务器体系结构是信息系统的主要结构模式。

1. 客户机/服务器体系结构

任何信息系统的任务大体上都可划分为三部分：系统界面（表示层）、应用逻辑处理（应用层）和数据管理（数据层）。这三部分任务的不同分布决定了不同的企业计算模型。

客户机/服务器体系结构是指某项任务在两台或多台机器之间分配，其中客户机用来提供用户接口和运行前端处理的应用程序；服务器提供可供客户机使用的各种资源和服务。

在典型的客户机/服务器体系结构中，客户没有查询能力，没有数据分布，功能是分布的，即客户承担了部分处理任务。在查询过程中，客户提出查询请求，服务器完成对数据库的查询任务，把查询结果返回给客户。网络上传输的是查询要求和查询结果，从而使服务器具有更多能力完成数据访问和事务处理，支持更多的用户，提高系统的性能。缺点是服务器上的有关问题，如磁盘输入/输出并未能很好地解决。

（1）客户机/服务器系统结构（见图13-3）是由三大部分组成的：① 服务器：硬件平台可以是大型机、小型机、工作站、高档微机，软件平台可以是多用户操作系统Unix、Windows NT等、大型数据库管理系统。② 客户机：硬件一般为微机，软件平台可以为Windows等，前端开发工具为Visual Basic等。③ 连接支持：实现连接支持的通信软件通常也称为中间件（middleware），是在网络中实现通信协议和帮助不同的系统进行通信的计算机软件。

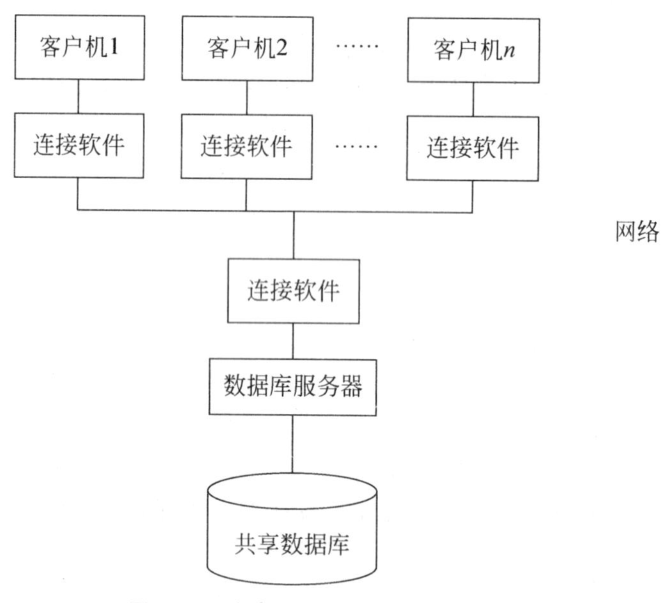

图13-3　客户机/服务器系统结构的组成

（2）客户机和服务器的任务。在客户机/服务器体系结构的信息系统中，将数据处理任务在客户机和服务器之间进行划分。通常，客户机负责应用的处理，数据库服务器负责数据的访问和事务管理。

客户机的任务是：管理用户界面（输入/输出）、接受用户的数据和处理请求（输入）、处理应用程序（输入）、产生对数据的请求（输入）、向数据库服务器发请求（输入）、接收服务器返回的结果（输出）、以用户需要的格式输出结果（输出）。

服务器的任务是：接受客户机发出的请求，处理对数据库的请求，将处理结果传给发出请求的客户机，进行数据完整性检查，维护数据字典、索引和其他附加数据，处理数据恢复、查询/更新的优化处理。

（3）客户机/服务器体系结构的特点。客户机/服务器体系结构的数据库系统具有高性能、高效率、高可靠、开放、易扩充、可伸缩等优越的特性。

客户机/服务器体系结构有如下特点。

① 提供数据和服务的无缝集成。如何将企业分散在各部门中的大量数据资源和计算机硬件、软件服务集成为一个统一的、协同的系统？客户机/服务器体系结构的数据库系统就能解决这一问题。这是因为：客户机/服务器体系结构中的连接软件起到多数据源、多种服务之间的桥梁作用；客户机/服务器体系结构中的分布数据管理功能通过数据复制技术，两阶段提交协议等来确保分布在网络各个结点上的同构或异构数据的一致性、完整性和高可用性；客户机/服务器体系结构中的连接软件还可以将各种硬件平台，包括大型机集成进来，从而有效地保护用户以前的硬件、软件投资和数据资源。

② 为联机事务处理（OLTP）提供高性能。客户机/服务器体系结构可以合理地划分数据和功能，均衡地分配客户和服务器上的负载，减少网络传输，从而为联机事务处理提供高的事务吞吐量、短的响应时间，并支持大量的用户。

③ 开放的系统结构。客户机/服务器体系结构支持以下业界标准：ANSI/ISO SQL 标准、开放数据库互联标准。

④ 提高应用程序的开发效率。新一代客户端应用开发工具支持面向对象的开发方法，包括一组可视的、高效的图形用户界面开发工具，提供可扩充的、非过程化的开发语言，支持快速应用开发方法。尤其是第三方厂商提供的大量的前端开发工具，这些工具不依赖于某个特定的数据库管理系统，而是提供独立于数据库管理系统的统一的用户接口，可透明地访问各种数据库。

2. 浏览器/服务器体系结构

随着企业规模的日益扩大，应用程序的复杂程度不断提高，传统的客户机/服务器体系结构也暴露出许多问题。随着用户需求的改变，客户端应用软件可能需要增加新的功能或修改用户界面。另外，客户机/服务器体系结构所采用的软件产品大都缺乏开放的标准，一般不能跨平台运行。当将客户机/服务器体系结构的软件应用于广域网时就暴露出更大的不足。Intranet/Web 技术比较圆满地解决上述问题，这就是所谓的三层结构，或称为浏览器/服务器体系结构。

（1）浏览器/服务器体系结构的组成（见图 13-4）：浏览器、Web 服务器和数据库服务器。Web 数据库采用的是一种“瘦客户（thin client）”方式，客户端不用安装任何专用的软件，只需要有 Web 浏览器就可以了。Web 浏览器接收的其实只是文本形式的 HTML 代码（包括一些动态脚本语言），通过逐条解释 HTML 代码来组织各种文本和多媒体对象，以一定的方式显示在客户端的浏览器界面上，传递信息给用户。

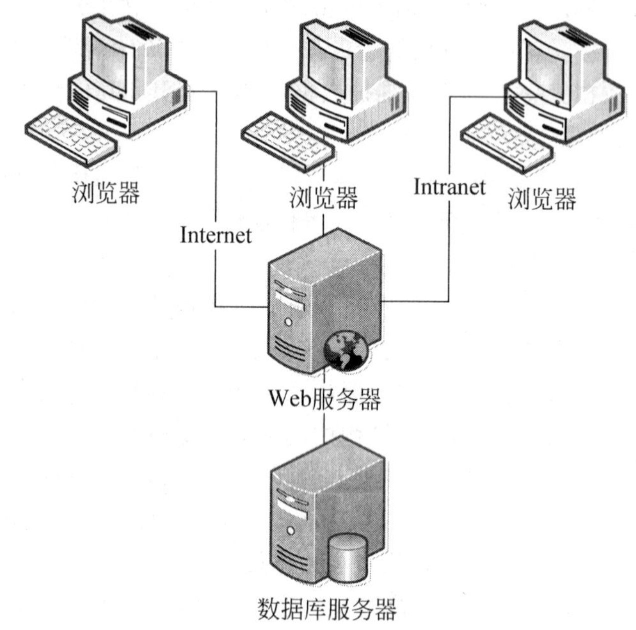

图 13-4　浏览器/服务器体系结构的组成

（2）用户通过客户端的浏览器来访问一个 Web 数据库系统的过程是：客户端的浏览器首先发出请求（比如，在浏览器的地址栏中敲入某一个 Web 数据库系统的登录网页地址），服务器根据请求向客户端发回相应的 HTML 文件，这时客户端将显示出这一 Web 数据库系统的登录界面，假设在这个登录界面上需要用户输入用户名和密码，则当用户输入完毕并选择提交之后，信息将通过因特网（或局域网）传递到服务器端，这时服务器端的相应程序启动并自动执行，向后台的数据库发出相关的数据操作指令，后台数据库的引擎将执行该指令，进行相应的数据存储或查询操作，并将结果返回到服务器的运行程序，这时服务器端的程序根据从后台数据库返回的数据进行判断，生成相应的 HTML 文件，并通过因特网（或局域网）返回到客户端的浏览器，用户将看到相应的信息。

（3）浏览器/服务器体系结构的优点。

① 客户端人机界面部分的程序开发工作得以简化。浏览器/服务器体系结构不必关心业务逻辑是如何访问数据库的，只需把精力集中在人机界面上即可。

② 中间业务逻辑层包含了大量的供客户端程序调用的业务逻辑规则，以帮助其完成业务操作。浏览器/服务器体系结构所具有的可伸缩性，可使其随具体业务的变化而改变，但在客户层和数据服务层所做的改动较小，适合于快速开发。

③ 数据服务层主要提供对数据库进行各种操作的方法。浏览器/服务器体系结构主要由中间业务层来调用并完成业务逻辑，当数据库的结构确定后，对于浏览器/服务器体系结构的改动也就比较小了。

④ 系统的安全性得以提高。浏览器/服务器体系结构可以对每个业务功能组件进行授权，限制了非法访问。

⑤ 便于进行事务管理。

13.5.4 信息系统设计结果

系统设计阶段的结果是系统设计报告，其主要内容包括以下两点。

（1）系统总体设计方案，包括信息系统架构设计方案；应用软件和数据库设计报告；系统运行环境和软件、硬件配置报告；系统的网络与通信的设计和实施方案。

（2）详细设计方案，包括代码设计方案；输入/输出设计方案；程序设计说明书。

13.6 信息系统实施

系统实施阶段的主要任务包括：物理系统的实施；编码；测试；用户培训；数据准备与录入；新旧系统之间的切换。

13.6.1 信息系统切换

新旧系统的切换即系统如何完成交付使用的问题。系统切换有以下几种方法。

1. 直接方式

直接方式是指在规定的时刻，旧系统停止工作，新系统开始工作。这种方式最简便，但风险最大。一旦新系统出现问题，可能造成巨大损失。

2. 平行方式

平行方式是让新旧系统并行运行一段时间，当新系统运行基本没有问题时，将旧系统取而代之。该方式显然考虑了系统安全性的问题，风险较低，但是由于两个系统同时工作，成本较高。

3. 逐步方式

逐步方式即将系统的交付使用分阶段进行，这样既可克服直接方式风险大的缺陷，也可避免平行方式带来的成本高的问题，属于一种折中的办法。

在交付系统时具体采用哪种方式需要根据多个因素和系统的要求合理地进行权衡。

13.6.2 信息系统测试

测试是程序执行的过程，其目的在于发现错误。一个好的测试实例在于发现至今未发现的错误。一个成功的测试是发现了至今未发现的错误的测试。因此，测试是从引起和发现错误的目的出发执行某一程序的过程。测试的三个基本任务：预防软件发生错误、发现并改正程序错误、提供错误诊断信息。

1. 测试应遵循的原则

为了保证测试的有效性，测试应遵循以下几个原则。

（1）避免由信息系统开发部门（或个人）测试自己的程序。

（2）测试用例的设计和选择、预期结果的定义要有利于错误的检测。

（3）要严格执行测试计划，排除测试的随意性。测试计划包括测试的目的、完成标准、进度、岗位责任、测试用例标准、工具、环境、机时、系统集成方式、跟踪规程、排错规程及回归测试的规定等。

（4）要将信息系统测试贯穿于系统开发的整个过程，以便尽早地发现错误，从而减少由于错误带来的损失。

（5）测试不仅要检查是否做了应该做的事情，还要检查是否做了不应该做的事情。

（6）经验表明：程序中尚未发现的错误的数量与在该程序段已发现的错误数量成正比。

2. 测试的主要方法

（1）动态测试法。动态测试法分为黑箱法和白箱法。

黑箱法，又称为功能测试法，它是根据程序功能的分析，推演出由函数定义域中有代表性的元素组成测试集，这些数据应包括对程序是有效、无效的输入，极端、正常和特殊的数据元素。因此，黑箱法是从外界来检查模块或程序的功能，也即根据模块的输入和输出，得出所得结果的差异。这种测试无须知道模块的内部逻辑，而是给定一个输入，检查是否会得到所期望的输出。

白箱法，又称为结构测试法。它是根据对软件内部逻辑结构的分析，选取测试用例，测试数据集对程序逻辑的覆盖程度决定了测试完全性的程度。

（2）静态测试法。静态测试不涉及程序的实际执行，而是以人工的、非形式化的方法对程序进行分析和测试。经验表明，30%～70%的逻辑设计错误可通过静态分析检查出来，而且该方法成本较低。故静态分析技术是一种卓有成效的测试技术。静态测试技术主要有桌前检查、代码会审等方法。

测试是按照与系统开发相反的方向来进行的，依次为：单元测试（模块测试）、集成测试、有效性测试、系统测试和验收测试。

① 单元测试。单元测试又称模块测试，用于测试单个程序模块，确定模块的逻辑和功能是否正确。单元测试的实施以黑箱法测试其功能，辅之以白箱法测试其结构。

② 集成测试。集成测试用来测试模块之间的接口，也即模块之间的数据和控制传递。

③ 有效性测试。有效性测试也称功能测试，它重点测试一个完整的程序所产生的结果是否满足用户的需求和期望。

④ 系统测试。系统测试是对软件系统中的应用程序、硬件、手工操作以及系统的任何其他组成部分的集成的总体进行测试。

⑤ 验收测试。验收测试是由用户来完成的测试。

13.7　信息系统运维

信息系统管理与维护的任务是保证信息系统安全、正常、可靠地运行；对系统进行评价，不断改善和提高信息系统性能，以充分发挥系统的作用。

13.7.1　信息系统维护

系统维护，是计算机信息系统投入运行后，为保证系统能够正常工作，进一步满足用户新的需求所采取的对原系统的修改、完善等措施。

系统维护这项工作经常被人们忽视。目前信息系统领域中存在的一个不容忽视的问题是，开发出来的系统生命周期短，有的系统尚未产生效益就出现许多问题，甚至陷于瘫痪，令用户处于十分尴尬的境地，可以说是“留之无用，弃之可惜”。其中一个主要的原因是不重视系统运行中的维护工作。

实践表明，系统维护难度要比开发难度大得多，而且，系统维护方面所花费的成本占整个系统全部成本的比例也越来越高。

1. 系统维护的类型

系统维护包括校正性维护、适应性维护、完善性维护和预防性维护四种类型。

（1）校正性维护：由于排错不彻底，对软件投入运行后所暴露出来的程序错误进行测试、诊断、定位、纠错及验证修改的回归测试过程，称为校正性维护。

（2）适应性维护：当系统运行环境（如硬件平台、软件平台）发生变化时，为了使系统适应新的环境进行的维护，称为适应性维护。

（3）完善性维护：完善性维护是系统维护中工作量最大的一部分工作，它是指系统投入运行后，根据用户新的需求对系统的功能和质量所做的修改和补充。

（4）预防性维护：为了使系统在将来具有更好的可靠性和可维护性，事先对软件进行的修改或补充，称为预防性维护。

2. 系统维护的内容

系统维护是面向系统中各组成要素的。按照维护对象的不同，系统维护的内容可分为以下几类：

（1）应用软件维护。一旦业务处理出现问题或发生变化，就要修改应用程序和有关文档。应用软件维护是系统维护最主要的内容。

（2）数据维护。根据业务处理的变化，数据需要不断更新，经常要求增加、删除数据，调整数据结构，以及数据的转储和恢复等，这些都属于数据维护的工作内容。

（3）代码维护，对系统中各种代码进行增加、删除、修改以及设置新的代码。

（4）硬件设备维护，主要指对主机及外部设备的日常维护和管理、故障检修、易损件更换，某些设备功能扩展等。

13.7.2 信息系统评价

系统评价的主要依据是系统日常运行记录和现场实际监测数据，评价的结果可以作为系统改进的依据。信息系统评价的目的是了解信息系统投入运行后，是否达到了预期的质量要求和效益目标，并为决策提供必要的信息。

建立科学、合理、可行的评价指标体系是正确评价信息系统的基础和前提。信息系统的应用涉及面广，种类繁多，评价指标体系的建立不存在统一的模式。评价指标可能会随着信息系统产品、评价时间、评价目的的不同而发生变化。一般而言，评价指标体系应能有效地反映信息系统的基本情况，抓住主要因素，以保证评价工作的全面性和可信度，同时评价指标要易于操作、方便数据收集、容易计算。图 13-5 是一种典型的管理信息系统综合评价指标体系。

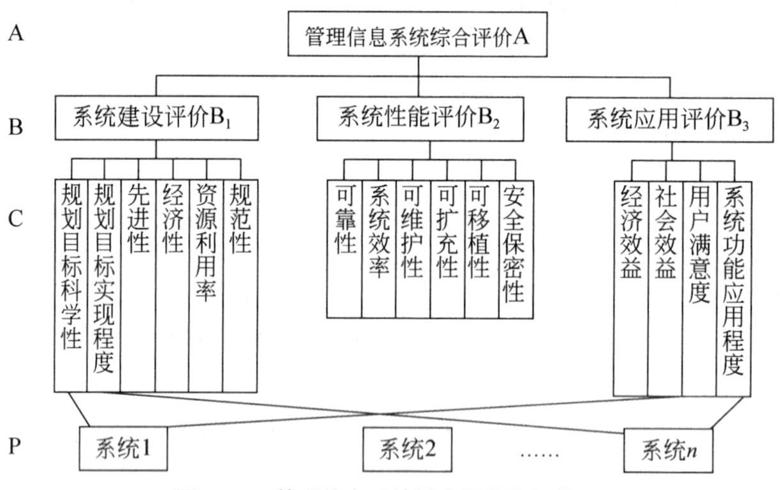

图 13-5　管理信息系统综合评价指标体系

1. 系统建设评价

系统建设评价包括以下几点。

（1）规划目标科学性（C_{11}）。分析管理信息系统（MIS）规划目标的科学性，并要考虑经济上、技术上、管理上的可行性。

（2）规划目标实现程度（C_{12}）。分析所建成的管理信息系统现状真实值，是否达到或超过管理信息系统分析阶段所提出的规划及设想的目标，它表明了信息系统对其预先确定的系统目标的实现程度。

（3）先进性（C_{13}）。管理信息系统是否满足了用户的需求，是否充分利用了资源，是否融合了先进的管理科学知识，是否使组织管理融于先进的信息系统中，系统的设计是否科学，是否有较强的适应性。

（4）经济性（C_{14}）。管理信息系统的投资与所实现的功能相适应的程度。

（5）资源利用率（C_{15}）。管理信息系统对计算机、外部设备、各种硬软件、信息系统资源的利用程度。

（6）规范性（C_{16}）。管理信息系统的建设应遵循相关的国际标准、国家标准和行业标准，有关文档资料应该齐全且规范。规范化、标准化程度高的管理信息系统将有较强的生命力，并易于使用、维护、扩充。

2. 系统性能评价

系统性能评价包括以下几点。

（1）可靠性（C_{21}）。管理信息系统可靠性是由其中的硬件系统的可靠性、软件系统的可靠性等因素所共同决定的。它通常是用户所关心的首要问题，特别是金融、交通、安全系统等。

（2）系统效率（C_{22}）。系统效率是指系统完成各项功能所需要的计算资源，它是系统对用户服务所表现出来的与时间有关的特性，并由管理信息系统的软硬件所决定。常用的系统效率指标包括周转时间、响应时间、吞吐量。

（3）可维护性（C_{23}）。系统的可维护性是指确定系统中的错误，修正错误所需做出努力的大小。它由系统自身的模块化程度、简明性和一致性等因素决定。

（4）可扩充性（C_{24}）。系统的可扩充性是指管理信息系统的处理能力和系统功能的可扩充程度。它可分为系统结构的可扩充性、硬件设备的可扩充性、软件功能的可扩充性等。

（5）可移植性（C_{25}）。系统的可移植性是指将管理信息系统从一种软硬件配置或环境移植到另一种软硬件配置或环境下所需的努力。它取决于管理信息系统中的软硬件特点、开发环境及通用性的考虑。

（6）安全保密性（C_{26}）。危及系统安全的原因有系统软硬件的不可靠、用户无意的误操作、自然灾害及敌对者采取种种手段窃取秘密或破坏系统的正常运行，必须采取有效的对策及安全措施。

3. 系统应用评价

系统应用评价包括以下几点。

（1）经济效益（C_{31}）。管理信息系统所产生的经济效益，如降低成本，提高了竞争能力，改进服务质量，获得更多的利润，通常把经济效益作为信息系统的主要目标。经济效益的评价可以采用成本—效益分析等方法。

（2）社会效益（C_{32}）。社会效益是指对国家、地区和人类的共同利益所做的贡献。它指那些不能用货币计算的非经济效益，通常管理信息系统的社会效益远大于其直接的经济效益。它体现在促进社会经济协调发展、提高科技水平、实现决策科学化、提高生产水平、为公众提供信息、增进社会福利、科学合理地利用国家资源、保护生态环境等。

（3）用户满意度（C_{33}）。用户满意度是指用户对管理信息系统的功能、性能、用户界面等各个方面的满意程度，并应考虑人机界面友好、操作方便、容错性强、系统易用、屏幕设计合理、有帮助功能等。管理信息系统的价值通过应用得到体现，只有通过用户的认可才能投入使用。

（4）系统功能应用程度（C_{34}）。管理信息系统的目标和功能是在管理信息系统方案设计时就确立了，系统建成后，要确定管理信息系统的目标和功能实现了多少，应用到什么程度，是否达到预期的目标和技术指标。

13.7.3 信息系统管理

信息系统管理的主要内容是安全性管理和可靠性管理。

1. 系统的安全性管理

安全性是指应保护管理信息系统不受来自系统外部的自然灾害和人为的破坏，防止非法使用者对系统资源，特别是信息的非法使用而采取的安全和保密手段。影响安全性的因素主要包括自然灾害、偶然事件；软件的非法删改、复制和窃取，使系统的软件泄密和破坏；数据的非法篡改、盗用或破坏；硬件故障。系统安全性管理的主要措施有以下几点。

（1）物理安全控制。为了保证系统的各种设备和环境设施的安全而采取的措施。

（2）人员及管理控制。人员及管理控制是指用户合法身份的确认和检验。

（3）存取控制。存取控制是共享资源条件下保证信息系统安全性的重要措施。通过用户鉴别，获得使用计算机权的用户，应根据预先定义好的用户权限进行存取（防火墙、权限管理）。

（4）数据加密。数据加密包括加密存储和加密传输。加密是指将明文信息和数据进行编码，使它转换成一种不可理解的内容，使信息窃取者无法认识和理解其原意。解密是加密的逆过程。

2. 系统的可靠性管理

系统可靠性是指在运行过程中能抵御各种外界干扰、正常工作的能力。可靠性管理主要指防止来自系统内部的差错、故障而采取的保护措施。系统可靠性管理的主要措施有以下几点。

（1）设备冗余技术。设备冗余技术是指系统中有两套硬件设备，以双工或双机方式工作，用冗余的设备来防止万一发生的硬件故障。

（2）负荷分布技术。负荷分布技术是将信息系统的信息处理、数据存储以及其他信息管理功能分布在多个设备单元上，以防止单一设备的故障致使整个系统瘫痪。

（3）系统重新组合技术。当系统发生故障后，为了使系统部分恢复或完全恢复，自动将故障设备停用，或用备件替换故障设备；并可在恢复的系统上启用数据库的后备数据，根据数据处理过程记录，将数据恢复到故障发生前的状态。

练习题

1. 名词解释

IT外包 原型 需求 文档 客户机/服务器体系结构 浏览器/服务器体系结构 测试 单元测试 集成测试 系统测试 完善性维护 适应性维护

2. 简述IT外包的作用。

3. 说明基于瀑布模型的系统开发生命周期法的基本原理。

4. 基于瀑布模型的系统开发生命周期有哪些优点和缺点？该方法的适用范围是什么？

5. 以瀑布模型为例，说明系统开发包括哪些阶段？各阶段的主要任务是什么？

6. 试说明文档在系统开发中的作用，并列举出系统开发中的重要文档。

7. 什么是需求？好的需求应该遵循哪些标准？说明需求分析在系统开发中的重要性。

8. 需求开发分哪几个步骤？

9. 简述系统设计的内容。

10. 系统的管理与维护的目的是什么？

11. 什么是系统安全性？系统安全性的保护措施有哪些？

12. 简述信息系统测试的主要内容。

13. 什么是系统可靠性？主要措施有哪些？

14. 系统评价的基本内容是什么？

参考文献

[1] 姜同强. 信息系统分析与设计. 北京：机械工业出版社，2008.

[2] 姜同强. 企业信息系统概论. 北京：中国铁道出版社，2012.

[3] 布鲁克斯. 人月神话. 汪颖，译. 北京：清华大学出版社，2002.

[4] LAUDON K C，LAUDON J P. Management information systems：managing the digital firm. New Jersey：Pearson Hall，2006.

[5] 赵守香，姜同强. 互联网数据分析与应用. 北京：清华大学出版社，2015.

[6] 陈春花，朱丽. 协同：数字化时代组织效率的本质. 北京：机械工业出版社，2019.

[7] 波特. 竞争战略. 陈丽芳，译. 北京：中信出版社，2014.

[8] 王兆君，王钺，曹朝辉. 主数据驱动的数据治理：原理、技术与实践. 北京：清华大学出版社，2019.

[9] 张莉. 数据治理与数据安全. 北京：人民邮电出版社.2019.

[10] 特班，金，李在奎，等. 电子商务：管理与社交网络视角：第8版. 占丽，徐雪峰，时启亮，等译. 北京：中国人民大学出版社，2018.